信阳师范学院学术著作出版基金资助出版

中国自由贸易区战略
与周边安全

China's FTA Strategy and
Peripheral Security

张义明　著

社会科学文献出版社
SOCIAL SCIENCES ACADEMIC PRESS (CHINA)

信阳师范学院学术著作出版基金资助出版

目　录

导　论

一　研究价值和意义

冷战结束以来，在全球化不断深入的大背景下，国际安全问题又日益凸显为区域化。作为区域主体的国家或区域性组织为此制定了各种应对性战略，其中，拥有超越单纯经济收益等新区域主义特性的"自由贸易区（自贸区，FTA）战略"就是最为有效的战略之一。进入 21 世纪，包括中、美、日、韩等在内的亚太地区大多数国家最初并不倾向于达成以 FTA 为核心的区域贸易安排（RTA），而是更多地倾向于仰仗世界性的多边贸易体制 WTO 等的进一步发展。但是迫于 WTO 等多边贸易体制谈判进程缓慢，这些国家开始转向 RTA/FTA，来寻求对 WTO 的弥补，并有不断加速的趋势，这突出地表现在各国纷纷制定出自己的自由贸易区（FTA）战略。在这方面，日本在 2002 年，韩国在 2004 年，美国在 2006 年，分别正式提出了 FTA 战略。

中国几乎是在加入世界贸易组织（WTO）的同时，开始了 FTA 建设实践经验的探索。在此基础上，也就是 2006 年，中国商务部才开始提出将 FTA 提高到国家战略的构想，并陆续展开相关研究。2007 年，党的十七大报告中就正式提出了要实施"自由贸易区战略"。2012 年，党的十八大更是要求，"统筹双边、多边、区域次区域开放合作，加快实施自由贸易区战略，推动同周边国家互联互通"。2013 年 10 月，习近平主席在周边外交工作座谈会上又强调，"要以周边为基础加快实施自由贸易区战略，""让命运共同体意识在周边国家落地生根"。2013 年 11 月，党的十八届三中全会提出要"以周边为基础加快实施自由贸易区战略"，"形成面向全球的高标准自由贸易区网络"。同时，习近平主席在 2013 年 9 月和 10 月分别提出建设"新丝绸之路经济带"和"21 世纪海上丝绸之路"（即"一带一路"）的战略构想。继而，习近平又在 2014 年 12 月的中共中央政治局就加快自由贸易区建设进行第十九次集体学习时再次强调，要"逐步构筑起立足周边、辐射'一带一路'、面向全球的自由贸易区网络，积极与'一带一路'沿线国家和地区商建自由贸易区，使我国与沿线国家合作更加紧密、往来更加便利、利益更加融合"。2015 年 12 月，国务院发布了我国开启自由贸易区建设进程以来的首个战略性、综合性文件《关于加快实施自由贸易区战略的若干意见》，对我国自由贸易区建设做出了"顶层设计"，要求近期，积极推动与我国周边大部分国家和地区建立自由贸易区；中长期，形成包括邻近国家和地区、涵盖"一带一路"沿线国家以及辐射五大洲重要国家的全球自由贸易区网络。因此，本书以中国实施 FTA 战略为切入点，来研究周边安全，具有很强的现实针对性。

首先，本书试图揭示在全球化背景下，中国谋求和平发展的大战略中，中国 FTA 战略究竟处于一个什么样的层次和地位。门洪华教授在对古今中外"大战略"研究成果系统总结之后认为，当今中国大战略的主导理念应当是，"以防御性现实主义为核心，以经济主义为首务，以区域优先为重点，以制度主义为主要手段，以合作主义为主要途径，以形象主义为主要目标"。中国大战略的核心内容应当由"经济战略、安全战略、文化战略、生态战略"等几个重要方面组成。① 研究发现，任何一个国家提出 FTA 战略都不是为了单纯的经济目的，而是还有政治、安全等方面的目的，中国的 FTA 战略也有经济、政治、安全等方面的考虑。这一点也可以从中国在多年的实践中已经形成的一套比较成熟的选择 FTA 伙伴的标准中窥得一斑。这一择伴标准大致有三个方面：② 一是双方政治和外交关系良好，并且双方均有建立自贸区的共同意愿；二是双方产业和进出口商品结构互补性较强，实现自由贸易不会给关系国计民生的产业带来严重冲击；三是对方具有一定市场规模及贸易辐射作用。这样，所建立的自贸区就会有较好的经济效益。因此，综上所述，FTA 战略是中国大战略中经济战略的一部分，用来寻求突破社会主义市场经济发展的"瓶颈"，但是其服务目标又超越了经济战略的范畴，触及安全等其他战略的范畴。也就是说，中国 FTA 战略要与中国和平发展大战略的宏观框架相协调，并最终服务于

---

① 参见门洪华《构建中国大战略的框架：国家实力、战略观念与国际制度》，北京大学出版社，2005，第 292 ~ 297 页。

② 参见易小准《中国参与区域经济合作的抉择与作为》，《中国对外贸易》2007 年第 7 期。另见陈妍《积极开展区域经济合作以开放促改革发展共赢——访商务部国际司参赞张克宁》，《国际商报》2008 年 5 月 26 日。

大战略的总体目标。

其次，本书试图揭示中国 FTA 战略有一个日趋成熟的体系框架。亨利·明茨伯格（Henry Mintzberg）认为"战略"没有唯一的定义，他总结出了"战略"具有"计划（Plan）"、"谋略（Ploy）"、"范式（Pattern）"、"定位（Position）"和"视角（Perspective）"五种定义。在他将"战略"界定为"范式"时，"我们就能够区分深思熟虑的战略和自然生成的战略"。"前者中，事前存在的目的被实现了，后者中，范式在没有事先考虑的情况下得到发展，或者尽管目的存在，但没有实现"。[①] 在这个意义上，具有"实践在前，提出在后"性质的中国 FTA 战略就有点类似"自然生成的战略"。也就是说，没有正式官方文本的中国 FTA 战略并不是"空中楼阁"或者说是"空穴来风"，它有一个日趋成熟的体系框架。这一体系框架突出地表现在 FTA 的谈判经验和 FTA 对象的全球布局两个方面的日臻完善上。

事实上，中国早在 2001 年就提出了要与东盟建立自由贸易区的战略构想。虽然中国－东盟自由贸易区早期的框架协议被外界看作"宏观而又粗糙的"，但是，经过这些年来双方不懈的努力，从"早期收获计划"到货物贸易协议、服务贸易协议的逐项签署，再到投资协议的签署，[②] 一步一个脚印地丰富和完善了中国－东盟自由贸易区协议的内容，2010 年中国－东盟自由贸易区的正式建成也是"瓜熟蒂落"的事情。从中国－东盟自由贸易区协议的不断完善过程中，我们可以看出，中国进行 FTA 谈判的历程从毫无经验到逐渐成熟，其谈判的态度稳中求进，在学习实践中举一反三。这些也反映在中国其他的 FTA 谈判中。比如，中国将"早期收获计划"（2005）运用到中国－巴基斯坦 FTA 的谈判中，而且，中国－巴基斯坦 FTA 的达成也只是签署了货物贸易协议（2006），而双方服务贸易协议从谈判到正式签署也历经了两三年的时间（2009）。中国－智利 FTA 的签署也经历了从货物贸易协议（2005）到服务贸易协议（2008）再到投资协议（2012）循序渐进的过程。同时，中国内地与港澳更紧密经贸关系的安排（CEPA）每年都有补充协议签署，截至 2013 年 8 月 29～30 日，内地与

---

① 〔加拿大〕亨利·明茨伯格：《战略的 5 种定义》，陈阳群译，《IT 经理世界》2004 年第 10 期。

② 由于泰国反政府示威活动封锁道路，原定于 2009 年 4 月 11 日上午在帕塔亚举行的第 12 次东盟与中国（10＋1）领导人会议及会议后签署自贸区投资协议的仪式未能如期举行。这一协议被迫推迟至 2009 年 8 月在曼谷签署。

港澳分别签署了第 10 个补充协议。2014 年 12 月 18 日，内地与港澳分别签署了《广东协议》。2015 年 11 月 27～28 日，内地与港澳分别签署了《服务贸易协议》。当然，中国随着 FTA 谈判实际掌控能力的不断提高，货物贸易、服务贸易、投资一揽子协议签署的力度在加大。2008 年 10 月 1 日生效的中国 - 新西兰 FTA 就成为中国与其他国家签署的第一个全面的 FTA。随后，中国还在 2008 年 10 月 23 日与新加坡签署了内容比较全面的 FTA，① 在 2009 年 4 月 28 日与秘鲁签署了中国与拉美地区国家首个一揽子 FTA 协议，在 2010 年 4 月 8 日与哥斯达黎加签署了中国与中美洲地区国家首个一揽子 FTA 协议。2013 年 4 月 15 日，中国与冰岛签署了中国与欧洲国家首个一揽子 FTA 协议，涵盖货物贸易、服务贸易、投资等诸多领域。在 2013 年 7 月 6 日，中国与瑞士签署了中国与欧洲大陆和世界经济 20 强国家的首个 FTA，也是近年来中国达成的水平最高、最为全面的 FTA 之一。中国 - 冰岛 FTA、中国 - 瑞士 FTA 都在 2014 年 7 月 1 日正式生效。2015 年 6 月 1 日，中国与韩国签署了东北亚地区的首个 FTA，也是截至目前我国对外商谈的涉及国别贸易额最大的自贸区。6 月 17 日，中国与澳大利亚签署了 FTA，澳大利亚因而成为世界上首个对我国以负面清单方式做出服务贸易承诺的国家。中国 - 韩国 FTA、中国 - 澳大利亚 FTA 都在 2015 年 12 月 20 日正式生效。值得一提的是，近年来，尤其在党的十八届三中全会、五中全会召开之后，中国深化改革、对外开放力度加大，以中国 - 东盟自贸区升级谈判为标志，中国开始加快各个已签署生效 FTA 的升级谈判。

除了这些已达成的 FTA 外，中国还在与其他国家和地区进行 FTA 谈判。在亚洲有印度、斯里兰卡、马尔代夫和格鲁吉亚以及海合会（GCC），在大洋洲有斐济，在欧洲有挪威和摩尔多瓦，在非洲有南部非洲关税同盟（SACU），在拉美有哥伦比亚。从这些中国与其他国家和地区达成的 FTA 以及正在进行谈判的 FTA 中，我们逐渐可以梳理出中国选择 FTA 谈判对象的标准和全球布局的优先顺序。其择伴标准就是双方经济、政治、安全等关系良好，FTA 达成后会更好地巩固双方的既有关系，又会造成很大的辐射作用。其全球布局的优先顺序就是以中国周边地区优先，并在全球"抢滩"重要的关键点，然后以点带面，使得中国与 FTA 谈判对象所在地区逐

---

① 中国 - 新加坡 FTA 协议涉及了除投资以外的大多数领域，至于投资协议没有包括在内主要是考虑到中国 - 东盟自由贸易区即将签署投资协议。

步发展成为区域性的自由贸易区。

再次，本书尝试揭示中国 FTA 战略的宏观战略目标的安全属性。中国 FTA 战略的宏观战略目标是谋求构建一个立足周边、辐射"一带一路"、面向全球的高标准 FTA 网络，谋求在自身有限的范围内致力于通过自身的推进，来与中国和平发展大战略相协调，在维护国家主权、确保国家利益的同时，营造一个有利于经济稳定、快速、可持续发展的良好国内外安全环境。

中国 FTA 战略的宏观战略目标，其实贯彻了形成于 20 世纪末的"新安全观"。① 新安全观以和平共处五项原则为理论基础，以"互信、互利、平等、协作"为主要内容，以建立在平等基础上的对话、协商和谈判作为主要实践途径。因此，具有综合性、相互性和合作性等特征的新安全观也可解读为包括了三个层面，即综合安全、共同安全与合作安全。迄今，新安全观不仅被写入了包括《中俄睦邻友好合作条约》《亚洲议会和平协会重庆宣言》、第五次中国与欧盟领导人会晤时发表的《联合新闻公报》等重要的国际文件中，还用以"互信、互利、平等、协商、尊重多样文明、谋求共同发展"为基本内容的"上海精神"这样凝练的形态写入了《上海合作组织成立宣言》中，并被上海合作组织及其成员践行。

中国 FTA 战略的宏观战略目标，更加体现了亚洲新安全观。2014 年 5 月 21 日，习近平主席在上海举行的第四次亚信峰会上提出，"应该积极倡导共同、综合、合作、可持续的亚洲安全观，创新安全理念，搭建地区安全和合作新架构，努力走出一条共建、共享、共赢的亚洲安全之路"。共同，就是要尊重和保障每一个国家安全。综合，就是要统筹维护传统领域和非传统领域安全。合作，就是要通过对话合作促进各国和本地区安全。可持续，就是要发展和安全并重以实现持久安全。要建造经得起风雨考验的亚洲安全大厦，就应该聚焦发展主题，积极改善民生，缩小贫富差距，不断夯实安全的根基。要推动共同发展和区域一体化进程，努力形成区域经济合作和安全合作良性互动、齐头并进的大好局面，以可持续发展促进可持续安全。②

---

① 1997 年 4 月 23 日，江泽民在俄罗斯联邦国家杜马发表的《为建立公正合理的国际新秩序而共同努力》的演讲中，正式提出了树立"新安全观"的主张。1999 年 3 月 26 日，江泽民在日内瓦裁军谈判会议上的讲话全面而系统地阐述了新安全观的基本思想。

② 习近平：《积极树立亚洲安全观 共创安全合作新局面——在亚洲相互协作与信任措施会议第四次峰会上的讲话》，《人民日报》2014 年 5 月 22 日。

最后，本书进一步揭示中国 FTA 战略在周边地区的深层战略目标。为了便于发现问题，本书将研究视野确定在周边地区，以保持研究适当的深度与广度。通过研究发现，由于 FTA 谈判涵盖了双方在经济、政治、安全等多个领域里的考量，中国就有了利用其建构周边安全架构的可能，从而能够在解决周边安全问题时从容应对。因此，中国 FTA 战略在周边地区的深层战略目标就是要打造以自身为平台的周边安全架构，确保从容应对周边安全问题。这一周边安全架构具体包括四个方面。

一是涵盖周边传统安全与非传统安全。从实践经验来看，FTA 战略讲求政经良性互动，不断提升双方各个领域里的相互依赖与合作层次，增进"安全共同体"意识。中国率先加入《东南亚友好合作条约》（2003），并与东盟各国签署了《南海各方行为宣言》（2002）以及《落实〈宣言〉的职责范围》（2004）和《落实〈宣言〉指导方针》（2011），就和平解决争议、共同维护地区稳定、开展南海合作达成了共识。中国与东盟还签署了《非传统安全领域合作联合声明》（2002）及其《谅解备忘录》（2004），在打击贩毒、跨国犯罪、重大自然灾害和疫情防治等突发事件上开展了有效合作。上海合作组织推崇"上海精神"，打击"三股势力"，谋求经贸合作与安全合作"双轮驱动"。亚太经合组织（APEC）近年来也改变其纯经济本质，正在变成包括经济、政治、安全等多方面内容的综合性组织。

二是确保周边市场安全。全球金融危机以来，世界经济复苏的动力主要来自亚太地区的新兴市场经济体。2012 年，中国与东亚和南亚国家贸易额超过中国同美国、欧盟贸易之和，并"成为多数亚洲国家最大贸易伙伴"。因此，中国实施自由贸易区战略，符合周边国家摆脱困境、谋求发展的强烈愿望。

三是确保周边交通能源安全。当前中国自由贸易区战略在周边地区拓展与深化最迫切需要的是，支撑货物与服务贸易及投资便利化的交通合作和关系经济发展命脉的能源合作。因此，中国"要同有关国家共同努力，加快基础设施互联互通，建设好丝绸之路经济带、'21 世纪海上丝绸之路'"，进而同"一带一路"沿线国家和地区积极商建自由贸易区。

四是确保台海安全。大陆在周边地区卓有成效地实施自由贸易区战略，使得台湾产生了一种逐渐被"边缘化"的危机感。为了祖国统一大业，大陆在"九二共识"的前提下，尊重岛内政治经济发展现实，按照"先经后政、循序渐进"的原则，与台湾达成类似 FTA 性质的"海峡两岸经济合作框架协议（ECFA）"。两岸实施 ECFA 的"和平红利"已经逐步展现出来，势必强化了"九二共识"这一政治基础。尽管 2016 年 1 月 16 日属于绿营的民进党赢得了台湾地区领导人选举，但是未来台湾新任领导人妄图弱化 ECFA 及其后续谈判的"九二共识"的前提基础，或者撇开"九二共识"，寻求加入 TPP、与其他国家和地区达成新的 FTA 去拓展所谓的"国际空间"，将会招致大陆的强烈反对，终不能得逞。

当然，本书尝试着从新区域主义（New Regionalism，也可以翻译为"新地区主义"）的视角来进一步深入研究，也具有很重要的价值和意义。20 世纪 90 年代以后，随着冷战的结束、全球化进程的加快以及欧洲再度引领的区域主义在全球范围内蓬勃发展，区域主义（Regionalism，有时也翻译为"地区主义"）的研究回归到国际关系理论前沿，并以新区域主义的面孔出现。而中国 FTA 战略涵盖了中国目前进行的各种区域经济合作形式，必然会具有新区域主义的特征。本书通过分析和总结中国 FTA 战略的新区域主义特征，① 一方面丰富了新区域主义理论与实证的研究，另一方面也使得对中国 FTA 战略视角下的周边安全研究有了一个宏观理论把握。

总之，本书从中国实施自由贸易区战略的视角出发，来研究周边安全，特别是对以该战略为平台的周边安全架构的深入探讨，既是对"中国威胁论"的有力反驳，又是对中国所倡导的新安全观、亚洲新安全观、和谐世界（地区）以及命运共同体等理论创新的有力佐证，具有十分重要的理论意义。而本书从周边地区的市场安全、交通能源安全、台海安全等几个具体问题领域对以中国自由贸易区战略为平台的周边安全架构的深入探讨，以及对该战略在周边地区不断拓展与深化过程中的安全风险问题及其防范对策的进一步分析和探讨，具有很强的现实意义，从而为中国周边战略的理论丰富与实践探索提供有价值的参考。

二　研究现状

首先是关于中国自由贸易区战略的相关研究。

一是对中国自由贸易区战略的内容框架进行研拟的文章。李钢的《中

---

① 张义明：《试析中国"自由贸易区战略"的新区域主义特征》，《东南亚纵横》2009 年第 1 期。

国特色的区域经济合作总体布局与实施自由贸易区战略》（2008）是目前国内在中国 FTA 战略研究方面比较成熟的一篇文章。该文借鉴美欧日等国家和地区的经验，提出中国制定并完善实施 FTA 战略的规划，包括基本立场、谈判原则、选择标准、谈判模式和组织机制等。① 其中，基本立场是：在世界多边贸易体系框架下，积极开展双边和区域自由贸易；同步推进经济外交和政治外交，使二者更加紧密地结合在一起，促进中国全球战略利益的实现；通过建立双边及区域自由贸易区，并不断完善其布局，进一步促进国内经济改革和结构调整，提升中国经济的国际竞争力；确保国家和企业的根本利益；促进与中国建立自贸区的各国经济发展，达到互利共赢的目的。谈判原则是：（1）与 WTO 基本规则和相关协议保持一致；签署多样化自贸协定，不拘泥于 FTA 的名称，只要是有利于自由贸易并朝着这一方向推进的各种形式都可作为选择。（2）协定内容应统筹考虑，如全面性，包括货物贸易、服务贸易、投资以及新领域，如知识产权、政府采购、竞争政策等；渐进性，从货物贸易起步，渐次向服务贸易、投资领域、知识产权保护领域等递进发展；选择性，涉及重大国计民生的战略性产业、领域和敏感产品在一定时期内排除在谈判内容之外，以切实维护自身利益；灵活性，实行早期收获等灵活高效务实的实施方式，尽早取得实际效果。（3）充分考虑对国内各相关产业的影响，既考虑农业、制造业和服务贸易等领域的各自特点、发展水平，还要考虑适当超前开放促进竞争，同时应确保国家经济安全。选择标准是：政治和外交上应是发展中国家和过渡经济体优先；经济贸易上应是互补性强、具有一定的经济规模、市场容量相对较大、资源丰富的国家或区域组织；地缘上应是周边国家优先，然后是大周边以及其他地区的国家与区域组织；可行性上应是先易后难，考虑我国与对象国彼此能够接受的程度，逐渐拓展贸易自由化领域，扩大开放程度；时间上应是尽可能简易快行，避免复杂化，同时考虑与其他国家实施自贸区战略的现实竞争关系。谈判模式有："一国两制"下的谈判模式；与发展中国家的谈判模式；与发达国家的谈判模式；与过渡经济体（国家）的谈判模式。组织机制是：（1）建立健全机制。建议在中央一级成立区域经济一体化领导机构，强化部际协调。（2）明确相关职责。

① 李钢：《中国特色的区域经济合作总体布局与实施自由贸易区战略》，《国际贸易》2008年第 4 期。

研究、制定并完善我国区域经济合作及其一体化总体战略，包括自由贸易区战略的制定与实施，并以此为重点。（3）高度重视并加强基础建设和人才队伍建设。

二是中国自由贸易区战略所涵盖的三种区域经济合作形式的相关研究成果。给人印象最深刻的是中国－东盟 FTA 相关研究的论文与著述颇丰，还有就是上海合作组织（SCO）和亚太经合组织（APEC）以及大湄公河次区域经济合作（GMS）等相关研究的论文与著述，而对于其他的区域经济合作形式研究的就不是太多了。此外，还有很多相关文章中只是罗列出各种区域经济合作形式，没有深入探讨。而本课题的研究克服了这些缺点，将三种区域经济合作形式分成"中国自由贸易区战略实践与探索的历程"和"中国自由贸易区战略拓展与深化的平台"两部分，前者专门归纳和总结中国与其他国家和地区已经达成了的 FTA；后者专门归纳和总结区域贸易安排、区域合作论坛以及次区域经济合作等。这样就更全面地展现了中国 FTA 战略体系框架的全貌，从而更易于让人从宏观上把握中国 FTA 战略的体系架构，了解其各部分之间的内在制约与联系。

三是对中国自由贸易区战略"深度一体化"的发展新趋势进行探讨的文章。东艳（2009）等指出，近十年来，深度一体化已成为全球区域一体化浪潮中的显著趋势，深度一体化也正在成为中国参与区域一体化进程的新趋势。在金融危机背景下，中国应注重推进深度一体化战略，深化与中国 FTA 战略相适应的伙伴国的经贸联系，配合国内经济结构调整，逐渐减轻对现有主要贸易伙伴国构成的较为单一的外部市场的依赖。[1]

四是得出中国自由贸易区战略"周边是首要"结论的著述。[2] 对外经济贸易大学国际经济研究院课题组（2010）的研究成果围绕中国区域经济合作战略的核心——周边区域经济合作展开，重点探讨了国际区域经济合作的模式与发展现状，中国周边区域经济合作的网络构建，中国参与周边区域经济合作的实践，中国参与周边区域经济合作的策略思考等问题，系统地研究和提出了中国应对 FTA 发展的战略与对策。

该著作认为，近十几年来，在全球多边贸易投资机制逐步确立并不断

---

[1]　东艳、冯维江、邱薇：《深度一体化：中国自由贸易区战略的新趋势》，《当代亚太》2009年第 4 期。

[2]　对外经济贸易大学国际经济研究院课题组：《中国自贸区战略：周边是首要》，对外经济贸易大学出版社，2010。

发展的同时，区域经济一体化也出现了快速发展的势头，尤其是以自由贸易区为代表的区域经济合作形式迅速涌现，合作的广度和深度不断得到扩展和加深。作为世界经济的主要参与者，中国也适时地开展了多层次的区域经济合作。从中国已签署和正在谈判的相关协议的情况看，区域经济合作的主要对象国均为周边国家和地区。实际上，中国与周边国家和地区的贸易额占到中国外贸总额的60%以上，多年来从周边国家和地区获得的投资占吸引外资总额的70%以上。显然，首先发展与周边国家和地区的区域经济合作，建立以周边国家和地区为基础的中国区域经济合作框架，成为中国自贸区战略的核心。

五是在一定程度上涉及中国自由贸易区战略与政治安全等领域问题的文章与著述。李艳丽所著《中国自由贸易区战略的政治经济研究》（2012）一书从三个层面来研究中国自由贸易区战略的目标与执行效果。首先研究中国自由贸易区战略的经济效应，并引用引力模型，将自由贸易区虚拟变量加入引力模型中，研究其对双边贸易量的影响。回归结果认为自由贸易区的经济效应逐年下降，自由贸易区战略中的"非经济"因素考虑占据越来越重要的地位。其次研究中国自由贸易区战略与国际安全的关系，认为中国自由贸易区战略与石油安全以及反对国际恐怖主义密切相关。最后研究自由贸易区战略对中国大国"和平崛起"战略的影响，认为中国充分运用了自由贸易区战略，为大国崛起战略的执行谋求了有利的国际环境。[①]

韩国国际经济政策所（KIEP）的政策分析报告《韩中FTA的经济效益与政策含义（I）》（2005）中专门有一小节研究中国自由贸易区战略。[②] 报告中指出，改革开放后的中国经济逐渐增加了同世界经济的相互依赖，因此，中国对FTA的看法也由早前的怀疑变成了积极参与。然而，由于亚洲货币危机，RTA和优惠贸易安排（PTA）的扩散以及1999年12月WTO谈判受阻，中国开始加大FTA政策的力度。中国期望通过双边的FTA，（1）获得更优惠于目前WTO的待遇；（2）通过降低关税和取消非关税壁垒以及改善市场准入来降低贸易成本；（3）使得中国企业以更低的成本获得原料和装备；（4）使得中国消费者更易获得更廉价、高质量的商品和服务。该报告继续指出，中国虽然急于同世界各地的国家和组织进行

---

① 李艳丽：《中国自由贸易区战略的政治经济研究》，中国经济出版社，2012。

② Hongshik Lee, et al., "Economic Effects of a Korea-China FTA and Policy Implications（I），" Seoul, "Korea Institute for International Economic Policy," *Policy Analysis*, No. 03, 2005.

FTA 谈判，但关注的焦点仍然是周边地区。该报告认为，从国际政治经济学的视角来研究中国 FTA 战略更有价值，因为中国倾向于将中日韩之间的国际政治问题转变成区域经济合作形式进行讨论。中国为了同日本竞争东亚地区的领导权，同美国减少政治经济摩擦、在朝核问题上合作，为了抢在日本前面同东盟达成 FTA，与东盟签署"早期收获计划"。另外，中国同海合会（GCC）进行 FTA 谈判，目的是确保能源安全，想利用 GCC 成员国的丰富石油资源来满足中国经济的快速增长。该报告虽然注意到了中国 FTA 战略确保周边安全、能源安全等方面的问题，但它是站在韩国的立场上来分析东亚局势的，将中国 FTA 战略定位在同日本竞争东亚地区的领导权则有失公允。

美国南加州大学的片田纱织（Mireya Solís）（2009）或许有感于美国的竞争性自由化战略，提出了竞争性区域主义（Competitive Regionalism）的研究框架（2009），得出了"中国在积极地模仿其他国家的 FTA 的同时，与日本竞争的意识强烈。中国对地区贸易一体化给予强烈关注，为了在亚洲确立领导地位而利用 FTA"等比较偏颇的观点。①

六是对亚太地区的美、日、韩、印、东盟等国家与地区的 FTA 战略进行研究的相关研究成果。梳理这些相关著述，② 确实对本课题有所裨益，并从中发现对本选题非常有价值、有启发性的东西。但毕竟这些研究对象都是局限于别国的 FTA 战略，有很强的针对性，所以，对于中国 FTA 战略的研究还要"另起炉灶"。

---

① Mireya Solís, et al., *Competitive Regionalism: FTA Diffusion in the Pacific Rim*, New York: Palgrave Macmillan, 2009.

② 宋国友：《美国的东亚 FTA 战略及其对地区秩序的影响》，《当代亚太》2007 年第 11 期；朱颖：《美国全球自由贸易协定战略》，《上海师范大学学报（哲学社会科学版）》2008 年第 5 期；李文韬：《美国推进亚太自由贸易区战略构想的政治经济分析》，《亚太经济》2009 年第 1 期；赵晋平：《迈向制度性经济合作——日本 FTA 战略若干评价及多方案比较选择》，《国际贸易》2003 年第 8 期；金永洙、徐芳：《日本的 FTA 战略动向及其对中国的影响》，《日本学论坛》2006 年第 1 期；朱颖：《日本实施 FTA 战略的进展和挑战》，《东南亚研究》2006 年第 3 期；潘涛：《日本的 FTA 战略》，《日本问题研究》2007 年第 2 期；孙世春：《日本的 FTA 战略与东亚经济一体化》，《日本研究》2007 年第 4 期；于潇：《从日本 FTA 战略看东北亚地区经济一体化的发展趋势》，《现代日本经济》2007 年第 5 期；李俊久、陈志恒：《试析日本的 FTA 战略：现状、问题与前景》，《吉林师范大学学报（人文社会科学版）》2008 年第 2 期；马成三：《日本的 FTA 战略与"中国因素"》，《国际贸易》2008 年第 5 期；廖小建、廖新年：《韩国的 FTA 战略》，《外交评论》2005 年第 5 期。

七是新区域主义（新地区主义）理论的相关文章与著述。肖欢容（2003）的著作《地区主义：理论的历史演进》比较详尽地回顾了地区主义的发展历程。① 耿协峰（2005）对于新地区主义的研究比较突出，他的《呼唤新地区主义研究的中国视角》一文对本选题有很大的启发性。他在文中指出，为了推动新地区主义研究的深入，学术界现在最需要做的学术工作是：回归中国本位、确立中国视角；树立大战略观念，构建具有东亚特点的地区主义理论框架；深入开展地区共同体建设的研究，提出"中国倡议"；加强对地区治理问题的研究，探讨东亚地区治理与善治的新机制。② 在新区域主义的研究方面，郑先武（2007）的研究也比较突出，他在《"新区域主义"的核心特征》一文中总结出"新区域主义"具有五个方面的核心特征，即综合性、区域间性、开放性、主体化、趋同化，对本课题的启发性也很大。③ 还有一些国内外学者在做新区域主义实证研究时，喜欢将中国放在东亚地区或者是亚太地区。④ 当然，还有很多其他学者在这些方面研究做得也比较好，这里就不再一一列出。

八是对 WTO 与 FTA 的关系进行研究。国内外关于 WTO 与 FTA 的相关著作和论文都很多。笔者认为日本的高濑保凭着他在 WTO 总部工作的多年经验写成的《WTO 与 FTA：世界贸易组织与自由贸易协定》是一本具有基础性读本作用的著作。⑤ 当然更多 WTO 与 FTA 的内容可以登录 WTO 的官方网站，那里面的内容会更翔实。也正因为如此，笔者要对大量相关资料与数据进行整理，才能更清楚地反映出各国，尤其是中国达成的 FTA 所取得的绩效如何，比如，某一 FTA 占中国贸易总额的份额有多大，达成该FTA 前后双方贸易额的变化程度等。

其次是针对周边安全的研究，这历来都是热点。有的学者从地缘政治视角进行研究，如朱听昌（2002）的著述按照东北亚、东南亚、南亚、俄罗斯及中亚的地域划分来展开论述。⑥ 有的从大国关系视角进行研究，如

① 肖欢容：《地区主义：理论的历史演进》，北京广播学院出版社，2003。
② 耿协峰：《呼唤新地区主义研究的中国视角》，《教学与研究》2005 年第 11 期。
③ 郑先武：《"新区域主义"的核心特征》，《国际观察》2007 年第 5 期。
④ 参见陈勇《新区域主义与东亚经济一体化》，社会科学文献出版社，2006；陈峰君、祁建华主编《新地区主义与东亚合作》，中国经济出版社，2007。
⑤ 〔日〕高濑保：《WTO 与 FTA：世界贸易组织与自由贸易协定》，边红彪、陈恺之译，中国计量出版社，2008。
⑥ 朱听昌主编《中国周边安全环境与安全战略》，时事出版社，2002。

杨成绪（2003）的著述按照政治及军事安全环境、经济安全形势、地区力量中心的层次划分来展开论述。① 也有的从周边一些小国的视角来研究，如李大军等（2005）的文章透过蒙古国"多支点"外交政策来探讨其对我国周边安全环境的影响。② 还有从"三维安全"的视角来研究，如许晓丽（2013）的文章运用该理论对中国周边环境如何优化进行了分析。③ 另外，还有从中国的和平发展、睦邻外交政策和新安全观的视角，以及建构主义、软实力、非传统安全等视角进行研究的文章与著述。④ 同时，周边安全研究的视野范围随着中国综合国力的增强也在不断地扩大。《中国外交：2011 年版》一书在"同周边国家的睦邻友好关系不断深化"专题阐述中提及"上海合作组织""亚太经合组织""东亚峰会"和"几乎所有亚洲国家"等概念，便是对"大周边说"的很好印证。⑤ 总之，目前从中国实施自由贸易区战略的视角进行周边安全研究的文章与著述很少。

本书还要对安全理论进行一番梳理。安全理论的研究是个大问题，历史悠久，内容又十分庞杂。简单地讲，安全，可以说是一种免于危险的境地或状态，也可以说是为了达到这种境地或状态而采取的行动和努力。安全理论就是针对安全的境地或状态的构成因素，已经造成不安全境地或状态的原因，以及防控不安全因素发生和不安全局面扩大的手段和途径进行系统分析、归纳和总结的一系列相关理论。目前安全理论在纵向和横向上都有很多相关理论。纵向上可由"不安全（比如，战争）—安全—防控（确保）安全"三个粗略的阶段划分相关的安全理论，而横向上又可由"经济—政治—国防—文化—社会—生态"等不同的领域划分相关的安全

① 杨成绪主编《中国周边安全环境透视》，中国青年出版社，2003。
② 李大军、张建平、王辛：《蒙古国"多支点"外交政策及其对我周边安全环境的影响》，《东北亚论坛》2005 年第 2 期。
③ 许晓丽：《"三维安全"视角下的中国周边安全优化分析》，《吉首大学学报（社会科学版）》2013 年第 5 期。
④ 高子川：《和平发展视野下的中国周边安全》，《国际问题研究》2006 年第 2 期；曲文娜：《中国的周边安全环境与睦邻外交政策》，吉林大学硕士学位论文，2006；刘国新：《论中国新安全观的特点及其在周边关系中的运用》，《当代中国史研究》2006 年第 1 期；龚柏松：《建构主义理论视阈下中国周边安全》，《理论月刊》2014 年第 10 期；冯永利、方长平：《当前中国周边安全环境探析：侧重于软实力的视角》，《教学与研究》2013 年第 4 期；李香兰：《周边环境新视角：非传统安全问题》，《国土与自然资源研究》2002 年第 2 期。
⑤ 中华人民共和国外交部政策规划司：《中国外交：2011 年版》，世界知识出版社，2011。

理论。本书的研究则在纵向上侧重于防控（确保）安全方面的安全理论，横向上则倾向于"复合型"的安全理论。因此，本书重点关注的是"安全复合体理论"（又称为"区域安全复合体理论"）、"安全共同体理论"以及与之相关的"社会建构主义理论""轮轴－辐条理论""国际政治经济学"等。[①] 本书并没有将主要精力放在纯粹的安全理论研究上，而是将这些理论作为探究中国 FTA 战略的宏观与深层战略目标的一部分学术研究背景。

三 思路框架以及创新之处

本书的思路框架大致由三个部分组成。

第一部分主要是揭示中国 FTA 战略是一个"自然生成的战略"，有一个日趋成熟的体系框架。近些年来，中国所进行的三种区域经济合作形式[②]大致都与中国 FTA 战略有关。第一种区域经济合作形式就是以 FTA 为主要形式的区域贸易安排（见表1）。这种区域贸易安排是紧密的、有约束性的，通常是指有关国家和地区通过签署协定，在 WTO 最惠国待遇基础上，相互进一步大幅开放市场，当然还有其他一些内容。像2001年中国参

---

① Sureshwar D. Sinha, *Security in the New World Order*, Delhi: Chanakya Publications, 1993. Richard Wyn Jones, *Security, Strategy, and Critical Theory*, Boulder, Colo.: Lynne Rienner Publishers, 1999. Bill McSweeney, *Security, Identity and Interests: a Sociology of International Relations*, Cambridge: Cambridge University Press, 1999. Laure Paquette, *Security for the Pacific century: National Strategy in a Multilateral Setting*, New York: Nova Science Publishers, c2002. Alex J. Bellamy, *Security Communities and Their Neighbours: Regional Fortresses or Global Integrators?* Houndmills, Basingstoke, Hampshire, Palgrave Macmillan, 2004. 〔澳〕克雷格·A. 斯奈德等：《当代安全与战略》，徐纬地等译，吉林人民出版社，2001；〔加拿大〕阿米塔·阿查亚著《建构安全共同体：东盟与地区秩序》，王正毅、冯怀信译，上海人民出版社，2004；唐世平：《塑造中国的理想安全环境》，中国社会科学出版社，2003；张文木：《世界地缘政治中的中国国家安全利益分析》，山东人民出版社，2004；徐桂华主笔《中国经济安全的国家战略选择》，复旦大学出版社，2005；子杉：《国家的选择与安全：全球化进程中国家安全观的演变与重构》，上海三联书店，2005；余潇枫等：《非传统安全概论》，浙江人民出版社，2006；张海东：《技术性贸易壁垒与中国产业安全》，上海财经大学出版社，2006；张长全：《中国金融开放与发展中的安全预警问题研究》，经济科学出版社，2008；郑先武：《安全、合作与共同体：东南亚安全区域主义理论与实践》，南京大学出版社，2009；郑先武：《区域间主义治理模式》，社会科学文献出版社，2014。

② 参见易小准《中国参与区域经济合作的抉择与作为》，《中国对外贸易》2007年第7期；另见陈妍《积极开展区域经济合作以开放促改革发展共赢——访商务部国际司参赞张克宁》，《国际商报》2008年第5期。

与的第一个区域贸易安排《亚太贸易协定》（原《曼谷协定》），还有中国与东盟、智利、巴基斯坦、新西兰、新加坡、秘鲁签署的 FTA 以及内地与港、澳签署的 CEPA 都属于这种形式。第二种区域经济合作形式是区域经济合作论坛。这些合作机制通常是较为松散的、非约束性的，其合作内容通常是政策对话、贸易促进和信息交流为主，主要代表是亚太经合组织（APEC）、亚欧会议（ASEM）、上海合作组织（SCO）、东盟和中日韩（10＋3）机制、东亚峰会、中非合作论坛、中阿合作论坛、中拉合作论坛等。第三种区域经济合作形式是次区域经济合作。这类合作主要是从地缘上来说的，是指区域的一定范围内相邻国家或地区之间的合作。其主要是通过改善基础设施和能力建设来促进小的区域范围内经济的发展和繁荣，像大湄公河次区域经济合作、中亚区域经济合作、大图们江区域经济合作等次区域合作机制等。

表 1　中国正在商谈和建设的 FTA/RTA 全球具体分布情况一览表

中国	主体与部分之间 FTA	与地区之间 FTA		与他国之间 FTA		联合可行性研究	
		已签署	在谈判	已签署	在谈判	已完成	在进行
亚洲	内地与港澳（CEPA），内地与台湾（ECFA）	东盟，亚太贸易协定	海合会，区域全面经济伙伴关系（RCEP），中日韩	巴基斯坦，新加坡，韩国	斯里兰卡，马尔代夫，格鲁吉亚	印度	
拉美				哥斯达黎加，智利，秘鲁			哥伦比亚
大洋洲				新西兰，澳大利亚			斐济
欧洲				冰岛，瑞士	挪威		摩尔多瓦
非洲			南部非洲关税同盟				

资料来源：根据中国自由贸易区服务网站（http：//fta. mofcom. gov. cn）资料信息整理。

通过对中国现有的三种区域经济合作形式的分析，如果我们单从狭义的角度来讲，中国 FTA 战略仅指第一种区域经济合作形式；而要是从广义的角度来讲，中国 FTA 战略应该包括这三种区域经济合作形式。在本课题中，笔者更倾向于从广义的角度来研究中国 FTA 战略。因为，第一种区域经济合作形式应该被看作中国 FTA 战略体系框架构建的核心，而第二、三种区域经济合作形式应该被看作中国 FTA 战略体系框架拓展与深化的平台。核心的产生不是突兀的，事先往往有良好的平台铺垫。因此，从战略层面上来研究，中国 FTA 战略应该是一个包容更全面、更能反映实际状况的体系架构。为此，第一部分包括第一章"中国自由贸易区战略实践与探索的历程"和第二章"中国自由贸易区战略拓展与深化的平台"。这两章是着意将中国 FTA 战略所涵盖的三种区域经济合作形式分成两部分。

在第一章中，主要是谈中国与其他国家和地区所达成的 FTA，并对这些 FTA 发展的历程、成立的意义、面临的挑战或存在的问题进行阐述与分析。本章不同程度地涉及了中国 - 东盟 FTA、中国 - 新加坡 FTA、内地与港澳 CEPA、中国 - 巴基斯坦 FTA、中国 - 智利 FTA、中国 - 秘鲁 FTA、中国 - 哥斯达黎加 FTA、中国 - 新西兰 FTA、中国 - 澳大利亚 FTA、中国 - 冰岛 FTA、中国 - 瑞士 FTA、中国 - 韩国 FTA 等，限于篇幅，没有对正在谈判的其他 FTA 进行深入剖析。

在第二章中，通过对区域优惠贸易安排《亚太贸易协定》，区域合作论坛"上海合作组织"和"亚太经合组织"，次区域经济合作"大图们江区域经济合作"等的描述与分析，初步勾画了中国自由贸易区战略拓展与深化平台的几个层次。当然，这里限于篇幅没有述及中国参与的其他的一些区域经济合作形式，比如，亚欧会议、东亚峰会、中非合作论坛、中拉合作论坛、大湄公河次区域经济合作、中亚区域经济合作等，并不能因此说它们是不重要的。这些区域经济合作形式，增进了中国与相应的参与各方互信共赢的合作理念，为促使中国加快与各方未来达成 FTA、升级与各方已签署的 FTA 铺平了道路。

本书通过第二部分的梳理，更为清晰地展示中国 FTA 战略推进的"脚印"以及可向全球波及的途径，真可谓：政经互动，增进互信；周边优先，全球布点；远近结合，逐层演进。第二部分是本课题的重中之重，着重阐述中国 FTA 战略在周边地区的深层战略目标，包括第三章、第四章和第五章的内容。

随着研究的深入，我们就会发现，提出 FTA 战略的国家和地区，都有一个谋求建立以己为"轮轴国"、覆盖全球的 FTA 网络的宏伟战略目标，但是这一战略并不都是单纯地为了确保自己的国际市场安全。我们从它们的 FTA 战略文本中，都可以解读出经济以外的东西。比如，选择谈判对象的标准及其优先顺序都能够反映出，FTA 战略是用来回报和巩固传统友好伙伴关系，确保周边或其他地区安全，抢占全球性"战略"要点，增加在未来多边或双边自由贸易谈判中的筹码等。以美国的 FTA 战略为例，它就有着多种目的在内。① 其一，推进地区政治、经济发展战略。美国为了达到控制全球的目的，积极地推进地区政治、经济发展。通常先确定地区总的 FTA 发展目标，然后有计划、分阶段、分步骤地推进。在每个地区先确定重点发展对象，最后再将这些双边 FTA 融合成为区域性自由贸易区。例如，美国在美洲自由贸易区、中东自由贸易计划以及东盟谈判计划中都是这样做的。其二，实行强大的外交政策。从美国和约旦、摩洛哥、智利、新加坡签署的协定可以看出，有些协定对贸易无足轻重，而主要是追求重大外交政策目标。这四个国家与美国的贸易加起来每年不到 600 亿美元，只占美国对外贸易总额的 3%。美国只想通过双边贸易谈判达到自己的政治和外交目的。它为了遏制伊朗、伊拉克等中东地区国家的国际恐怖主义扩张势力，同以色列签署了 FTA；为了防止朝鲜等东北亚地区的核武器扩散，同韩国签署了 FTA；为了控制东盟地区，同新加坡、泰国等签署了 FTA；为了控制南美洲、拉拢巴西，同智利签署了 FTA 等。其三，提高其在世界贸易体系与规则制定中的领导地位。美国在五大洲选择有代表性的国家达成 FTA，将促使其他国家加入 FTA，这最终会刺激欧盟和日本在多哈回合谈判中做出让步，加快其谈判进程。这样一来，美国就会试图将FTA 谈判中达成的协议引入多边自由贸易体制的规则制定中去，从而强化其在多边自由贸易规则制定中的主导权。其四，作为推广美国民主、价值观和维护安全的工具。②

　　与任何一个国家和地区提出的 FTA 战略一样，中国 FTA 战略在其宏观战略目标之下也有着若隐若现的深层战略目标（只不过各个国家和地区的深层战略目标存在着自身差异）。经过研究发现，中国 FTA 战略在周边地区的深层战略目标就是要打造以自身为平台的周边安全架构，确保周边市场安全、周边交通能源安全和台海安全，从而有利于周边传统安全与非传

---

① 李富有：《美国自由贸易协定战略及中国的应对措施》，《西安财经学院学报》2007 年第 3 期。

② 王红霞：《服务于国家安全及整体战略：美国双边及区域自由贸易协定的战略目标及启示》，《国际贸易》2004 年第 10 期。

统安全问题的有效解决与应对。

在第三章"中国自由贸易区战略视角下的周边市场安全"中，从"经济安全与市场安全"、"市场安全与 WTO"和"市场安全与 FTA"三个方面，来揭示中国确保经济安全的努力，具体地表现为确保国际市场安全。为此，中国在谋求突破社会主义市场经济发展"瓶颈"时，尝试着两条腿走路，即 WTO 与 FTA。因此，本章的重点还是放在中国为了确保周边市场安全而选择 WTO 与 FTA 的两种境遇上来研究。

在第四章"中国自由贸易区战略视角下的周边交通能源安全"中，首先从广义上界定了周边地区的范围，认为其包括整个亚洲和大洋洲。考虑到在研究中国 FTA 战略与周边安全问题的关联时，不可能一概而论，要选取几个切入点，才能更好地说明问题。本书将从贸易投资便利化所需的交通合作和关系经济发展命脉的能源合作切入，限于篇幅，只对中国－东盟 FTA 和上海合作组织各自区域内的交通能源合作的建设历程、取得成就、面临问题进行比较具体的描述与分析，对"一带一路"国家战略的顺利实施、亚洲基础设施投资银行和丝路基金的适时成立进行详细解读，来探析中国 FTA 战略的实施将会如何促使中国与周边地区形成一个"命运共同体"，从而更好地化解周边安全隐患。

在第五章"中国自由贸易区战略视角下的台海安全"中，分析了台海安全问题产生的历史和现实的原因，中国 FTA 战略化解台海安全问题的可能性，并提出了中国 FTA 战略确保台海安全三个方面的内容：（1）固守双方在现有共同加入的 WTO 和 APEC 中的身份定位，防止和消除在多边、区域或双边经济合作中台湾地区有悖身份的企图。（2）坚决反对任何国家和地区与台湾地区以"主权国家"或"政府"等身份达成 FTA。（3）坚持在"一个中国"原则和"九二共识"的基础上，两岸达成贸易自由化、投资便利化等经贸领域"双赢"或"多赢"的类似 FTA 性质的经济合作协议。本章着重对"国共论坛"与"两岸经贸文化论坛"、海协会与海基会、"海峡两岸经济合作框架协议"（ECFA）作了比较详细的阐述。

第三部分就是第六章"中国自由贸易区战略的新区域主义特征"的内容。在这一章中，笔者系统地梳理了新、旧区域主义产生的原因，对比了二者的特点，寻找了对二者支撑的相关理论，并试着对二者下了定义。接着，又总结出了中国 FTA 战略的六个新区域主义特征，即综合性、互动性、开放性、区域间性、多层性、主体性。这几个新区域主义特征是根据

其他学者相关论文中对新区域主义核心特征的总结,① 同时比照中国 FTA
战略自身所具有的特点而得出来的。

　　本书的创新之处与思路框架的三个部分相对应,大致也有三个方面:
一是扩展中国 FTA 战略所涵盖的外延,使其既包括"实践与探索的历程",
又包括"拓展与深化的平台",这样一来就包括了目前中国所进行的各种
区域经济合作形式,从而更好地把握中国 FTA 战略的体系框架和宏观战略
目标;二是总结出中国 FTA 战略在周边地区的深层战略目标,就是要打造
以自身为平台的周边安全架构,确保周边市场安全、周边交通能源安全和
台海安全,从而有利于周边传统安全与非传统安全问题的有效解决与应
对;三是对中国 FTA 战略采用新区域主义的研究视角,并分析和总结出中
国 FTA 战略的新区域主义特征。

四　材料来源

　　本书使用材料最大的特点是除了使用大量的中英文学术专著和论文以
外,还大量地使用网络媒体材料,时时跟进中国 FTA 战略推进的情况,在
写作的过程中经常地更新数据,务实求证。当然,这些网络媒体材料大都
来自中外官方或权威网站,具有较大的可信度。

---

① 郑先武在他的文章中总结出新区域主义的五个核心特征,即综合性、区域间性、开放性、
主体化、趋同化。参见郑先武《"新区域主义"的核心特征》,《国际观察》2007 年第
5 期。

第一章 中国自由贸易区战略实践与探索的历程

对于中国自由贸易区战略"实践在前，提出在后"的总结可谓非常准确，因为中国-东盟FTA、内地与港澳CEPA、中国-智利FTA、中国-巴基斯坦FTA都是在该战略提出之前达成或签署的。中国-新西兰FTA、中国-新加坡FTA、中国-秘鲁FTA、中国-哥斯达黎加FTA、中国-冰岛FTA、中国-瑞士FTA、中国-澳大利亚FTA、中国-韩国FTA等虽说是在该战略提出之后签署的，但是在该战略提出之前它们中的大多数早就开始了谈判。当然中国与其他国家和地区正在进行的FTA谈判中也有很多在该战略提出之前就已经启动了。这些事实，一方面反映了中国共产党和中国政府慎之又慎的操守，另一方面也说明了中国先期进行的自由贸易区实践与探索所取得的成功经验为自由贸易区战略的提出提供了有力的支撑。因此，我们有必要对这些探索与实践进行回顾，从中找出和感悟一些有价值的东西，进而用来推动中国自由贸易区战略的进一步实践与探索。

第一节 中国-东盟自由贸易区

一 中国-东盟自由贸易区的启动背景

1. 东盟的发展成就与面临问题

东盟，全称东南亚国家联盟（Association of Southeast Asian Nations，ASEAN），于1967年8月8日在泰国首都曼谷成立。创始成员国有五个，即印度尼西亚、马来西亚、菲律宾、新加坡和泰国。它们一起签署了《东南亚国家联盟宣言（ASEAN Declaration）》（也称《曼谷宣言》，Bangkok Declaration）。后来陆续加入的有文莱（1984-01-07）、越南（1995-07-28）、老挝和缅甸（1997-07-23）、柬埔寨（1999-04-30）。直至今日，东盟仍然只有 10 个成员国而没有扩大。① 截至 2014 年，东盟地区人口有 6.22 亿，面积 444 万平方公里，GDP 总量约有 2.57 万亿美元，贸易总额大约 2.53 万亿美元。② 东盟已成为亚洲第三大经济体和世界第七大经济体。

东盟在冷战中诞生，其初期的宗旨是"加速本地区的经济增长、社会进步和文化合作"，直到 1976 年才正式加上政治合作的内容。但实际上，东盟从成立初期至冷战结束，一直以政治、安全合作为主，经济合作并没有被放在首要位置上，其成果也不突出。冷战结束后，东盟认为，一方面美苏力量从东南亚撤出，使该地区有可能实现持久的和平，从而为东盟发展经济创造有利环境；但另一方面美苏撤出后，东南亚地区出现了所谓的"力量真空"，而邻近的中国、日本、印度三个大国的势力会乘虚而入，构成潜在"威胁"。因此，东盟必须不失时机地发展和壮大自己的力量，这就需要调整自身的发展战略和对外关系战略，以增强内部凝聚力，掌握地区事务的主导权，扩大其在亚太地区的影响。

在冷战结束后的短短几年中，东盟进行了以下五方面的战略调整：第一，积极推动经济合作，成立"东盟自由贸易区"（AFTA），倡导"东亚经济核心论坛"（East Asia Economic Caucus，EAEC），加强与印支国家的经济合作；第二，成立"东盟地区论坛"（ASEAN Regional Forum，ARF），确立在地区安全中的主导地位；第三，扩大自身组织，筹建东南亚 10 国共同体；第四，举办"亚欧首脑会议"（Asia-Europe Meeting，ASEM），开辟亚欧对话机制，扩大东盟在世界的影响；第五，增强参与和处理国际事务的自主性，提高国际声望。经过战略调整，东盟在政治、经济、安全和外交各个领域取得了出色的成绩。③

第一，在政治领域，东盟积极与印支国家实现和解，将昔日的敌手变为今日的朋友，让越南、老挝、柬埔寨加入《东南亚友好合作条约》（the Treaty of Amity and Cooperation in Southeast Asia，TAC），并先后吸收它们为

①　"Overview," The ASEAN official website, http：//www.asean.org/asean/about-asean/overview.

②　"Selected Key Indicators," The ASEAN official website, http：//www.asean.org/news/item/selected-key-indicators.

③　《中国与东盟》，看中国网，http：//www.showchina.org/zgygjzzxl/zgydm/01/200805/t172264.htm。

东盟的观察员，还与长期受孤立的缅甸加强了关系。1994 年 5 月，东盟成功地将东南亚 10 国代表召集在一起，签署了《建立东南亚 10 国共同体设想的声明》，向"大东盟"目标迈出了重要的一步。1999 年随着柬埔寨的加入，该目标得以实现。"大东盟"的成立是东盟历史发展中的一个转折点，它用事实证明不同社会制度和意识形态的国家之间同样能够开展区域合作，改变了人们对东盟的性质和形象的看法，不再认为它是一个有政治和军事色彩的地区集团，而是一个具有共同经济、安全和外交目标的名副其实的地区合作组织。[①] 进入 21 世纪以来，为应对内外挑战，东盟加速了一体化整合过程，决定在 2015 年建成由政治 - 安全共同体（ASEAN Political-Security Community，APSC）、经济共同体（ASEAN Economic Community，AEC）和社会 - 文化共同体（ASEAN Socio-Cultural Community，ASCC）等三大支柱构成的东盟共同体（ASEAN Community，AC）。这些目标的实现，将成为东盟发展史上新的里程碑。

第二，在经济领域，东盟针对冷战后涌现的世界经济区域化、集团化的潮流，特别是亚太地区已经出现的北美自由贸易区（NAFTA）和亚太经合组织（APEC）等情况，积极推动"东盟自由贸易区"的建立。东盟自贸区自 1993 年 1 月 1 日起实施以来，虽然遇到一些挫折和困难，但总体来讲进展较为顺利。2005 年 12 月，东盟领导人又通过了《吉隆坡宣言》（Kuala Lumpur Declaration），决定于 2015 年建成东盟经济共同体，比原计划提前 5 年。2007 年 11 月，新加坡东盟首脑会议签署《东盟经济共同体蓝图》（ASEAN Economic Community Blueprint）（2008 ~ 2015），为建立东盟经济共同体确立了指导方针。《东盟经济共同体蓝图》包括以下目标：建立单一的市场和生产基地，以及有高度竞争力的经济区，实现经济公平发展，充分融入全球经济一体化。届时将在东南亚区域内实现货物、服务、投资、技术人员和资本的自由流动。今后数年内，东盟将把电子、医疗卫生、汽车等作为一体化优先行业，加强政府与企业界互动，加快与对话伙伴国的自贸谈判等。东盟经济共同体于 2015 年 11 月 22 日在吉隆坡召开的第 27 次东盟领导人峰会上被宣布已如期建成，这是东盟区域经济一体化日程上的一个重要里程碑。随即，《东盟经济共同体蓝图》（ASEAN Economic Community Blueprint 2025）也被批准。新的《东盟经

---

① 马燕冰：《东盟的成就、问题与前景》，《和平与发展》2008 年第 1 期。

济共同体蓝图》描绘了东盟经济共同体未来的五大特色：一是高度整合、紧密的经济体；二是竞争、革新、活力的东盟；三是增强互联互通与部门合作；四是弹性、包容、以人为本的东盟；五是全球化的东盟。①

对于亚太地区的经济合作，东盟也持积极的态度，在 APEC 中扮演了重要角色，尤其是 1994 年印尼担任 APEC 东道主时，果断地推出了实现亚太地区贸易和投资自由化的两个时间表，通过了《茂物宣言》（Bogor Declaration），表达了发展中国家的意愿和要求。另外，东盟还呼吁建立没有美国参与的"东亚经济核心论坛"（EAEC），强调通过东亚成员自己的合作，推动地区经济的发展。尽管由于美国的强烈反对，EAEC 未能建立起来，但东盟并没有放弃这一计划。事实表明，东盟通过与中国、日本、韩国构建的"10＋3"合作机制，再进一步叠加上印度、澳大利亚、新西兰 3 国构建的"区域全面经济伙伴关系"（Regional Comprehensive Economic Partnership，RCEP），在一定程度上构筑了 EAEC 的框架。

第三，在安全领域，1976 年 2 月，东盟在巴厘岛举行首届首脑会议，并签署《东南亚友好合作条约》和《东南亚国家协调一致宣言》，进一步明确了东盟成立的宗旨，即在东南亚国家之间实现和平、中立、友好、合作的政治框架，促进经济发展。采取求同存异、协商一致的原则，遵循联合国宪章和亚非会议精神，促成东盟成员国的合作，成为东盟处理相互关系的准则，对维护东盟内部的团结合作发挥了关键作用。这种独特的"东盟方式"，主要包括"不干涉内政"和"协商一致"原则以及东盟决议和执行机构的非强制性。在这一精神的指导下，东盟在维护内部团结和一致对外方面取得了突出成就：一是东盟成员国之间近 50 年来没有发生过大规模的军事冲突；二是在涉及成员国和地区利益的重大问题上，成员国能够协调立场、一致对外。1993 年，东盟在与西方"对话伙伴"会议的基础上创立了"东盟地区论坛"（ARF），可以说是冷战后东盟所取得的一项最突出的成就。东盟利用中小国家集团对地区不会构成威胁的同时又能游刃于各大国之间的特点，建立了由自己主导的亚太地区安全论坛，在冷战后的国际舞台上开创了"小国引领大国"的崭新范例。东盟不但从中获得了安全利益，而且大大地提高了自己的国际地位。

---

① "ASEAN Economic Community," The ASEAN official website, http://www.asean.org/communities/asean-economic-community.

第四，在外交领域，东盟通过与各大国开展对话，实行了"平衡外交"战略，提出有国际影响的倡议，举办亚欧会议等大型国际会议和活动，增强了对地区事务的发言权，同时使自己成功地进入了亚太外交舞台的中心位置。除了上面提到的颇有国际影响力的"东盟地区论坛"外，1995年东盟还完成对《东南亚无核区条约》的签署，获得核大国对东南亚无核国提供双重安全保障的承诺。1996年，东盟倡议并主导召开了有25个亚欧国家出席的亚欧首脑会议。1997年以后，又创立东盟与中、日、韩的"10＋1"和"10＋3"合作机制，2005年12月主持召开了首届"东亚峰会"，以及多次主办APEC会议，都体现了东盟在亚太事务中的主角形象。值得一提的是，在1976年东盟首脑会议上签署的《东南亚友好合作条约》（TAC），其内容涵盖签署国承诺相互尊重主权、不干涉内政等。除了东盟10个成员国外，中国是第一个加入该条约的域外国家。随后，日本、韩国、印度、澳大利亚、新西兰、俄罗斯等国也在该条约上签字。美国此前一直没有签署，担心不能对该地区的国家，诸如缅甸、柬埔寨等国进行施压和干预。2009年7月22日，美国国务卿希拉里在泰国普吉岛出席东盟地区论坛（ARF）部长会议时签署了TAC，继而成为签署TAC的第16个域外国家。日本共同社认为，由于中国在东南亚地区的影响力与日俱增，美国的加入"体现出了奥巴马政府对亚洲的重视及与东盟建立亲密关系的愿望"。① 美国加入后，27个ARF成员国和机构中已有包括朝鲜在内的26个国家加入TAC。同时，欧盟也有意加入该条约，这就使得东盟在地区事务中发挥主导作用的空间进一步增大。此外，东盟国家还积极弘扬亚洲价值观，在人权、民主等问题上敢于与西方大国唱对台戏，独立自主地处理国际事务。

当然，东盟短时间内不可能发展成为类似欧盟那样水平的共同体，很多东西都只能停留在宣誓性的起始阶段。这主要是由于东盟在自身的发展过程中存在着许多难以克服的问题。首先，东盟各国的经济发展水平仍有较大差距。东盟国家之间经济发展水平悬殊，既有人均GDP超过5万美元、已跻身世界发达国家的新加坡，也有人均GDP只有1000多美元的老

---

① 《美国加入〈东南亚友好合作条约〉意在制衡中国》，环球网，http：//world. huanqiu. com/roll/2009 - 07/523307. html。

挝、柬埔寨、缅甸等贫穷国家。① 虽然东盟自贸区计划已经实施 20 多年，但内部贸易水平仍然很低，根据东盟秘书处的数字，2014 年东盟内部的贸易额仅占其总贸易额的 24.1%。② 这在很大程度上是由于东盟各国在经济发展模式上趋同，经济关系的竞争性大于互补性。再加上经济资源的差异给各国带来的发展条件和机遇也不同，因此东盟不可能制定统一的经济发展战略，其实现经济共同体仍面临许多阻力。

其次，东盟各国不同的政治制度和意识形态，多元化的民族宗教和历史遗留问题导致东盟国家内部及邻国之间矛盾和冲突普遍存在。东盟成员在国家利益与区域利益之间优先考虑的往往还是国家利益，如新加坡分别与马来西亚、印度尼西亚，泰国分别与缅甸、柬埔寨等，多年来经常为各自的利益发生争吵。对于外部势力的介入与驻军以及西方势力对缅甸的制裁，意见也往往不完全一致。而金融危机爆发后印度尼西亚政局急剧动荡，东盟一度出现领导"空心化"，也不利于内聚力的增强。"东盟方式"的非强制性原则往往使问题得不到解决，东盟在一些地区问题和危机面前的束手无策，难以完全以"一个声音"对外，损害了自己的形象。

2. 中国与东盟的睦邻友好关系

东盟是中国的好邻居、好朋友、好伙伴。长期以来，中国和东盟在政治、经济、社会文化等领域的合作不断深化和拓展，在国际事务中一直相互支持、密切配合。自 1991 年中国与东盟所有国家建立或恢复了外交关系后，双方便开始了对话进程。双方经历了消除疑虑、对话伙伴（1996 年 7 月）、睦邻互信（1997 年 12 月）、战略伙伴（2003 年 10 月）等发展阶段。经过 20 多年来的共同努力，双方政治互信明显增强，经贸合作成效显著，其他领域合作不断拓展和深化。中国－东盟关系已成为我国周边外交的一大亮点，也是东盟与所有对话伙伴关系中最具活力和最富成果的一组关系。

政治上，中国于 2003 年作为域外大国率先加入《东南亚友好合作条约》，与东盟建立了面向和平与繁荣的战略伙伴关系。双方建立了较为完

---

① "Table 1：ASEAN indicators Selected basic ASEAN indicators as of August 2015," The ASEAN official website, http：//www. asean. org/images/2015/september/selected-key-indicators/table1 ＿ as% 20of% 20Aug% 202015. pdf.

② "A Blueprint for Growth：ASEAN Economic Community2015：Progress and Key Achievements," Jakarta, ASEAN Secretariat, November, 2015, The ASEAN official website, http：// www. asean. org/images/2015/November/aec-page/AEC-2015-Progress-and-Key-Achievements. pdf.

善的对话合作机制，主要包括领导人会议、12 个部长级会议机制和 5 个工作层对话合作机制。2009 年，中国设立驻东盟大使。2002 年，中国与东盟国家签署《南海各方行为宣言》（the Declaration on the Conduct of Parties in the South China Sea，DOC），就和平解决争议、共同维护地区稳定、开展南海合作达成共识。2011 年就落实《南海各方行为宣言》后续行动指针达成一致，为开展南海务实合作铺平了道路。双方致力于继续全面有效落实《南海各方行为宣言》，增进互信，以加强海上安全，鼓励直接有关的主权国家依据包括 1982 年《联合国海洋法公约》在内的国际法公认原则，以友好磋商和谈判和平解决争议，不诉诸武力或以武力相威胁，保持克制，不采取使争议复杂化或升级并影响和平稳定的行动。双方承诺在全面有效落实《南海各方行为宣言》和协商一致的基础上朝着早日达成《南海行为准则》（the Code of Conduct on the South China Sea，COC）努力，支持落实早期收获措施，包括通过《南海行为准则》磋商第一份共识文件、在各国海上搜救机构间建立热线平台及外交部门间应对海上紧急事态热线，举行海上联合搜救沙盘推演等，促进和加强地区各国间的互信。①

面对各种重大自然灾害和突发事件，中国与东盟真诚合作、共同应对。双方召开了非典型性肺炎特别峰会和防治禽流感特别会议，制定了一系列合作措施。2005 年，中国为遭受印度洋地震海啸袭击的东盟国家提供了无私帮助。2006 年是中国 – 东盟建立对话关系 15 周年，双方在广西南宁成功举办了中国 – 东盟纪念峰会。2011 年是中国与东盟建立对话关系 20 周年和友好交流年，双方举行了纪念峰会、领导人互致贺电、纪念招待会等一系列纪念和友好交流活动。2013 年是中国与东盟建立战略伙伴关系 10 周年，双方举行了中国 – 东盟特别外长会、互联互通交通部长特别会议、中国 – 东盟高层论坛等一系列庆祝活动。2014 年是中国 – 东盟文化交流年，双方在人文交流领域开展了丰富多彩的活动。② 2015 年是中国 – 东盟海洋合作年，双方在海洋经济、海上联通、科研环保、海上安全、海洋人文等领域开展了务实合作。

经济上，2010 年 1 月，中国 – 东盟自贸区（ACFTA）全面建成。中国

① 《第十七次中国 – 东盟领导人会议主席声明》，中国 – 东盟中心网站，http：//www. asean-china-center. org/2014 – 12/03/c_ 133830144. htm。

② 《中国 – 东盟关系（10 + 1）》，中国外交部网站，http：//www. fmprc. gov. cn/web/gjhdq_ 676201/gjhdqzz_ 681964/dmldrhy_ 683911/zgydmgk_ 683913/。

自 2009 年以来连续 6 年成为东盟最大贸易伙伴，东盟自 2011 年以来连续 4 年成为中国第三大贸易伙伴。2015 年 11 月，双方成功结束了中国 - 东盟自贸区升级版谈判。中国 - 东盟博览会及商务与投资峰会自 2004 年起每年在广西南宁举行，已成功举办 10 届，成为中国与东盟国家经济往来的重要平台。根据东盟方统计，2014 年双方贸易额达 3665 亿美元，占东盟贸易总额的 14.5%。双方重视区域经济一体化的重要性，在贸易自由化方面不断取得令人鼓舞的进展。为此，双方期待实现双方贸易额 2015 年达 5000 亿美元，2020 年达 1 万亿美元，以及双向投资额 2020 年达 1500 亿美元的目标。[1]

领域合作方面，双方确定了农业、信息产业、人力资源开发、相互投资、湄公河流域开发、交通、能源、文化、旅游、公共卫生和环保等 11 大重点合作领域。在执法、青年交流、非传统安全等其他 20 多个领域也开展了广泛合作。中国与东盟签署了农业、信息通信、非传统安全、大湄公河次区域信息高速公路、交通、文化、卫生与植物卫生、新闻媒体、知识产权、东盟东部增长区、建立中国 - 东盟中心等 10 余个合作谅解备忘录和合作框架。2011 年 12 月，中国 - 东盟中心正式成立。2012 年 8 月，中国驻东盟使团成立。双方设立了中国 - 东盟合作基金、中国 - 东盟公共卫生合作基金、中国 - 东盟海上合作基金和中国 - 东盟投资合作基金，用于支持中国 - 东盟领域合作。东盟 10 国均已成为中国公民出国旅游目的地，双方互为主要旅游客源对象。

在国际和地区事务上，中国与东盟的协调与配合进一步加强。中国始终支持东盟在东亚合作进程中发挥主导作用，双方共同推动东盟与中日韩合作、东亚峰会、东盟地区论坛、东盟防长扩大会、亚洲合作对话、亚太经合组织、亚欧会议、东亚 - 拉美合作论坛等区域和跨区域合作机制的健康发展。2013 年 10 月，习近平主席访问东南亚国家，倡导携手建设更为紧密的中国 - 东盟命运共同体，提出商签"中国 - 东盟国家睦邻友好合作条约"、筹建亚洲基础设施投资银行（the Asian Infrastructure Investment Bank，AIIB）、共同建设"21 世纪海上丝绸之路"等重大倡议。同月，第

---

[1]　"CHAIRMAN'S STATEMENT OF THE 18TH ASEAN-CHINA SUMMIT KUALA LUMPUR, 21 NOVEMBER 2015: OUR PEOPLE, OUR COMMUNITY, OUR VISION," The ASEAN official website, http://www.asean.org/images/2015/November/27th-summit/statement/Chairmans%20Statement%20of%20the%2018th%20ASEAN-China%20Summit%20Final.pdf.

16 次中国－东盟领导人会议在文莱斯里巴加湾市举行。李克强总理在会上提出包含"深化战略互信、聚焦经济发展"这两点政治共识和政治、经贸、互联互通、金融、海上、安全、人文七个重点合作领域的中国－东盟"2+7合作框架",得到东盟国家积极响应。会议还发表了《纪念中国－东盟建立战略伙伴关系 10 周年联合声明》。东盟成员国和中国作为亚洲基础设施投资银行创始成员签署了有关备忘录,同意密切合作,推动亚投行投入运营。双方期待亚投行向地区基础设施项目提供资金支持,重点支持落实《东盟互联互通总体规划》(the Master Plan on ASEAN Connectivity, MPAC)》。

二 中国－东盟自由贸易区的发展成就与面临问题

2000 年 11 月 25 日,在新加坡举行的第四次东盟与中国领导人(10+1)会议上中国时任总理朱镕基提出建立中国－东盟自贸区的设想,得到了东盟各国领导人的积极响应。2001 年 11 月 6 日,在文莱举行的第五次东盟与中国领导人(10+1)会议上,双方领导人达成共识,一致同意在 10 年内建立中国－东盟自由贸易区并授权经济部长和高官尽早启动自由贸易协定谈判。经过双方的共同努力,2002 年 11 月 4 日,朱镕基总理和东盟 10 国领导人共同签署了《中国－东盟全面经济合作框架协议》(Framework Agreement on Comprehensive Economic Co-operation between China and ASEAN),决定在 2010 年建成中国－东盟自贸区(China-ASEAN FTA),并正式启动了自贸区建设的进程。

2004 年 1 月 1 日,自贸区的先期成果——"早期收获计划"顺利实施。2004 年全年早期收获产品贸易增长 40%,超过全部产品进出口增长的平均水平。2004 年 11 月 29 日,温家宝总理出席第八次中国－东盟领导人会议,双方签署了自贸区《货物贸易协议》,并于 2005 年 7 月开始相互实施全面降税。双方还签署了自贸区《争端解决机制协议》,2005 年 1 月 1 日正式生效。根据中国海关统计,2006 年中国与东盟贸易总额达到 1608.4 亿美元,同比增长 23.4%。2007 年 1 月 14 日,温家宝总理出席第 10 次中国－东盟领导人会议,双方签署了自贸区《服务贸易协议》,并于当年 7 月 1 日顺利实施。2007 年中国与东盟的双边贸易额同比增长 25.9%,提前三年实现了双边贸易额达到 2000 亿美元的目标。双边贸易实现了稳健、持续的增长,取得了令人满意的成果。2009 年 8 月 15 日,第八次中国－东盟经贸部长会议在泰国曼谷举行，时任商务部部长陈德铭与东盟 10 国的经贸部长共同签署了自贸区《投资协议》。该协议的签署向外界发出了一个明确的信号，即中国和东盟各国愿同舟共济，携手抗击金融危机，继续推进贸易和投资自由化，反对贸易和投资保护主义，为东亚地区和全球经济的复苏与发展做出重大贡献。

2010 年 1 月 1 日，中国 - 东盟自贸区全面建成。双方约有 7000 种产品将享受零关税待遇，实现货物贸易自由化。2009 年 12 月 29 日，商务部国际司商务参赞张克宁在"中国 - 东盟自贸区建成"专题新闻发布会上提到，中国和东盟 6 个老成员，即文莱、菲律宾、印度尼西亚、马来西亚、泰国和新加坡之间，将有超过 90% 的产品实行零关税。中国对东盟平均关税将从目前的 9.8% 降到 0.1%，东盟 6 个老成员对中国的平均关税将从目前的 12.8% 降到 0.6%。东盟 4 个新成员，即越南、老挝、柬埔寨和缅甸，也将在 2015 年实现 90% 的产品零关税的目标。[①] 除了货物贸易之外，双方服务部门的开放水平也有进一步的提升，投资政策和环境得到法律制度的保障，更加稳定和透明。

为了进一步提高本地区贸易投资自由化和便利化水平，2013 年 10 月 9 日，李克强总理在第 16 次中国 - 东盟领导人会议上倡议启动中国 - 东盟自贸区升级谈判。2014 年 8 月，中国 - 东盟经贸部长会议正式宣布启动升级谈判。经过 4 轮谈判，双方于 2015 年 11 月 22 日，在李克强总理和东盟 10 国领导人的共同见证下，中国商务部部长高虎城与东盟 10 国部长分别代表中国政府与东盟 10 国政府，在马来西亚吉隆坡正式签署中国 - 东盟自贸区升级谈判成果文件——《中国与东盟关于修订〈中国 - 东盟全面经济合作框架协议〉及项下部分协议的议定书》（以下简称《议定书》）。《议定书》是我国在现有自贸区基础上完成的第一个升级协议，涵盖货物贸易、服务贸易、投资、经济技术合作等领域，是对原有协定的丰富、完善、补充和提升，体现了双方深化和拓展经贸合作关系的共同愿望和现实需求。《议定书》的达成和签署，将为双方经济发展提供新的助力，加快建设更为紧密的中国 - 东盟命运共同体，推动实现 2020 年双边贸易额达到 1 万亿美元的目标，并将促进 RCEP 谈判和亚太自贸区（FTAAP）的建设进程。

---

① 《商务部召开"中国 - 东盟自贸区建成"专题新闻发布会》，中国自由贸易区服务网，http://fta.mofcom.gov.cn/article/chinadongmeng/dongmengnews/201006/2878_1.html。

中国-东盟自贸区是中国对外商谈的第一个自贸区，也是最大的自贸区，有力地推动了双边经贸关系的长期稳定健康发展，成为发展中国家间互利互惠、合作共赢的良好合作范式。在自贸区各项优惠政策的促进下，中国与东盟双边贸易从2002年的548亿美元增长至2014年的4804亿美元，增长了近8倍，双向投资从2003年的33.7亿美元增长至2014年的122亿美元，增长了近3倍。目前，中国是东盟最大的贸易伙伴，东盟是中国第三大贸易伙伴，双方累计相互投资已超过1500亿美元。① 随着中国与东盟之间基本实现自由贸易，资金、资源、技术和人才等生产要素的流动效率会显著提高，双方之间经济一体化程度将会达到前所未有的水平，同时也将对亚洲及世界的经济发展与政治和谐做出积极贡献，并产生良好效应。

首先，中国-东盟自贸区呈现递增式互动性效应。第一，双方从树立建设自贸区信心的"早期收获计划"的实施，到签署自贸区《货物贸易协议》，再到签署自贸区《服务贸易协议》，最后到签署自贸区《投资协议》，一步一个脚印，不断地享受到自贸区带来的好处，从而给进一步深化双边经贸往来注入更大的动力。第二，由于双方通过一系列具有法律文本性质的协议等深化了经济方面的依赖程度，反过来又会充实和质化双方在政治、安全方面所达成的协议等，使得中国-东盟自贸区朝着向涵盖经济、政治、安全等各个领域的"互信、互利、平等、协作"的"安全复合体"形态发展。

其次，中国-东盟自贸区引起链锁式趋同性效应。中国与东盟于2001年11月6日在文莱召开的第5次"10+1"领导人会议上迅速达成协议，一致同意10年内建成自贸区，并于2002年11月4日签署了《全面经济合作框架协议》。中国的这种后来居上，率先行动，在东亚，尤其是周边地区引发了强烈的"多米诺骨牌"效应。日本高官惊呼："日本在与东南亚的自由贸易方面已落后于中国，在外交上很难堪。"② 于是日本抱着很强的危机感，慌忙地紧随在中国之后开始与东盟展开协商。时任日本首相小泉

---

① 《中国与东盟结束自贸区升级谈判并签署升级〈议定书〉》，中国自由贸易区服务网，http://fta.mofcom.gov.cn/article/chinadongmeng/dongmengnews/201511/29455_1.html。

② 参见《全面经济合作框架协议》，〔日〕《每日新闻》2002年1月11日。转引自程敏、施本植、李思永《日本-东盟自由贸易区建设对中国非传统收益的影响》，《思想战线》2007年第1期。

纯一郎随即于 2002 年 11 月 5 日同东盟 10 国在金边签署了一项共同宣言，决定建立日本与东盟全面经济伙伴关系（CEP），并于 2003 年 10 月与东盟达成尽可能 10 年内建成自由贸易区的框架协议。2005 年 4 月，东盟和日本正式就全面经济伙伴协定进行谈判。2007 年 11 月，双方谈判顺利结束。2008 年 4 月，双方在泰国帕塔亚正式签署《东盟－日本全面经济伙伴协定》。根据协定，日本将对从东盟进口的按价值计算 90% 的产品实行零关税。

中国、日本与东盟自由贸易协定的签订给韩国带来了巨大的危机感。[①] 2003 年 10 月，韩国－东盟领导人峰会同意加强对双方经济关系进行研究，韩国提出建立韩国－东盟自由贸易区。2004 年 9 月，在印尼召开的"10 + 3"经济部长会议上，东盟建议从 2005 年开始与韩国进行自由贸易区谈判。2005 年 12 月，在韩国与东盟的第九届首脑会议上，双方签署了《韩国－东盟经济合作框架协议》，内容涵盖货物、服务、投资，纠纷解决程序及经济合作等方面。2006 年 8 月，东盟与韩国在马来西亚首都吉隆坡签署《货物贸易协议》。2007 年 11 月，东盟和韩国在新加坡签署《服务贸易协议》，双方向 2010 年前建立自贸区迈进了一步。2009 年 4 月，东盟与韩国完成《投资协议》谈判，并于 6 月在韩国济州岛正式签署这一协议。《投资协议》的签署标志着东盟－韩国自由贸易协定的谈判已经完成。

2003 年，印度与东盟正式签署《全面经济合作框架协议》，然而直到 2009 年双方才签署了自贸区《货物贸易协议》，并于 2010 年 1 月 1 日生效。印度"紧跑慢赶"的压力似乎来自中国，特别是中国与东盟在 2010 年 1 月 1 日全面建成自贸区之际。《印度时报》2010 年 1 月 3 日报道，随着中国－东盟自贸区的正式启动，印度出口商将面临新的挑战，必将"迫使"新德里与东盟国家缔结类似的贸易协议。[②] 2012 年 12 月 20 日，印度与东盟 10 国领导人在新德里召开的"印度－东盟纪念峰会"上宣布，双方已经完成了服务与投资自贸协定的谈判，这也意味着印度与东盟间全面的自贸区已经建成。

澳大利亚作为美国的盟友，国内一直都有"中国威胁论"的市场。澳

---

① 乔刚：《明智的选择——试析韩国－东盟自由贸易区的建立》，《东南亚研究》2005 年第 5 期。

② 高友斌：《印媒称中国－东盟自由贸易区将威胁印度利益》，环球网，2010 年 1 月 4 日，http：//world. huanqiu. com/roll/2010－01/677926. html。

大利亚对中国经济发展持有疑虑的态度，往往借区域经济合作夸大中国对澳大利亚和东盟的经济威胁，进而在防务安全和人权等问题上制造难题。[1]中国与东盟自贸区建设的积极稳步发展，让视东南亚为自己"后院"的澳大利亚着实感到不安。2002 年，澳大利亚（1983 年 1 月 1 日，《澳大利亚－新西兰进一步密切经济关系协定》即 CER 生效，澳大利亚、新西兰实际上已连结为一个市场，在自贸区谈判中，澳大利亚和新西兰实际上是作为一个整体同东盟进行谈判）与东盟正式签署了《建立更紧密经贸关系的部级宣言》（Ministerial Declaration on the AFTA-CER Closer Economic Partnership）。但直到 2004 年 11 月，澳大利亚和新西兰与东盟各国领导人在老挝万象举行建立对话关系 30 周年的纪念峰会之际，各方才同意在 2005 年正式启动涵盖货物、服务和投资等内容在内的综合性区域自由贸易协定谈判。迟至 2009 年 2 月 27 日，澳大利亚和新西兰与东盟正式签署《澳大利亚新西兰－东盟自由贸易协定》（Agreement Establishing the ASEAN-Austrilia-New Zealand FTA）。

美国本来就很担心在东亚地区经济一体化的过程中被边缘化，甚至被排除在外。而中国率先提出与东盟建设自贸区，更加剧了美国的担忧。美国学者认为，"中国在东南亚的野心是以目前和未来的美国战略利益为代价的"，呼吁"美国需要再一次成为东南亚的领袖"。[2] 其实，早在 2002 年，美国就曾经和东盟探讨建立自贸区的问题，但后来一直忙于同东盟的各个成员之间建立双边的 FTA。直到 2006 年 7 月，美国才在深入与东盟整体的自贸谈判上迈出实质性的一步，时任国务卿赖斯（Condoleezza Rice）与东盟 10 国外长共同签署了《实施增进东盟－美国伙伴关系的行动计划》，并于当年 8 月，美国与东盟达成《贸易与投资框架协议》，主要内容是简化双方办事程序，鼓励双方贸易流动，保护美国在该地区的知识产权等。目前，随着其主导的跨太平洋伙伴关系协定（TPP）的正式签署，美国似乎达到了分化东盟、空心化 APEC、孤立中国的企图，就不再急于同东盟全面推进自贸区谈判。总之，日、韩、印、澳、美等中国周边地区大

---

[1]　甘振军：《澳大利亚对东盟国家关系研究（1967～2007）》，华东师范大学博士学位论文，2012。

[2]　Lee, J., "China's ASEAN Invasion," http://nationalinterest.org/article/chinas-asean-invasion-1563, 转引自张婷玉《美国自由贸易战略研究——基于政治经济视角》，辽宁大学博士学位论文，2014。

国之所以加紧与东盟商谈和签署 FTA 在很大程度上是由于中国 – 东盟自贸区建设的"率先效应"和"催化效应"。①

最后，中国 – 东盟自贸区显现集团式主体性效应。一是与中国和东盟采取"1 对 10"的谈判方式不同，日、美等国采取了"迂回"战略，即一方面积极与东盟部分成员国达成双边 FTA，另一方面尝试与东盟尽早达成自由贸易协定。但这种看似巧妙的"各个击破"的方法，在中国 – 东盟自贸区积极稳步建设过程中，越来越显得苍白乏力，日、美等国最终加速了与东盟整体达成自由贸易协定的进程；同时也反过来，使得东盟认识到自身的规模效应和集团力量，进而加速提高自身的一体化程度。二是中国 – 东盟自贸区到 2010 年 1 月 1 日正式启动，形成了一个拥有 19 亿人口、GDP 近 6 万亿美元的巨大经济体，它也成为继欧盟和北美两个自贸区之后的世界第三大自贸区。这种身份的主体性作用至少体现在两个方面，一方面，对世界经济发展起着一种至关重要的平衡性作用；另一方面，促成日本、韩国、印度、澳大利亚和新西兰与东盟自贸区谈判的达成，促使中日韩自贸区谈判的早日结束，最终有利于东盟与中国、日本、韩国"10 + 3"的东亚自贸区，以及再加上印度、澳大利亚和新西兰的"10 + 6"的区域全面经济伙伴关系（RCEP）的加速达成。

当然，中国 – 东盟自贸区发展的道路也将面临着不少问题。首先是外部因素。一是以美国为首的西方势力等不愿看到中国与东盟双方更紧密关系的发展"威胁"到其既得利益，便利用中国与东盟之间存在的某些问题，"使绊子"，阻碍中国 – 东盟自贸区建设的顺利发展以及该区域经济一体化的进一步加深；二是随着中国 – 东盟自贸区建设的顺利发展，与东盟达成自由贸易协定的国家和地区也会越来越多，东盟因此也会要价更高，这样多多少少就会对中国 – 东盟自贸区的发展产生"牵制"作用。

其次是内部因素。一是东盟内部的各个成员之间经济发展水平相差很大，导致一些成员"离经叛道"，单独与外部国家或地区达成自由贸易协定，一定程度上起了离心作用，不利于提升本组织的凝聚力和向心力。二是中国与东盟部分成员之间存在的一些历史、领土争端等问题，比如南海问题，台湾问题，华人、华侨问题；经济发展中存在的产业结构雷同问题，资源的可持续开发问题，外来投资与当地人居的和谐可持续发展问

---

① 李玉举：《东盟与区外六国的经贸格局与发展潜力》，《世界经济研究》2005 年第 12 期。

题，货币金融等非传统安全问题，等等，都有可能随时发难，从而减缓中国－东盟自贸区的发展进程。

三 中国－新加坡自由贸易区的发展历程与意义

中国与新加坡于 1990 年 10 月 3 日建立正式外交关系。此后，中新经贸合作发展迅速。2013 年和 2014 年，中国连续两年成为新加坡最大贸易伙伴，新加坡连续两年成为中国第一大投资来源国。2015 年 11 月 7 日，中新双方签署"中新（重庆）战略性互联互通示范项目"框架协议，正式启动以重庆为运营中心的第三个政府间合作项目。该项目也是中国和新加坡之间，继苏州工业园区和天津生态城之后的第三个政府间合作项目。①新加坡与山东、四川、浙江、辽宁、天津、江苏、广东等 7 省市分别建有经贸合作机制。据中国海关统计，2014 年双边贸易额为 797.4 亿美元，增长 5%。其中，中方出口 489.1 亿美元，增长 6.7%；进口 308.3 亿美元，增长 2.4%。1999 年 10 月，中新签署《经济合作和促进贸易与投资的谅解备忘录》，建立了两国经贸磋商机制。双方还签署了《促进和保护投资协定》《避免双重征税和防止漏税协定》《海运协定》《邮电和电信合作协议》和《成立中新双方投资促进委员会协议》等多项经济合作协议。近年来，中新金融合作发展迅速，成为两国互利合作的新亮点。2012 年 6 月，中国人民银行批准新加坡金管局在华设立代表处；7 月，两国签署中新自贸协定框架下有关银行业事项的换文；10 月，新方授予中国银行和中国工商银行新加坡分行特许全面银行业务牌照。2013 年 2 月，中国人民银行授权中国工商银行新加坡分行担任新加坡人民币业务清算行；4 月，中国工商银行新加坡分行在新人民币清算业务正式启动。2013 年 3 月，中国人民银行同新加坡金融管理局续签中新双边本币互换协议，互换规模扩大至 3000 亿元人民币/600 亿新加坡元，有效期 3 年；10 月，中国人民银行确定新加坡市场人民币合格境外机构投资者（RQFII）投资额度为 500 亿元人民币。2014 年 10 月，两国外汇市场正式推出人民币和新加坡元直接交易。②

2004 年 5 月举行的第一次双边合作联合委员会会议上，时任中国副总

---

① 王海达、陈钧：《中新（重庆）战略性互联互通示范项目"浮出水面"》，《重庆日报》 2015 年 11 月 12 日。

② 《中国同新加坡的双边关系》，中国外交部网站，http://www.fmprc.gov.cn/web/gjhdq_ 676201/gj_ 676203/yz_ 676205/1206_ 677076/sbgx_ 677080/。

理吴仪和时任新加坡副总理李显龙同意考虑签署双边自由贸易协定（"中新自贸协定"）。2005 年 10 月举行的会议上，时任总理温家宝和新加坡总理李显龙一致认为，从长期看，中新自贸协定将惠及两国及本地区，并同意成立联合专家组进行全面研究。两国联合研究于 2006 年 4 月启动，以期推动中新自贸协定谈判尽快适时启动。在联合专家组顺利完成研究，表明中新自贸协定从长期看将惠及双方之后，在 2006 年 8 月举行的第三次双边合作联合委员会会议上，时任中国副总理吴仪和新加坡副总理黄根成宣布启动中新自贸协定谈判，时任总理温家宝和新加坡副总理黄根成在当日晚些时候重申了此项决定。联合专家组的报告认为，中新自贸协定将加强两国紧密的经济政治联系，并将为中国 - 东盟自由贸易区建设注入新的活力，推动区域经济一体化；期待通过深化经济一体化并加速经济发展与合作，加强和提高双方的经济、贸易和投资合作，惠及双方消费者和生产者；强调需要通过促进贸易和投资，增加经济和社会利益，提高两国人民的生活水平；致力于便利和加强区域经济合作和一体化；重申双方将在WTO 和《中国 - 东盟全面经济合作框架协议》基础上进行承诺的愿望；以及致力于推动和加快中国 - 东盟自由贸易区的建设进程。[1] 2008 年 10 月23 日，中新自由贸易协定在北京签署，2009 年 1 月 1 日正式生效。

　　2015 年 7 月 21 日，新加坡总理李显龙表示，"新中自贸协定已经正式生效很多年，世界已经变了。新的（升级后的）自贸协定将比现有的自贸协定更加全面、包容"；11 月 6 日至 7 日，习近平主席对新加坡进行国事访问，在同新加坡总理李显龙举行会谈时表态，"我们赞成双方在利益平衡基础上务实启动中新自贸协定升级谈判，并力争早日完成，为中新经贸合作注入新活力"，这一表态明确了中新自贸协定升级谈判启动的基础，为中新经贸合作的未来指明了方向。[2] 期间，中国商务部部长高虎城和新加坡贸工部部长林勋强共同签署了关于同意启动中新自贸协定升级谈判的换函，双方正式启动中新自贸协定升级谈判，力争在2016 年年内结束。对此，新加坡南洋理工大学拉惹勒南国际关系学院（The S. Rajaratnam School of International Studies，RSIS）高级研究员胡逸山认为，中新自贸协定过去从最容易的货物贸易开始，"先摘低处的果

①　《中华人民共和国政府和新加坡共和国政府自由贸易协定》，中国自由贸易区服务网，http: //fta. mofcom. gov. cn/singapore/doc/cs_ xieyi_ cn. pdf。

②　暨佩娟、俞懿春：《自贸升级，共同推动开放发展》，《人民日报》2015 年 11 月 10 日。

子"。如今，中国正在加快服务业主导的转型改革，服务业对 GDP 的贡献率逐渐加大，新加坡也在寻求经济转型，就应该顺应时代的需求和环境的变化，把投资和服务补充到自贸协定中，"争取把高处的果子也摘下来"。新加坡国立大学李光耀公共政策学院副教授顾清扬预期，中新两国决定开启自贸协定升级谈判将对中国目前正在推进的中国－东盟自贸区升级谈判和 RCEP 等其他区域性自贸协定的进展发挥引领和示范作用。新加坡今后 3 年还将担任中国－东盟关系协调国，将会在这两个并行开展的谈判中发挥积极作用。[①]

第二节　内地与香港、澳门 CEPA

一　CEPA 的由来与背景

CEPA 的英文全文是 Closer Economic Partnership Arrangement，中文直译是"更紧密经济伙伴关系安排"。虽然，"内地与香港关于建立更紧密经贸关系的安排"的英文全文是：Mainland and Hong Kong Closer Economic Partnership Arrangement（完整简称是"M-HK CEPA"），"内地与澳门关于建立更紧密经贸关系的安排"的英文全文是：Mainland and Macao Closer Economic Partnership Arrangement（完整简称是"M-M CEPA"），然而，英文的简称统统用"CEPA"以概之。显然 CEPA 这种没有预先限定哪一方与哪一方签约的无主体表述，中文文本与英文文本以及英文的简称之间留有一定回旋空间的做法，有着长远的战略用意。也就是说，将来有一天，CEPA 也可用来框定大陆与台湾的经贸关系。

中国推行 CEPA，内地与香港签订自由贸易协定的原始建议，是香港总商会总裁翁以登最早向中央政府提出来的。[②] 而众所公认的是，CEPA 萌动于 2001 年 11 月，时任香港特区行政长官董建华在赴京述职期间，正式向中央领导人提出两地建立"类自由贸易区"的构想。CEPA 提出不到一个月，2001 年 12 月 19 日，中央政府就原则接纳特区政府提出的内地与香

---

① 暨佩娟、俞懿春：《自贸升级，共同推动开放发展》，《人民日报》2015 年 11 月 10 日。
② 《翁以登介绍 CEPA 协议的特点及其机会（全文）》，搜狐财经网，http：//business. sohu. com/20040829/n221787027. shtml。

港建立类似自由贸易区的建议，并指示外经贸部成立专责小组研究。① 磋商自 2002 年 1 月展开。在 2002 年 1 月至 2003 年 6 月间，双方举行了一连串的高层及高官磋商会议。2003 年 6 月 29 日，内地与香港 CEPA 提前一日（原定于 30 日）在香港礼宾府正式签署。作为推动者之一，上任甫百日的国务院总理温家宝亲自见证了这历史性的一刻。② 自从香港开始与内地磋商 CEPA 后，澳门特区政府也表示将在适当的时候加入。2003 年 6 月 20 日，经国务院批准，"内地与澳门特区关于建立更紧密经贸关系的安排"首次工作会议和高层会议在北京召开，双方就 CEPA 的原则、内容和未来进度等达成共识。随后，两地经贸官员又紧锣密鼓地在近 4 个月内先后举行了 4 次工作会议，具体讨论了货物贸易、服务贸易和贸易投资便利化三大领域的内容，形成了最后文本。2003 年 10 月 17 日，内地与澳门 CEPA 在澳门特区政府总部正式签署。自从 2004 年 1 月 1 日内地与香港、澳门 CEPA 正式实施开始，到 2015 年 11 月底，内地与港澳又分别签署了 10 个补充协议、《广东协议》③ 以及《服务贸易协议》（见表 1 - 1）。

表 1 - 1　内地与香港、澳门分别签署 CEPA 主体文件及系列补充协议时间表④

CEPA	内地与香港	内地与澳门	实施日
主体文件	2003 年 6 月 29 日	2003 年 10 月 17 日	2004 年 1 月 1 日
附件	2003 年 9 月 29 日		2004 年 1 月 1 日

① 《CEPA："九二共识"的经济版》，〔新加坡〕联合早报网站，http：//www. zaobao. com/ special/china/taiwan/pages6/taiwan_ forum310504a. html。

② 《CEPA：源起、意义及影响》，中国社会科学院经济研究所网站，http：//ie. cass. cn/ window/jjzs. asp？id = 76。

③ 《〈内地与香港关于建立更紧密经贸关系的安排〉关于内地在广东与香港基本实现服务贸易自由化的协议》和《〈内地与澳门关于建立更紧密经贸关系的安排〉关于内地在广东与澳门基本实现服务贸易自由化的协议》都简称《广东协议》，为了推动内地与港澳基本实现服务贸易自由化，进一步提高双方经贸交流与合作的水平，双方决定，就内地在广东省与港澳基本实现服务贸易自由化签署协议。参见《〈内地与香港关于建立更紧密经贸关系的安排〉关于内地在广东与香港基本实现服务贸易自由化的协议》中国商务部台港澳司网站，http：//tga. mofcom. gov. cn/article/zt_ cepanew/xfwmyzyh/201412/ 20141200838350. shtml《〈内地与澳门关于建立更紧密经贸关系的安排〉关于内地在广东与澳门基本实现服务贸易自由化的协议》，中国商务部台港澳司网站，http：//tga. mofcom. gov. cn/article/zt_ cepanew/afwmyzyhxy/201412/20141200838899. shtml。

④ 参见《内地与港澳关于建立更紧密经贸关系的安排（CEPA）专题》，中国商务部台港澳司网站，http：//tga. mofcom. gov. cn/subject/cepanew/index. shtml。

CEPA	内地与香港	内地与澳门	实施日
补充协议	2004 年 10 月 27 日	2004 年 10 月 29 日	2005 年 1 月 1 日
补充协议二	2005 年 10 月 18 日	2005 年 10 月 21 日	2006 年 1 月 1 日
补充协议三	2006 年 6 月 27 日	2006 年 6 月 26 日	2007 年 1 月 1 日
补充协议四	2007 年 6 月 29 日	2007 年 7 月 2 日	2008 年 1 月 1 日
补充协议五	2008 年 7 月 30 日	2008 年 7 月 30 日	2009 年 1 月 1 日
补充协议六	2009 年 5 月 9 日	2009 年 5 月 11 日	2009 年 10 月 1 日
补充协议七	2010 年 5 月 27 日	2010 年 5 月 28 日	2011 年 1 月 1 日
补充协议八	2011 年 12 月 13 日	2011 年 12 月 14 日	2012 年 4 月 1 日
补充协议九	2012 年 6 月 29 日	2012 年 7 月 2 日	2013 年 1 月 1 日
补充协议十	2013 年 8 月 29 日	2013 年 8 月 30 日	2014 年 1 月 1 日
广东协议	2014 年 12 月 18 日	2014 年 12 月 18 日	2015 年 3 月 1 日
服务贸易协议	2015 年 11 月 27 日	2015 年 11 月 28 日	2016 年 6 月 1 日

CEPA 及其随后的系列补充协议的签署以及 10 多年以来的顺利实施说明了 CEPA 有其产生的合理性和必要性因素存在。

首先是非传统安全威胁因素。一是亚洲金融危机（或称为东南亚金融危机）。20 世纪 90 年代以前，香港经济发展迅速，其转折点是香港回归后的第二天，即 1997 年 7 月 2 日源自泰国的亚洲金融危机，使香港经济受到极大冲击。作为东亚地区重要的国际金融中心，香港首当其冲，遭遇重大冲击，汇市、股市全线吃紧，市民财富急剧缩水。到了 1998 年，金融危机愈演愈烈。这一年 8 月，国际资本大鳄大规模炒卖港元，造成港元急跌，利率大升，香港股市在 8 月 3 日这一天跌破 7500 点关口。经济增长幅度急速下降，甚至出现了负增长，1998 年和 2000 年的经济增长率分别为 −5.3%、−0.3%，进而导致严重财政赤字，2001 年为 646 亿元，2002 年达 700 亿元。1997 年节余的近 4000 亿元储备到 2003 年还剩 2000 多亿元，如果继续持续下去，很快就会靠借债度日。

二是"9·11"事件。香港的外向型经济决定了其经济的增长要依赖于世界经济的发展状况。近年来全球经济整体萧条，"9·11"事件又使疲弱不堪的国际市场遭受打击，更使香港经济雪上加霜。被经济泡沫蒙蔽了的香港突然在美梦中醒来，从此进入了艰难调整时期。①

三是SARS疫情。2003年春天，非典型肺炎（SARS，现称"重症急性呼吸综合征"）在香港爆发。这一年3月31日，有大量人员感染的牛头角淘大花园E座被暂时封闭。4月2日，世界卫生组织对香港发出旅游警告，全世界旅游业者谈港色变，香港旅游、餐饮及其他服务业遭受重创。截至当年5月28日，SARS共在香港造成1750人感染，其中299人死亡。经过各方共同努力，疫情得到遏制。但尚未从亚洲金融危机的阴影中走出来，又遭遇了导致重大伤亡的SARS疫情，香港的经济、社会、居民生活陷入了低谷。然而CEPA的签订，使得香港经济的持续、健康发展有了基础性保障。2003年7月28日启动的内地城市居民赴港"个人游"，加上2004年1月1日CEPA正式实施香港输往内地的数百种产品便获得零关税优惠，18种服务行业可优先进入内地市场等一系列的振兴经济措施，在2004年大见成效。统计显示，2004年香港经济大幅增长8.6%，失业率也回落，股票市场更打破1997年的纪录，全年成交额达3.93万亿港元，新股集资额跃居世界第三。②

四是国际金融危机。始于2007年的美国次贷危机，最终在2008年发展为国际性金融危机。国际金融危机对香港贸易的影响力度明显比东南亚金融危机强，但后者影响持续的时间更长。国际金融危机中，香港进口贸易增长率最大降幅为22.74%，港产品出口贸易增长率最大降幅为50.64%，转口贸易增长率最大降幅为22.44%。而东南亚金融危机中，香港进口贸易增长率最大降幅为22.38%，港产品出口贸易增长率最大降幅为21.96%，转口贸易增长率最大降幅为16.73%。国际金融危机中，进口贸易负增长持续了12个月，港产品出口贸易负增长持续了22个月，转口贸易负增长持续了12月。而在东南亚金融危机中，进口贸易负增长持续了16个月，港产品出口贸易负增长持续了26个月，转口贸易负增长持续了15个月。此外，两次金融危机周期中，国际金融危机对香港贸易影响波动明显大于东南亚金融危机的影响，而且，对港产品出口贸易的影响先于进口贸易和转口贸易。可见，国际金融危机对香港对外贸易的影响属于暂时

---

① 卢燕：《CEPA出台的背景透视》，《经济论坛》2004年第11期。
② 王义伟：《香港经济经历风雨见彩虹》，中金在线网，http://news.cnfol.com/070618/101，1281，3068342，00. shtml。

性的冲击，而东南亚金融危机则属于长久的影响。① 这也得益于中央政府能够第一时间，在金融合作、基础建设、地区经济合作、缓解港资企业困难、服务业对港开放等方面全力帮助香港应对国际金融危机，再次彰显了中央政府对香港始终如一的关怀和牵挂。②

同样，澳门也曾有过类似遭遇和经历。

其次是外在竞争因素。一是香港面临的竞争。亚洲"四小龙"中的新加坡，是亚洲经济发展最迅速的国家之一。它与香港在金融市场上各自占有优势，如新加坡在外汇交易方面超过香港，而香港在投资基金的数目方面超过新加坡。为此新加坡正在采取措施进行改革，来增强争夺国际金融中心的竞争力。另外在航运方面，亚太地区的各大港口都在逐步实现自己的建设目标，使香港的航运中心地位相对减弱。另外，日益迅速崛起的中国内地城市正日益成为香港潜在的竞争对手。随着中国内地改革的深化，沿海城市发展迅速，特别是上海在20世纪90年代以后进入高速发展时期。2005~2014年，上海的国内生产总值增加了近两倍，正在发展成为一个面向世界的经济中心。而深圳人均国内生产总值居全国第一，经济结构不断优化升级，高新技术产业迅速发展。在21世纪，深圳提出要在2005年左右率先实现现代化，到2010年左右达到中等发达国家水平，到2030年左右赶上发达国家水平。香港与深圳在互惠合作的基础上也不可避免地存在竞争。

二是澳门面临的竞争。澳门本地生产产品的出口市场主要是美国、欧盟，这些产品属于配额及许可证管理的产品，占澳门主要目标市场出口的50%~60%。虽然长期以来，澳门工业品的竞争力比不上香港地区、台湾地区及韩国等地，由于欧美等国家给予澳门特惠制待遇，使得澳门产品可以免税、减税进入这些国家市场，仍具备一定的竞争力。随着关税、非关税壁垒的削减，这种优势将会降低甚至不再存在，澳门就会失去既有的竞争优势，使澳门的工业陷入危险境地。更何况澳门的工业产品主要是纺织品与服装，在WTO《纺织品与服装协议》完全实施，所有WTO成员取消纺织品与服装配额限制后，澳门产品在欧美市场上将会面临更为激烈的竞争。③

---

① 张跃卿：《两次金融危机对香港对外贸易影响比较研究》，《金融经济》2013年第2期。
② 吴亚明：《内地香港联手应对国际金融危机》，《人民日报》2009年6月26日。
③ 张汉林：《澳门CEPA对澳门经济的影响及对策》，搜狐财经网，http://business.sohu.com/2004/05/21/22/article220212248.shtml。

最后是双赢或多赢的需要。港澳地域狭小，人口密度大，缺乏自然资源，难以发展大型企业，因此它们的企业结构只能以中小型企业为主，而且很容易造成产业结构的"空洞化"。因此，港澳两地的经济极易受外界影响，产生巨大波动。以博彩业为主的澳门经济结构单一，危机感更甚。当然，内地也有意"借船出海"。内地企业基本上长期奉行的是"引进来"战略，改革开放以来，截至2005年，中国实际利用外资超过了6000亿美元，但其间对外直接投资仅有600亿美元。随着世界经济的全球化，内地企业也需要积极地"走出去"，以更加科学、合理地利用各种经济要素。港澳地区市场信息灵敏，国际化人才众多，熟悉国际规则，很多人能讲英语或葡萄牙语，这正是内地企业所需要的。"如果说港澳企业在过去20多年是走到内地去投资，那么今后20年恰可以帮助内地企业走向世界去创业。"①

CEPA的实施为内地与港澳带来了显著的成效。CEPA的实施增强了港澳市民投资、消费信心，推动了港澳经济的增长，带动了酒店、零售、餐饮、运输等相关行业的景气回升，促进了房地产市场回稳和股票市场上扬。2003年至2007年，香港GDP的年均增长率超过6%，失业率也由最高时的8.7%下降到目前的3.3%。据香港特区政府预计，CEPA在2004年至2006年为香港创造了3.6万个新职位和48亿港元的额外投资。困扰香港多年的通缩问题也已随着经济的强劲复苏而消失。②

CEPA的实施促进了港澳制造业的转型升级，为港澳服务业拓展了发展空间，巩固了香港国际金融、贸易、航运中心的地位，推动了澳门经济的适度多元发展。同时，CEPA的实施也使香港日益成为跨国公司拓展内地与亚洲业务的首选之地，不少内地企业和海外企业相继以香港作为地区总部。截至2007年底，近3900家内地和海外企业在香港设立了地区总部或办事处，较10年前大幅增加55%。据香港特区政府有关部门调查，有1/3公司称选择到港投资与CEPA有关。

CEPA的实施减少了两地经贸交流中的体制性障碍，促进了内地与港澳经济的互动与融合。在"一国两制"方针下，CEPA通过取消关税和非

---

① 《愿东方之珠永续璀璨——纪念CEPA三周年》，中国商务部外事司网站，http://wss.mofcom.gov.cn/article/a/c/200608/20060803024309.shtml。

② 香港立法会工商事务委员会：《〈内地与香港关于建立更紧密经贸关系的安排〉（〈安排〉对香港经济的影响》，香港特别行政区政府工业贸易署网站，http://www.legco.gov.hk/yr06-07/chinese/panels/ci/papers/ci0612cb1-1849-4-c.pdf。

关税壁垒，互不采取反倾销与反补贴措施；放宽服务行业市场准入条件，减少审批环节；提高通关效率，增强内地法律法规的透明度等措施，减少和消除了贸易投资方面的制度性障碍，形成制度性的合作，促进了内地与港澳的经贸交流和经济融合。

时任商务部副部长姜增伟说，CEPA 的实施促进了港澳产业结构升级和经济发展，同时对内地经济，尤其是服务业的发展也产生了积极的推动作用。据香港特区政府估算，2004 年至 2006 年，CEPA 为内地带来额外投资达 92 亿港元，为内地居民创造了 1.6 万个新职位。

在服务贸易领域，港澳企业和人才以更加优惠的条件进入内地，为内地相关行业带来了先进的经营理念、优质的服务方式和广泛的海外经营网络，促进了内地相关行业服务水平的提高和结构的升级。目前，香港在内地共设立建筑工程和设计等专业服务机构 700 多家；香港律师事务所已在内地设立代表处 61 家，占境外律师事务所在内地设立代表处总数的 1/4；香港银行在内地共设立 7 家法人银行和 17 家分行，分别占外资法人银行和分行总数的 25% 和 15%，香港证券期货机构在内地设立了 2 家合资证券公司、2 家合资基金管理公司和 3 家合资期货公司，为内地金融业的发展带来了活力；香港在内地设立了 22 家医疗机构，注册港澳个体工商户 3033 户，从业人员 8091 人，带动了当地就业，有助于提高内地专业服务的整体水平。[①]

二 CEPA 的性质与意义

自从 2001 年 12 月中国加入 WTO 后，内地与香港特别行政区、澳门特别行政区都同属 WTO 成员，那么 CEPA 的签署是否有悖于 WTO 的有关规定，或者还有这个必要吗？这需要了解一下 CEPA 的性质。

对此，商务部台港澳司给出的界定是：CEPA 是"一国两制"原则的成功实践，是内地与港澳制度性合作的新路径，是内地与港澳经贸交流与合作的重要里程碑，是我国家主体与香港、澳门单独关税区之间签署的自由贸易协议，也是内地第一个全面实施的自由贸易协议。[②] 香港特别行政

---

① 《CEPA：改革开放和"一国两制"方针的成功结合与实践——商务部副部长姜增伟谈 CEPA》，《中国经贸》2008 年第 9 期；另见王晓欣《CEPA：内地与港澳经贸合作进入新阶段》，《金融时报》2008 年第 5 期。

② 《编者的话》，中国商务部台港澳司网站，http://tga.mofcom.gov.cn/aarticle/Nocategory/200612/20061204086002.html。

区工业贸易署的界定是：CEPA 是中国内地与香港签订的首项自由贸易协议；CEPA 为香港产品及服务开拓庞大市场，大大加强内地与香港两地之间已建立的紧密经济合作和融合；CEPA 采取"循序渐进"的方式，双方一直保持紧密磋商，不断加入更多开放措施；CEPA 是一个共赢的贸易协议，为内地、香港及外国投资者带来新的商机；对香港来说，CEPA 协助香港商界开拓内地市场的庞大商机；CEPA 也为内地带来不少益处，让香港成为内地企业"走出去"的最佳跳板，加速内地与世界经济的接轨；同样欢迎外国投资者在香港设立公司，充分把握 CEPA 带来的机遇，共同开拓内地市场的庞大商机。① 而在澳门特别行政区贸易投资促进局给出的 CEPA 简介中，是这样界定的：CEPA 是一国之内两个单独关税区建立类似自由贸易伙伴关系的安排；CEPA 是一个开放性的协议，内地与澳门将不断扩大相互之间的开放，增加和充实 CEPA 的内容。② 在这几种界定中，很多专家学者倾向于后者，即他们认为，CEPA 在性质上是"类似自由贸易区"的一种机制。③

按照 WTO 继承下来的 GATT 第 24 条的规定，缔约方之间可以组成关税同盟、自由贸易或达成双向关税同盟或自由贸易区的过渡性协议，这些机制内的成员彼此之间可以相互提供排他性的关税和其他优惠待遇。内地、香港和澳门都是 WTO 正式的缔约方，因此 CEPA 仍是 WTO 框架内的机制。既然 CEPA 是"类似自由贸易区"，那么为什么不干脆用 FTA 表示呢？④ 中国 WTO 研究院院长张汉林先生解释 CEPA 与自由贸易区的区别

---

① 《内地与香港关于建立更紧密经贸关系的安排》（简称《安排》），香港特别行政区政府工业贸易署网站，http：//www. tid. gov. hk/sc_ chi/cepa/cepa_ overview. html。

② 《CEPA 简介》，澳门特别行政区政府贸易投资促进局网站，http：//www. ipim. gov. mo/cn/cepa/index. html。

③ 中国社会科学院经济所与海通证券有限公司《经济走势跟踪与研究》联合课题组编《CEPA：源起、意义及影响》，中国社会科学院经济研究所网站，http：//ie. cass. cn/window/jjzs. asp？id ＝76。

④ 在《大公报》举办的"港澳与内地更紧密经贸关系安排"座谈会上，黄康显认为：为何用 CEPA 不用 FTA，是因为 CEPA 有更多互动空间，FTA 通常是国与国之间，CEPA 提供一个空间，将来台湾也可以加入。FTA 主要在关税方面自由贸易，CEPA 还包括经济上的活动，不只货物交易，还包括服务行业及经济活动等。对此，笔者认为，有两点不妥：一是"更紧密经济关系"也出现在国家之间，比如，《澳大利亚－新西兰进一步密切经济关系协定》（Australia-New Zealand Closer Economic Relations Trade Agreement，ANZCERTA 或 CER）；二是 FTA 新的发展趋势都朝向包括贸易、服务、投资等多个领域。参见中国社会科学院经济所与海通证券有限公司《经济走势跟踪与研究》联合课题组编《CEPA：源起、意义及影响》，中国社会科学院经济研究所网站，http：//ie. cass. cn/window/jjzs. asp？id ＝76。

时，曾提到建成 CEPA 只需几年时间，而建成自由贸易区则一般需要 10 年。从现有各类自由贸易区的规划与实施情况来看（比如中国－东盟 FTA 等），确实如此。GATT 第 24 条就自由贸易区问题明确规定自由贸易区一般应在 10 年内建成，如果超过这一时限，组成这一自由贸易区的各缔约方必须向 WTO 做出解释。鉴于内地、香港和澳门之间经贸联系已相当密切，两地的 CEPA 如果作为向自由贸易区的过渡机制，其进程应当是比较快的，肯定用不了 10 年。

GATT 前总干事隆恩（O. Long）曾说过："GATT 是一个非常复杂的条约，要从法律角度进行探讨尤其困难。"GATT 的确存在不少灰色地带。各缔约方常常利用这种灰色地带做出对自己有利的解释和利用某些"例外"条款的规定达到自己的目的。缔约方之间的确可以利用 GATT 条文所允许的"例外"，在不必建立自由贸易区或关税同盟的情况下，便可订立双边或多边排他性的优惠安排（当然也包括零关税）。因此，便出现了对 CEPA 的特点进行绕口令式的描述："早于世贸，优于东盟"或"优于世贸，早于东盟"。前者的"早于世贸"是指 CEPA 于 2004 年 1 月 1 日实施，早于 2006 年 12 月 11 日中国"入世"五周年过渡期的结束日近两年的时间，在这期间，港澳两地可以利用 CEPA 所给予的优势，先行与内地在经贸等各个方面进行接轨，从而使得内地与港澳各方优势互补的整合更有利于迎接更全面的开放和新的挑战；"优于东盟"则指的是 CEPA 的内容超越了中国－东盟 FTA 的内容。后者的"早于东盟"是指 CEPA 的实施日早于中国－东盟 FTA 2010 年的建成日（这里需要注意的是，中国－东盟 FTA 的"早期收获计划"的实施日也是 2004 年 1 月 1 日）；"优于世贸"则指的是 CEPA 的内容超越了 WTO 的内容。仔细品来，两者都有道理，互不矛盾。

为了进一步加深对 CEPA 性质的把握，我们可以比较一下内地与港澳 CEPA 的内容。而且很快就会发现，两个 CEPA 的内容很多方面都是相同的，只不过在具体细节上有所增减。鉴于篇幅有限，这里只选取两个 CEPA 主体文件中内容完全相同的第一章总则进行体会（参见附录一）。另外再参考附录二：《中华人民共和国加入 WTO 议定书》的第 15 条"确定补贴和倾销时的价格可比性"和第 16 条"特定产品过渡性保障机制"以及附录三：《中国加入 WTO 工作组报告书》（节选）第 242 段的内容。因为，CEPA 主体文件的第一章第四条"中国加入世界贸易组织法律文件中特定条款的不适用"中所指的条款就是附录二和附录三的内容，而 CEPA

的这一规定，就等于港澳承认了内地的"完全市场经济地位"，这一规定至关重要。

当然，CEPA 还有着更深远的意义就是：CEPA 作为"一国两制"的成功实践，对台湾地区也是一个很大的促进。当 CEPA 还在酝酿的时候，时任中国商务部副部长安民在 2002 年初，就向台湾提出建立两岸经济合作机制的倡议。内地与香港、澳门签订 CEPA 之后，2003 年 11 月，安民曾在回答记者提问时再次表示，祖国大陆愿与台湾建立类似 CEPA 的安排。当月，时任中国商务部国际司处长李强 11 日在广东外经贸厅举行的 CEPA 说明会上表示，北京有长期的考虑，"希望和台湾有类似 CEPA 的安排"。2004 年 3 月 11 日，安民在接受《人民日报》记者采访时再次表示，海峡两岸经济互补性很强，合作潜力很大，我们非常愿意以适当方式与台湾有关方面就建立两岸更紧密经贸关系安排问题展开探讨和磋商。① 但这所做的一切坦诚的努力都未能被当时一味"拼政治"的台湾地区当局所接受。所幸的是，在台湾地区民间方面却有着与 CEPA 相呼应的"两岸共同市场"的构想。前两岸共同市场基金会董事长、台湾政治大学 EMBA 兼职教授、时任台湾地区副领导人萧万长曾在厦门大学作题为"一加一大于二——迈向两岸共同市场"的演讲时表示，在经济全球化的格局中，两岸四地指中国大陆、香港地区、澳门地区、台湾地区作为一个举足轻重的经济区域，必须谋求区域经济一体化，消除关税等各种障碍，实现区域内自由贸易。这样，才能共同抵御国际市场风险，做大做强区域经济，谋求两岸四地经济共荣发展，实现"一加一大于二"。两岸共同市场是两岸四地增加在亚太地区竞争力的途径，是台海和平、区域安全稳定的保障，是两岸四地长远政治、社会制度统合的起点。② 随着 2008 年台湾地区新一届地区领导人的上台，两岸共同市场的理念以不同的形式付诸实践，《两岸经济合作框架协议（ECFA）》最终在 2010 年 9 月正式生效，并朝着快速、健康的轨道发展。

另外，CEPA 的顺利实施和不断地完善，对于中国－东盟 FTA 的如期、保质建成，也有着很大的促进作用。2014 年 11 月 13 日，李克强总理在缅

① 《CEPA："九二共识"的经济版》，〔新加坡〕联合早报网站，http：//www.zaobao. com/special/china/taiwan/pages6/taiwan_ forum310504a. html。

② 萧万长：《"海西"构想可作推动两岸共同市场试点》，福建省人民政府台湾事务办公室网站，http：//www. fjstb. gov. cn/html/20070524/255373. html。

甸首都内比都出席第 17 次中国 - 东盟（"10 + 1"）会议时表示，中国愿本着互利共赢的原则，与东盟国家共同推进自贸区升级版谈判，并支持香港与东盟推进自贸区谈判进程。果能如愿，这将为东亚自由贸易区的构建打下坚实的平台。当然，也有学者从泛珠三角（即"9 + 2"）的视角研究 CEPA 对该区域经济竞争力的整合与提升的意义与影响等。

第三节　中国 - 智利自由贸易区

一　中国 - 智利自由贸易区的发展历程

中智两国自 1970 年正式建交以来，双边政治经济关系不断发展。特别是进入 21 世纪以来，双边贸易更是步入一个高速发展的阶段。2000 ~ 2003 年，中国对智利的出口年均增长率达 21%，中国自智利的进口年均增长率达 41%。2003 年，中智双边贸易总额为 35 亿美元，比 2002 年增长了 37%，呈现了高速发展的态势。其中，中国向智利出口 13 亿美元，同比增长为 28%，从智利进口 22 亿美元，同比增长为 43%。截至 2004 年，中国是智利第三大贸易伙伴，智利是中国在拉美地区的第三大贸易伙伴。

中智两国对进一步发展两国经贸关系抱有强烈愿望，对商建自由贸易区持积极态度。2001 年底，智利官员在 APEC 会议上首先提出中智两国商建自由贸易区的建议。2004 年 4 月，中国国务院副总理回良玉在访问智利时与智利外长阿尔韦亚尔共同宣布启动中国 - 智利自贸区联合可行性研究。中智自由贸易区联合可行性研究对中智经贸结构、资源禀赋以及在货物、服务和投资等领域的现行政策进行了客观评价，并通过经济模型的评估，分析了双方实现货物、服务和投资自由化的影响，探讨了双方加强经济技术合作的方式与途径。中智专家还召开了三次工作组会议，就联合研究的阶段性成果进行商讨。联合研究于 2004 年 10 月底结束。

根据联合研究的结果，中智双方经贸互补性较强，合作领域广，进一步发展经贸关系的潜力大。中智如建立自由贸易区，两国的经贸关系将变得更加密切并获得制度性保障，从而促进双边贸易和投资合作，推动双边关系全面发展。以货物贸易为例，双方通过削减关税和消除非关税壁垒，改善市场准入条件，可进一步扩大两国优势产品向对方的出口，从而使出口收入、国内税收和国内生产总值获得增长，带动相关产业发展，创造就业机会，改善人民生活。此外，自由贸易区还将为两国在海关、检验检疫等领域建立合作平台。研究报告在充分论证的基础上，指出中智建立自由贸易区将带来双赢结果。

2004 年 11 月，中国国家主席胡锦涛对智利进行国事访问并出席在智利首都圣地亚哥举行的 APEC 第 12 次领导人非正式会议。访问期间，两国元首一致同意确立两国全面合作伙伴关系，并宣布启动双边自由贸易协定谈判。智方宣布承认中国的完全市场经济地位。中智 FTA 谈判自 2004 年 11 月 18 日起，历经 10 个月、5 轮磋商。最终《中智自由贸易协定》在 2005 年 11 月 18 日，谈判"周年"之际得以签署，但是签署之地却是在异国他乡。当日，在韩国釜山出席 APEC 第 13 次领导人非正式会议的胡锦涛主席与时任智利总统拉戈斯会晤，并共同出席了中智 FTA 签字仪式。

中智 FTA 规定：智方 74% 的税目进口关税将于该协定生效后立即降为零，中方 63% 的税目进口关税将在两年内降为零。双方其他产品税目进口关税分别将于该协定生效后 5 年和 10 年内降为零。双方只保留 3% 以下的税目作为例外产品，保持原有关税不变。这意味着在启动关税减让进程 10 年后，双方将有 97% 以上税目的进口关税降为零。此外，中智 FTA 还规定，双方可在协商一致的情况下，对某些产品实施加速降税。除货物贸易自由化内容外，该协定还规定，双方将在经济合作、中小企业、文化、教育、科技、环保、劳动和社会保障、知识产权、投资促进、矿产业和工业等领域加强合作。中智 FTA 从 2006 年 10 月 1 日正式实施以来，效果良好，2007 年中智双边贸易额为 147 亿美元，比上年增长 65%，其中，中国自智利进口 103 亿美元，向智利出口 44 亿美元，比上年分别增长 79% 和 42%。

2006 年 9 月，全国人大常委会委员长吴邦国访智，与智利总统巴切莱特共同宣布实施《中智自由贸易协定》和启动中智 FTA 服务贸易和投资谈判。此后，中智双方就服务贸易协定的具体条款和部门开放承诺表等内容进行了 6 轮磋商，并就协定内容全部达成一致。根据该协定，中国的计算机、管理咨询、房地产、采矿、环境、体育、空运等 23 个部门和分部门，以及智利的法律、建筑设计、工程、计算机、研发、房地产、广告、管理咨询、采矿、制造业、租赁、分销、教育、环境、旅游、体育、空运等 37 个部门和分部门将在各自 WTO 承诺基础上向对方进一步开放。2008 年 4 月 13 日，在胡锦涛主席和巴切莱特总统的共同见证下，商务部部长陈德铭和智利副外长万克拉韦伦分别代表两国政府在海南三亚签署了《中智自由贸易区服务贸易协定》。该协定是中国与拉美国家签署的第一个自贸区服务贸易协定，也是中智关系史上的一个新的里程碑。协定的签署将有助于两国进一步相互开放服务市场，增进优势互补，提升国际竞争力；有助于改善投资环境，创造商业机会，降低交易成本，为两国企业和人民带来更多福利；也将有助于推动两国各个领域的全方位合作，拓展合作领域，提高合作水平，促进两国全面合作伙伴关系的深入发展。

2012 年 9 月 9 日，在俄罗斯符拉迪沃斯托克举行的第 20 次 APEC 峰会召开之际，中国商务部部长陈德铭与智利外长阿尔弗雷多·莫雷诺（Alfredo Moreno）签署了中国－智利 FTA 中《关于投资的补充协定》。投资协定涵盖了常规投资保护协定包括的主要内容和要素。具体来说，投资协定共包括 33 条规定及 4 个附件，主要包括投资和待遇的实体规定及有关争端解决的程序性规定两部分内容。投资协定还包括 4 个附件，包括征收、转移、公债、终止《中智双边投资协定》等内容。缔约双方同意 1994 年 3 月 23 日签署的中国与智利《关于鼓励和相互保护投资协定》在本投资协定生效之日起终止。[①]

投资协定的签署，标志着中智自由贸易区建设的全面完成。双方愿以中智自贸协定中《关于投资的补充协定》的签署及中智自贸区的全面建成为契机，加大对投资者权益的保护力度，进一步促进中智两国企业双向投资，深化中智经贸合作，将中智经贸关系提升到一个新的水平，加快推进中智战略伙伴关系建设步伐。中智建交以来，两国关系快速发展，双方高层交往频繁，推动了两国交流合作持续深入。此前，两国宣布建立战略伙伴关系，这是两国关系史上一个新的起点。两国经贸合作富有成效、成果丰硕，合作领域不断拓宽，尤其是中智自由贸易区的建设已经成为两国经贸关系发展史上的里程碑。

二　中国－智利自由贸易区的背景与意义

第一，中智 FTA 的达成很大程度上取决于中智双方政治上的互信。作为拉美国家，智利是第一个同中国建交的南美国家，第一个支持恢复中国

---

① 《商务部条约法律司负责人解读中智（利）自贸协定关于投资的补充协定》，中国自由贸易区服务网，http：//fta. mofcom. gov. cn/article/chinachile/chilenews/201209/10859＿1. html。

在联合国合法席位的南美国家，第一个同中国签署关于中国加入 WTO 双边协议的拉美国家，也是第一个承认中国完全市场经济地位的拉美国家，又是第一个与中国开展自贸区谈判并签署自贸协定的拉美国家。① 这五个第一充分反映了中智之间特殊的友好关系，也展示了智利在发展国际贸易方面非常开放的姿态。同时，也正如时任国家主席胡锦涛在韩国釜山（2005 年）会见智利时任总统拉戈斯时曾表示的那样，"中国同智利建立自由贸易区，不仅有助于推动两国政治、经贸关系深入发展，也为推动南南合作树立了典范"。②

第二，中智 FTA 的达成关键在于两国在经济上的互补双赢。从进出口商品结构来看，中智双方具有较强的互补性。中国向智利出口的劳动密集型产品居多，且在智利市场上具有明显的比较优势，主要商品为轻纺、工艺、陶瓷、化工医药原料、手工工具等传统商品；而中国从智利进口的商品则以资源密集型产品为主，主要是铜矿砂、铁矿砂、硝石等矿产资源性产品以及鱼粉、红葡萄酒、海藻、硫酸钾、碘和少量水果。由于贸易又集中在双方具有较强国际竞争优势的部类，因此静态的贸易创造效应有限，但是动态的效应可能会较强，如中国可通过智利进入更广泛的市场等。同时，中智 FTA 还可以促进相互投资，智利中小企业在中国将获得更多的投资机会，而中国企业在智利的矿业和电信等行业也将享受更加宽松的投资环境。③

第三，中国之所以选择智利作为双边自由贸易协定对象国，还因为看中了智利特殊的"轮轴国"地位与丰富的自贸谈判经验。智利和墨西哥、以色列这三个国家是目前全球有最多的贸易协议在运行的国家，因此，中国选择与智利进行自由贸易谈判，"实际上是在拉美国家找到了一个抓手"，④ 有利于中国进入拉美乃至更广泛的市场。据智利《战略报》报道，智利目前已与美国、欧盟、韩国、新西兰、新加坡、文莱、欧洲自由贸易联盟（EFTA）等签订了自贸协定。和日本（2007 年 3 月 27 日）的自贸协

① 《商务部有关司局负责人就中国与智利签署自由贸易协定答记者问》，中国自由贸易区服务网，http：//fta. mofcom. gov. cn/article/chinachile/chilenews/201005/2695_ 1. html。

② 黄兴伟：《胡锦涛会见智利总统 两国宣布建立中智自由贸易区》，新华网，http：//news. xinhuanet. com/world/2005 - 11/18/content_ 3800186. htm。

③ 岳云霞：《〈中智自由贸易协定〉评价》，《拉丁美洲研究》2006 年第 1 期。

④ 岳云霞：《"中智自由贸易协定"评价——"解读中国智利自由贸易协定"座谈会综述》，《中国社会科学院院报》2006 年 1 月 10 日。

定签署后，智利就和世界上最主要的四个经济集团有了协定，并使智利获得了占世界国内生产总值 85% 的国家的关税优惠。① 同时，从经验角度来讲，由于智利已经对外签署了 30 多个自由贸易协定，在对外谈判自由贸易协定过程当中积累了很丰富的经验，而中国在这一方面起步比较晚，所以跟智利谈判也是中国自身积累经验的一个过程，可以为中国今后进一步开展自由贸易区谈判做好准备。

第四，中智 FTA 的"示范效应"，也将有利于进一步推动中国与整个拉美地区的经贸合作，并将掀起中国与一些拉美国家的 FTA 谈判高潮。进入 21 世纪以来，由于中拉双方经济和进出口商品互补性强，中国与拉美的贸易发展之迅速，是出乎人们预料的：2001 年，中拉贸易额仅为 150 亿美元；2007 年，中拉贸易额接近 1000 亿美元，中国已经成为拉美国家的第三大贸易伙伴。② 目前，包括巴西、阿根廷、智利、秘鲁等在内的多个拉美国家已宣布承认中国的完全市场经济地位，这对于中国与这些拉美国家之间的 FTA 谈判的启动是十分有利的。2007 年 9 月 7 日，在悉尼 APEC 第 15 次领导人非正式会议期间，胡锦涛主席与秘鲁总统加西亚共同宣布启动中秘 FTA 谈判。经过 8 轮谈判和 1 次工作组会议，2008 年 11 月 19 日，胡锦涛主席在对秘鲁进行国事访问期间，与加西亚总统共同宣布中秘 FTA 谈判成功结束。2009 年 4 月 28 日，时任中国国家副主席习近平和秘鲁第一副总统路易斯·詹彼得里共同见证了《中国 - 秘鲁自由贸易协定》签字仪式。

《中国 - 秘鲁自由贸易协定》（以下简称《协定》）主要有 3 个方面的特点：一是谈判时间短。从 2007 年 11 月至 2008 年 11 月，《协定》谈判从启动到结束仅用了 1 年时间。在这一年时间里，双方代表团进行了 8 轮密集的谈判和 1 次工作组会议，两国谈判人员为如期达成《协定》付出了艰苦努力。二是内容涵盖全面。《协定》涵盖货物贸易、服务贸易、投资、原产地规则、海关程序、技术性贸易壁垒、卫生和植物卫生措施、争端解决、贸易救济、机构问题、知识产权、地理标识、合作等内容，是我国与拉美国家达成的第一个一揽子的自由贸易协定。三是体现互利双赢。《协定》既照顾了中国对自由贸易协定的高标准要求，也照顾了秘方的各项关

---

① 夏帆：《中智自贸协定明生效 有望使智利 GDP 多增长 1.4%》，中国新闻网，http://www.chinanews.com.cn/cj/gjcj/news/2006/09 - 30/798842.shtml。

② 吴建民：《大有潜力的中拉关系》，《今日中国（中文版）》2008 年第 2 期。

注；既保护了双方的敏感产品和产业，也为各自具有优势的产品和产业进入对方市场创造了良好条件。①

《中国－秘鲁自由贸易协定》于 2010 年 3 月 1 日起正式实施，中秘两国将携手进入"零关税时代"——双方 60% 以上的产品将立即享受零关税待遇，另外 30% 左右的产品将在 5～10 年内逐步享受零关税待遇。② 在服务、投资等方面，双方也将相互进一步开放。中秘自贸协定将在促进中秘两国互利共赢和共同发展上起到立竿见影的效果，同时也将给两国企业和消费者带来很多实实在在的好处。中国和秘鲁是在金融危机的背景下谈判并签署自贸协定的，又在后危机时代经济恢复初期开始实施自贸协定，必将有力地促进两国经济增长和友好合作，为中秘战略伙伴关系进一步增添实质性内涵。中秘两国经济互补性强，近年来经贸关系发展迅速。目前，中国是秘鲁第二大贸易伙伴，秘鲁是中国在拉美地区的第七大贸易伙伴。据中国海关统计，2008 年，双边贸易额达 75 亿美元，比上年增长 24%，其中中国出口 28 亿美元，进口 47 亿美元。2009 年，受经济危机影响，双边贸易额为 64 亿美元，同比有所下降，但仍明显好于中国与全球贸易总体水平，其中中国出口 21 亿美元，进口 43 亿美元。秘鲁日益成为中国在拉美主要的投资和贸易国之一。③

第五，中智 FTA 的深远效应还将有利于台湾问题的解决。长期以来，台湾地区的"领导人"利用"金元外交"拓展所谓的"国际空间"。而台湾所谓的"邦交国"，大多数是"一小二穷"，信息闭塞，外债高筑，外交萎靡。到目前为止，在台湾 22 个所谓的"邦交国"中，拉美地区（其中，中美洲 6 个，加勒比地区 5 个，南美洲 1 个）就有 12 个之多。④ 因此，随着中国大陆经济的不断提升，综合国力的提升，国际地位的提高，势必会遏制"台独"势力的"国际空间"。当然，中智 FTA 的达成及其持续健康的发展也在拉美地区的政治、经济等各个领域快速地产生了"溢出效应"。

---

① 《商务部国际司负责人解读〈中国－秘鲁自由贸易协定〉》，中国自由贸易区服务网，http：//fta. mofcom. gov. cn/article/chinabilu/bilunews/200904/692_ 1. html。

② 《商务部国际司负责人就中国－秘鲁自贸协定接受记者采访》，中国自由贸易区服务网，http：//fta. mofcom. gov. cn/article/chinabilu/bilunews/201006/2874_ 1. html。

③ 《〈中国－秘鲁自由贸易协定〉3 月 1 日起实施》，中国自由贸易区服务网，http：//fta. mofcom. gov. cn/article/chinabilu/bilunews/201003/2177_ 1. html。

④ 《资料：台湾目前的"邦交国"》，凤凰网，http：//news. ifeng. com/taiwan/special/gangbiyaduanjiao/content-5/detail_ 2013_ 11/15/31278371_ 0. shtml。

2007 年 6 月，中国与哥斯达黎加正式建立外交关系，2007 年 10 月，哥总统阿里亚斯访华期间又马上与中国签署了《中哥关于开展双边自由贸易协定联合可行性研究的谅解备忘录》，这就是一个很好的例证。自 2008 年 1 月中哥启动联合研究以来，历经 6 个月，双方顺利完成了可行性研究报告，并于 2008 年 8 月 15 日正式对外公布。中哥自贸协定谈判是在 2008 年 11 月胡锦涛主席访哥期间由胡主席和哥总统阿里亚斯共同宣布启动的。中哥双方经过六轮谈判，于 2010 年 2 月圆满结束谈判。2010 年 4 月 8 日，中国商务部部长陈德铭与哥斯达黎加外贸部部长鲁伊斯在北京共同签署了《中国－哥斯达黎加自由贸易协定》。该协定涵盖领域广，开放水平高，是我国与中美洲国家签署的第一个一揽子自贸协定，是两国关系发展史上新的里程碑。在货物贸易方面，中哥双方将对各自 90% 以上的产品分阶段实施零关税，中国的纺织原料及制品、轻工、机械、电器设备、蔬菜、水果、汽车、化工、生毛皮及皮革等产品和哥方的咖啡、牛肉、猪肉、菠萝汁、冷冻橙汁、果酱、鱼粉、矿产品、生皮等产品将从降税安排中获益。在服务贸易方面，在各自对世贸组织承诺的基础上，哥方有 45 个服务部门进一步对中国开放，中国则在 7 个部门对哥方进一步开放。与此同时，双方还在原产地规则、海关程序、技术性贸易壁垒、卫生和植物卫生措施、贸易救济、知识产权、合作等众多领域达成广泛共识。①

中哥自贸协定于 2011 年 8 月 1 日起正式生效，表明了两国在全球经济危机的背景下坚持对外开放、反对贸易保护的坚定决心。这将进一步促进两国互利双赢，为两国共同应对世界金融危机、调整产业结构、加快发展步伐发挥重要作用，并将为两国经贸合作带来更为广阔的发展空间。当然，中国选择哥斯达黎加作为自贸谈判伙伴也有几个方面的主要原因：其一，中哥经济和贸易结构相对简单，贸易摩擦较少，谈判困难较低。与巴西、阿根廷等中国在拉美的主要贸易伙伴相比，中国产业和贸易优势在于机电、轻工，哥方经济则侧重微电子和农牧业生产，双方扩大相互贸易，不会过分冲击各自的民族工业。其二，双方政治、经济关系发展顺畅。中哥建交后，双方政治往来密切，包括哥时任总统阿里亚斯和中国国家主席胡锦涛在内的高层互访频繁，双方相互为汶川地震和哥斯达黎加泥石流灾

---

① 《中国与哥斯达黎加签署自由贸易协定》，中国自由贸易区服务网，http://fta.mofcom.gov.cn/article/chinagesidalijia/gesidalijianews/201508/28026_1.html。

害进行慷慨捐赠。与此同时，双边贸易关系发展很快，根据中国海关统计，2010 年，中哥双边贸易额达到 38 亿美元，比上一年增长 19.2%，其中哥方对中国出口额高达 31.1 亿美元，中国已经成为哥斯达黎加名副其实的第二大贸易伙伴。其三，哥地区战略地位重要，双方政治互信增强。哥斯达黎加地处中美洲核心位置，经济发展水平居中美洲前列，政治稳定，人文发展水平较高，地区政治、经济影响力较大，足以成为中国在该地区最重要的全方位合作伙伴，尤其是对于中美洲其他尚未建交的国家，中哥关系的发展可以成为推动中国与中美洲国家发展关系的"样板"和"火车头"。同样，哥斯达黎加也是将中国视作重要的战略伙伴。中国资本和"中国制造"逐渐渗透到包括哥斯达黎加在内的中美洲和加勒比地区，甚至是尚未建交的尼加拉瓜、萨尔瓦多等国。中国不仅是哥最大宗出口产品——英特尔芯片的最大买主，而且还是哥牛肉、香蕉等农牧产品的潜在大客户。根据哥方统计，2009 年哥对华出口已经占到其对亚洲出口的50%，2010 年更是占到全球出口总额的 8.07%；中国 7% 的进口鲜花来自哥斯达黎加，哥斯达黎加已经成为中国第四大鲜花进口来源国。更何况，有中国援建完成的中美洲最现代化的足球场，中石油正考虑投资建设的价值数十亿美元的沿海炼油厂项目，此外还有公路、码头等急需外资投入的大型基础设施项目，这些巨大的经济诱惑更是促使哥斯达黎加加速"向中国靠拢"。①

第四节　中国–巴基斯坦自由贸易区

一　中国–巴基斯坦自由贸易区的发展历程

巴基斯坦是中国的友好邻邦，素有"巴铁"之称。巴基斯坦人民将中巴友谊比喻为"比山高，比海深，比蜜甜"。中国人民则亲切地称巴基斯坦人民为"好朋友、好邻居、好伙伴、好兄弟"。中巴"有着相似的历史

---

① Sun Yanfeng, "A First for Centre America: FTA Gives Imetus to China's Trade with Costa Rica and Other Countries in the Region," *Beijing Review*, Vol. 54, No. 33, August 18, 2011, pp. 14–15. 另参见《中国–哥斯达黎加自贸协议：中拉经贸关系又一里程碑》，中国自由贸易区服务网，http://fta.mofcom.gov.cn/article/chinagesidalijia/gesidalijiagfguandian/201509/28735_1.html。

遭遇，都渴望地区和世界的和平与进步"，1951 年 5 月 21 日，中巴正式建立外交关系后，双方之间的友好关系经受了国际政治安全风云变幻和国内政治经济情况变化的考验，不断深化，建立在和平共处五项原则基础上的中巴关系成为不同社会制度国家间关系乃至国与国之间关系的典范。巴基斯坦是唯一在 50 多年建交历史上从未与中国发生过任何争执的国家，两国关系从未因两国的国内政治受到任何影响，无论两国领导人如何更迭，两国始终保持亲密关系，也就是从这个意义上讲，巴基斯坦是中国全天候的战略伙伴。[①] 2015 年 4 月 20 日至 21 日，国家主席习近平访问巴基斯坦，这是习近平主席 2015 年首次外访。在访问期间，习近平主席同巴基斯坦总统侯赛因（Mamnoon Hussain）、总理谢里夫（Nawaz Sharif）共同决定，将中巴战略合作伙伴关系，提升为全天候战略合作伙伴关系。习近平在巴基斯坦议会发表题为"构建中巴命运共同体，开辟合作共赢新征程"的重要演讲中讲道，"全天候就是风雨无阻、永远同行的意思。这一定位是中巴全天候友谊和全方位合作的鲜明写照，可谓实至名归"。从古代丝绸之路，到中巴互帮互助，再到"中巴经济走廊"和"一带一路"沿线建设，都体现出"中巴两国的友谊是肝胆相照的信义之交，休戚与共的患难之交"。[②]而此次访问将会进一步巩固中巴全天候友谊，深化中巴全方位合作，将"中巴命运共同体"打造成中国同周边国家构建命运共同体的样板和典范。[③]

在双边政治安全关系不断发展的同时，中巴经济关系也有较大发展。长期以来，巴基斯坦是中国对外援助的主要国家，也是中国在南亚地区最大的贸易伙伴。20 世纪 80 年代末期，中国虽然调整了对外援助方针，但是巴基斯坦依然是中国最重要的援助对象。[④] 为促进双边经贸合作的发展，1982 年 10 月，两国成立了中巴经济贸易和科技合作联合委员会，截至2007 年 4 月 9 日，该联委会已举行了 13 次会议；1989 年 2 月 12 日，中国与巴基斯坦签署双边投资保护协定；1989 年 11 月 15 日，两国签署《关于

---

① 周戎：《中巴战略合作需注入新的活力》，《南亚研究季刊》2007 年第 1 期。

② 习近平：《构建中巴命运共同体　开辟合作共赢新征程——在巴基斯坦议会的演讲》，《人民日报》2015 年 4 月 22 日。

③ 《中巴命运共同体将成中国周边外交样板》，人民网，http://world.people.com.cn/n/2015/0418/c157278-26864679.html。

④ 文富德：《论中巴经济贸易合作的发展前景》，《南亚研究季刊》2007 年第 1 期。

对所得避免双重征税和防止偷漏税的协定》；2003 年 11 月 3 日，中巴签署《优惠贸易安排》（PTA），2004 年 1 月 1 日起实施关税优惠。中国对巴基斯坦 893 个 8 位税目的商品实行优惠税率，整体优惠幅度为 18.5%。巴基斯坦对中国 188 项产品给予关税优惠，主要有水产品、石墨、香精油、酶、活性炭、脂肪酸、橡胶制品、纸、纸板、羊毛、石膏板、瓷砖、硅铁、无缝钢管、石材加工设备、变压器、工业用加热炉、电焊机、显像管、玩具等。其优惠幅度大小不等，如水产品免征关税，整体优惠幅度为 31.7%。

2005 年 4 月，在温家宝总理访问巴基斯坦期间，中巴两国签署了《中巴睦邻友好合作条约》、《中巴关于自由贸易协定早期收获计划的协议》（以下简称《早期收获协议》）和《中巴关于自由贸易协定及其他贸易问题的谅解备忘录》（以下简称《谅解备忘录》）。2005 年 12 月 9 日，中巴商务部部长共同签署《中国－巴基斯坦自由贸易协定早期收获协议》生效换文。

"早期收获"是借鉴中国－东盟自贸区的建设经验，为使双方提早收获自贸区关税削减成果，在自贸区建设初期先行对部分产品实施的降税。根据《早期收获协议》，中巴双方共同对以蔬菜、水果为主的产品进行降税，包括中方有出口优势的大蒜，巴方有出口优势的芒果、柑桔（柑橘）、石料等产品，涉及中国 123 个八位税目。同时中方承诺对 52 个 4 位税号、巴方承诺对 51 个 4 位税号的产品分别实施降税。中方降税产品主要是植物胶、棉机织物、化纤纺织原料及制成品、针织物、大理石制成品、体育用品、医疗器材等。其中，棉机织物等原料型和低附加值产品确为满足国内市场所需，同时也是巴方对中方出口的主要商品之一，实行零关税后巴方有望通过进一步扩大出口而缓解逆差。巴方降税产品主要是有机化工产品和机械类产品。这部分产品不属巴方优先发展产业，且巴方纺织业可望通过零关税以获得更低价的纺织机械，而进一步扩大其纺织品出口竞争力。上述降税产品在范围上适当满足了巴方要求，在贸易利益上双方大体相当。降税模式比照中国－东盟"早期收获"安排的产品降税模式，从 2006 年 1 月 1 日开始分 3 次降税，在 2008 年 1 月 1 日前全部降税为零。同时，双方比照《亚太贸易协定》（原称为《曼谷协定》）第 3 轮谈判中中国与印度之间达成的具体安排，互相提供优惠关税待遇，巴方在总体减让幅度不变的基础上对其中部分商品的具体减让幅度作了微调。《早期收获协议》的成功签署使双方企业及早从自由贸易协定中受益，进而增强双方政府推进自由贸易协定全面建设的信心。《早期收获协议》和《谅解备忘录》的签署向世界表明中巴自贸区建设开始迈出了实质性的一步，具有重要的象征意义。

2005年8月，中巴自贸区全面降税的谈判在中国新疆乌鲁木齐正式拉开序幕。通过6轮谈判，在2006年11月胡锦涛主席访巴期间，《中华人民共和国政府和巴基斯坦伊斯兰共和国政府自由贸易协定》（简称《中巴自贸协定》）最终签订。根据《中巴自贸协定》，中巴两国于2007年7月1日起对全部货物产品分两个阶段实施降税。第一阶段在《中巴自贸协定》生效后5年内，双方对占各自税目总数85%的产品按照不同的降税幅度实施降税。其中，约36%的产品关税将在3年内降至零。中方降税产品主要包括畜产品、水产品、蔬菜、矿产品、纺织品等，包括根据《早期收获协议》对巴基斯坦协定税率或2006年最惠国税率均不超过5.5%的产品；巴方对应降税的产品主要包括牛羊肉、化工产品、机电产品等。其余约49%的降税产品将在5年完成不同幅度的关税减让：税率降至5%，或削减50%、20%的关税。第二阶段从《中巴自贸协定》生效第6年开始，双方将在对以往情况进行审评的基础上，对各自产品进一步实施降税。目标是在不太长的时间内，在照顾双方各自关注的基础上，使各自零关税产品占税号和贸易量的比例均达到90%。

2006年11月，在中国和巴基斯坦两国政府签署双边自由贸易协定的当天，还签署了《中国－巴基斯坦经贸合作五年（2007~2011）发展规划》。根据有关规定，列入规划的中巴双方重点推动的合作项目有61个。该协议将为两国在农业、制造业、基础设施和公共事业、矿业、能源、信息通信技术、服务业、教育和技术合作等领域建立更紧密经贸关系发挥重要作用。中巴双方将根据2007年4月17日在北京签署的《〈中国－巴基斯坦经贸合作五年发展规划〉项目实施规程》予以推动实施。

2008年10月15日，在胡锦涛主席和来访的巴基斯坦总统扎尔达里的共同见证下，中国商务部副部长陈健与巴基斯坦商业部部长穆赫塔尔在人民大会堂签署了《中国－巴基斯坦自由贸易协定补充议定书》。作为扎尔达里总统此次访华的一项重要经贸成果，该补充议定书将在中巴自贸区框架下，对巴境内"海尔－鲁巴经济区"等中巴投资区生产的货物以及双方有出口兴趣的货物，优先考虑削减或消除关税。此外，巴方专门给予中巴投资区12条优惠政策，作为补充议定书的附件。补充议定书的签署和实施，将有助于加快包括"海尔－鲁巴经济区"在内的中巴投资区建设，吸引更多企业入区设厂，进一步提升两国经贸合作水平。①

　　中巴自贸区服务贸易谈判是在 2006 年 11 月胡锦涛主席访巴期间签署涵盖货物贸易和投资为主要内容的自由贸易协定的同时，与巴方共同宣布启动的。此后，双方就自贸区服务贸易协定内容和服务部门开放承诺表等进行了 5 轮谈判，于 2008 年 12 月全部达成一致。2009 年 2 月 21 日，在戴秉国国务委员和巴基斯坦总统扎尔达里的共同见证下，商务部副部长陈健与巴基斯坦驻华大使马苏德·汗分别代表两国政府在武汉签署了《中国－巴基斯坦自由贸易区服务贸易协定》，作为扎尔达里总统此次访华的重要经贸成果。该协定是迄今两国各自对外国开放程度最高、内容最为全面的自贸区服务贸易协定。根据该协定，在各自对 WTO 承诺的基础上，在全部 12 个主要服务部门中，巴方将在 11 个主要服务部门的 102 个分部门对中国服务提供者进一步开放，包括建筑、电信、金融、分销、环境、医疗、旅游、运输、快递、研发、计算机教育、娱乐文化和体育等众多服务部门，其中分销、教育、环境、运输、娱乐文化和体育等 5 个主要服务部门在内的 56 个分部门为新开放部门。此外，巴方将根据具体情况，在外资股比方面给予中国服务提供者更加优惠的待遇，并在人员流动方面提供更加宽松和便利的条件。中国将在 6 个主要服务部门的 28 个分部门对巴基斯坦服务提供者进一步开放，具体包括采矿、研发、环保、医院、旅游、体育、交通、翻译、房地产、计算机、市场调研、管理咨询、印刷出版、建筑物清洁、人员提供和安排服务等。② 2009 年 9 月 10 日，中国－巴基斯坦自由贸易委员会第一次会议在北京举行。中国商务部部长助理王超出席开幕式，并与巴基斯坦商务部秘书（副部长）苏勒曼·甘尼共同宣布《中国—巴基斯坦自贸区服务贸易协定》将于 2009 年 10 月 10 日生效实施，从而标志着中巴两国将建成一个涵盖货物贸易、服务贸易和投资等内容全面的自贸区。

　　自《中巴自贸协定》2007 年 7 月正式实施以来，中巴两国贸易投资和经济合作发展迅速。中巴双边贸易额从 2007 年的 69 亿美元增加至 2014 年

① 《中国－巴基斯坦签署自贸协定补充议定书》，中国自由贸易区服务网，http：//fta. mofcom. gov. cn/article/chpakistan/chpakistannews/201504/21194_ 1. html。

② 《中国和巴基斯坦签署自贸区服务贸易协定》，中国自由贸易区服务网，http：//fta. mofcom. gov. cn/article/chpakistan/chpakistannews/201504/21200_ 1. html。

的 160 亿美元，年均增长约 15.3%。① 在双边贸易额迅速攀升的良好时机，中巴双方展开了自贸区第二阶段降税谈判。自 2011 年 3 月 10 日至 11 日在伊斯兰堡举行的首轮谈判，到 2015 年 10 月 14 日至 16 日在北京举行的谈判，中巴双方已进行了 6 轮自贸区第二阶段降税谈判。

2015 年 4 月 20 日，习近平主席访问巴基斯坦期间，中国商务部部长高虎城与巴基斯坦商务部部长赫拉姆·达斯特吉尔·可汗代表两国政府共同签署了《中巴自贸区服务贸易协定银行业服务议定书》，并于 2015 年 11 月 11 日正式生效。双方同意加大银行业相互开放力度，进一步提高中巴自贸区服务贸易自由化水平，为两国企业提供更多融资便利。上述协议的签署与实施，将对充实和巩固两国全天候战略合作伙伴关系起到积极作用。②

二 中国 – 巴基斯坦自由贸易区的问题与意义

首先，中巴 FTA 实施以来，中巴双边贸易呈现非均衡发展趋势。据中国海关统计，2006 年中巴双边贸易总额为 52.47 亿美元，同比增长 23.13%，其中中方对巴出口 42.4 亿美元，增长 23.68%，中方自巴进口 10.07 亿美元，增长 20.88%。2007 年中巴双边贸易总额为 65.4 亿美元，同比增长 25%，其中中方对巴出口 54.3 亿美元，增长 28%，中方自巴进口 11.1 亿美元，增长 9.7%。2008 年 4 月，巴基斯坦贸易发展署、外贸研究所、伊斯兰堡工商会在巴首都伊斯兰堡联合主办的研讨会上，巴工商界人士对近年来中巴贸易情况进行了分析和讨论，提出应充分挖掘优势出口产品，加快对华出口商品的多样化，同时也对《中巴自贸协定》做出诸多反面评价。③ 水果批发代理机构秘书长塔希尔·阿尤布说，中国进口商以巴柑橘、芒果等水果没有达到生物卫生标准而不太愿意进口，相反中国却向巴大量倾销未达标的水果。水果、蔬菜出口商要求中方根据双边自贸协定清除非关税贸易壁垒，并给予巴果蔬产品自贸协定所赋予的平等地位。巴贸易发展署世贸处处长穆基德·艾哈迈德·汗说，在 85% 的巴对华出口中，对华出

① 《中国 – 巴基斯坦自贸区第二阶段谈判第四次会议在京举行》，中国自由贸易区服务网，http://fta.mofcom.gov.cn/article/chpakistan/chpakistannews/201504/21095_1.html。

② 《商务部高虎城部长与巴基斯坦商务部长签署中巴自贸区服务贸易协定银行业服务议定书》，中国自由贸易区服务网，http://fta.mofcom.gov.cn/article/chpakistan/chpakistannews/201504/21315_1.html。

③ 《巴基斯坦工商界对中巴自贸协定作出诸多反面评价》，中国驻巴基斯坦使馆经济商务参赞处网站，http://pk.mofcom.gov.cn/aarticle/jmxw/200804/20080405485242.html。

口第一大类的棉纱占了 47%，而棉纱却被列入非减让关税清单。中国是世界棉纱第一大进口国，每年进口量在 30 亿美元，难以理解中方为何将棉纱排除在关税优惠清单之外。伊斯兰堡工商会主席穆哈迈德·伊贾兹·阿巴斯说，巴政府希望通过签订《中巴自贸协定》来促进出口，却未能达到预期效果，进口反倒成倍增长，对华贸易逆差也大幅上升。他还指出，政府与中国签署自贸协定前，没有全面充分地征求各方意见，使自贸协定优势更偏向于中方。面对目前这种趋势，中巴双方有必要采取更全面的措施来处理贸易非均衡发展的问题。所幸的是，近年来，中国政府多次组织企业赴巴采购，这对平衡双边贸易起到了积极作用。比如，2007 年 7 月 19 日，以商务部部长助理王超为团长、由 12 家中国企业代表组成的中国政府经贸代表团与巴方企业举行洽谈会，并签署了总额为 2.1 亿美元的进口采购协议。

据巴《新闻报》（The News）2015 年 9 月 3 日报道，巴商务部邀请卡拉奇工商会对正在进行的中巴第二轮自贸协定谈判提建议，卡拉奇工商会主席沃拉（Iftikhar A Vohra）向媒体透露，他们建议政府通过新自贸协定减少来自中国的制成品和半制成品进口。沃拉表示，中巴是好朋友，现在又在合作进行中巴经济走廊建设，但巴确实未因签订《中巴自贸协定》而获得好处。实际情况是，在巴与中国、马来西亚以及斯里兰卡签订的三个自贸协定中，除斯里兰卡外，另外两个自贸协定均使巴贸易赤字状况更加恶化。以中国为例，从 2007 财年到 2014 财年，虽然双边贸易增长了 262%，但巴对中贸易赤字扩大了 112%。对于很多巴拥有竞争优势的产品，政府并未能够争取到关税豁免或足够的关税减让。沃拉还表示，目前中巴贸易有巨大的差距，巴主要出口低附加值的原材料产品，如棉纱、鱼货、皮革、大理石、水果蔬菜等。而中国出口产品范围广泛，从原材料到高科技产品都包括在内。《中巴自贸协定》签署后，来自中国的很多产品如轮胎、瓷砖、复合纤维、电子产品以及化工品等迅速占领了巴国内市场。这对国内工业发展造成了损害。正如国家税务委员会（NTC）主席扎拉（M Abbas Raza）所说，自贸协定应建立在互惠互利的基础上，但国内产业的特殊需求也应充分考虑。①

其次，巴基斯坦在 FTA 建设方面存在着"心有余，而力不足"的困扰。

---

① 《贸易赤字促使巴与中国重新签订自贸协定》，中国自由贸易区服务网，http：//fta. mofcom. gov. cn/article/chpakistan/chpakistangfguandian/201509/28294_ 1. html。

20世纪90年代，巴虽努力加强与其他南盟（南亚区域合作联盟）国家的合作，但更多的精力却放在WTO等多边经贸合作领域。近年来，WTO谈判停滞不前，因此，巴在参与南盟经贸合作的同时，不断寻求与其他地区组织和国家的多双边经贸合作。巴政府在《2005—2010中期发展框架》中提出要积极参与多双边经贸合作，加快各类贸易协议的谈判进度，消除市场准入障碍，扩大产品出口。截至2007年5月初，巴与3个国家（组织）签署了自贸协定，同2个国家签署了优惠贸易安排，并在与12个国家、地区和组织进行有关贸易协议的谈判。巴借此想达到以下几点目的：努力改善本国形象，提高自身的政治地位和国际影响力；扩大出口和吸引外资，以促进本国经济的发展；获取广大民众的支持，夯实政权基础；力争打破南亚地区印度的"一超"格局，拓展回旋余地，以免陷入印度多双边战略的围困之中。① 但是，由于冷战、阿富汗战争以及国内局势长期动荡不安等原因，巴经济发展落后，已落入亚洲低收入国家之列。巴工业发展水平较低，产品成本较高，目前，在与签署贸易协定的国家和地区的双边贸易中，包括即将签订贸易协定的国家和地区，巴方均存在逆差。世界银行日前公布的《2008年世界贸易指标》报告显示，巴基斯坦2007年进出口贸易额占世界贸易比重双双下降，其中，巴出口额占世界出口总额的比重由2006年的0.140%下降至2007年的0.127%，进口由2006年的0.244%下降至2007年的0.225%。报告显示，2007年巴对外贸易实际增长仅为0.9%，远低于2006年18.52%的增速。巴平均关税为14.06%，略低于南亚地区14.37%的水平。②

据巴《商业记录报》（*Business Records*）等报道，巴财政部2015年11月30日召开新闻发布会，宣布为实现IMF关于在本财年额外创造400亿卢比财政收入的要求，巴政府将从12月1日调整进口产品关税，主要举措如下：第一，除涉及国计民生的农机具、种子、化肥、蔬菜、重要采矿设备、通信设备等27大类产品外，对几乎所有进口产品额外征收1%的关税，其中对进口排气量在1000CC以上的新车和二手汽车，额外征收10%的关税；第二，对活家禽、冷冻鱼、椰子、腰果、杏仁、花生、多种水果、服饰、家居用品、手表等61种产品新征收5%～10%的进口调节税；

① 《巴基斯坦参与区域经济合作现状与浅析》，中国驻巴基斯坦使馆经济商务参赞处网站，http://pk.mofcom.gov.cn/aarticle/ztdy/200708/20070804998697.html。
② 《巴基斯坦2007年进出口贸易额占世界比重双双下降》，中国驻巴基斯坦使馆经济商务参赞处网站，http://pk.mofcom.gov.cn/aarticle/jmxw/200806/20080605624906.html。

第三，对奶制品、蜂蜜、菠萝、芒果、橙子等289种已征收进口调节税的产品，将进口调节税率由10%提高至15%。会上，巴财政部部长强调，相关措施同样适用于所有FTA伙伴国家。据相关消息人士透露，因反对党在议会的坚决反对，提高所得税和销售税的计划难以推行，政府转而采取了大规模征收进口调节税的方式增加税收收入，如此次增加关税仍不能达到IMF设定的税收收入目标，后续可能将采取更大的关税调整措施。①

最后，就目前情况来说，中巴FTA的战略意义远大于经济意义。首先，巴基斯坦是伊斯兰世界中唯一拥有核武器的国家，也是伊斯兰世界的核心国家，处于东方穆斯林（印尼、马来西亚、文莱和孟加拉国）、西方穆斯林（中东和广袤的非洲）、北方穆斯林（中亚、阿富汗和阿塞拜疆）的中心位置。因此，巴基斯坦应被视为中国与伊斯兰世界建立持久战略关系的通道和主要途径。② 其次，巴基斯坦是中亚、南亚、西亚和东亚的结合部，也是能源出口国和能源进口国的主要通道。2008年4月，巴基斯坦在伊斯兰堡分别与印度就有"和平管道"之称的伊朗—巴基斯坦—印度天然气管道项目（IPI）关键问题达成一致，同意2009年启动管道建设；③

---

① 《巴基斯坦大幅调整进口关税》，中国驻巴基斯坦使馆经济商务参赞处网站，http://pk. mofcom. gov. cn/article/jmxw/201512/20151201198525. shtml。

② 周戎：《中巴战略合作需注入新的活力》，《南亚研究季刊》2007年第1期。

③ "伊—巴—印天然气管道"的想法最早开始于1993年，当时印度和伊朗首先签署了铺设天然气管道的备忘录。2001年，伊朗批准了对管道建设的可行性研究，计划从伊南部的阿素里耶气田经巴基斯坦向印度提供天然气。此后三方不断磋商，但谈判进程却起起伏伏。2007年4月，伊巴印三方终于签署了一项原则协议，确定管道建设的长度为2775公里，成本约为74亿美元，计划于2009年开工建设，2012年实现输气。该计划又称"和平管道"，因为一旦建成将使三国利益更紧密地联系在一起，有助于地区和平与发展。参见《伊巴印天然气管道计划提速》，中国能源网，http://www. china5e. com/www/dev/news/viewinfo-oil-200804300101. html。另据《印度时报》（*The Times of India*）2009年9月7日报道，印度已经终止了伊朗—巴基斯坦—印度输气管线（IPI）的谈判。此举引来了媒体的诸多猜测。有媒体分析，印度撤出IPI输气管线的谈判，是由于印巴局势紧张；也有媒体分析称，印度可能是迫于美国压力；更有媒体猜测，印度放弃IPI输气管线，是由于巴基斯坦可能将途经本国的天然气转运至中国。参见周戎《印度放弃伊巴印天然气管道项目惹猜疑》，环球网，http://finance. huanqiu. com/roll/2009 - 09/573295. html。又据巴基斯坦《黎明报》（*Dawn*）2015年12月9日报道，据伊朗高级官员称，伊印方面正在就海底天然气管线项目进行商讨，该项目起于伊朗海岸，经阿曼海域及印度洋，连接至印度古吉拉特邦，预计耗资45亿美元，天然气输送量达3150万立方米/天，将于天然气采购协议完成后2年内完工。据悉，该项目原本计划途径巴基斯坦，但印方以安全和商业问题为由拒绝，并重新规划为铺设海底天然气管道，绕开巴基斯坦海上专属经济区。目前，伊朗正在与南亚天然气公司（SAGE）商谈建设事宜。参见《伊印欲绕开巴建海底天然气管道》，中国驻卡拉奇总领事馆经济商务室网站，http://karachi. mofcom. gov. cn/article/jmxw/201512/20151201207318. shtml。

与土库曼斯坦、阿富汗和印度签署了"土—阿—巴—印"（TAPI，亦称
"塔比"）天然气管线项目框架协议。四方同意，管线建设将于 2010 年启
动。① 同时，巴基斯坦也是愿意成为中国能源走廊和贸易走廊的国家之
一。② 2006 年 2 月巴基斯坦时任总统穆沙拉夫（Pervez Musharraf）访华时
表示，"希望中方充分利用巴的地理优势，把巴作为在本地区的贸易和能
源走廊"。③ 巴方领导人所提出的"中巴石油管道"的具体路径是，在巴基
斯坦西南部、中国政府援建的瓜达尔港（Gwadar Port）至新疆的红其拉甫
山口之间修建一条石油管线，这样来自中东和非洲的原油可以通过瓜达尔
港被输送到中国西北部，从而破解"马六甲困局"。最后，巴基斯坦是中
国打击国际恐怖主义、民族分裂主义和宗教极端主义这"三股势力"的重

---

① "土—阿—巴—印天然气输送管道"项目曾于 15 年前第一次被提出，但由于阿富汗安
全不靖或印巴关系紧张而搁浅。如项目执行，巴、印两国能够得到长期的天然气供应，
土库曼斯坦能从天然气出口中获利，而阿富汗将获得稳定的可观的过境中转费。根据
规划，土—阿—巴—印天然气输送管道长 1680 公里，从土库曼斯坦的道利特巴德市出
发，途经赫拉特和坎大哈省，进入巴基斯坦的奎达市，并由此抵达印度边境法兹尔卡
镇。预计整个管道建设将耗资 60 亿美元，于 2018 年前建成，每年可输送 330 亿立方米
天然气。项目得到亚洲开发银行的支持。参见《阿印巴土四国在伊斯兰堡讨论天然气管
道过境阿富汗》，中国能源网，http://www.china5e.com/www/dev/news/viewinfo-oil-
200804250063.html。另据 2014 年 10 月 21 日独立媒体《趋势》报道，土库曼斯坦总统别
尔德穆哈梅多夫（Gurbanguly Berdymukhamedov）在 20 日召开的土长老理事会会议上宣
布，2015 年计划开始建设"土—阿—巴—印"国际天然气管道，该项目于 2010 年由参与
国在阿什哈巴德签署政府间实施协议。项目设计运输能力为每年 330 亿立方米，总长
1735 公里，其中 200 公里在土库曼斯坦境内，阿富汗境内 735 公里，巴基斯坦境内 800 公
里，最终抵达巴印边境。该项目的天然气供应来源为土库曼最大的"加尔克内什"气田，
目前正在加大开采规模，将达到年开采量 300 亿立方米。参见《外媒报道土库曼斯坦
2015 年开始建设土—阿—巴—印天然气管道》，中国驻土库曼斯坦大使馆经济商务参赞处
网站，http://tm.mofcom.gov.cn/article/jmxw/201410/20141000768756.shtml。
② 周戎（2007）的一篇文章中称，"巴基斯坦是唯一愿意成为中国能源走廊和贸易走廊的国
家"。笔者认为该提法不妥，因为"中缅石油管道"项目已经在积极地推进。中缅油气管
道西起缅甸西海岸的实兑，从云南瑞丽进入中国境内，直达云南昆明。长度为 900 公里，
每年计划向国内输送 2000 万吨原油，相当于每日运输 40 万桶左右。
③ 由于要考虑政治安全、技术可行性和经济效益，以及项目的具体化，还需要相当长的时
间，因此，对于巴方的热情态度，中国方面则比较谨慎。但是，与中缅等其他管线一样，
这条未来可能的"能源走廊"，让中国能源战略的多元化多了一种选择。对瓜达尔港一期
工程的建设，中方提供了 1.99 亿美元的融资；对其二期工程，中方的援助或高达 5 亿美
元，这也是中国迄今最大的援外工程。尽管决策层至今对巴方修建石油管道的提议不置
可否，但以援建瓜达尔港推动能源战略布局的意图应该是不言自明的。参见《胡锦涛与
巴基斯坦总统穆沙拉夫举行会谈》，中国外交部网站，http://www.fmprc.gov.cn/chn/
wjdt/wshd/t236246.htm。

要合作者。巴的稳定、繁荣和强大对中国的南亚外交和维护南亚地区的和平、稳定与发展仍具有不可替代的作用。上述因素决定了巴基斯坦对中国的战略重要性，因此，中巴"全天候"战略合作伙伴关系构成了中国在西部周边的战略延伸，而这种关系的巩固与深化还将取决于中巴 FTA 的健康、深入、可持续发展的程度。

第五节　中国－新西兰自由贸易区

一　中国－新西兰自由贸易区的发展历程

自 1972 年建交以来，中新双边关系不断发展，经贸合作日趋紧密。2003 年，中新双边贸易总额达到 18.3 亿美元，创历史新高，比 2002 年增长 30.7%。新西兰已成为中国乳制品、羊毛、原木、锯材、纸浆和种牛等商品的主要进口来源地，而中国的纺织品、服装、鞋类、家用电器、自动数字处理设备和家具等产品在新西兰也广受欢迎。在中新双边贸易快速增长的同时，两国的相互投资也在不断扩大。新西兰累计在华投资主要涉及农林、轻工、纺织、冶金、食品加工、医药、计算机等领域。中国对新西兰的投资也呈增长态势，越来越多的中国企业对投资新西兰产生了浓厚兴趣。在人员交往方面，中国与新西兰已相互成为重要的旅游目的国，2003年，中国有 7.5 万人次访问新西兰，新西兰来华人数超过 4.3 万人次。同时，新西兰也是中国学生留学海外的主要国家之一，截至 2003 年，有 5 万多名中国学生在新西兰留学。[①]

中新双边关系的持续发展为深化两国间的互利合作奠定了坚实的基础。2003 年 10 月，胡锦涛主席对新西兰进行国事访问，有力地推动了两国全面合作关系向前发展。两国领导人还就商签中新经贸合作框架达成共识。2004 年 5 月 28 日，中新双方共同签署了《中国－新西兰贸易与经济合作框架》（以下简称《框架》）。新西兰正式承认中国的市场经济地位，双方同意就建立中新自由贸易区的可行性开展研究，并争取在 2005 年初开始自由贸易区的谈判。《框架》的签署表明了两国希望通过建立自由贸易区进一步加强双边经贸合作、实现互惠互利、共同繁荣的良好愿望。

---

① 《建立中新自由贸易区，创造经贸合作新篇章》，中国商务部信息化司网站，http://xxhs.mofcom.gov.cn/aarticle/c/d/200411/20041100310395.html。

《框架》签署后，中新双方于 2004 年 5 月底正式启动了自贸区的联合可行性研究，并于 9 月底完成了《中新自由贸易区联合可行性研究报告》。研究报告对中新两国的经济结构、资源禀赋以及在货物、服务和投资等领域的现行政策进行了客观分析，并通过经济模型的评估，全面衡量了双方实现货物、服务和投资自由化的影响，探讨了促进双方贸易投资自由化和便利化以及加强经济技术合作的方式与途径。

研究报告认为，中新自由贸易区的建立将有利于双方充分发挥各自的资源优势，更好地利用双方在经济上的互补性，促进双边贸易增长，实现共同繁荣的目标。在货物领域，双方通过进一步降低和取消关税和非关税壁垒，相互开放市场，可以让两国人民享受到更低廉的价格以及多样化的商品。在服务领域，双方将通过改善市场准入条件，促进相互间人员的资格认证，推动两国的服务贸易发展。在投资领域，双方将通过加强投资促进和保护方面的合作，建立更加透明和便利的投资体制，提高两国投资吸引力，为企业提供更多的投资机遇。此外，自由贸易区还将为两国在海关、检验检疫、知识产权、中小企业等领域建立合作平台，促使双边经贸活动更加活跃。

中新两国领导人根据联合研究报告的结果，并从两国关系长远发展的角度出发，做出了启动中新自由贸易区谈判的决定。2004 年 11 月 19 日，胡锦涛主席和新西兰时任总理海伦·克拉克（Helen Clark）在 APEC 领导人非正式会议上，共同宣布中新自贸区谈判正式启动。新西兰由此成为第一个与中国进行双边自由贸易协定谈判的发达国家。2006 年 4 月，温家宝总理与克拉克总理共同确定了 1~2 年内结束谈判，达成全面、高质量、平衡和为双方所接受的自由贸易协定的目标。2007 年，胡锦涛主席和温家宝总理又与克拉克总理多次会晤，不断为谈判注入动力。自首轮谈判于 2004 年 12 月在北京举行以来，经过 3 年来的 15 轮谈判，2007 年 12 月，双方最终就协定涉及的所有问题达成一致。2008 年 4 月 7 日，在温家宝总理和克拉克总理见证下，中国商务部部长陈德铭与新西兰贸易部部长菲尔·戈夫（Phil Goff）代表各自政府在北京人民大会堂签署了《中华人民共和国政府和新西兰政府自由贸易协定》（以下简称《协定》）。2008 年 7 月 24 日，新西兰议会以 104 票赞成、17 票反对的压倒性多数通过了该协定，并于 2008 年 10 月 1 日正式生效。

《协定》共 214 条，分为 18 章，是在 WTO 基础上，规范中国与新西兰进一步相互开放市场、深化合作的法律文件。《协定》涵盖了货物贸易、服务贸易、投资等诸多领域，是我国与其他国家签署的第一个全面的自由贸易协定，也是我国与发达国家达成的第一个自由贸易协定。根据《协定》，在货物贸易方面，新西兰将在 2016 年 1 月 1 日前取消全部自华进口的产品的关税，其中 63.6% 的产品从《协定》生效时起即实现零关税；我国将在 2019 年 1 月 1 日前取消 97.2% 的自新进口的产品的关税，其中 24.3% 的产品从《协定》生效时起即实现零关税。在服务贸易方面，新西兰在商务、建筑、教育、环境等 4 大部门的 16 个分部门做出了高于 WTO 的承诺；中国在商务、环境、体育娱乐、运输等 4 大部门的 15 个分部门做出了高于 WTO 的承诺。在人员流动方面，双方承诺将进一步便利两国人员往来，新西兰将为中医、中餐厨师、中文教师、武术教练、中文导游等 5 类职业提供 800 个工作许可，并允许车工、焊工、计算机应用工程师、审计师等 20 类职业至少 1000 名中方人员赴新工作。在投资方面，《协定》就投资促进和保护等问题做出了明确的规定，为解决与投资相关的争端建立了有效的机制。此外，《协定》还针对中新两国在海关、检验检疫、知识产权等领域的合作做出了制度性安排。①

2008 年，中国-新西兰自贸区联委会（司局级）成立，双方每年轮流在两国召开一次会议。2009 年 8 月 19 日~20 日，中国-新西兰自贸区第一次联合委员会会议在新西兰首都惠灵顿举行，双方全面审议了双边自贸协定自 2008 年 10 月 1 日实施以来的进展情况，讨论和交流了协定实施过程中的有关事项和问题。2015 年 3 月 24 日~25 日，中国-新西兰自贸区联委会第六次会议在新西兰首都惠灵顿举行。中国代表团成员由商务部、财政部、农业部、海关总署、驻新西兰大使馆、驻克赖斯特彻奇（Christchurch，又名基督城）总领馆等单位人员组成。双方就货物贸易、服务贸易、自然人移动、原产地规则等领域的实施情况进行了审议，并同意启动中新自贸区升级谈判联合评估机制。2015 年 11 月 21 日至 22 日，李克强总理出席在马来西亚吉隆坡举行的第 18 次中国-东盟（10＋1）领导人会议、第 18 次东盟与中日韩（10＋3）领导人会议和第 10 届东亚峰会。11 月 21 日晚，李克强总理在下榻饭店会见新西兰总理约翰·基

---

① 《商务部新闻发言人就〈中华人民共和国政府和新西兰政府自由贸易协定〉有关问题答记者问》，中国驻新西兰大使馆经济商务参赞处、中国驻奥克兰总使馆经济商务室网站，http://nz.mofcom.gov.cn/aarticle/jingmaotongji/200804/20080405474882.html。

（John Key）时说，中新自贸协定积极效应充分显现，希望双方探讨推进自贸协定升级版谈判。中方鼓励中国企业参与新西兰交通和灾后重建项目等基础设施建设，希望新方提供相关准入便利。

2015年9月23日，中国商务部副部长王受文在北京举办的第二届"中国－新西兰伙伴关系论坛"[①] 上透露，中国和新西兰自贸协定生效的7年间，新西兰对中国出口年增长33%，远高于新西兰和其他贸易伙伴不到6%的平均出口年增长率。根据中国海关统计，2014年中新双边贸易额142.5亿美元，同比增长15%。其中，中国对新出口47.4亿美元，同比增长14.7%；从新进口95.1亿美元，同比增长15.2%。2014年，中国已经连续第二年成为新西兰最大的贸易伙伴，中国也是新西兰第一大出口市场。受益于两国自贸协定，除了货物贸易之外，两国的服务贸易自中国－新西兰自贸协定生效后，年增长率达到14%，高于全球平均水平。2014年11月中国国家主席习近平应邀对新西兰进行国事访问，为两国带来了一系列合作大礼包，比如作为服务贸易的电视节目和影视剧的合作。目前中国和新西兰正稳步朝2020年达到300亿新西兰元的贸易目标迈进。在双边贸易达到历史新高的同时，双向投资也持续发展。根据商务部统计，以恒天然为代表的新西兰企业已在中国投资超过13亿美元。而截至2014年底，中国在新西兰累计投资额也超过了19亿美元。[②]

同样出席第二届"中国－新西兰伙伴关系论坛"开幕式的新西兰－中国关系促进委员会主席、新西兰前副总理唐纳德·麦金农（Donald McKinnon）也表示，新西兰在扩大对华出口方面仍有较大潜力。他说，"我们正在重新评估《中国－新西兰自由贸易协定》，看它是否包含其他自由贸易协定都包含的所有方面"，"新西兰的牛奶在中国很受欢迎。但是牛奶的附加值很低，我们正在鼓励乳制品企业把牛奶制成更多种类的乳制

---

① "中国－新西兰伙伴关系论坛"是由中国国际经济交流中心与新西兰－中国关系促进委员会共同主办的。2013年4月12日，第一届"中国－新西兰伙伴关系论坛"在北京举行，国务院副总理汪洋和正在访华的新西兰总理约翰·基在开幕式上致辞。2015年9月23日，第二届"中国－新西兰伙伴关系论坛"也在北京举办，中国国际经济交流中心理事长、国务院原副总理曾培炎与新西兰－中国关系促进委员会主席、新西兰前副总理唐纳德·麦金农出席了当天的论坛开幕式。

② 《中国新西兰自贸协定生效7年间 双方贸易增长保持双位数》，中国自由贸易区服务网，http://fta.mofcom.gov.cn/article/chinanewzealand/newzealandgfguandian/201509/28615_1.html。

品，如酸奶、奶酪等，增加它的附加值，再出口到中国"，"随着中国孩子越来越喜欢吃比萨，我相信，中国将会从我们这里进口更多奶酪"。近年来，到新西兰旅游的中国游客人数正在快速增加，中国已成为新西兰海外游客第二大来源地。每年 6 月至 8 月，不少人选择去正值冬季的新西兰滑雪度假。根据新西兰统计局公布的数据，2015 年 8 月，入境新西兰的外国游客人数增加了 1.4 万人，其中中国游客人数最多，约有 5200 名。据新西兰天维网报道，新西兰商业、创新和就业部今年 2 月公布的数据显示，2014 年中国游客在新西兰的消费额比 2013 年增加 50%，突破 10 亿新西兰元（约合 43 亿元人民币）。"为了满足中国游客的住宿需求，我们正在鼓励新西兰企业建造更多酒店"，麦金农说。2015 年 1 月，新西兰成为亚洲基础设施投资银行（AIIB）意向创始成员国。麦金农认为，亚投行是一个值得点赞的想法。他说，"由中国倡导建立的亚投行是非常合适的"，"亚投行需要开展很多基础设施建设项目。我们也一直在呼吁，新西兰的工程、建筑等基础设施领域的企业要积极把握住亚投行创造的机遇"。[1]

二　中国－新西兰自由贸易区的意义

2010 年 6 月 17 日，时任中国国家副主席的习近平在新西兰的奥克兰（Auckland）举办的中国－新西兰自由贸易协定研讨会的开幕式上发表了题为"深化自贸合作，共创互利双赢"的重要演讲。他指出，中国同新西兰地处北、南两个半球，遥远的空间距离并没有影响两国人民长期友好交往并结下深厚友谊。1972 年两国建交以来，双边关系始终保持健康平稳发展势头。新西兰在发展对华关系方面一直走在发达国家前列，是第一个同中国就加入世贸组织达成双边协议的发达国家，是第一个承认中国完全市场经济地位、第一个同中国启动双边自由贸易协定谈判的发达国家，同时，也是第一个同中国和中国香港特别行政区签署自由贸易协定的发达国家。[2] 中新自贸协定是新西兰于 1983 年与澳大利亚签署《进一步密切经济关系协定》（Closer Economic Relations，CER）以来最大的双边贸易协定。新西兰时任总理克拉克在签署该协定时曾表示，中国市场是全球增长速度

---

① 暨佩娟：《让新中关系充满活力——访新西兰－中国关系促进委员会主席麦金农》，《人民日报》2015 年 10 月 12 日。

② 习近平：《深化自贸合作　共创互利双赢——在中国－新西兰自由贸易协定研讨会开幕式上的演讲》，《人民日报》2010 年 6 月 18 日。

最快的市场，参与中国市场符合新西兰的国家利益。新中自贸协定将为新西兰出口商提供更多进入中国市场的机会。克拉克说："新中达成了一个全面、互利、高质量的自由贸易协定，这是两国关系史上特殊的历史性时刻，协议为深化双边友好合作奠定了更坚实的基础，成为两国关系的又一重要支柱。"①

中新自贸协定的签署将进一步全面提升中新两国的合作关系，为双方经贸合作提供制度性保障，营造更加开放和稳定的商业运行环境，创造更多的贸易投资机会。双方的企业和产品将按照协定提供的优惠条件进入对方的市场，有利于拓展合作空间，提高竞争力，实现互利共赢。双方的消费者也可以以更便宜的价格享受到优质产品和服务。根据新西兰发行量最大的《新西兰先驱报》（New Zealand Herald）的报道，在中新自贸协定实行之后，新西兰的对外贸易将增长 2.25 亿美元，同时将在关税上节省 1.2 亿美元的支出。而随着该协定的逐渐运行，大部分敏感农产品的关税将在 2020 年全部取消，而新西兰的出口商将逐渐获益。对中国企业来说，中新自贸协定实行后，对新西兰出口产品或者到新西兰投资，都将逐步享受更为优惠的关税或国民待遇，从而降低出口成本。新西兰官方曾预计，双方自贸协定的形成将缩小目前的顺差，在未来 20 年新西兰对华出口将增长 39%，而中国对新出口会增长 11%。②

中新自贸协定是中国在与发达国家对话中按照市场规则和双方要求达成的"规范化程度较高"的自贸区协定。新西兰作为发达国家，与中国在货物贸易、服务贸易、人员交流、投资等领域实现自由贸易安排具有重要战略意义。对外经济贸易大学中国 WTO 研究院院长张汉林说："从双边长远政治关系和经贸关系来看，新西兰充分认识到中国作为发展中大国的重要性，双方也都认识到彼此的经贸互补性和共同利益。""虽然两国在政治上有所谓的意识形态差异，但双方共同战略利益和经贸利益远远大于在某些问题上的认识差异，这一点真正体现了中国互利共赢的开放战略，为中国进一步加强与西方发达国家进行双边自由贸易协定的签署和谈判起到良

---

① 《中国与新西兰签署自由贸易区协定 四个"第一"引人注目》，新华网，http://news. xinhuanet. com/newscenter/2008 – 04/07/content_ 7935268. htm。

② 《中国 4 月 7 日签署首个与发达国家自由贸易区协定》，中国驻新西兰大使馆经济商务参赞处、中国驻奥克兰总领馆经济商务室网站，http://nz. mofcom. gov. cn/aarticle/jingmaotongji/200804/20080405463724. html。

好的示范作用。"① 这一点在新西兰推出的新中 FTA 官方网站上，关于该 FTA 的常见问题栏目中可找到有这样的一段阐述作为呼应，"虽然，认识到新中之间关于人权领域有着重大差异，但是并不因此终结同中国经济上的联系与政治上的对话，才是促进人权的最佳途径。新西兰也没有奢望仅同与自己政治、社会价值相似的国家进行贸易，否则，我们将同许多国家失去经贸关系。那将伤害新西兰，而且也达不到我们想要促进人权的目的"。②

当然，中新自贸协定将有助于新西兰积极融入亚洲。从国际政治角度出发，在新西兰力争融入亚洲过程中，中国是非常重要的一环。社科院亚太所副所长韩锋表示，随着经济连续稳步增长，中国因素的影响力在东亚发展过程中不断增大，正在改变东亚原来以日本为发展动力的旧经济结构。新西兰作为东亚峰会成员，与"亚洲地区发展最快、最有影响、正在改变地区面貌的经济体"进行双边自由贸易安排，将对其融入东亚地区发展起到积极作用。③

然而，中新自贸协定在具体实施的过程中，也会有个别不尽如人意的案例出现。根据道琼斯通讯社（Dow Jones Newswires）的报道，2015 年 10 月 15 日，上海鹏欣（集团）有限公司（Shanghai Pengxin Group Co.）旗下子公司"纯净 100 农业有限公司"（Pure 100 Farm Ltd.）将新西兰政府告上新西兰高等法院，寻求司法审查，原因是因为新西兰政府 9 月中旬否决了上海鹏欣对当地"洛欣弗站"（Lochinver Station）农场的收购。这桩始于 2014 年 7 月的收购案，被拖了一年零两个月之后，在 2015 年 9 月 17 日意外遭到财政部副部长葆拉·巴奈特（Paula Barnett）和土地信息部部长路易斯·阿普斯顿（Louis Apston）的联合否决。上海彭欣是一家资产管理公司，注册资金 1 亿元，经营业务有房地产、基础设施、高科技等，其在新西兰共拥有 29 家农场，其中多数经营牛奶业务，作为研发出口中国市场的新乳制产品基地。上海鹏欣于 2014 年 7 月向新西兰主管外商投资的办公

---

① 《中国与新西兰签署自由贸易区协定 四个"第一"引人注目》，新华网，http：//news. xinhuanet. com/newscenter/2008 - 04/07/content_ 7935268. htm。

② "Why is New Zealand entering a trade agreement with China given its human rights record?" NZ-China FTA official website, "Frequently asked questions about the NZ-China FTA", http：//chinafta. govt. nz/5-FAQ/index. php#Negotiations.

③ 《中国与新西兰签署自由贸易区协定 四个"第一"引人注目》，新华网，http：//news. xinhuanet. com/newscenter/2008 - 04/07/content_ 7935268. htm。

室提交申请，希望斥资约 3.6 亿元人民币（约合 8800 万新西兰元）收购占地 13800 公顷的牛羊牧场 Lochinver Station。Lochinver Station 位于新西兰北岛（North Island），距新西兰北岛著名旅游胜地陶波（Taupo）仅 32 公里，被认为是新西兰价值最高的农场之一。新西兰长期以来对外国投资开放，在过去 200 年中，严重依赖外国投资来支持本国发展项目。在过去 10 年中，外国直接投资平均约占新西兰 GDP 的 50%。尽管如此，新西兰对外商投资的审批也是较为严格。所有超过 1 亿新西兰元的项目以及对农村土地的投资都需要经过新西兰海外投资办公室（简称 OIO）的事先审批（OIO 模式）。新西兰实施外来投资监管制度是为了保证在重大项目以及农业项目中的外国投资者能够符合规范，并且具有较高信用度。而第一产业是新西兰经济的支柱，尤其是对外出口业，所以审批严格。不幸的是，上海鹏欣在通过 OIO 审批流程时，却未能通过"相反事实测试"。究其原因，是一位名叫约翰·斯莫尔（John Small）的非农业经济学家写了一份报告，认为上海鹏欣提交的并购申请不会比新西兰本土企业收购产生更好的效益。《华尔街日报》（Wall Street Journal）此前也报道称，农场所有者史蒂文森集团有限公司（Stevenson Group Ltd.）的首席执行官马克·富兰克林（Mark Franklin）称，新西兰政府否决收购的决定使得公司对新西兰的外商投资制度产生怀疑。他说，"出于一些不明确的模棱两可的国家利益，该公司被剥夺了将财产出售给最高出价者的权利"。中国商务部副部长王受文也在 2015 年 9 月举办的第二届"中国-新西兰伙伴关系论坛"上关注这项收购，他说："新西兰政府推迟了上海鹏欣的并购，我们希望这是一个个案。我们希望中国在新西兰的投资能够得到跟其他国家同样的待遇。"①

中新签署自贸协定，对于其他西方国家具有示范作用，激励其在经贸问题上与中国更多地采取合作互利态度。中国商务部国际贸易经济合作研究院研究员梅新育认为，"由于澳大利亚与新西兰此前已签订了自由贸易协定，这种示范和激励将会促使澳大利亚加快与中国的区域自由贸易协定谈判"。确实如此，2008 年 4 月 10 日，中新 FTA 刚签署后的第 3 天，正在访华的澳大利亚总理陆克文（Kevin Rudd）就表示，该月内

---

① 《上海企业收购一农场被否决 状告新西兰政府》，搜狐网，http://news.sohu.com/20151016/n423380348.shtml。

中澳两国即将重新回到谈判桌，讨论已陷入"泥潭"的中澳自由贸易协定。

　　2003 年 10 月，中澳两国签署《中国和澳大利亚贸易与经济框架》，决定开展自贸区可行性联合研究。2005 年 3 月，联合研究完成，认为中澳自贸区可行，总体上将给两国带来实际利益。由此，谈判于 4 月正式启动。2005 年 5 月至 2013 年 7 月，两国共举行了 19 轮谈判，在取得很大进展的同时，难点问题未能取得突破。2014 年 4 月，习近平主席、李克强总理分别会见来华访问的澳大利亚总理阿博特（Tony Abbott）。两国领导人就加快谈判进程、力争早日达成协议取得重要共识，谈判出现积极势头。此后，双方代表团进行了包括第 20 轮和第 21 轮谈判在内的不间断密集磋商，两国贸易主管部门负责人在务实推进谈判的思路上达成一致，谈判节奏不断加快，双方分歧逐步缩小。10 月至 11 月，双方代表团进行了最后攻坚阶段谈判，经过 20 多天夜以继日的工作，最终就全部内容达成一致。11 月 17 日，习近平主席对澳大利亚进行国事访问时，与澳大利亚时任总理阿博特共同确认并宣布实质性结束中澳自贸协定谈判。商务部部长高虎城与澳大利亚贸易投资部长安德鲁·罗布（Andrew Rob）在两国领导人见证下，签署了《中华人民共和国政府和澳大利亚政府关于实质性结束中澳自贸协定谈判的意向声明》，历时近 10 年的谈判至此画上句号。[①] 2015 年 6 月 17 日上午，中国商务部部长高虎城与澳大利亚贸易与投资部长安德鲁·罗布在澳大利亚堪培拉国家美术馆分别代表两国政府正式签署《中华人民共和国政府和澳大利亚政府自由贸易协定》。12 月 9 日下午，商务部副部长王受文与韩国驻华大使金章洙在商务部交换外交照会，双方共同确认中韩自贸协定于 2015 年 12 月 20 日正式生效并第一次降税，2016 年 1 月 1 日第二次降税。同日，中国驻澳大利亚大使马朝旭与澳大利亚候任驻华大使亚当斯分别代表两国政府在悉尼互换两国外交照会，双方共同确认中澳自贸协定于 2015 年 12 月 20 日正式生效并第一次降税，2016 年 1 月 1 日第二次降税。

　　中澳自贸协定在内容上涵盖货物、服务、投资等十几个领域，实现了"全面、高质量和利益平衡"的目标，是我国与其他国家迄今已商签的贸

---

　　① 《〈中国－澳大利亚自由贸易协定〉重点问题释疑》，中国驻墨尔本总领事馆经济商务室网站，http://melbourne.mofcom.gov.cn/article/jmxw/201508/20150801075472.shtml。

易投资自由化整体水平最高的自贸协定之一。在货物领域，双方各有占出口贸易额85.4%的产品将在协定生效时立即实现零关税。减税过渡期后，澳大利亚最终实现零关税的税目占比和贸易额占比将达到100%；中国实现零关税的税目占比和贸易额占比将分别达到96.8%和97%。这大大超过一般自贸协定中90%的降税水平。在服务领域，澳方承诺自协定生效时对中方以负面清单方式开放服务部门，成为世界上首个对中国以负面清单方式做出服务贸易承诺的国家。中方则以正面清单方式向澳方开放服务部门。此外，澳方还在假日工作机制等方面对中方做出专门安排。在投资领域，双方自协定生效时起将相互给予最惠国待遇；澳方同时将对中国企业赴澳投资降低审查门槛，并做出便利化安排。除此之外，协定还在包括电子商务、政府采购、知识产权、竞争等"21世纪经贸议题"在内的十几个领域，就推进双方交流合作作了规定。澳大利亚是经济总量较大的主要发达经济体，是全球农产品和能矿产品主要出口国，有着成熟的市场经济体制和与之相匹配的法律制度及治理模式。中澳自贸协定签署，是中国在加快形成面向全球的高标准自由贸易区网络进程中迈出的重要而坚实的一步，对中国在"新常态"下全面深化改革，构建开放型经济新体制将起到重要的促进作用。中澳自贸协定也是继韩国之后，中国与亚太地区又一个重要经济体签署的自贸协定。这对于推动 RCEP 和亚太自贸区（FTAAP）进程以及加快亚太地区经济一体化进程、实现区域共同发展和繁荣具有十分重要的意义。中澳自贸协定的签署是中澳两国经贸合作发展的重要里程碑。中澳两国一直互为重要的贸易投资伙伴，双边经贸关系发展迅速，贸易和投资规模持续扩大。2014 年，中澳双边贸易额 1369 亿美元，是 2000 年的 16 倍。截至 2014 年底，中国赴澳各类投资总额约 749 亿美元。目前，澳大利亚是中国内地海外投资仅次于中国香港的第二大目的地。中国是澳大利亚第一大货物贸易伙伴、第一大进口来源地和第一大出口目的地。中澳自贸协定生效后，将进一步促进两国资金、资源流动和人员往来，推动两国经济优势互补向持久和深入方向发展，使两国产业界和消费者广泛获益，造福于两国人民。[①]

———————

① 《中国与澳大利亚正式签署自由贸易协定》中国商务部网站，http://www.mofcom.gov.cn/article/ae/ai/201506/20150601015183.shtml。

第六节　中国－冰岛自贸区与中国－瑞士自贸区

在欧洲，中国率先与冰岛和瑞士签署 FTA，总体看来至少有以下几个方面的原因。① 首先，冰岛与瑞士都是承认中国完全市场经济地位的欧洲发达国家，而且瑞士作为国际上一个相对中立的国家，经济外交政策较为独立。其次，对中国而言，与冰岛、瑞士经贸领域的贸易额相对较少，由此产生的分歧也少，容易达成一致。最后，尽管冰岛与瑞士都不属于欧盟成员国，但是冰岛属于欧洲经济区（European Economic Area，EEA）② 成员国，瑞士通过瑞士－欧盟双边协议参与欧洲单一市场，因此，中国分别与冰岛和瑞士两国 FTA 的实施与良性发展，将会成为撬动中国欧盟 FTA 杠杆的有力支点。

一　中国－冰岛自由贸易区的发展历程与意义

中国和冰岛的自贸协定谈判尽管有波折，但总体发展平稳。2005 年中国和冰岛签署了《加强经济和贸易合作的谅解备忘录》；2006 年 12 月，中冰正式启动自贸协定谈判；2007 年 4 月 11 日中冰开展第一次自贸协定谈判，并且在 2008 年 4 月前进行了 4 轮谈判。然而，遭受 2008 年金融危机重创后，冰岛国内支持加入欧盟的呼声越来越高。在 2009 年由于冰岛申请加入欧盟，因此中国暂停了与冰岛的自贸区谈判，因为欧盟成员的身份可能使得双边协定无效。③ 然而 2012 年 4 月，温家宝总理对冰岛进行正式访问，以此为契机，双方决定重启自贸区谈判。后经两轮谈判，双方于 2013 年 1 月就协定内容达成一致。2013 年 4 月 15 日，在中国总理李克强和冰岛时任总理西于尔扎多蒂（Johanna Sigurdardottir）共同见证下，中国商务部部长高虎城与时任冰岛外交外贸部部长奥叙尔·斯卡费丁松（Ossur

---

① 参见彭德雷《中国自贸区建设的新特征：基于中国在欧洲实践的考察》，《广西政法管理干部学院学报》2014 年第 2 期。

② 欧洲经济区（EEA）成员包括 4 个 EFTA（欧洲自由贸易联盟）成员中的三个：冰岛、列支敦士登和挪威（瑞士除外），以及 28 个欧盟成员国。瑞士公民曾在公投中否决加入 EEA。

③ Örn D. Jónsson, Ingjaldur Hannibalsson, Li Yang, "A Bilateral Free Trade Agreement Between China and Iceland," 2013, Retrieved from http://skemman.is/stream/get/1946/16786/39049/3/OrnDJonsson_ VID. pdf.

Skarphedinsson）代表各自政府在北京签署了《中华人民共和国政府和冰岛政府自由贸易协定》。2014 年 5 月 20 日，商务部国际司副司长孙元江会见了来访的冰岛外交外贸部经济事务司司长克里斯蒂安松及冰驻华大使司迪方一行，并互换了《中国 - 冰岛自由贸易协定》的生效照会。6 月 26 日，商务部部长高虎城在京会见了冰岛外交外贸部部长古纳·斯韦英松（Gunnar Sveinsson）一行，共同宣布《中国 - 冰岛自由贸易协定》将于 2014 年 7 月 1 日正式生效。

这份经过长达 6 年谈判达成、又经 1 年多才正式生效的协定，涵盖货物贸易、服务贸易、投资、海关程序、贸易便利化、竞争政策、知识产权等，涉及中冰双边经贸合作的各主要领域。根据自贸协定规定，冰岛自协定生效之日起，对从中国进口的所有工业品和水产品实施零关税，这些产品占中国向冰岛出口总额的 99.77%；与此同时，中国对从冰岛进口的 7830 个税号产品实施零关税，这些产品占中方自冰进口总额的 81.56%，其中包括冰岛盛产的水产品。中冰自贸区建成后，双方最终实现零关税的产品，按税目数衡量均接近 96%，按贸易量衡量均接近 100%。中冰自贸协定生效 1 年多来，双边贸易额飞速攀升。据冰岛统计局数据显示，2015 年 1 月 ~7 月冰岛 - 中国（不含港台数据）双边贸易额为 2.6 亿美元，同比增长 24.9%。其中冰方出口 3780 万美元，同比增长 116.5%；冰方进口 2.2 亿美元，同比增长 16.6%。7 月份当月双边贸易额为 4467 万美元，同比增长 36.4%，其中冰方出口 880 万美元，同比增长 172.3%；冰方进口 3586 万美元，同比增长 21.6%。①

冰岛是第一个承认中国完全市场经济地位的北欧国家与欧洲发达国家，也是第一个与中国商谈自由贸易协定的欧洲国家，冰岛一直致力于推动同中国开展经贸合作。中国对冰岛主要出口焦炭、纺织品、鞋类、船舶等，从冰岛主要进口渔业产品。但是，在人口、面积上，冰岛和中国毫无可比性。2012 年，冰岛实现国内生产总值 17082 亿冰岛克朗（约合 136.6 亿美元），与世界第二大经济体中国有较大差距。但"大"中国与"小"冰岛之所以能够深化在经贸领域的合作，说明双方具备合作的潜力，此

---

① 《1~7 月冰中双边贸易额同比增长 24.9%》，中国商务部网站，http://www.mofcom.gov.cn/article/i/jyjl/m/201509/20150901119856.shtml。

外，中国正在寻求增强在北极地区的影响力。① 中冰自贸协定是中国与欧洲国家签署的第一个自由贸易协定，也是中国新一届政府成立后签署的第一个自由贸易协定，是中国在对外经贸合作领域取得的一项硕果，对中国在全球范围内布局和实施自由贸易区战略具有重大开拓意义。冰岛是欧洲自由贸易联盟（European Free Trade Association，EFTA）成员，该联盟还包括挪威、瑞士、列支敦士登 3 个成员。在竞争性自由化条件下，中冰自贸协定的达成有助于我国与其他欧洲国家商签自贸协定的工作更快取得实质性进展和突破。

二　中国－瑞士自由贸易区的发展历程与意义

2007 年 7 月 8 日，瑞士贸易代表团对中国进行正式访问，双方共同签署了《经济合作联合声明》。两国在该声明中提出期望加强双边友谊和经济合作，改善双边经济监管框架，加强在贸易和投资领域的合作。瑞士承认中国是一个完全市场经济国家，并借此表达双方同意进行中瑞自贸协定可行性研究的意愿。2009 年 1 月 27 日，中国总理温家宝和时任瑞士联邦主席汉斯－鲁道夫·梅尔茨（Hans-Rudolf Merz）决定启动中瑞 FTA 联合可行性研究。2009 年 11 月 30 日，中国商务部部长陈德铭和瑞士经济部部长多丽丝·洛伊特哈德（Doris Leuthard）签署了一项联合声明，授权联合研究小组研究自由贸易协定涵盖的广泛议题，如货物贸易、服务贸易、投资以及中瑞之间可能合作的其他领域。② 2010 年 8 月 9 日，《中国－瑞士自由贸易协定联合可行性研究报告》正式发布。该报告指出，通过缔结符合 WTO 规则的自由贸易协定，将增强合作、使双方受益，同时两国产业发展的差异可以通过推动过渡期安排来解决。2011 年 1 月 28 日，中瑞 FTA 谈判在瑞士达沃斯（Davos）正式启动，中国商务部部长陈德铭和瑞士经济部长约翰·施奈德－阿曼（Johann Schneider-Ammann）出席启动仪式，并签署了《关于启动中瑞自贸协定谈判的谅解备忘录》。2013 年 5 月 24 日，在国务院总理李克强与时任瑞士联邦主席于利·毛雷尔（Ueli Maurer）的见证下，商务部长高虎城与瑞士联邦委员会委员兼经济部部长施耐德－阿

① 冯华：《"大"中国牵手"小"冰岛——中国与欧洲国家的首个自由贸易区》，《中国检验检疫》2013 年第 10 期。

② 《中国－瑞士自由贸易协定联合可行性研究报告》，中国自由贸易区服务网，http://fta. mofcom. gov. cn/ruishi/kxxbg. pdf。

曼在瑞士伯尔尼（Berne）签署《关于结束中国－瑞士自由贸易协定谈判的谅解备忘录》。7 月 6 日，高虎城与施耐德－阿曼在北京正式签署中瑞FTA。2014 年 4 月 29 日，中国和瑞士双方在京互换了《中国－瑞士自由贸易协定》的生效照会，该协定将于 2014 年 7 月 1 日正式生效。

中瑞自贸协定是我国与欧洲大陆国家和全球经济前 20 强国家达成的第一个双边自贸协定，也是近年来中国对外达成的水平最高、最为全面的自贸协定之一，其具有如下特点：第一，该协定货物贸易的零关税比例高。瑞方将对中方 99.7% 的出口立即实施零关税，中方将对瑞方 84.2% 的出口最终实施零关税。如果加上部分降税的产品，瑞士参与降税的产品比例是 99.99%，中方是 96.5%。工业品方面，瑞方对中方降税较大的产品有纺织品、服装、鞋帽、汽车零部件和金属制品等。这些都是中国的主要出口利益产品，瑞方均承诺自协定生效之日起立即实施零关税。在农产品方面，除了一般农产品外，瑞方还对中方有出口利益的 23 项加工农产品在取消工业成分关税的同时，将农业成分的关税削减 40%。上述 23 项加工农产品涵盖了几乎中国对瑞有出口利益的所有加工农产品，包括口香糖、甜食、糕点、意大利粉等，平均降税幅度高达 71%，使中国农产品在瑞士市场获得优于其他国家的准入条件。第二，该协定为双方合作建立了良好的机制。比如，双方同意加强环境方面的合作，提升彼此的环境保护水平；双方同意在中瑞经贸联委会框架下成立钟表合作工作组，通过开展钟表合作，中方将扩大引进瑞方先进的钟表检测、维修技术，与瑞方合作培养钟表专业人才，提升中国钟表业发展水平；双方承诺开展中医药合作对话，推动中医药"走出去"等。上述合作机制有利于促进双方开展务实合作，实现共同发展。第三，该协定涉及许多新规则。中瑞双方在该协定中，就政府采购、环境、劳工与就业合作、知识产权、竞争等中方以往自贸谈判中很少碰到的规则问题达成一致。应该说，国际上对这些规则没有统一的标准，但双方并不回避，而是按照求同存异的原则，达成了许多共识。比如，中方首次同意在自贸协定中对环境问题单独设章，并明确规定了知识产权保护的具体权利和义务，增强了权利人保护的透明度和便利性。[1]

---

① 《商务部国际经贸关系司负责人解读〈中国－瑞士自由贸易协定〉》，中国自由贸易区服务网，http://fta.mofcom.gov.cn/article/chinaswitz/chinaswitznews/201308/13095_1.html。

中瑞 FTA 正式生效以来，中瑞双边贸易额创出历史新高。据瑞士联邦政府网站 2015 年 2 月 3 日消息，瑞士海关 2014 年年度外贸数据显示，当年瑞士货物出口 2083 亿瑞郎，增长 3.5%，保持了 2010 年以来的回升势头，刷新了 2008 年的原纪录。货物进口 1783 亿瑞郎，微增 0.4%。外贸盈余 300 亿瑞郎，较 2013 年增加 64 亿瑞郎，也创下了历史新高。2014 年瑞中贸易额为 209.7 亿瑞郎，增长 7%，创历史新高。其中，瑞士对华出口 88.2 亿瑞郎，增长 7.5%；自华进口 121.5 亿瑞郎，增长 6.7%，自 2010 年以来实现翻番。中国成为继德、美、意、法之后的瑞士第五大贸易伙伴，以及瑞士的第四大进口来源地和第六大出口目的地。[①] 另据据瑞方统计，自 2014 年 7 月至 2015 年 5 月，得益于自贸协定的实施，瑞士对华出口环比增长了 3%，自华进口增长 4.2%。而同一时期，瑞士对全球其他地区出口仅增长了 0.4%，自其他地区的进口甚至减少了 3.9%。[②]

中瑞自贸协定是带动两国各领域合作的"火车头"。2015 年 9 月 8 日，在中瑞建交 65 周年之际，中国驻瑞士大使许镜湖在瑞士伯尔尼接受中国媒体联合采访时做出如此评价。而在谈及中瑞自贸协定的重要意义和"溢出效应"时，她认为至少有 3 个方面。第一，长期看，中瑞两国经济互补性强，合作基础好。中国是瑞士企业在欧洲以外最重要且发展最快的市场之一，中国在经济转型升级的过程中对瑞士的先进技术和优质产品有很大需求。随着企业界对协定的了解和利用不断增加以及自贸协定分步降税措施逐步实施，协定对双边经贸合作的长期推动作用将不断得到放大。第二，中瑞自贸协定也将助力双向投资和金融合作。据中方统计，截至 2015 年 6 月，瑞士累计对华非金融类直接投资 58.1 亿美元，是中国在欧洲的第六大外资来源地。据不完全统计，中国企业累计对瑞投资 4.5 亿美元，近几年对瑞投资呈增长趋势，目前，在瑞能源、钟表、电信、造船等领域都有中方的投资项目。第三，中瑞同为全球经济 20 强，两国自贸合作发出了坚决反对贸易保护主义，推动贸易投资自由化、便利化的强烈信号，对促进全球贸易投资自由化、便利化具有重要的示范作用，并有利于世界贸易振兴和经济复苏。此外，关于中瑞金融合作，许大使指出，随着中国经济实力

---

① 《2014 年瑞中贸易额增长 7% 创历史新高》，中国自由贸易区服务网，http://fta. mofcom. gov. cn/article/chinaswitz/chinaswitznews/201509/28661_ 1. html。

② 凌馨：《中瑞自贸协定生效一周年互惠显著——访中国驻瑞士大使馆经济商务参赞蔡方财》，中国金融信息网，http://news. xinhua08. com/a/20150702/1520147. shtml。

和在国际贸易中的影响力不断提升，包括瑞士在内的许多国家纷纷加快了对华金融合作的步伐并希望参与人民币国际化进程。2014 年，两国央行签署了规模为 1500 亿元人民币/210 亿瑞郎的双边本币互换协议；中国建设银行苏黎世分行有望于近期获得瑞士银监机构颁发的营业执照，在瑞建设人民币离岸交易市场即将取得新的进展。瑞士是第一批加入亚投行的欧洲创始成员国之一，这将为中瑞在"一带一路"框架下加强合作带来新的机遇。①

第七节　中国 - 韩国自由贸易区

一　中国 - 韩国自由贸易区的发展历程

中韩自贸区建设的发展历程大致经过 5 个阶段：一是民间研究阶段。2004 年 11 月，第 12 次 APEC 峰会在智利首都圣地亚哥（Santiago）举行。中国国家主席胡锦涛与韩国总统卢武铉共同宣布启动中韩自贸区民间研究。2007 年初，中韩自贸区官产学联合可行性研究启动。从 2007 年 3 月到 2008 年 6 月，中韩双方共进行了五轮官产学联合研究会议，就原产地规则、贸易救济措施、农林渔业、服务贸易、投资、竞争政策、知识产权、政府采购等议题深入交换了意见。2010 年 6 月中韩自贸区官产学共同研究结束，双方向各自政府提交了研究报告。二是中韩 FTA 模式谈判阶段。2012 年 5 月中韩自贸区政府间谈判启动。谈判分为模式谈判和出要价谈判两个阶段。双方约定，先进行模式谈判，然后开展全面出要价及协议文本谈判。在模式阶段达成的共识包括货物贸易自由化水平、协定范围及各领域谈判的原则、框架及内容要素等。2013 年 9 月，中韩自贸区第七轮谈判在山东省潍坊市举行。双方历经七轮谈判，就各领域的模式文件内容达成一致，顺利结束模式谈判。三是中韩 FTA 出要价谈判阶段。2013 年 11 月，中韩自贸区第八轮谈判在韩国仁川举行，全面开始出要价和协议文本谈判。本轮谈判中，双方相互交换了货物贸易的首次出价清单，范围包括正常产品和敏感产品。此外，双方还就各自在其他领域提出的协议文本草案进行了讨论，对彼此立场进行了更加深入的了解。四是实质性谈判最终

① 驻瑞大使许镜湖：《中瑞自贸协定是两国合作的"火车头"》，中国日报中文网，http://world. chinadaily. com. cn/2015 -09/14/content_ 21852206. htm。

完成。2014 年 11 月，第 22 次 APEC 峰会在北京举行。中国国家主席习近平与韩国总统朴槿惠共同确认中韩自贸区结束实质性谈判。[1] 五是中韩 FTA 签署生效阶段。2015 年 2 月 25 日，双方在泰国曼谷就《中韩自贸协定》全部文本进行草签。6 月 1 日，双方在韩国首尔正式签署《中韩自贸协定》。11 月 30 日，韩国国会通过《中韩自贸协定》。12 月 9 日下午，中国商务部副部长王受文与韩国驻华大使金章洙在商务部交换外交照会，中韩双方共同确认《中华人民共和国政府与大韩民国政府自由贸易协定》于 12 月 20 日正式生效并第一次降税，2016 年 1 月 1 日第二次降税。

中韩自贸协定除序言外共 22 个章节，包括初始条款和定义、国民待遇和货物市场准入、原产地规则和原产地实施程序、海关程序和贸易便利化、卫生与植物卫生措施、技术性贸易壁垒、贸易救济、服务贸易、金融服务、电信、自然人移动、投资、电子商务、竞争、知识产权、环境与贸易、经济合作、透明度、机构条款、争端解决、例外、最终条款。此外，该协定还包括货物贸易关税减让表、服务贸易具体承诺表等 18 个附件。从总体开放水平看，中韩双方绝大多数产品和贸易将实现零关税。经过最长 20 年过渡期后，中国对韩国实现零关税的产品将达到税目的 91%，这些产品覆盖 2012 年中国自韩国进口总额的 85%；如再加上部分降税产品，中方参与降税的产品将达到 92%，覆盖中国自韩国进口总额的 91%。同时，韩国对中国实现零关税的产品将达到税目的 92%，这些产品覆盖 2012 年韩国自中国进口总额的 91%；如再加上部分降税和关税配额等产品，韩方参与降税的产品将达到 93%，覆盖韩国自中国进口总额的 95%。在过渡期内，中韩双方大多数零关税产品将在 10 年内取消关税。中国 71% 的产品将在 10 年内取消关税，覆盖中国自韩国进口总额的 66%；韩国 79% 的产品将在 10 年内取消关税，覆盖韩国自中国进口总额的 77%。此外，中韩双方部分降税产品基本均在 5 年内完成协定规定的降税，关税配额产品的配额内税率将在协定生效后立即降为零。[2]

中韩自贸协定经过 8 年的精心准备，却仅用不到 3 年的时间完成谈判。这首先体现的是中韩双方新一届领导人政治决断的毅然魄力。中韩领导人从两国关系大局出发，共同推动中韩自贸区建设，为谈判尽早结束赋予了

①　白士彦、张一凡、马越：《中韩自由贸易区建设历程及前景展望》，《新经济》2015 年第 1 期。
②　《中华人民共和国政府和大韩民国政府自由贸易协定 50 问》，中国自由贸易区服务网，http：//fta. mofcom. gov. cn/article/chinakorea/koreanews/201506/21923_ 1. html。

强大政治动力。2014 年 7 月，习近平主席访韩期间，与朴槿惠总统共同提出进一步努力在年底前完成谈判的目标。2014 年 10 月，李克强总理与朴槿惠总统在意大利举行会晤时，再次确认了这一目标。经过双方共同努力，终于梦想成真。

中国领导人要回答"中国在对韩贸易中长期处于巨额逆差，为什么还要与韩国商谈自贸协定"的质疑。其实，中国对韩国的贸易逆差自 1992 年建交起就一直存在，这是有着深层次结构性原因的，两国商谈自贸协定的目的也不是为了解决逆差问题。中韩两国的产业链有着很强的互补性，从韩国进口中间产品、零部件和机器设备，是中国现阶段国内产业所需要的，这些中间产品和零部件在中国加工成制成品后，除在中国消费和回流韩国外，很大部分出口到世界各地，扩大了两国在全球的市场份额。因此，我们应该从全球的角度，客观地看待中韩逆差问题。同时，就中韩自贸协定关于降税的具体安排而言，中韩自贸区建成后，韩国 92% 的产品将对中国实现零关税，覆盖自中国进口额的 91%；中国 91% 的产品也将对韩国实现零关税，覆盖自韩国进口额的 85%。这也是一个利益大体平衡的结果，将对促进和扩大中韩双边贸易起到积极的推动作用。①

韩国领导人要顶住在野党在国会一再拖延的压力。过去 10 多年来，韩国已从自贸协定的"边缘国家"跻身为"关键国家"，到目前为止，韩国已经与 52 个国家签订了自由贸易协定，签约国的 GDP 总和占到全球的 73.5%，韩国也是目前唯一与美国、欧盟、中国三大经济体同时签订自贸协定的亚洲国家。然而，从历史上看，韩国国会对于自贸协定的批准历来都是充斥着党派之争。在野党往往借口自贸协定对本国产业的冲击，跟政府讨价还价，提出各种讨好选民的附加政策，捞取选票。朴槿惠此前警告称，中韩自贸协定的生效每推迟一天，就会丧失 40 亿韩元（约合人民币 2228 万元）的出口机会，如果年内无法批准，一年的损失额将多达 1.5 万亿韩元（约合人民币 83.5 亿元）。到年底了，再不通过就要承担一年的损失，这是谁都无法承受的。2015 年 11 月 24 日，朴槿惠主持召开国务会议时，曾严厉抨击国会不做实事，呼吁国民用选票审判不干实事的政客。原定于 11 月 26 日的表决，由于前总统金泳三的丧事以及朝野分歧推迟一天

① 《中华人民共和国政府和大韩民国政府自由贸易协定 50 问》，中国自由贸易区服务网，http://fta.mofcom.gov.cn/article/chinakorea/koreanews/201506/21923_1.html。

后，11 月 27 日的全体会议又再度取消。11 月 30 日，韩国国会一口气通过了 3 项自贸协定，除中国以外，还有越南和新西兰。其中与新西兰是在今年 3 月 23 日签订协议，与越南是 5 月 5 日，都比中国要稍早。历史上，韩美自贸协定自签订到韩国国会批准，共拖了 4 年。与澳大利亚、加拿大签订协议后，也是拖到年底才批准。相比之下，中韩自贸协定在韩国国会耽搁的时间是最少的。[①]

朴槿惠还要顶住国内农民的反对压力。韩国各类自贸协定在国会都会受阻，最主要原因是农业和渔业问题。韩国农业产值虽然占 GDP 比例不高，但哪一派政治势力都不敢得罪农民。当年，韩美自贸协定风波中，韩国国民表现激烈，最后逼迫总统低头道歉。2005 年，数千名韩国农民大闹香港世贸大会，至今记忆犹新。对于中韩自贸协定，最担忧受到冲击的仍然是韩国受补贴最多的部门——农业和渔业。这次中韩自由贸易协定未涵盖的税目占总税目的 9% 左右，主要是农产品，原因是韩国对本国农业的保护力度较大。但韩国农渔民们依然不放心，"因为中韩贸易中，韩国一直是顺差，唯有农渔产品呈现逆差，这种逆差将会待自贸协定生效后进一步扩大"。据韩国对外经济政策研究院等 6 家研究机构评估，韩中自贸协定生效后的 20 年里，韩国的农林业和水产业每年将减产 77 亿韩元和 104 亿韩元，农林水产业的累计损失额将达到 3620 亿韩元（约合人民币 20 亿元）。2015 年 11 月 29 日，朝野各党才就制定农渔村受害补偿政策达成事实上的协议，对于最关键的"贸易利益共享制"（将自贸协定受惠企业的利润与农渔民共享的制度），双方也决定利用现有的大企业和中小企业相生合作基金进行解决。韩国国会同意，未来 10 年，筹款建立规模为 1 万亿韩元（约合人民币 55 亿元）的针对农、渔业的基金。[②]

中韩自贸协定的签订也体现了中韩两国新一届领导人对双方缔结自贸协定美好前景的坚定信心。近年来，中韩两国秉天时、得地利、应人和，把握合作共赢、共创未来的大方向，经贸关系实现跨越式发展。2004 年双方启动可行性研究时，中韩贸易额仅有 900 亿美元，2014 年已跃升至近 3000 亿美元，年均增速达 22.3%。目前，中国已成为韩国的最大贸易伙伴、最大出口市场、最大进口来源国、最大海外投资对象国、最大留学生

---

① 陈莎莎：《中韩自贸启示录》，《国际金融报》2015 年 12 月 7 日。
② 陈莎莎：《中韩自贸启示录》，《国际金融报》2015 年 12 月 7 日。

来源国、最大海外旅行目的地国。韩国成为中国最重要的贸易和投资合作伙伴之一。中韩双边贸易额超过韩国对外贸易总额的 1/5，超过了韩美、韩欧贸易额的总和。韩国企业对华投资累计超过 700 亿美元，中国企业对韩直接投资也达到 18 亿美元。两国在各个领域不断深化务实合作，双边经贸高度互补融合，为两国经济增长注入了源源不断的动力。虽然当前世界经济仍处于深度调整期，低增长、低通胀、低需求同高失业、高债务、高泡沫等风险交织，各国都面临较大的经济下行压力。但历史和实践证明，不断扩大的贸易和投资是应对经济下滑的良药，是推动经济增长的发动机。中韩两国政府都认为，中韩自贸协定将为两国经济提供新的增长动力。根据中国国务院发展研究中心测算，中韩自贸协定将拉动中国实际GDP 增长 0.34 个百分点，拉动韩国实际 GDP 增长 0.97 个百分点。当此情势下，中韩两国分别作为世界第二和第十四大经济体，达成一个高水平的自贸协定，将对外释放通过开放、合作推动经济增长的强烈信号，不仅对两国经济发展意义重大，也将对亚太地区乃至世界经济繁荣稳定发挥积极作用。[①]

二　中国 - 韩国自由贸易区的意义

中韩自贸区谈判真正实现了两国领导人提出的"高水平、全面、利益大体平衡"的目标要求，习近平主席和朴槿惠总统指出，中韩自贸区在两国关系中具有里程碑意义，对亚洲发展繁荣和全球经济复兴都将起到重要作用。中韩自贸区的重要意义主要体现在以下几个方面：

一是将推动中韩两国经贸关系迈上新台阶，有助于消除两国经贸往来中长期存在巨额贸易逆差的痼疾，为两国关系健康发展注入新活力。中韩两国地理相邻、经济互补性强，发展经贸合作具有得天独厚的有利条件和巨大潜力。中韩自贸协定正式生效以后，将意味着中韩经济关系中的贸易保护主义被最大限度地削弱，扫清了中韩贸易持续发展的制度障碍。更多的企业、经济团体、地方政府甚至个人将会参与到中韩经济交往中来，这将促使中韩关系的推动力量由两国政府驱动向"政府 + 社会"双轮驱动的方向发展。而社会交往一旦具有了经济动力，其广泛性、持续性和相互交融性是无法用数据估量的，这将使中韩关系由两国关系向两个社会关系转

---

① 高虎城：《借力中韩自贸协定　共襄区域发展繁荣》，《人民日报》2015 年 6 月 2 日。

变，中韩关系发展的动力由此将变得更为经久和厚重。[①]

二是将促进中韩经济和产业链的全面融合。[②] 对于全球贸易份额排名分别为第 1 位和第 9 位、双边贸易额近 3000 亿美元的中韩两国来说，达成一个高水平、全面的自贸协定将使两国企业获得前所未有的机遇。它不仅意味着更低的关税和更大的共同市场，更重要的是，两国间贸易壁垒的取消和降低将促进两国经济和产业链的全面融合，从而充分利用各自优势，共同提升在全球市场的竞争力，携手向全球价值链的更高端迈进，在互利共赢的基础上实现共同发展。

三是将推进区域经济一体化实现新发展。在亚太地区乃至全球范围内，各种形式的自贸区安排呈现出一种相互重叠、相互交叉、相互嵌套的复杂结构。从逻辑上来看，在中国参与谈判、推动建设的亚太地区自贸区安排中，中韩自贸区成员是中日韩自贸区成员的子集，中日韩自贸区成员是 RCEP 成员的子集，而 RCEP 成员又是 FTAAP 成员的子集。[③] 中韩两国作为东亚地区的两个重要经济体和世界第 2 和第 14 大经济体，达成一个高水平、全面的自贸协定，建立东北亚地区的第一个自贸区，这本身就具有非常重要的示范意义，不仅有利于两国的共同发展，也将为推进中日韩自贸区、RCEP 乃至于未来 FTAAP 的建设奠定坚实的基础，为加快东亚和亚太区域经济一体化进程注入更加强劲的动力。同时，中韩自贸区也是中国"一带一路"战略和韩国"欧亚倡议"构想的重要连接点，对两国携手推动"一带一路"建设和欧亚大陆经济融合具有重要的推动作用。

四是将加快中国实施自贸区战略的进程。韩国是中国第 6 大贸易伙伴，中韩自贸区是截至目前中国对外商谈的涉及国别贸易额最大的自贸区。同时，也开创了几个第一：中国第一次在对外签署的自贸协定中承诺未来将采用准入前国民待遇和负面清单模式开展服务贸易和投资谈判，第一次纳入电子商务等新议题，第一次涉及地方经济合作。双方首次在自贸协定纳入地方经济合作和产业园建设条款，将山东威海和韩国仁川自由经济区作为地方合作示范区。中韩自贸区将为中国今后自贸区建设提供有益的参考和借鉴，对贯彻落实党的十八届三中全会提出的"以周边为基础加快实施

---

① 韩爱勇：《中韩自贸区建设的多重意义》，《理论视野》2015 年第 7 期。

② 《中华人民共和国政府和大韩民国政府自由贸易协定 50 问》，中国自由贸易区服务网，http：//fta. mofcom. gov. cn/article/chinakorea/koreanews/201506/21923_ 1. html。

③ 羌建新：《中韩自贸区：背景、影响与前瞻》，《理论视野》2015 年第 7 期。

自贸区战略，形成面向全球的高标准自贸区网络"的要求起到重要作用。

五是将有助于改善东北亚地区安全环境。冷战结束以来，作为唯一保留冷战遗迹的东北亚地区，朝核问题始终是本地区最大的安全隐忧。朝鲜的执拗与美国的冷漠似乎造就了朝核问题的无解。中韩自贸区的实施固然无法改变朝鲜的大国平衡战略，但可以影响朝鲜实施平衡战略的国际空间。现在，中朝关系出现起伏而中韩自贸区开始实施，韩国自会得出在中国周边外交战略上"孰轻孰重"的判断。韩国是美国的重要盟友，自然可以成为中美之间政策沟通的中介桥梁，甚至在关键时刻成为牵制美国在朝核问题上走向极端的关键力量。当然，中韩自贸区建设，一方面为朝鲜近距离观察地区经济的新趋势提供一个窗口。另一方面也向朝鲜展示一个基本国际事实：无论低政治层面还是高政治层面的国际合作，之所以能够开展并惠及国内普通民众，遵守国际规则与规范是必要前提。如果朝鲜对此能有所感悟，无疑是地区安全的福音。①

六是将有助于海峡两岸经济合作框架协议（ECFA）走出僵局。中国与韩国签署并正式启动自贸协定，最着急的可能是中国台湾地区。由于韩国产品与台湾地区产品有极大的替代性，韩国历来是台湾地区在大陆市场的重要竞争对手。台湾业界也一直呼吁两岸必须在中韩自贸协定生效前，签署服务贸易、货物贸易协议，以保证台湾商品在大陆抢得先机。只是由于遭到以台湾民进党为首的在野党的不断闹场与杯葛（抵制），服贸协议仍躺在台湾立法机构，不知何年能通过，相应的货贸协议何时能谈得拢也是未知之数。然而，时间已不在台湾这边，随着中韩自贸协定生效，以及中国香港与中国内地服贸协议签署，台湾相对大陆还有些优势的产业，恐怕也将有被韩国及香港地区取代的危险。② 就拿半导体产业来说，大陆现在的自给率不到 20%，每年进口超 2000 亿美元，而台湾每年出口半导体约 3000 亿美元，目前有 40% 是到大陆的。而在这个产业中，台湾地区对韩国并没有优势，当韩国占领这个市场的时候，台湾地区的半导体产业的拓展空间也将会极度萎缩。这样一来，中韩自贸区的正式启动，将会给台湾地区新一届领导人施加巨大压力，迫使其重新思考如何打破 ECFA 目前所面临的窘境，真正去维护台海地区和平、发展与稳定的大环境。

---

① 韩爱勇：《中韩自贸区建设的多重意义》，《理论视野》2015 年第 7 期。
② 陈莎莎：《中韩自贸启示录》，《国际金融报》2015 年 12 月 7 日。

小　结

本章不同程度地涉及了中国－东盟 FTA、中国－新加坡 FTA、内地与港澳 CEPA、中国－巴基斯坦 FTA、中国－智利 FTA、中国－秘鲁 FTA、中国－哥斯达黎加 FTA、中国－新西兰 FTA、中国－澳大利亚 FTA、中国－冰岛 FTA、中国－瑞士 FTA、中国－韩国 FTA 等，限于篇幅，就没有对正在谈判的其他 FTA 进行深入剖析。但是，在此，我们也可以发现，中国在 FTA 谈判的经验和手段上，逐渐趋于成熟和完善。一是中国 FTA 的谈判方式由单向度的"贸易—服务—投资"的三项逐级递进方式到三项多维度的一揽子方式发展，最终使得中国－新西兰 FTA 成为中国与其他国家和地区签署的第一个"全面"的自贸协定，之后签署的各个 FTA 都将是"一揽子"自贸协定。二是中国也会在 FTA 谈判过程中弥补自身经验的不足，并照顾到对方的感受，创造性地提出了"早期收获计划"，快慢兼顾，稳中求进，实现与各方利益的"双赢"与"多赢"。三是中国 FTA 谈判对象的层次在不断提高（比如由发展中国家到发达国家），其影响范围也在不断地扩大。四是以中国－东盟自贸区升级谈判为标志，中国开始加快各个已签署生效 FTA 的升级谈判。这一切都标志着中国自由贸易区战略在顺利地推进。

第二章　中国自由贸易区战略拓展与深化的平台

中国自由贸易区战略如果只是有与某些国家和地区达成 FTA 谈判的优先次序，以及 FTA 的完备程度等内容，将是不全面的。因为，在中国与这些国家和地区进行谈判之前，双方的战略愿景、政治互信、经贸依赖等都有了相当高的程度，所以，双方才会"一拍即合"，谈得来，进展快，达成早，也可以说是"瓜熟蒂落"。因此，中国自由贸易区战略也应该包括一些很重要的 FTA 拓展与深化的平台部分，这些平台包括：（1）有利于进一步提高到 FTA 层次的优惠贸易安排（如《亚太贸易协定》等）；（2）有利于增进政治互信、促进区域贸易安排的区域合作论坛（如 SCO、APEC、RCEP 等）以及次区域经济合作（如大湄公河次区域经济合作、中亚区域经济合作、大图们江区域经济合作等）；① （3）有利于巩固 FTA 成果的多边贸易协定（如 WTO 等）。本章将重点放在前两个方面，至于第三个方面在此需要强调的是中国自由贸易区战略与 WTO 的关系，这包括两点：一是中国自由贸易区战略是以 GATT/WTO 的规则为基础；二是中国自由贸易区战略所取得的规则与机制创新，凝聚的 FTA 网络，将为 WTO 新一轮回合的谈判增加筹码，并有意识地争取 WTO 的规则朝着有利于包括中国在内的发展中国家的方向发展。当然，更多有关 WTO 的内容和论述被放在第三章"中国自由贸易区战略视角下的周边市场安全"中去写，原因就是 WTO 既是中国自由贸易区战略推进的平台，又同 FTA 一道各自作为中国谋求突破社会主义市场经济发展"瓶颈"的一条途径。本书将 WTO 的内容这样安排，从而有利于对这两条途径进行更好的比较。

---

① 这里将次区域经济合作形式作为中国 FTA 战略的平台之一，理由是：虽然这种形式只涉及了参与各方的部分领土，但是随着合作领域的深化与拓宽，也会波及参与各方的更大领土范围，最终会使得它们拥有一种将整个关税体组成区域性的自由贸易区的共同愿望，并为此铺平了道路。

第一节 《亚太贸易协定》

一 《亚太贸易协定》的发展历程

《亚太贸易协定》（APTA）的前身为《曼谷协定》。2001 年 5 月 23 日，中国正式成为《曼谷协定》成员。作为中国参加的第一个区域性多边贸易组织，《曼谷协定》在中国关税史上具有重要地位。一方面，在《曼谷协定》框架下，中国第一次根据协定给予其他国家低于"优惠税率"（从 2002 年 1 月 1 日起改称为"最惠国税率"）的关税优惠税率，另一方面，中国也是第一次通过关税谈判从其他国家获得特别关税优惠。[①]

1963 年，联合国亚洲及远东经济委员会〔The Economic Commission for Asia and the Far East，后改名为"联合国亚洲及太平洋经济社会委员会"（The Economic and Social Commission for Asia and the Pacific），简称"联合国亚太经社会"（ESCAP）〕召开第一届亚洲经济合作部长理事会，开始探讨在亚洲开展区域经济合作的问题。1970 年 12 月，第四届亚洲经济合作部长理事会通过了《喀布尔宣言》，建议联合国亚洲及远东经济委员会采取切实措施，扩大本区域内贸易，加强经济合作。自此，联合国亚洲及远东经济委员会秘书处开始着手研究在本区域内开展贸易自由化的可能性，并建议成立贸易谈判小组进行实质性谈判。1972 年 2 月，在联合国贸易发展会议（UN Conference on Trade and Development）的协助下，贸易谈判小组举行了第一次会议，并在随后召开的贸易谈判小组第二次会议上通过了小组的基本准则。1973 年 8 月，亚太地区 13 个国家出席了贸易谈判小组第三次会议，会议具体讨论在与会国之间进行关税减让谈判的问题。在 1974 年召开的贸易谈判小组第四至第六次会议上，各与会国家提交了各自的关税减让要价，并进行了审议。1975 年 7 月，孟加拉国、印度、老挝、韩国、斯里兰卡、菲律宾和泰国在曼谷通过了相互减让关税的产品清单，并签署了《联合国亚洲及太平洋经济社会委员会发展中成员国关于贸易谈判的第一协定》（First Agreement on Trade Negotiations among Developing Member Countries of the Economic and Social Commission for Asia and the

---

① 《〈亚太贸易协定〉有关情况简介》，中国财政部关税司网站，http：//www. mof. gov. cn/ guanshuisi/zhuantilanmu/ziyoumaoyiqu/200806/t20080625_ 50398. html。

Pacific)，简称《曼谷协定》。

《曼谷协定》规定联合国亚太经社会的所有发展中成员均有资格申请加入，但同时规定加入申请需经三分之二成员国的同意方可被批准。在1975年7月签订《曼谷协定》的7个国家中，由于菲律宾和泰国政府至今没有完成核准程序，《曼谷协定》在创始阶段只有孟加拉国、印度、老挝、韩国和斯里兰卡5个成员国。

2000年4月3日至5日，《曼谷协定》第16次常委会会议在泰国曼谷召开，会议通过了关于中国加入《曼谷协定》的决定。根据规定，中国在完成核准和生效程序后即正式成为该协定成员国。2000年4月23日，中国外交部部长助理张业遂在参加亚太经社会（ESCAP）第57届年会期间，将国务院核准、由中国外交部部长唐家璇签署的中国加入《曼谷协定》加入书递交亚太经社会执行秘书金学洙。按照有关程序，自2001年5月23日起，中国已正式成为《曼谷协定》成员国。随着中国的加入，该组织成员国数量现已增加到6个。在目前的6个成员国中，老挝由于从未发布过关于关税减让的海关通知，因此并不是完全意义上的成员国，但它仍享受其他国家提供的各项减让。巴布亚新几内亚在1993年12月曾完成加入《曼谷协定》的有关程序，但巴新政府至今尚未核准其加入议定书。

近年来，《曼谷协定》成员国及联合国亚太经社会秘书处一直积极开展工作，争取吸纳更多国家加入《曼谷协定》。目前，有意向参加的国家包括柬埔寨、蒙古、缅甸、尼泊尔、巴基斯坦、泰国和越南等国家。此外，在联合国亚太经社会秘书处的提议下，《曼谷协定》常委会曾经讨论过吸纳日本、新西兰和澳大利亚等亚太地区发达国家加入的可能性。但由于成员国普遍认为时机不成熟，没有采纳此项动议。目前《曼谷协定》正式成员包括孟加拉国、中国、印度、韩国、老挝和斯里兰卡6个国家。《曼谷协定》是亚太区域中唯一由发展中国家组成的关税互惠组织，其宗旨是通过该协定使成员国对进口商品相互给予关税和非关税优惠，不断扩大成员国之间的经济贸易合作与共同发展。

《曼谷协定》成员国常设委员会（简称"常委会"）是《曼谷协定》的最高决策机构，该委员会由各成员国的政府代表组成，其主要职责是：审议《曼谷协定》优惠贸易安排和其他有关事项的实施情况，并就相关问题举行磋商、提出建议及视需要做出决定和采取一切必要的措施保证协定目标与条款的充分实施。一般情况下，常委会会议至少每年举行一次会议。从 2005 年开始，最高决策机制提升为至少每两年举行一次的部长级理事会。《曼谷协定》无常设秘书处，联合国亚太经社会国际贸易和工业司（贸工司）代其行使过渡秘书处的职责。每个成员国都指定一个国家联络点，负责《曼谷协定》的各项联络事宜。中国的《曼谷协定》联络点设在商务部国际司。

2005 年 11 月，《曼谷协定》第一次部长级理事会在北京举行，这次会议是《曼谷协定》签署 30 年来的首次部长级理事会，这次会议上，六国部长决定将《曼谷协定》更名为《亚太贸易协定》，并继续实施关税优惠减让。成员国部长们共同决定 2006 年尽快开始实施第三轮关税减让。2007年 10 月《亚太贸易协定》第二届部长级理事会在印度果阿举行。成员国部长们共同宣布启动第四轮谈判，并约定 2009 年 10 月在韩国举行第三届部长级理事会，并在此之前结束第四轮谈判。2009 年 12 月 15 日，《亚太贸易协定》第三届部长级理事会在韩国首尔举行，中国商务部副部长易小准率团与会。来自孟加拉国、印度、韩国、老挝、斯里兰卡 5 个成员国的部长级代表团，和作为观察员的蒙古、柬埔寨、老挝代表参加了会议。会议取得积极进展。6 个成员国的部长共同签署了贸易便利化和投资框架协议，发表了部长宣言，一致同意于近期完成第四轮关税减让谈判，在今后两年内完成服务贸易和投资具体承诺的谈判工作，同时扩大贸易便利化和成员国间的合作范围。服务贸易框架协议将待各成员国完成国内批准程序后另行签署。

二　《亚太贸易协定》的意义

随着中国对外改革开放的深入发展，中国对外经济既展现出了发展同世界各国和地区的经济关系的趋势，又体现了区域重点，不言而喻，中国地缘经济关系的重点是在亚太地区。如中国参加的亚太经合组织（APEC）和中国、日本、韩国加东盟（10＋3）方面的经济合作已充分证明了这点。另外，中国在积极参与亚太区域经济合作的同时，还注意到了在其中更小的区域范围内加强经济方面的合作。将《亚太贸易协定》这一区域经济组织作为中国地缘经济关系的更紧密层，无疑会对中国的政治与经济及其他方面产生深远的影响。

从地缘政治角度讲，东亚和南亚地区及各国与中国毗邻并为中国安危所系。在这一地区中，除了日本以外都属于发展中国家，另外，还有少数最不发达国家，如孟加拉国与老挝等。上述国家不论发达与否、国土大小和人口多少，其对中国关系的亲疏都将直接影响到中国周边环境的安全与稳定。不仅如此，这些国家的国内政治经济形式和对外政策的变化也同样会影响到我国。譬如，中国与印度存在的历史遗留问题，如果双方处理得好，彼此就能够和睦相处，共同繁荣。反之，两国就会视为仇敌，轻则麻烦不断，重则武装冲突。同时还会给敌视中国的国家造成"坐收渔利"的机会。所以，能否使上述地区保持安全与稳定将直接关系到中国的经济发展和人民的幸福。为此，中国应抓住加入《亚太贸易协定》这一契机更进一步对周边国家采取以和为主的方针，并本着求同存异的原则积极发展该区域的经济和贸易合作。尤其是对于像孟加拉国和老挝这样的中小落后国家可以考虑取少予多。不能由于单纯的经济观点影响中国加入区域经济合作的大局。总之，我们应立足于经济合作，来促进与《亚太贸易协定》成员国政治和经济关系的发展以确保中国周边地区的安全与稳定。另外，取得上述地区国家的支持与理解，给中国抵御美国和西方国家在政治、经济、军事等方面的进攻和威胁也是至关重要的。①

从经济角度来讲，《亚太贸易协定》是亚太区域唯一连接东亚和南亚的贸易协定，对中国在东亚和南亚地区的发展尤为重要。目前，《亚太贸易协定》成员国的人口达24亿，约占世界人口的40%，具有潜在的和巨大的商品销售市场。《亚太贸易协定》6个成员国共同于2006年9月1日开始实施《曼谷协定》第三轮关税减让。第三轮关税减让涉及各成员共4000多个税目，受惠商品范围大幅度扩展，对扩大各成员间的贸易往来产生了积极影响。《亚太贸易协定》成员国企业利用优惠政策的热情高涨并从中受益。中国签发的《亚太贸易协定》原产地证书份数由2004年的2406份增长到2008年的14.6万份，5年内增长了近60倍；签证金额由2004年的5876万美元增长到2008年的62.8亿美元，5年内增长了近106倍。与此同时，中国受惠进口货值由2004年的12.8亿美元增长到2008年的68.9亿美元，5年内增长了438%，关税减免额由2004年的8150万元增长到2008年的5.2亿元，五年内增长了538%。② 这一方面反映出中国

---

① 《亚太贸易协定专页》，上海财税网，http：//www.csj.sh.gov.cn/gb/csj/smcsljl/mgxd/jianjie.htm。

② 《〈亚太贸易协定〉第三届部长级理事会取得积极进展》，中国自由贸易区服务网，http：//fta.mofcom.gov.cn/article/chinayatai/yatainews/201006/2879_1.html。

经济的健康发展，另一方面还反映出中国与《亚太贸易协定》成员国在经济上的相互依存关系也在不断地加深。中国加入《亚太贸易协定》后，给该组织注入更大的活力，同时进一步促进各成员国之间的经贸往来和发展。据有关专家的研究结果，《亚太贸易协定》现有成员间贸易潜力估计为 1490 亿美元。

《亚太贸易协定》作为区域经济一体化组织形式的特惠关税区，区内成员之间享受区外的任何第三国、地区或组织都不能享受的相互给予的关税特别优惠待遇，从而可以使区域内的各种资源流动更加方便和自由。同时，《亚太贸易协定》的不断深化对外也将增强该区域组织与成员的实力地位。当今，在国际舞台上，如单独以一个国家的面目出现毕竟不如以一个区域组织或区域成员的面目出现更有分量。例如东盟以其集团的身份就可以倡导和组织"亚欧会议"。因此，《亚太贸易协定》的深入发展会使其成员对未来有更大的期许。

第二节　上海合作组织

一　上海合作组织的发展历程[①]

上海合作组织（Shanghai Cooperation Organization，SCO）的前身是由中国、俄罗斯、哈萨克斯坦、吉尔吉斯斯坦、塔吉克斯坦组成的"上海五国"会晤机制。2001 年 6 月 14 日，"上海五国"元首在上海举行第六次会晤，乌兹别克斯坦以完全平等的身份加入"上海五国"会晤机制；15 日，6 国元首举行了首次会晤，并签署了《上海合作组织成立宣言》，宣告上海合作组织正式成立。

上海合作组织成员国总面积 3000 多万平方公里，约占欧亚大陆的3/5；人口约 14.9 亿，约占世界人口的 1/4；工作语言为汉语和俄语。上海合作组织对内遵循"互信、互利、平等、协商、尊重多样文明、谋求共同发展"的"上海精神"，对外奉行不结盟、不针对其他国家和地区及开放原则。

2001 年 9 月，上海合作组织成员国总理在阿拉木图举行首次会晤，宣

---

① 《上海合作组织历次峰会》，新华网，http：//news. xinhuanet. com/ziliao/2010 – 06/11/
content_ 13649484. htm。

布正式建立上海合作组织框架内的总理定期会晤机制。2002 年 6 月，上海合作组织成员国在圣彼得堡举行第二次峰会，六国元首签署了《上海合作组织宪章》。宪章对上海合作组织的宗旨原则、组织结构、运作形式、合作方向及对外交往等原则作了明确阐述，标志着该组织从国际法意义上得以真正建立。2003 年 5 月，上海合作组织成员国在莫斯科举行第三次峰会，签署了《上海合作组织成员国元首宣言》，时任中国驻俄罗斯大使张德广被任命为该组织首任秘书长。2004 年 1 月，上海合作组织秘书处在北京正式成立。现任秘书长是塔吉克斯坦的阿利莫夫·拉希德·古特比金诺维奇，任期自 2016 年 1 月 1 日开始。

2004 年 6 月 17 日，上海合作组织第四次峰会在乌兹别克斯坦首都塔什干举行。六国元首正式启动上海合作组织地区反恐怖机构。该机构在塔什干正式挂牌运作。首任执委会主任为乌兹别克斯坦的维·捷·卡西莫夫。现任执委会主任为俄罗斯的西索耶夫、叶甫盖尼、谢尔盖耶维奇，2016 年 1 月 1 日就任。从第四次峰会开始，上海合作组织启动了观察员机制，蒙古国首先获得观察员地位。2005 年 7 月，在哈萨克斯坦首都阿斯塔纳举行的上海合作组织第五次峰会决定给予巴基斯坦、伊朗、印度观察员地位。

2006 年 6 月 15 日，上海合作组织第六次峰会在中国上海举行。六国元首围绕弘扬"上海精神"、深化务实合作、促进和平发展的主题，提出了上海合作组织发展的远景规划，签署了《上海合作组织五周年宣言》等重要文件，为上海合作组织的下一步发展确定了方向和任务。2007 年 8 月 16 日，上海合作组织第七次峰会在吉尔吉斯斯坦首都比什凯克举行。六国元首签署了《上海合作组织成员国长期睦邻友好合作条约》，把成员国人民"世代友好、永保和平"的思想以法律形式确定下来。

2008 年 8 月 28 日，上海合作组织第八次峰会在塔吉克斯坦首都杜尚别举行，在会议发表的《上海合作组织成员国元首理事会会议联合公报》中，元首们赞同进一步扩大本组织的国际交往，为同世界上其他相关国家和国际组织开展互利合作创造条件，并批准了《上海合作组织对话伙伴条例》。将在考虑到本组织观察员国——印度、伊朗、蒙古和巴基斯坦愿望的基础上提升双方合作水平，元首们决定成立特别专家组，综合研究本组织扩员问题。2009 年 6 月 15 日～16 日，上海合作组织第九次峰会在俄罗斯叶卡捷琳堡举行。六国元首签署了《叶卡捷琳堡宣言》和《反恐怖主义公约》等重要文件。会议决定给予斯里兰卡和白俄罗斯对话伙伴地位。

2010 年 6 月 11 日，上海合作组织第十次峰会在乌兹别克斯坦首都塔什干举行。会议发表了《上海合作组织成员国元首理事会第十次会议宣言》，批准了《上海合作组织接收新成员条例》和《上海合作组织程序规则》。

2011 年 6 月 15 日，上海合作组织第 11 次峰会在哈萨克斯坦首都阿斯塔纳举行。六国元首围绕回顾过去、展望未来、凝聚共识、巩固团结的主题，总结了过去的成就和发展经验，并在深入分析国际和地区形势发展的基础上签署《上海合作组织十周年阿斯塔纳宣言》，对上合组织未来 10 年的发展方向做出战略规划。2012 年 6 月 6 日至 7 日，上海合作组织第 12 次峰会在北京举行。国家主席胡锦涛作为主席国元首主持会议。与会领导人就深化成员国友好合作以及重大国际和地区问题深入交换意见，并对上海合作组织未来发展做出规划，达成新的重要共识。成员国元首签署了《上合组织成员国元首关于构建持久和平、共同繁荣地区的宣言》等 10 个文件。上合组织成员国元首一致同意接收阿富汗为上合组织观察员国、土耳其为上合组织对话伙伴国。

2013 年 9 月 13 日，上海合作组织第 13 次峰会在吉尔吉斯斯坦首都比什凯克举行。与会元首共同签署并发表了《上海合作组织成员国元首比什凯克宣言》。峰会批准《〈上海合作组织成员国长期睦邻友好合作条约〉实施纲要（2013—2017）》。国家主席习近平发表题为《弘扬"上海精神"，促进共同发展》的重要讲话。中方在峰会上宣布已成立上合组织睦邻友好合作委员会。2014 年 9 月 12 日，上海合作组织第 14 次峰会在塔吉克斯坦首都杜尚别举行。与会各方围绕进一步完善上海合作组织工作，发展上海合作组织域内长期睦邻友好关系、维护地区安全、加强务实合作以及当前重大国际和地区问题交换意见。国家主席习近平发表题为《凝心聚力、精诚协作，推动上海合作组织再上新台阶》的讲话，提出 4 点主张。成员国元首签署并发表了《杜尚别宣言》，签署了《上海合作组织成员国政府间国际道路运输便利化协定》，批准《给予上海合作组织成员国地位程序》和《关于申请国加入上海合作组织义务的备忘录范本》修订案。2015 年 7 月，上海合作组织第 15 次峰会在俄罗斯乌法举行。会议的主题是规划组织未来发展，就本组织发展重大问题及国际和地区重要问题协调立场，东道国俄罗斯总统普京主持会议。国家主席习近平发表题为《团结互助、共迎挑战，推动上海合作组织实现新跨越》的重要讲话。成员国元首共同签署并发表了《乌法宣言》，批准包括《上合组织至 2025 年发展战略》在内的一系列文件，签署《上合组织成员国边防合作协定》，通过关于启动接收印度、巴基斯坦加入上合组织程序等决议，以及给予白俄罗斯观察员地位，给予阿塞拜疆、亚美尼亚、柬埔寨和尼泊尔对话伙伴地位的决议，[①]发表了成员国元首《关于世界反法西斯战争胜利 70 周年的声明》、《关于应对毒品问题的声明》和会议新闻公报。

上海合作组织是第一个在中国境内宣布成立、第一个以中国城市命名的国际组织。根据《上海合作组织宪章》和《上海合作组织成立宣言》，上海合作组织的主要宗旨是：加强各成员国之间的相互信任与睦邻友好；发展成员国在政治、经贸、科技、文化、教育、能源、交通、旅游、环保等领域的有效合作；共同致力于维护和保障地区的和平、安全与稳定；推动建立民主、公正、合理的国际政治经济新秩序。

上海合作组织的最高决策机构是成员国元首理事会。该理事会每年举行一次会议，轮流在各成员国举行，就组织所有重大问题做出决定和指示。上海合作组织成员国政府首脑（总理）理事会每年举行一次例会，重点研究组织框架内多边合作的战略与优先方向，解决经济合作等领域的原则和迫切问题，并批准组织年度预算。在元首和政府首脑（总理）理事会下面，还分别设有外长、总检察长、经济、交通、文化、国防、执法安全、监察、民政、边防等年度定期会晤机制。上海合作组织的基层协调机制是成员国国家协调员理事会。上海合作组织有两个常设机构，分别是秘书处（北京）和地区反恐怖机构（乌兹别克斯坦首都塔什干，其执委会主任由元首理事会任命）。秘书长由各成员国按国名的俄文字母顺序轮流担任，其人选的遴选非常严格，要求有 15 年以上外交工作经历，精通俄文，由上海合作组织外长会议商讨推荐后，由元首理事会讨论批准任命，任期三年，不得连任。上海合作组织每年举行一次成员国元首正式会晤，定期举行政府首脑会晤，轮流在各成员国举行。

二　上海合作组织成立的背景与意义[②]

（1）上海合作组织成立有着深刻的现实原因。首先就是安全合作问题。在这个领域又存在两个方面的问题。一方面是边境地区紧张与对峙的

---

① 《上海合作组织成员国元首理事会会议新闻公报（2015 年 7 月 9 日至 10 日，乌法）》，《人民日报》2015 年 7 月 11 日。

② 张义明：《21 世纪支撑中国崛起的雄鸡发展战略模式》，河南大学硕士学位论文，2004。

问题。作为上海合作组织前身的"上海五国"会晤机制，实际上是毗邻而居的中、俄、哈、吉、塔五国元首，为讨论消除边境地区紧张与对峙的问题，建立边境地区军事互信机制，而启动的每年一次的"上海五国"会晤机制。通过先后签署的《关于在边境地区加强军事领域信任的协定》和《关于在边境地区相互裁减军事力量的协定》表明，五国人民决心成为"好邻居、好朋友、好伙伴"。从而，中国同俄、哈、吉、塔四国之间也就形成了一条长7000多公里、宽200公里的广阔的和平地带。

随着中国同上述4国之间边境地区紧张与对峙的消除和和平友好边界的建立，五国元首会晤的议题自然就由边境地区加强军事信任和裁军问题转移到合作方面来；同时，五国两方的会晤机制自然也就变成了五国五方会晤机制，五国元首讨论的议题不断增加，合作领域不断扩大，已涵盖了政治、安全、经济、外交、文化、能源、交通等各个领域。五国合作的迅速发展，对"上海五国"会晤机制提出新的要求。于是，五国元首在2000年7月杜尚别会晤时，提出了把"上海五国"会晤机制转变成合作组织的问题。"上海合作组织"的成立完成了"上海五国"会晤机制由地区安全论坛到合作组织的重大的转变。

另一方面是"三股势力"问题。从当前中亚地区形势看，冷战结束后，国际恐怖主义、民族分裂主义和宗教极端主义"三股势力"活动猖獗，成为引发中亚地区局势动荡的根源。为维护各国政局稳定、经济发展和社会安定，中、俄、哈、吉、塔、乌六国有必要深化安全合作，为联合打击"三股势力"奠定法律基础，并切实采取行动。

"9·11"事件后，美国对阿富汗的军事行动，打垮了塔利班政权，同时也在一定程度上减轻了"三股势力"对中亚地区的威胁。但是，近几年来，塔利班势力又死灰复燃，到处显现其力量的存在；同时，"三股势力"还远未被最后消灭，其仍然威胁着地区和成员国的安全与稳定。一些极端主义组织虽然受到重创，但仍然保持着相当的军事实力并在继续进行活动。"三股势力"以及有组织犯罪、非法走私毒品、贩卖武器等跨国犯罪行为的存在有其深刻的社会基础，包括贫困，失业，愚昧和种族、民族、宗教歧视等因素在内，所以是不可能在短时间内消除的。因此，上海合作组织在维护地区安全与稳定方面的作用仍然是第一位的，必须进一步加强成员国在这方面的合作力度，同时也要大力支持和配合国际社会的反恐斗争。2004年6月，上海合作组织的地区反恐怖机构——比什凯克地区反恐怖机构已正式启动，它将为成员国在这方面的务实合作做出自己的贡献。

上海合作组织成立后，不断强化成员国反恐合作的力度，进行了多方面的反恐合作实践，将上海合作组织的反恐合作逐渐发展成为一个成熟的、相对完善的运行体系，取得了较为丰硕的合作成果。《打击恐怖主义、分裂主义和极端主义上海公约》是上海合作组织签署的第一个有关"反恐合作"的多边法律文件，它认识到了"三股势力"对成员国经济发展和地区安全构成的严重威胁，并在此基础上强调成员国应该加强相互之间的反恐合作，共同应对"三股势力"的威胁。① 《上海合作组织宪章》对打击恐怖主义有了更明确的规定，它将"共同打击一切形式的恐怖主义、分裂主义和极端主义，打击非法贩卖毒品、武器和其他跨国犯罪活动，以及非法移民"作为自己的基本宗旨和任务之一。② 而在签署的《上海合作组织成员国关于地区反恐怖机构的协定》中，成员国认识到面对地区恐怖主义威胁，"确信必须采取协调一致行动以保障各方领土完整、安全和稳定，包括通过加强合作打击恐怖主义、分裂主义和极端主义"。③ 《上海合作组织成员国元首塔什干宣言》对上海合作组织地区反恐机构的建立做出了规定。这将成为保障上海合作组织顺利运行的有效集体机制，同时也表明上海合作组织的反恐合作已经开始进入一个相对成熟化、机制化的发展阶段。④ 《上海合作组织反恐怖主义公约》相较于《打击恐怖主义、分裂主义和极端主义上海公约》有了更加详细的规定，在法律基础上进一步明确了"恐怖主义"的概念，使反恐合作的思路更加清晰。⑤

其次是政治合作问题。从当前国际形势看，和平与发展这两个当代世界的重大问题，一个也没有解决，霸权主义和强权政治行径有增无减，特别是小布什就任美国总统以来，一意孤行要部署国家导弹防御系统，破坏全球战略稳定，谋求建立单极世界；打垮了塔利班政权，赖在中亚不走；

① 《打击恐怖主义、分裂主义和极端主义上海公约》，上海合作组织网站，http://www.sectsco.org/CN11/show.asp? id = 99。

② 《上海合作组织宪章》，上海合作组织网站，http://www.sectsco.org/CN11/show.asp? id = 162。

③ 《上海合作组织成员国关于地区反恐怖机构的协定》中国人大网，http://www.npc.gov.cn/wxzl/gongbao/2003 - 02/24/content_ 5307526. htm。

④ 《上海合作组织成员国元首塔什干宣言》，上海合作组织网站，http://www.sectsco.org/CN11/show.asp? id = 166。

⑤ 《上海合作组织反恐怖主义公约（中文本）》，中国人大网，http://www.npc.gov.cn/wxzl/gongbao/2015 - 02/27/content_ 1932688. htm。

推翻了萨达姆政权，赖在海湾不走；又不断挑起朝核危机和伊朗核危机。这一切不能不引起爱好和平、推动建立世界新秩序的国家的警觉。

从根本上讲，上海合作组织的建立适应推动世界多极化和建立国际政治经济新秩序的时代潮流，符合六国人民求和平、促发展的强烈愿望和根本利益，肩负着成员国人民托付的历史使命，具有强大的生命力。《上海合作组织成立宣言》指出，各成员国将严格遵守《联合国宪章》的宗旨和原则，奉行不结盟、不针对其他国家和地区及对外开放的原则，不谋求在相邻地区的单方面军事优势，追求建立民主、公正、合理的国际政治经济新秩序。为推动世界政治格局多极化，成员国还将在一些重大的国际问题上继续协调立场，加强合作。

最后是经济合作问题。比较而言，在已建立和正在形成中的各种区域经济合作组织中，上海合作组织的发展潜力最大。这是因为：该组织不仅具有领土面积最大、人口最多、资源最丰富等自然优势，而且各成员国经济发展各具特色，互补性更强。中亚国家自然资源特别是能源资源丰富，但地广人稀，制造业特别是轻工业不发达；中国人力资源丰富，制造业特别是轻工业比较发达，技术水平相对高，但矿产资源特别是石油资源相对不足；俄罗斯自然资源丰富，重工业特别是军事工业基础雄厚，技术力量相对强，但轻工业发展相对滞后，资金不足。这种格局为各成员国分工协作、相互配合、取长补短提供了广阔空间。目前，各成员国经济发展中虽然面临不少困难，经济实力还相对单薄，但这种状况在迅速改变。俄罗斯和中亚国家已经度过了苏联解体后政治、经济转轨的最困难时期，逐渐找到了适合自身条件的发展道路，国民经济已进入了相对稳定发展的恢复时期，形成了相对强劲的增长势头。改革开放30多年来，中国经济一直强劲增长，经济实力和参与国际合作的能力不断增强，而启动了10多年的"西部大开发"的宏伟工程为中国东、中、西部的协调与可持续发展展开了新的壮丽诗篇。特别是2013年9月，国家主席习近平在哈萨克斯坦提出的"丝绸之路经济带"，虽然现在拓展到中东欧地区，但是工作重点还应该是上海合作组织成员国所在地。所有这些，都将为各成员国之间经济合作潜力的发挥提供越来越有利的条件。更为重要的是，各成员国对加强经济合作，共同克服发展中的困难具有越来越迫切的愿望和需求。从实践来看，近些年来，各成员国之间，特别是中国与其他成员国之间的经贸往来在迅速发展。

（2）上海合作组织的成立有着深远意义。首先，上海合作组织作为当今世界一种新型区域性多边合作组织，丰富和发展了国际组织和国际关系的理论与实践。它首倡了以相互信任、互利协作为特征的新型区域合作模式，形成了以"互信、互利、平等、协作、尊重多样文明、谋求共同发展"为基本内容的"上海精神"，展示了不同文明背景、传统文化各异的国家通过互尊、互信，实现和睦共处、团结合作的巨大潜力。

其次，上海合作组织的成立将有力地维护中亚以及亚洲地区乃至世界的和平与稳定。《上海合作组织成立宣言》指出，上海合作组织尤其重视并尽一切必要努力保障地区安全。2008 年的上海合作组织第八次峰会批准了《上海合作组织对话伙伴条例》，此举为进一步扩大本组织的国际交往，同世界上其他相关国家和国际组织开展互利合作创造了条件。同时，在本次峰会上，元首们决定成立特别专家组，综合研究本组织扩员问题，并将在考虑本组织观察员国——印度、伊朗、蒙古和巴基斯坦愿望的基础上提升双方合作水平。2015 年 7 月，上海合作组织在俄罗斯乌法举行的第 15 次峰会上，通过了关于启动接收印度、巴基斯坦加入上合组织程序等决议，以及给予白俄罗斯观察员地位，给予阿塞拜疆、亚美尼亚、柬埔寨和尼泊尔对话伙伴地位的决议。至此，上海合作组织成员国、观察员国、对话伙伴国各有 6 个（参见表 2 - 1）。上海合作组织正在朝向构建"和谐周边地区"的道路上昂首前进，其将在世界舞台上发挥越来越重要的作用。

表 2 - 1　上海合作组织的成员国、观察员国以及对话伙伴国一览表*

成员国	中国 （2001）	俄罗斯 （2001）	哈萨克斯坦 （2001）	吉尔吉斯斯坦 （2001）	塔吉克斯坦 （2001）	乌兹别克斯坦 （2001）
观察 员国	蒙古 （2004）	巴基斯坦 （2005）	伊朗 （2005）	印度 （2005）	阿富汗 （2012）	白俄罗斯 （2015）
对话 伙伴国	斯里兰卡 （2009）	土耳其 （2012）	阿塞拜疆 （2015）	亚美尼亚 （2015）	柬埔寨 （2015）	尼泊尔 （2015）

＊括号内为加入或接收年份。

资料来源：根据上海合作组织官方网站（http：// www. sectsco. org/CN11/）资料信息整理。

最后，经贸合作和安全合作齐头并进，并向多领域拓展。2002 年 6 月 7 日，中国国家主席江泽民在俄罗斯圣彼得堡举行的上海合作组织第二次峰会上发表的题为《弘扬"上海精神"，促进世界和平》的讲话中指出，推动区域合作和上海合作组织的发展，要抓住"两个轮子"：① 一个轮子是安全合作，另一个轮子是经贸合作，从而为上海合作组织的发展指明了方向。今后，该组织更将加强双边和多边经贸合作，以应对经济全球化的挑战，完成振兴经济、发展科学的共同任务。为此，上海合作组织正在框架内启动贸易和投资便利化谈判进程，并制定了长期共同多边经贸合作纲要。

经贸合作和安全合作是相辅相成、相互促进的。安全合作是上海合作组织形成的起点，经贸合作则是其深入发展的落脚点和基础，共同打击"三股势力"、维护各国安全与加强经贸合作、促进各国发展，将是该组织的两大系统工程，是其巩固和发展的两大支柱，而补充和加强经贸合作这一重要支柱，则是它相对于其前身"上海五国"会晤机制的一个突出的特点。正是这两种合作相互配合、相互促进，体现了各成员国团结奋斗的目标和方向，为这些国家各领域的全面合作、共同发展开辟了新途径和增添了新力量。

三　上海合作组织发展中存在的问题

从"上海五国"会晤机制到上海合作组织，虽说其存在已有近 20 年的时间，但无论是在全球范围内，还是在亚太地区，它不过是一个初步形成的区域性多边合作机制。虽然它具有较强的生命力和良好的前景，但毕竟没有长期经受复杂的国际斗争和国家利益的考验，还必须在现实的风云变幻的国际事务斗争中逐步成长。

第一，上海合作组织的合作机制尚处于成长初期，在各成员国对外关系中还没有占据最重要的地位。中亚国家在外交上把中国放在相对次要的地位，而更重视与美国、俄罗斯、欧洲国家发展关系；中国也是一样，改革开放的 30 多年来，中国对外关系的重点是致力于改善与美国为主的西方各国的关系，保证对外开放的顺利进行。

就俄罗斯来讲，其对外关系的重点依然在欧洲。"9·11"恐怖事件后，普京乘机提出加入"北约"组织，企图确立在欧洲的主导地位。在俄罗斯尚未重振大国雄风之前，它仍会将与中国保持睦邻关系放在重要地

---

① 《江泽民在上海合作组织圣彼得堡峰会上发表重要讲话》，《人民日报》2002 年 6 月 8 日。

位。在 21 世纪初，两国关系不会出现大的波折，但中俄关系也存在很大的隐忧。首先，战略伙伴关系的建立有着很大的策略性，双方很大程度上是由于美国因素被迫走到一起的。另外，双方都倚重发展对美国以及西方的关系，以求促进本国经济发展，而彼此之间的经济合作却面临很多困难，经济合作的滞后将影响双边政治的发展。其次，由于地缘政治和历史因素，双方存在不信任，俄罗斯也有通过美日来牵制中国的想法。先前谈好的铺设到中国的石油管线"安大线"，却改为更利于输送石油给日本的"安纳线"便是最好的例子。最后，俄罗斯国内有传统的民族沙文主义倾向，对中国的发展存在着某些戒备心理，这不利于两国关系的发展。当然，近几年来，以美国为首的北约不断挤压俄罗斯的战略空间，"蚕食鲸吞"俄罗斯的传统势力范围，令俄方郁闷、羞愧、恼火。2008 年 8 月俄罗斯与格鲁吉亚冲突事件、2014 年 3 月俄罗斯"吞并"克里米亚都给俄方出了口"恶气"，而 2015 年 9 月底俄在叙利亚发动空袭、打击"伊斯兰国（ISIS）"，促使叙利亚内战形势向有利于俄罗斯的方向发生变化，从而扭转了俄罗斯内外交困的不利局面。但同时又加剧了俄方同美国及西方的矛盾，大有一种"新冷战"的趋势。相信，以此为新的契机，中俄双方的关系会更加紧密。不过，中方应谨慎遵循"和平外交"的尺度，处理好中美、中俄以及中国与西方的关系，为构建"和谐世界"而努力。

第二，经济合作与交流还没有成为上海合作组织的重要内容。虽然大家都意识到，上海合作组织成员国之间的经济互补性强，经济需求量大，但现实却不尽如人意。与上海合作组织在政治和安全上的合作状况相比，这个组织各成员国之间的经济合作水平仍然比较低，这在一定程度上影响了多边关系的进一步发展和深化。影响和限制上海合作组织各成员国的经济合作与交流的原因是多方面的、复杂的。但各成员国的经济体制改革的不同步，市场经济发展程度的差异，市场经济体系的不完善，缺乏大规模经济合作的市场平台，应该说是其中最主要的原因之一；另外，中国经济的快速发展，对能源、矿产资源的需求不断增加，这使得上海合作组织的其他成员国看到了中国对它们在这方面有强烈的渴求，也使得它们抬高要价，本来是互利合作的事情，结果变成了"中方的单独利好"，从而加重了中方"身心"各方面的负担。为此，中国在力所能及地做出自己贡献的同时，也要加强同上海合组织其他成员国各个领域的合作与交流，提升共同的战略意识，共建本地区的"命运共同体"。

第三，美国和北约势力在这一地区的存在和渗透。特别是"9·11"事件和国际反恐斗争开展以后，中亚地区形势变化的一个突出表现是美国和北约的军事力量进入了这一地区。现在，美国已在乌兹别克斯坦、塔吉克斯坦和吉尔吉斯斯坦建立了军事基地和设施，并且部署了军队。据说，这是自公元前4世纪后期古代马其顿王国国王亚历山大大帝征服中亚以来，西方国家的军队第一次进驻这一地区。与此同时，美国还向一些中亚国家提供和许诺了可观的经济援助。尽管美国目前在中亚军事存在的规模还比较有限，但影响很大。俄罗斯一家周报2002年2月把"美国打着反恐怖旗号闯进了中亚"列为小布什发动反恐战争以来取得的"九大成绩"中的第一项。哈萨克斯坦一位政治学家不无感慨地说："地缘政治现实已经发生了变化，美国变成了中亚的第三大邻国。"虽然美国政府一再表示，美国在中亚地区的军事存在将是暂时的，但从一些迹象看来，情况不一定如此。俄罗斯前总理普里马科夫曾接受本国一家报纸记者采访，在回答"您相信阿富汗战争结束后美国真的能离开中亚吗？有没有切实保证？"的问题时说："最好能让人相信……说到保证，我们没有任何保证。不仅美国人，而且其他人都根本打不了这种包票。"① 美国的外交政策是战略性与权宜性相结合，当年一手培植的用来反苏的工具——"基地组织"，现在倒成了"心腹之患"，竭力剿之，但同时又让人对美国的这种"一石多鸟"之计心存疑惧。因此，2008年的上海合作组织第八次峰会批准《上海合作组织对话伙伴条例》，决定提升本组织与观察员国双方的合作水平，以及加强"上海合作组织－阿富汗"联络组的工作都是应对之策。

四　上海合作组织自由贸易区的远景构建

2001年9月14日在哈萨克斯坦的阿拉木图市举行了上海合作组织成员国首次总理会晤，签署了《上海合作组织成员国间关于区域经济合作的基本目标和方向及启动贸易投资便利化进程的备忘录》。在该备忘录中，各成员国总理一致认为，根据《上海合作组织成立宣言》的规定和原则，参照世界贸易组织的规则，在完全平等、相互尊重、互利、非歧视、循序渐进、开放的原则基础上建立和发展经贸协作关系，以及开展贸易和投资便利化，有利于提高上海合作组织成员国的经济发展水平，坚信

---

① 陈之骅：《上海合作组织迎来发展的新阶段》，《当代世界》2002年第7期。

成立上海合作组织能够更加充分地利用成员国在发展互利和多领域合作方面的巨大潜力和广泛的可能性，促进建立公平合理的国际经济秩序，并指出，"启动贸易和投资便利化进程是上海合作组织内开展区域经济合作的重要任务"。①

2003 年 5 月 29 日，在俄罗斯首都莫斯科举行的上海合作组织第三次峰会上，国家主席胡锦涛在发表的题为"承前启后、继往开来，努力开创上海合作组织事业新局面"的重要讲话中强调，"经济合作是上海合作组织的重要基础和优先方向"，并希望"能够在推动区域经济合作方面取得新的突破"。② 9 月 23 日，上海合作组织成员国总理第二次会议在北京举行。会议期间，六国总理着重讨论了上海合作组织经贸合作问题。温家宝总理对上海合作组织的区域经济合作提出三点倡议：一是推进贸易和投资便利化，为实现在上海合作组织框架内的货畅其流，减少直至消除通关口岸、检验检疫、统一标准、交通运输等环节的非关税壁垒；二是确定若干大的经济技术合作项目，把交通、能源、电信、农业以及家电、轻工、纺织等领域作为优先方向；三是确立长远的区域经济合作目标，逐步建立上海合作组织自由贸易区。③ 在这次会议上，六国总理还签署了《上海合作组织成员国多边经贸合作纲要》。该纲要基本上确定了上海合作组织逐步达到自由贸易区的三个阶段，即短、中、长期目标：第一，短期内将积极推动贸易投资便利化进程。将共同制定落实本纲要所必需的多边协议和各国法律措施清单，确定其制订顺序和办法；在现代化的组织和技术水平上建立和发展经贸投资的信息空间；确定共同感兴趣的经贸合作优先领域和示范合作项目并付诸实施。第二，中期内（2010 年前），任务是共同努力制订稳定的、可预见和透明的规则和程序，在上海合作组织框架内实施贸易投资便利化，并以此为基础在《上海合作组织宪章》和上述备忘录规定的领域内将开展大规模多边经贸合作。有鉴于此，将制定共同规划和方案并建立优先发展方向支持体系以加强区域经济合作。第三，长期内（2020

---

① 《上海合作组织成员国政府间关于区域经济合作的基本目标和方向及启动贸易和投资便利化进程的备忘录》，上海合作组织区域经济合作网，http：//www.sco-ec.gov.cn/crweb/scoc/info/Article.jsp? a_ no =521&col_ no =50。

② 胡锦涛：《承前启后 继往开来 努力开创上海合作组织事业新局面——在上海合作组织莫斯科峰会上的讲话》，《人民日报》2003 年 5 月 30 日。

③ 《上海合作组织成员国总理会晤举行 温家宝主持会议并代表中国政府发言》，《人民日报》2003 年 9 月 24 日。

年前），上海合作组织成员国将致力于在互利基础上最大效益地利用区域资源，为贸易投资创造有利条件，以逐步实现货物、资本、服务和技术的自由流动。为此，成员国将分阶段实施精心制订、符合区域合作要求的措施，将进行必要的磋商以提出实现上海合作组织长期目标的具体建议。①2004 年 9 月 23 日，在吉尔吉斯斯坦首都比什凯克举行的上海合作组织成员国总理第三次会议上通过了《关于〈上海合作组织成员国多边经贸合作纲要〉落实措施计划》等 9 个决议。该计划包括贸易、投资、海关、质检、交通、能源和信息等 11 个领域的 127 个项目。2005 年 10 月 26 日，在俄罗斯首都莫斯科举行的上海合作组织成员国总理第四次会议上又批准了该计划的实施机制。

为推动经济合作尽快取得实质性成果，2004 年 6 月 17 日中国国家主席胡锦涛在乌兹别克斯坦首都塔什干举行的上海合作组织第四次峰会上发表的题为"加强务实合作，共谋和平发展"的讲话中承诺，"中方决定向上海合作组织其他成员国提供总额为 9 亿美元的优惠出口买方信贷。"②2005 年 7 月 5 日，国家主席胡锦涛在哈萨克斯坦首都阿斯塔纳举行的上海合作组织第五次峰会上发表的题为"加强团结合作，促进稳定发展"的讲话中再次强调，"中方高度重视落实在塔什干峰会上宣布提供的 9 亿美元优惠出口买方信贷，已决定在贷款利率、贷款时限、担保条件方面采取更加优惠的措施，使这笔贷款尽早用于各方关心的合作项目，确保有关成员国从中受益"，而且在人力资源能力建设方面的合作方面承诺，中方"将拨出专项资金，在 3 年内为其他成员国培训 1500 名不同领域的管理和专业人才"。③

2006 年 6 月 15 日，胡锦涛主席在上海举行的上海合作组织第六次峰会上发表题为"共创上海合作组织更加美好的明天"的讲话中指出，5 年来，上海合作组织走过了不平凡的道路，取得了令人瞩目的成绩。当务之急是抓好落实，做实事、求实效、收实益。应该完善地区经济合作的法律

---

① 《上海合作组织成员国多边经贸合作纲要》，上海合作组织区域经济合作网，http://www.sco-ec.gov.cn/crweb/scoc/info/Article.jsp? a_ no = 568&col_ no = 50。
② 胡锦涛：《加强务实合作 共谋和平发展——在上海合作组织塔什干峰会上的讲话》，《人民日报》2004 年 6 月 18 日。
③ 胡锦涛：《加强团结合作 促进稳定发展——在上海合作组织阿斯塔纳峰会上的讲话》，《人民日报》2005 年 7 月 6 日。

框架，加快商签海关、交通领域的合作协议，研究签署多边投资保护协定的可能性。应该尽快实施一批多方参与、共同受益的经济技术合作项目，特别是能源、电力、交通、电信等领域的网络性项目。应该发挥银行联合体的作用，推动其同国际金融机构建立联系，为经济合作提供多渠道融资支持。①

2007 年 8 月 16 日，胡锦涛主席在吉尔吉斯斯坦首都比什凯克举行的上海合作组织成员国第七次峰会上发表的题为"加强睦邻互信，推动和平发展"的讲话中指出，"坚持共同发展，促进区域经济合作朝着互利共赢方向发展，巩固上海合作组织发展的经济基础"。要完善成员国合作的相关法律，加快制定国际道路运输便利化协定、多边鼓励和保护相互投资协定，落实好多边经贸合作纲要，推进能源、交通、通信等优先领域的示范性项目，打好发展基础。中方愿以实际步骤推动本组织区域合作发展，加快落实上海峰会确定的多方参与、共同受益的网络型项目，以实现共同发展。中方将继续为实施本组织交通、通信、能源等优先领域的重点多边、双边项目提供必要的信贷和融资支持。②

2008 年 8 月 28 日，国家主席胡锦涛在塔吉克斯坦首都杜尚别举行的上海合作组织成员国第八次峰会上发表的题为"携手建设持久和平、共同繁荣的和谐地区"讲话中指出，本组织内既有经济大国、产粮大国，也有能源资源富集国和巨大消费市场，深化经济合作、防范国际经济波动冲击的条件得天独厚。各成员国应该有效利用这种优势，继续推进贸易投资便利化，继续遴选并实施新一批交通、能源、通信等领域的示范性项目，加强金融和农业领域合作。中方对本组织《国际道路运输便利化协定》商谈顺利结束表示满意，愿本着最大诚意同各成员国及联合国、亚洲开发银行等国际组织和金融机构合作，商谈协定附件。希望各成员国切实落实海关互助协定，加强海关监管、人员培训方面的合作。③

2009 年 6 月 16 日，胡锦涛主席在俄罗斯叶卡捷琳堡举行的上海合作

---

① 胡锦涛：《共创上海合作组织更加美好的明天——在上海合作组织成员国元首理事会第六次会议上的讲话》，《人民日报》2006 年 6 月 16 日。

② 胡锦涛：《加强睦邻互信 推动和平发展——在上海合作组织成员国元首理事会第七次会议上的讲话》，《人民日报》2007 年 8 月 17 日。

③ 胡锦涛：《携手建设持久和平、共同繁荣的和谐地区——在上海合作组织成员国元首理事会第八次会议上的讲话》，《人民日报》2008 年 8 月 29 日。

组织第九次峰会上发表的题为"携手应对国际金融危机，共同创造和谐美好未来"的讲话中指出，在国际金融危机面前，要有效利用上海合作组织这一重要平台，加强宏观经济金融政策协调，推动成员国政策性、商业性银行在流动性短缺情况下开展多种形式的合作，促进成员国经济金融稳定；加快实施能源、交通、通信领域网络型项目，扭转经济下滑势头，增加就业；积极推动新兴产业合作，培育新的经济增长点；推动贸易便利化，维护开放自由的贸易投资环境。中方建议成员国建立财金对话机制，加强货币政策协调，支持举行成员国财长和央行行长会议。中方倡议加强多边科技合作，开展清洁能源、新材料、新技术以及科技成果产业化合作，通过科技创新提高生产力，增加抵御国际金融危机冲击的手段。中方将提供 100 亿美元的信贷支持，为上海合作组织成员国应对国际金融危机冲击做出自己的努力。此外，中方将组织贸易投资促进团赴成员国，推动同各成员国的进出口贸易和双向投资。①

2010 年 6 月 11 日，胡锦涛主席在乌兹别克斯坦首都塔什干举行的上海合作组织第 10 次峰会上发表的题为《深化务实合作 维护和平稳定》的讲话中指出，要深挖合作潜力，增强本组织发展的持续后劲。要加紧实施《〈多边经贸合作纲要〉落实措施计划》和成员国应对金融危机共同倡议，扎实推进区域交通、能源、通信基础设施网络化建设，落实海关、质检、交通运输等领域便利化措施，遴选多方参与、共同受益的新的示范性项目，尽快启动经济发展监测机制。要创新合作模式，研究建立上海合作组织区域内电子商务平台，开展农业合作联合专题研究。建议将非资源领域合作作为本组织区域经济合作新的重要发展方向。秉承透明开放，营造本组织发展的良好环境。要深化同观察员国及伙伴国在安全、经贸、能源、交通、海关等领域的务实合作，加强同其他国际和区域组织的相互协作，在更广范围内整合资源，优势互补，提高地区经济社会发展水平，为各国人民谋求更多福祉。②

2011 年 6 月 15 日，胡锦涛主席在哈萨克斯坦首都阿斯塔纳举行的第 11 次上海合作组织峰会上发表题为《和平发展 世代友好》的讲话中指出，

①　胡锦涛：《携手应对国际金融危机 共同创造和谐美好未来——在上海合作组织成员国元首理事会第九次会议上的讲话》，《人民日报》2009 年 6 月 17 日。

②　胡锦涛：《深化务实合作 维护和平稳定——在上海合作组织成员国元首理事会第十次会议上的讲话》，《人民日报》2010 年 6 月 12 日。

推动实现区域经济一体化，促进地区各国共同发展。我们应该拓展合作领域，推动贸易和投资便利化，推进域内交通、能源、通信基础设施互联互通，加快构建本地区能源安全、金融安全、粮食安全合作机制，加强非资源和民生领域合作，深入发掘应对危机和促进可持续发展的内生动力。中方将继续落实向成员国提供的优惠贷款，努力将欧亚经济论坛、中国－亚欧博览会打造成区域经济合作平台，更好地促进地区经济发展繁荣。①

2012 年 6 月 7 日，胡锦涛主席在北京举行的第 12 次上海合作组织峰会上发表题为《维护持久和平 促进共同繁荣》的讲话中指出，各成员国要努力建成铁路、公路、航空、电信、电网、能源管道互联互通工程，为古老的"丝绸之路"赋予新的内涵。要建立开发银行、粮食安全合作机制、种子库和农业示范推广基地、能源俱乐部，推动贸易和投资便利化，全面促进各国经济发展。要加强科技、文化、教育、卫生等领域合作，开发高技术产品，发展高技术产业，全面提高各国经济在未来全球经济中的竞争力。为促进成员国发展，支持上海合作组织框架内经济合作项目，中方决定向其他成员国再提供 100 亿美元贷款。②

2013 年 9 月 13 日，国家主席习近平在吉尔吉斯斯坦首都比什凯克举行的上海合作组织第 13 次峰会上发表题为《弘扬"上海精神" 促进共同发展》的讲话中指出，务实合作是上海合作组织发展的物质基础和原动力。上海合作组织 6 个成员国和 5 个观察员国都位于古丝绸之路沿线。作为上海合作组织成员国和观察员国，我们有责任把丝绸之路精神传承下去，发扬光大。一是开辟交通和物流大通道。尽快签署《国际道路运输便利化协定》。该协定签署后，建议按照自愿原则广泛吸收观察员国参与，从而通畅从波罗的海到太平洋、从中亚到印度洋和波斯湾的交通运输走廊。二是商谈贸易和投资便利化协定。在充分照顾各方利益和关切基础上寻求在贸易和投资领域广泛开展合作，充分发挥各成员国合作潜力，实现优势互补，促进共同发展繁荣。三是加强金融领域合作。推动建立上海合作组织开发银行，为本组织基础设施建设和经贸合作项目提供融资保障和结算平台。尽快设立上海合作组织专门账户，为本组织框架内项目研究和

---

① 胡锦涛：《和平发展 世代友好——在上海合作组织成员国元首理事会第十一次会议上的讲话》，《人民日报》2011 年 6 月 16 日。

② 胡锦涛：《维护持久和平 促进共同繁荣——在上海合作组织成员国元首理事会第十二次会议上的讲话》，《人民日报》2012 年 6 月 8 日。

交流培训提供资金支持。用好上海合作组织银行联合体这一机制，加强本地区各国金融机构交流合作。四是成立能源俱乐部。协调本组织框架内能源合作，建立稳定供求关系，确保能源安全，同时在提高能效和开发新能源等领域开展广泛合作。①

2014 年 9 月 12 日，习近平主席在塔吉克斯坦首都杜尚别举行的上海合作组织第 14 次峰会上发表题为《凝心聚力 精诚协作 推动上海合作组织再上新台阶》的讲话中指出，应该在照顾各方利益和关切基础上，探讨在贸易和投资领域开展更广泛和更高层次合作，相互提供最惠国待遇，推进区域经济一体化进程，构筑本地区统一经贸、投资、物流空间。各方应该以签署《国际道路运输便利化协定》为契机，确保按期开放有关线路，挖掘各国过境运输潜力，带动沿线国家发展。建立上海合作组织金融机构对促进本地区发展意义重大。各国应该进一步凝聚共识，尽早达成一致，为本组织多方受惠的大型项目提供资金支持。应该充分发挥能源俱乐部作用，加强成员国能源政策协调和供需合作，加强跨国油气管道安保合作，确保能源安全。为巩固和加强上海合作组织区域经济合作，中方决定向上海合作组织成员国提供 50 亿美元贷款，用于合作项目融资。②

2015 年 7 月 10 日，习近平主席在俄罗斯乌法举行的上海合作组织第 15 次峰会上发表题为《团结互助 共迎挑战 推动上海合作组织实现新跨越》的讲话中指出，应该推动各方在互利共赢基础上，创造更多合作机遇，推动区域经济合作取得早期收获。要在贸易和投资便利化、自由化方面迈出更大步伐。应该扩大贸易规模，优化贸易结构，制定共同措施，协调经贸、海关、质检、运输等领域政策。交通设施互联互通是区域合作的优先领域和重要基础。各方应积极参与上海合作组织公路协调发展规划的制订工作，加快实施成员国间道路运输便利化协定。中方愿同各方加强合作，优先实施已经达成共识的互联互通项目，为项目可行性研究和规划提供资金支持，参与设计和建设的投融资合作。在未来几年，推动建成 4000 公里铁路、超过 10000 公里公路，基本形成区域内互联互通格局。开展成员国间投资、产能、装备、基础设施建设合作，对培育新的经济增长点、

① 习近平：《弘扬"上海精神" 促进共同发展——在上海合作组织成员国元首理事会第十三次会议上的讲话》，《人民日报》2013 年 9 月 14 日。

② 习近平：《凝心聚力 精诚协作 推动上海合作组织再上新台阶——在上海合作组织成员国元首理事会第十四次会议上的讲话》，《人民日报》2014 年 9 月 13 日。

扩大就业具有重要现实意义。成员国可以利用互补优势，在平等互利基础上开展联合生产，并将产品推向国际市场。中方愿根据市场原则，推动在每个成员国建立合作园区，不断深化产能合作。成立上海合作组织开发银行是促进本组织多边合作的战略举措，对组织未来发展意义深远。应该坚持这一方向，争取早日建成本组织自有融资平台，为多边普惠项目和各国经济发展服务。现阶段，中方愿通过丝路基金、中国－欧亚经济合作基金等金融平台，解决上海合作组织成员国投资需求，结合《2017—2021 年上海合作组织进一步推动项目合作的措施清单》，重点在重大基础设施项目、资源开发、产业和金融合作等领域开展投资合作。应该加强各国能源政策沟通，制定跨国油气管道安保合作具体措施。在各方支持和响应下，中方提出的共建丝绸之路经济带倡议得以顺利实施。我们希望丝绸之路经济带建设同上海合作组织各国发展规划相辅相成，将同有关国家一道，实施好丝绸之路经济带同欧亚经济联盟对接，促进欧亚地区平衡发展。①

上海合作组织自由贸易区构建的"路线图"已渐趋清晰，但是还有很长的路要走。从历次上海合作组织元首峰会和总理会议上中方的领导人讲话中，可以感受到：第一，中方由急于提升和深化上海合作组织的内部经贸合作，到追求稳步地夯实安全、政治、经济、社会、文化等各个领域里的合作基础，以点带面，由示范性项目到网络型项目发展。第二，中方由强调自身的责任与贡献，到强调各成员国合作共赢，并吸收和引进外在国际组织与金融机构的必要合作。就拿《多边经贸合作纲要的落实措施计划》中的 127 个项目来说，所需资金逾 100 亿美元，这也是该计划现在面临的最主要问题——项目融资问题。对此，时任上海合作组织秘书长努尔加利耶夫提出了三种解决方案：一是有关国家的政府提供优惠贷款；二是通过银行联合体和实业家委员会融资；三是准备成立上海合作组织发展基金。还有成员国代表提出设立开发银行的建议。中俄已就拓宽两国货币兑换区的必要性达成一致，这一举措将大大降低两国经贸活动中的成本。2007 年 8 月比什凯克峰会期间实业家委员会和银联体正式合作，筛选合作项目，这是国家间投资合作的一个重要机制。

上海合作组织自由贸易区建设上，目前确实需要打破像中国原入世谈

---

① 习近平：《团结互助 共迎挑战 推动上海合作组织实现新跨越——在上海合作组织成员国元首理事会第十五次会议上的讲话》，《人民日报》2015 年 7 月 11 日。

判首席代表龙永图所讲的软硬"瓶颈":一是要打破交通、能源等基础设施方面滞后的"硬瓶颈";二是要打破在贸易和投资领域的政策法律等方面的壁垒限制,即所谓的"软瓶颈"。① 当然协调好各方的既得利益也是很重要的。比如,在交通运输方面,吉尔吉斯斯坦和乌兹别克斯坦主张建立欧亚大陆桥,以此连接中国与欧洲。但该提议却遭到了俄罗斯的强烈抵制,俄方认为这显然会对其发展西伯利亚交通大动脉带来威胁。同时,该地区的成员国相互之间的次区域经济合作(如中哈霍尔果斯国际边境合作中心建设)、各种合作论坛(如中西南亚区域经济合作高层论坛)以及各种大型经贸会(如中国-亚欧博览会②)等都将对上海合作组织自贸区建设起着强有力的推动与促进作用。

第三节　亚太经济合作组织

一　亚太经济合作组织的发展历程

亚太经济合作组织(Asia-Pacific Economic Cooperation,APEC)成立之初是一个区域性经济论坛和磋商机构,经过十几年的发展,已逐渐演变为亚太地区重要的经济合作论坛,也是亚太地区最高级别的政府间经济合作机制。它在推动区域贸易投资自由化,加强成员间经济技术合作等方面发挥了不可替代的作用。

---

① 李新:《上合组织经济合作需突破"瓶颈"》,《解放日报》2008 年 8 月 27 日。
② 中国-亚欧博览会是"乌鲁木齐对外经济贸易洽谈会"(简称"乌洽会")的继承和升华,首届中国亚欧博览会于 2011 年 9 月举办。根据中共中央办公厅、国务院办公厅《关于规范请党和国家领导人出席的由我方主(承)办的机制性大型涉外论坛和展会的通知》(办字〔2014〕9 号)的有关要求,中国-亚欧博览会改为两年举办一次,在停办之年不得以政府名义单独举办商业性展览。为了认真贯彻中央 9 号文件和 2014 年 8 月 24 日自治区第五十八次党委(扩大)会议纪要(第八届〔2014〕58 号)精神,进一步规范展览行为,同时,考虑到展会筹办具有其内在规律,为保持业已建立的境内外经贸关系和客商资源以及维持中国-亚欧博览会展览的内在连续性,决定在博览会停办之年,积极探索专业化、市场化的办展方式,举办专业商品展。2015 年起将以商务部外贸发展事务局、新疆国际博览事务局和自治区有关厅局名义,结合新疆对外开放需要和产业发展特点,举办 2015 亚欧商品贸易博览会,形成"逢双年以国家名义举办中国-亚欧博览会,逢单年以新疆国际博览事务局及自治区相关厅局名义举办专业性商品展"的"一会一展"模式。从长远和全局来看,"一会一展"二者相辅相成、互为促进,对于推进丝绸之路经济带的平台建设,促进新疆产业发展、民生建设和对外开放具有重要意义。参见《展会概况》,中国-亚欧博览会网站,http://www.caeexpo.org/exhibition/index.jhtml。

APEC 诞生于全球冷战结束的年代。20 世纪 80 年代末，随着冷战的结束，国际形势日趋缓和，经济全球化、贸易投资自由化和区域集团化的趋势逐渐成为潮流。同时，亚洲地区在世界经济中的比重也明显上升。在此背景下，1989 年 1 月，澳大利亚总理霍克提出召开亚太地区部长级会议，讨论加强相互间经济合作。

1989 年 11 月，APEC 第一届部长级会议在澳大利亚首都堪培拉举行，标志着 APEC 的正式成立。1991 年 11 月，APEC 第三届部长级会议在韩国首都汉城（现称"首尔"）举行，会议通过的《汉城宣言》正式确立该组织的宗旨和目标为："为本地区人民的共同利益保持经济的增长与发展；促进成员间经济的相互依存；加强开放的多边贸易体制；减少区域贸易和投资壁垒。"

1991 年 11 月，中国以主权国家身份，中国台北和香港（1997 年 7 月 1 日起改为"中国香港"）以地区经济体名义正式加入亚太经合组织。截至 2007 年 9 月，亚太经合组织共有 21 个成员：澳大利亚、文莱、加拿大、智利、中国、中国香港、印度尼西亚、日本、韩国、马来西亚、墨西哥、新西兰、巴布亚新几内亚、秘鲁、菲律宾、俄罗斯、新加坡、中国台北、泰国、美国和越南。其中，澳大利亚、文莱、加拿大、印度尼西亚、日本、韩国、马来西亚、新西兰、菲律宾、新加坡、泰国、美国等 12 个成员是于 1989 年 11 月 APEC 成立时加入的；1991 年 11 月，中国、中国台北和中国香港加入；1993 年 11 月，墨西哥、巴布亚新几内亚加入；1994 年智利加入；1998 年 11 月，秘鲁、俄罗斯、越南加入。东盟秘书处、太平洋经济合作理事会和太平洋岛国论坛为该组织观察员，可参加 APEC 部长级及其以下各层次的会议和活动。APEC 接纳新成员需全部成员的协商一致。1997 年温哥华领导人会议宣布 APEC 进入 10 年巩固期，暂不接纳新成员。

APEC 总人口达 26 亿，约占世界人口的 40%；GDP 之和超过 19 万亿美元，约占世界的 56%；贸易额约占世界总量的 48%。这一组织在全球经济活动中具有举足轻重的地位。1989 年至 2006 年间，APEC 成员的经济总量增长了 1 倍多。1989 年，各成员的人均 GDP 为 4794 美元，与世界平均水平相当。但到 2006 年，各成员的人均 GDP 已超过 1 万美元，几乎是非成员平均水平的两倍。

APEC 的组织机构包括领导人非正式会议、部长级会议、高官会、委员会和专题工作组等。其中，领导人非正式会议是 APEC 最高级别的会议，其首次会议于 1993 年 11 月在美国西雅图召开。会议形成的领导人宣言是指导 APEC 各项工作的重要纲领性文件。APEC 的正式工作语言是英语。

1992 年 4 月，澳大利亚总理基廷首次提出以 APEC 为基础，举行一次亚太首脑会议。1993 年，美国作为 APEC 会议的东道主，正式提出在 APEC 第五届部长级会议之后召开一次首脑会议。由于没有得到全体成员的赞同，美国建议召开的首脑会议被定名为"领导人非正式会议"。1993 年 11 月 19 日至 20 日，首次领导人非正式会议在美国西雅图的布莱克岛举行。此后每年召开 1 次，在各成员间轮流举行，由各成员领导人出席（中国台北只能派出主管经济事务的代表出席）。会议期间，所有领导人不着西服，而穿休闲装，为的是营造一种较为轻松的气氛。领导人的讲话内容需经本人同意才能公开。会议结束后通过一项领导人宣言。这种形式成为以后 APEC 领导人非正式会议的模式。此次会议讨论了 21 世纪亚太地区经济展望、促进 APEC 内部及区域间的合作，以及有关机制和手段等 3 个议题，并发表了《APEC 领导人经济展望声明》。

1994 年 11 月，第二次领导人非正式会议在印度尼西亚茂物举行。会议通过的《APEC 经济领导人共同决心宣言》（简称《茂物宣言》），确立了在亚太地区实现自由开放的贸易和投资的目标，提出发达成员和发展中成员分别不迟于 2010 年和 2020 年实现这一目标的时间表，并明确了单边行动计划是实施 APEC 贸易和投资自由化的主要途径。1995 年 11 月，第三次领导人非正式会议在日本大阪举行。会议讨论和制定了旨在实现《茂物宣言》的行动方针，并为区域内的长期合作构筑框架。会议发表了《APEC 经济领导人行动宣言》（简称《大阪宣言》），通过了实施贸易投资自由化和开展经济技术合作的《大阪行动议程》，明确提出 APEC 贸易和投资自由化内容主要包括关税减让、非关税措施减少或消除以及服务领域的市场准入等三个方面。1996 年 11 月，第四次领导人非正式会议在菲律宾苏比克举行。会议发表了《APEC 经济领导人宣言：从憧憬到行动》，通过了实施贸易自由化的《马尼拉行动计划》，批准了指导开展经济技术合作的《APEC 经济技术合作原则框架宣言》，APEC 各成员经济体正式提交了各自的单边行动计划。1997 年 11 月，第五次领导人非正式会议在加拿大温哥华举行。会议讨论了贸易投资自由化、经济技术合作以及东南亚发生的金融危机等问题。会议通过了《APEC 经济领导人宣言：将亚太经合组织大家庭联合起来》。此次会议上，APEC 各成员经济体做出了每年对各自的单边行动计划进行改进的承诺。遵照这一承诺，APEC 各成员经济体以后每年提交一次经过修改和改进的单边行动计划。

APEC 不仅依靠单边行动计划（Individual Action Plans，IAPs）推动贸易和投资自由化进程，而且依靠以在更加广泛的领域内进行便利化合作为目的的集体行动计划（Collective Action Plans，CAPs）来推动贸易和投资自由化进程。1995 年《大阪行动议程》确定了集体行动计划的基本框架。1996 年《马尼拉行动计划》规定了集体行动计划的具体行动，使集体行动计划能够得到真正的落实。集体行动计划报告程序每年滚动一次。集体行动计划主要强调信息的收集和交流，对 APEC 各成员经济体共同关心的问题进行调查研究，提高各成员经济体法律和法规的透明度，便于相互了解，降低交易成本，为 APEC 各成员经济体单边行动计划的制定、实施和修改提供依据。单边行动计划和集体行动计划相互协调，相互补充，使 APEC 各成员经济体在集体行动计划的指导下，根据各自不同的情况为贸易和投资自由化的实现做出自己的努力。[①] 比如，就中国方面来说，1996年的苏比克会议上，中国国家主席江泽民宣布到 2000 年中国争取将进口商品的平均关税降至 15% 左右。1997 年的温哥华会议上，江泽民主席又宣布中国将于 2005 年将工业品平均关税降至 10%。

这种独具特色的合作方式，也就是人们常说的"APEC 方式"（当然，"APEC 方式"也有"APEC 大家庭精神"之说），它是由江泽民在 1996 年的 APEC 领导人非正式会议上首次提出的，其特点是："承认多样性，强调灵活性、渐进性和开放性；遵循相互尊重，平等互利，协商一致、自主自愿的原则；单边行动与集体行动相结合。"在集体制定的共同目标的指导下，APEC 成员根据各自不同的情况，作出自己的努力。

尽管 APEC 在实现"茂物目标"方向上还有很长的路要走，但是也取得了相当大的进展。2005 年 APEC 釜山会议发表的中期盘点报告书认为，在达标方向上取得了以下几个方面的进步：（1）贸易投资壁垒已经降低，成员经济体平均关税率从 1989 年成立时的 16.9% 下降到 2004 年的 5.5%，有的已经是零关税。透明度日益增加，1996 年以来，APEC 经济体的关税信息都能够从网络上获得。（2）APEC 服务贸易数量日益提高。（3）由于

---

① 负晓兰：《APEC 实现自由贸易安排的路径思考及我国的策略选择》，《国际经济合作》2007 年第 5 期。

APEC 成员拆除投资障碍，APEC 地区的直接投资不断提高。（4）贸易便利化有所增强，APEC 商务旅行卡等措施开展顺利。（5）APEC 地区的区域贸易安排和自由贸易协议（RTAs/FTAs）日益增长，对推动地区多边贸易发挥一定作用等。①

　　虽然 APEC 主要关注的领域主要集中在贸易投资自由化、贸易投资便利化和经济技术合作等"三大支柱"，但是渐渐地，APEC 的议题开始超出经济领域，向政治、安全、社会等领域推进。随着气候问题的日益突出，APEC 也开始对外发出自己的声音。1999 年 APEC 外长会议以非正式形式讨论东帝汶问题（港台代表未受邀请参会），开辟了 APEC 讨论政治安全问题的先例。2001 年 APEC 第九次领导人非正式会议在上海召开前发生了震惊全球的"9·11"事件，反恐成为最突出的国际问题。在东道主中国的安排下，在不邀请港、台代表的前提下，以外长早餐会和领导人午餐会形式对反恐作了非正式讨论，并发表了《APEC 领导人反恐声明》。此后，APEC 高层会议所讨论的政治安全问题越来越多。如 2002 年讨论了除反恐以外的纯政治安全问题——朝核问题；2003 年美国在《曼谷目标》中提出多项政治安全议题，包括防扩散问题、便携式防空系统问题（MANPADS）、朝鲜核问题、伊朗核问题等，2015 年美国妄图将南海问题列为一项议题等，但这些举动都遭到许多成员的反对。最后，只有与贸易安全有关的内容纳入领导人声明中。② 2005 年韩国釜山的领导人非正式会议发表了《APEC 流感大流行防控倡议》文件。2007 年澳大利亚悉尼的领导人非正式会议重点阐述了各成员就气候变化、多哈回合谈判、区域经济一体化、加强人类安全和 APEC 建设等问题达成的共识。此次会议上，中国国家主席胡锦涛主要就全球气候变化发表重要讲话，并提出四点建议，即坚持合作应对，坚持可持续发展，坚持公约（《联合国气候变化框架公约》及其《京都议定书》）主导地位，坚持科技创新。并倡议建立"亚太森林恢复与可持续管理网络"，搭建亚太地区各成员就森林恢复和管理开

---

①　A Mid-term Stocktake of Progress Towards the Bogor Goals, Busan Road map to the Bogor Goals, 17th APEC Ministerial Meeting, Busan, Korea, 15 – 16 November 2005. The APEC official website, http://www.apec.org/apec/news_media/fact_sheets/BusanRoadmap_BogorGoals.html. 另见蔡鹏鸿《多维理论视角下的 APEC 机制改革与发展趋势》，《社会科学》2006 年第 12 期。

②　陆建人：《APEC 面临的五大挑战——写在 2005 年 APEC 领导人会议召开之前》，《国际经济评论》2004 年第 5 期。

展经验交流、政策对话、人员培训等活动的平台，共同促进亚太地区森林恢复和增长，增加碳汇（森林吸收并储存二氧化碳的能力），减缓气候变化。①

二　亚太经济合作组织发展面临的挑战

APEC 成立 20 多年的发展历程并非一帆风顺，特别是近些年的进展开始令人质疑 APEC 的生命力。APEC 本身是一个没有约束力的论坛性质的组织，再由于成员间的差异过大，经济利益协调的难度也就很大，长期下去，APEC 的重心自然会从经济逐渐向其他领域延伸，甚至成为经济和安全、社会等领域并重的合作组织。陆建人（2004）认为，APEC 的发展将面临五大挑战：（1）"茂物目标"能否如期实现？（2）APEC 的行事方式需要改变吗？（3）APEC 是否要保持其经济组织的性质？（4）APEC 是否应继续保持其"弱组织"的性质？（5）APEC 今后还能保持其重要地位吗？它还有多大的发展空间？② 赵江林（2007）认为，APEC 的发展将面临三大挑战：一是"茂物目标"如何实现？如果发达成员不能如期履行诺言，这将使得 APEC 面临"信誉危机"的挑战。二是如何加快经济技术合作，使得发展中成员能够真正从中受益？三是日益增加的讨论话题，有些已经超出了 APEC 的范围，是否会使 APEC 逐渐远离最初设定的目标？③ 王亚飞（2007）认为，APEC 的发展将面临四大挑战：（1）贸易和投资自由化的进程缓慢；（2）作为"三大支柱"之一的经济技术合作发展停滞；（3）"APEC方式"面临挑战；（4）非经济问题分散与干扰了实现贸易与投资自由化目标的努力等。④ 总之，笔者认为，APEC 的发展主要面临"茂物目标"、经济技术合作、"APEC 方式"三个方面的挑战。

首先，"茂物目标"逐渐被冲淡。一方面是由于来自 APEC 地区内 RTAs/FTAs 的挑战。目前在 APEC 地区已经有了 20 多个自贸区和地区贸易

---

① 胡锦涛：《在亚太经合组织第十五次领导人非正式会议上的讲话》，《人民日报》2007 年 9 月 9 日。

② 陆建人：《APEC 面临的五大挑战——写在 2005 年 APEC 领导人会议召开之前》，《国际经济评论》2004 年第 5 期。

③ 赵江林：《APEC 风雨十八载：三个阶段 三大支柱 三大挑战》，《人民日报》2007 年 9 月 7 日。

④ 王亚飞：《APEC 发展面临的挑战及中国的选择》，《河北科技大学学报》（社会科学版）2007 年第 1 期。

协定，更多类似安排也在谈判过程之中。成员们越来越把注意力放在这些次区域和双边安排上，对成员们来说，其更可能从这些合作中得到在 WTO 和 APEC 中不可能获得的利益。许多成员方和学者质疑或批评它们对实现"茂物目标"起着阻碍或破坏作用，原因是：与"开放的多边主义"原则相违背、时间表与"茂物目标"不一致、缺乏统一的管理框架、涉及的商品和服务不全面、复杂多变的原产地规则增加贸易成本等。这使得人们不得不怀疑 APEC 贸易自由化的目标是否能实现。另一方面是由于来自非经济议题的冲击。尽管贸易与投资自由化是"茂物目标"的全部内容，但近年来随着全球和本地区政治经济形势的变化，人类安全（包括反恐、能源、卫生和减灾合作、社会安全网络）、社会发展、反腐败、青年、妇女等诸多议题已经进入 APEC 合作的议事日程，特别是"9·11"事件后反恐和政治安全问题在美国的鼓吹下其分量越来越重，成为 APEC 峰会中必谈的议题，说明 APEC 的"泛政治化"倾向愈演愈烈。目前 APEC 的议题显然是越来越多，2006 年越南峰会中地区安全议题在整个会议过程中受到更多的关注，尤其是在多个双边、三边会议中，朝鲜核问题、伊朗核问题都是主要议题，APEC 正在渐渐偏离其成立时的目标，这使 APEC 可能改变其经济本质，变成包括经济、政治、安全多方面内容的综合性组织，这在很大程度上冲淡了对实现"茂物目标"的关注与投入。

其次，经济技术合作领域"说远多于做"。目前，经济技术合作领域的规模、效果、资金来源有限，并缺乏有效的协调和实行机制。这主要体现在经济技术合作的理念、目标和项目设计还很松散，经济技术合作委员会的地位也不高。虽然马尼拉会议确立了经济技术合作在 APEC 的行动议程中与贸易投资自由化处于同等重要的位置，但是长期以来发达成员与发展中成员在开展经济技术合作的目的方面的分歧使得 APEC 的经济技术合作进程一直进展缓慢，发达国家的着眼点在于通过经济技术合作加强发展中成员实现贸易投资自由化的能力建设，发展中成员的目的则在于通过经济技术合作促进自身的发展，缩小发展差距。因此到目前为止开展合作的一些关键问题，如合作资金的来源问题、合作项目的选择问题、合作成果评估体系的建设问题等，仍然没有得到切实的解决。目前的经济技术合作项目多数都是同贸易投资自由化与便利化密切相关，而在"三个支柱"领域，领导人的口头承诺容易，而具体行动的落实要困难得多。马尼拉会议以后至今，APEC 在"三个支柱"活动中的成效甚微已经成为不争的事实。

最后，"APEC 方式"与"茂物目标"的实践冲突。"APEC 方式"的主要内容是"协商一致 + 自主行动"，这是一套符合亚太地区复杂特点和各成员经济发展水平的行事原则，是由亚太地区多样性、成员之间存在巨大差别、成员对 APEC 不同需要等一系列复杂因素决定的，是把差异极大的 21 个成员凝聚在一个组织中的黏合剂。正是这些行之有效的行事方式维持了 APEC 的运转，维护了成员们的团结。从理论上说 APEC 实施的"单边行动 + 集体行动 + 定期评审"是一套实现"茂物目标"的完美机制，但在实践中却并不理想，虽然目前的多数分析认为正是"APEC 方式"使得 APEC 在其成立后的 10 年内取得了不少成就，但是由于"APEC 方式"中 APEC 组织形式的软弱性使得这些"成就"至今仍然停留在口头和文件中，具体实施的进展却非常缓慢。如果说"亚太自由贸易区（FTAAP）"是"茂物目标"的高端，那么，"APEC 方式"是很难使得"茂物目标"实现的。只有通过有约束力的协议，才能真正实现亚太地区的贸易自由化，才能应对世界经济集团化、区域化的挑战。问题似乎正在起变化，在 2005 年的釜山 APEC 会议上，虽然没有正面承诺建立 FTAAP，但与会者就 APEC 成员间签署"高质量的 RTAs/FTAs"达成了共识。

三 FTAAP、TPP、RCEP 三者之间的博弈

FTAAP 构想最早见于 2004 年 11 月 APEC 工商咨询理事会（ABAC）向 APEC 第 12 次峰会提交的《亚太自由贸易区方案的初步评估：为 ABAC 准备的一份文件》。根据该报告，FTAAP 在制度安排上强调约束性和互惠性原则，区别于非强制性的 APEC；在内容上强调超 WTO 规则，追求高质量的 FTA；在规模上，将覆盖整个亚太区域，整合现有的双边和次区域 FTA。鉴于亚太地区社会、政治和经济发展现实，这次 APEC 峰会没有采纳这一倡议。2005 年 ABAC 再次提出 FTAAP 倡议，依然未被采纳。2006 年 APEC 峰会上，美国提出要加强对 FTAAP 的宣传和研究，呼吁各方郑重考虑 FTAAP 并就一些细则和定义达成广泛共识。随着美国态度的转折性变化，APEC 成员开始对 FTAAP 产生兴趣。2007 年 APEC 峰会发表《悉尼宣言》第一次对 FTAAP 予以明确表态，21 个成员都表示积极支持，这具有标志性的意义。由于全球金融危机的爆发，2008 年 APEC 峰会对 FTAAP 的关注度有所下降，2009 年美国宣布加入跨太平洋伙伴关系协定（TPP）谈判，对 FTAAP 热情下降，但 APEC 其他成员的态度更趋积极，新加坡提出

要为建立 FTAAP 这一长远目标拟定发展方向，日本则宣称要为实现 FTAAP 打下基础，通过磋商在 2010 年末提出相关方案。2010 年 APEC 峰会对 FTAAP 构想在实现路径和具体内容上有了进一步的深化，领导人宣言中呼吁采取切实步骤深化亚太地区经济一体化，提出应在现有合作框架基础上建立 FTAAP。2011 年美国 APEC 峰会上，FTAAP 成为优先议题。2012 年俄罗斯 APEC 峰会通过了《提高 RTAs/FTAs 透明度规范》的提案，呼吁将规则一致性作为实现 FTAAP 的一个切实性步骤。2013 年 APEC 峰会提出在信息共享、透明度、能力建设上应发挥重要协调作用，就 RTAs/FTAs 开展政策对话。①

作为 2014 年 APEC 峰会的轮值主席国，中国与 APEC 各成员围绕"共建面向未来的亚太伙伴关系"的主题，在区域经济一体化、创新发展改革与增长、互联互通等三个方面，提出了大量的务实合作倡议，努力塑造开放、包容、互利、共赢的伙伴关系。特别在促进区域经济一体化方面，中国与 APEC 各成员密集磋商，就启动并推进 FTAAP 建设达成一系列重要共识，制订了《APEC 推动实现 FTAAP 北京路线图》（简称《北京路线图》），这是 2014 年 APEC 第 22 次领导人非正式会议取得的里程碑式的成果，为务实推动 FTAAP 迈出了实质性的一步。《北京路线图》总结了到目前为止各方围绕 FTAAP 达成的共识：FTAAP 与多边贸易进程是互补的，其性质是全面、高质量、涵盖下一代贸易投资议题，APEC 是 FTAAP 的孵化器，TPP 和 RCEP 是 FTAAP 的实现途径，需要开展相应的能力建设等。在重申 APEC 作为 FTAAP 孵化器发挥引领作用、提供智力支持的基础上，《北京路线图》进一步界定了 APEC 和 FTAAP 的关系：在 APEC 之外"平行推进" FTAAP 的同时，APEC 仍将保持"非约束性和自愿原则"，FTAAP 促进但不取代"茂物目标"。其中的关键词是"平行推进"，即 APEC 作为 FTAAP 的孵化器并不因为 FTAAP 的"对等谈判"进程而改变自身的"自主自愿"性质，反之亦然。厘清两者之间的关系对 FTAAP 的未来发展十分重要，同时也消除了有关成员关于 APEC 性质是否因此改变的顾虑。② 2015 年菲律宾马尼拉 APEC 峰会发表了主题为"打造包容性经

---

① 刘均胜：《关于 APEC 启动亚太自由贸易区进程的思考》，《天津社会科学》2014 年第 6 期。
② 唐国强、王震宇：《亚太自由贸易区：路线图与优先任务》，《国际问题研究》2015 年第 1 期。参见《亚太经合组织推动实现亚太自贸区北京路线图》，《人民日报》2014 年 11 月 12 日。

济，建设更美好世界：亚太大家庭愿景"的领导人宣言。宣言中，领导人再次承诺，到 2020 年实现"茂物目标"所规定的自由开放的贸易和投资，并最终实现 FTAAP；赞赏《北京路线图》的落实进展，包括"实现 FTAAP 有关问题的联合战略研究"等工作的实施，期待 2016 年在秘鲁聚首时看到联合战略研究的成果和相关建议；注意到近期本地区自贸协定的发展和 FTAAP 可能路径取得的进展，包括 TPP 谈判达成协议，并鼓励早日完成 RCEP 谈判。①

TPP 即《跨太平洋战略经济伙伴关系协定》（Trans-Pacific Strategic Economic Partnership，TPP），最初源于 1998 年由美国、澳大利亚、新加坡、新西兰和智利共同发起的"优惠贸易安排"倡议，后由新加坡、新西兰、智利和文莱（TPP 创始四国，常被称为 P4）4 个国家于 2005 年在 APEC 框架内正式签署，并于 2006 年 5 月正式生效，目的是通过深化贸易和投资等领域的合作以加强各成员国之间的经贸关系，在 4 国之间实现零关税。早期 P4 在国际贸易体系中属于无足轻重地位，2009 年 4 国人口总和约 2465 万，GDP 总和仅占全球的 0.8%，对外贸易占全球的 2.2%。无论是人口规模还是经济规模都很小。加之签署该协议时，世界上主要经济大国在贸易上的博弈还是积极推动"多哈谈判"，因此它在成立之初并没有在国际上引起太多的关注，"仅仅是 P4 而已"。② 2008 年 9 月，美国对外宣布将全面参与 TPP 协议的谈判，澳大利亚，越南和秘鲁随后也加入其中。2009 年 11 月，美国加入 TPP 谈判。2010 年 10 月，马来西亚加入谈判。2012 年 6 月，加拿大和墨西哥相继宣布将加入 TPP 协议的谈判。2013 年 7 月，日本正式宣布加入 TPP 谈判。2015 年 10 月 5 日，美国、日本、澳大利亚等 12 个国家已成功结束 TPP 谈判。但是贸易专家称，当天达成的协定需要得到相关各国的批准，估计需要数月甚至更长时间。

TPP 是一个综合性、高水平的自由贸易协定，其内容不仅包括贸易自由化、便利化，还包括服务贸易自由化及政府采购、知识产权保护、战略合作等。另外，TPP 还参照北美自由贸易区（NAFTA）的章程，制定了劳动合作与环境合作的补充协定。更为重要的是，TPP 在实现贸易自由化方

① 《亚太经合组织第二十三次领导人非正式会议宣言（全文）》，中国驻开普敦总领馆网站，http://www.fmprc.gov.cn/ce/cgct/chn/zgyw/t1316428.htm。
② 田海：《TPP 背景下中国的选择策略思考——基于与 APEC 比较的分析》，《亚太经济》2012 年第 4 期。

面没有例外，要求各成员 100% 地实现贸易自由化，贸易自由化的时间也比 APEC 茂物宣言的目标年度（2020 年）提前了。其中，新加坡在协定生效的 2006 年就 100% 地实现了贸易自由化，新西兰、文莱、智利当年的贸易自由化率也分别达到了 96.5%、92% 和 89.53%，最终实现贸易自由化的时间，新西兰和文莱是 2015 年，智利是 2017 年。另外，在原产地规则方面，TPP 实行 45% 的附加价值标准，即享受零关税优惠的出口产品的附加价值必须超过其总价额的 45%，比东亚各国间 FTA 规定的 40% 的附加价值标准更为严厉。因此，TPP 堪称是一个高水平的 FTA，被誉为 FTA 中的"优等生"。[①] 从 2010 年开始，美国做出了"重返亚太"的决定，TPP 也成为美国操弄地区霸权的一种手段。在整个 TPP 谈判中，美国事实上左右着进程，而且至今没有邀请中国参加 TPP 谈判，"孤立中国的意图昭然若揭"。[②]

RCEP 即《区域全面经济伙伴关系协定》（Regional Comprehensive Economic Partnership，RCEP），是在 2011 年 2 月召开的第 18 次东盟经济部长会议上被首次提出的。参会国部长讨论了如何与其经济伙伴国共同达成一项综合性的自由贸易协议，会议最终产生了组建 RCEP 的草案。一直以来，东盟在加强自身一体化并计划于 2015 年建成东盟经济共同体（AEC）的同时，分别与中国、韩国、日本、印度、澳大利亚和新西兰签署了 5 个自贸协定，这不仅确立了东盟在东亚经济合作中的中心地位，更为 RCEP 的建立打下了良好基础。[③] 2012 年 11 月，东盟 10 国与中国、日本、韩国、澳大利亚、新西兰、印度领导人共同发布《启动 RCEP 谈判的联合声明》。RCEP 谈判于 2013 年 5 月正式启动，目前已举行 10 轮谈判和 4 次经贸部长会议，目标是达成一个现代、全面、高质量和互惠的自由贸易协定。RCEP 成员国人口约占全球人口 50%，国内生产总值、贸易额和吸引外资接近全球 1/3，是当前亚洲地区规模最大的自由贸易协定谈判，也是中国参与的成员最多、规模最大、影响最广的自贸区谈判。2015 年 11 月 22 日，李克强总理在马来西亚吉隆坡国际会议中心出席 RCEP 领导人联合声明发布仪

[①] 刘昌黎：《TPP 的内容、特点与日本参加的难题》，《东北亚论坛》2011 年第 3 期。

[②] 田海：《TPP 背景下中国的选择策略思考——基于与 APEC 比较的分析》，《亚太经济》2012 年第 4 期。

[③] 张梅：《"区域全面经济伙伴关系"主要看点及与"跨太平洋伙伴关系协定"的比较》，《国际论坛》2013 年第 6 期。

式。联合声明指出，RCEP 各国领导人欢迎谈判取得的实质性进展。RCEP 对于提高区域民众生活水平、带动经济发展具有重要意义，是本地区经济一体化的重要路径，有利于推动经济公平发展，加强各国间的经济联系。领导人要求谈判团队加紧工作，力争在 2016 年结束谈判。[①]

RCEP 遵循并进一步突出了"东盟方式"的合作原则以及东盟在亚太区域合作中的核心地位。"东盟方式"充分考虑和照顾到各方的舒适度和可接受程度，在区域合作中强调协商一致与循序渐进。RCEP 采取"渐进式自由化"的路径，将对东盟发展程度相对较低的成员国实行特殊与区别对待的政策，很可能避免设立一个完全统一的贸易开放标准和达标时间表。RCEP 也将是开放性的区域经济伙伴关系协议。根据《RCEP 谈判的指导原则和目标》，东盟的自贸区伙伴在 RCEP 的后续阶段仍可申请加入。这一一体化进程事实上是多边贸易谈判中"可变几何"（variable geometry）方式与"同心圆"方式的结合及其在区域层次的应用。前者是指不同的国家或国家集团在不同的议题上实现不尽一致的一体化程度，而后者则指部分国家在较为广泛的议题上实现高度机制化的地区一体化，成为一体化进程的核心或内圈，其他国家作为外圈成员择机后续加入。[②] 当然，RCEP 也不会是统合性的自贸区整合方案，即启动 RCEP 谈判并不意味着要用 RCEP 在短时间内覆盖甚至取代现存的各个自贸区。事实上，上述 16 国在推出 RCEP 的同时，并未停止内部的双边和诸边自贸区谈判，如东盟成员国与东盟伙伴国进行的双边自贸区谈判、中韩自贸区谈判、中日韩自贸区谈判等。在东盟内部，RCEP 也与东盟一体化的建设并驾齐驱。RCEP 在 2015 年完成谈判的设想与东盟在 2015 年建成经济共同体的构想是一致的。因此，RCEP 建设与亚太地区已经签署或生效的各个 FTA/EPA（自由贸易协定/经济伙伴关系协定）的落实将是一种彼此促进、互为补充的关系，一方谈判的进展将对另一方谈判产生明显的"多米诺骨牌效应"。[③]

总之，RCEP 和 TPP 同为通向 FTAAP 的可行路径，两者各有比较优势：RCEP 更多地反映了发展中经济体的区域经济一体化诉求，更符合东

---

① 吕鸿、杨讴、张志文：《李克强出席〈区域全面经济伙伴关系协定〉领导人联合声明发布仪式》，《人民日报》2015 年 11 月 23 日。

② Asian Development Bank, *Institutions for Regional Integration*: *Toward an Asian Economic Community*, Mandaluyong City, Philippines: Asian Development Bank, 2010, p. 16.

③ 贺平、沈陈：《RCEP 与中国的亚太 FTA 战略》，《国际问题研究》2013 年第 3 期。

亚乃至亚太生产网络的要求；TPP 则代表发达的工业化经济体对 21 世纪贸易规则制定的诉求。显然，FTAAP 必须兼顾这两大诉求。从亚太现实看，通过 FTAAP 整合 RCEP 和 TPP，使两者逐步连接和融合最符合亚太地区的整体利益，是亚太地区最理性的战略选择，目前，TPP 谈判已经完成，而 RCEP 的实质性谈判也已取得初步成果，因此，RCEP 谈判各方应该加快步伐，以最终实现 FTAAP 对二者的整合。①

第四节　大图们江区域经济合作

大图们江区域经济合作是属于次区域经济合作的类型。目前，中国参与的次区域经济合作还有大湄公河次区域经济合作以及中亚区域经济合作。之所以选择大图们江区域经济合作来专题讨论，是因为大湄公河次区域经济合作被涵盖在中国－东盟自由贸易区的区域范围内，中亚区域经济合作也几乎完全被涵盖在上海合作组织区域范围之中。但是东北亚至今没有像大图们江区域经济合作一样的其他区域经济合作形式被覆盖得那么完全。因此在东北亚这样一个区域经济合作形式弱存在的地区，研究大图们江区域经济合作就显得非常必要了。

次区域经济合作是东亚地区在实践中产生的一种适合于各有关经济体的共同发展方式。从经济学观点看，其实质就是通过生产要素在"次区域"地缘范围内的自由流动，实现生产资源的有效配置，从而给合作的各方带来共同的经济利益。次区域经济合作是 20 世纪 80 年代末至 90 年代初出现在东亚地区的一种经济现象，尚处于发展阶段，目前在概念上并无公认的界定。在过去的研究中，次区域经济合作又被称为"成长三角"、"自然的经济领土"或"扩展性都市区域"。亚洲开发银行的经济学家的定义是：次区域经济合作是"包括三个或三个以上国家的、精心界定的、地理毗邻的跨国经济区，通过利用成员国之间生产要素禀赋的不同来促进外向型的贸易和投资"。② 该概念被用来具体指称图们江地区、澜沧江－湄公河地区、东盟北部地区、东盟东部地区和中亚地区（含中国新疆）的次区域

①　唐国强、王震宇：《亚太自由贸易区：路线图与优先任务》，《国际问题研究》2015 年第 1 期。

②　赵永利、鲁晓东：《中国与周边国家的次区域经济合作》，《国际经济合作》2004 年第 1 期。

经济合作行为。

次区域经济合作有以下几个特点：一是较低层次上的经济互补性。次区域经济合作的参与各方都具备一定的区位优势和比较优势，在经济上存在较强的互补性，但是从区域经济一体化的角度来看，这种互补性仍处于较低的层次上。次区域合作的初始目标并不是贸易自由化，而是更低层次的目标，主要包括区域基础设施建设与衔接、消除贫困、经济增长、贸易投资的便利化等。二是政府的主导性。从合作的推进过程来看，政府特别是地方政府，是合作的主体，而且政府的参与使得次区域经济合作体现出鲜明的政治色彩。这主要是因为参加次区域合作的地区在本国内大都属于落后地区，政府的主导使得次区域经济合作的成本较低，承担的政治和经济风险也相对较小。三是国际机构的积极参与性。由于实行次区域经济合作地区的特殊战略地位或国际机构对该合作的良好预期，中国周边的次区域经济合作得到了国际组织或国际金融机构不同程度的参与和支持，其参与范围涉及资金、政策、开发方向等方面，在某些合作中还承担了发起人或推动者的重要角色。从客观效果上看国际机构的参与热情在一定程度上影响着区域合作的进程。四是合作机制的非制度性。从合作的机制看，在次区域合作中各成员国强调行动的软约束，没有组建具有强规范力的组织机构，体现的是功能一体化而不是制度性一体化。五是合作内容的广泛性。从合作的广度上看，次区域经济合作范围十分广泛，不仅仅局限在商贸领域，还包括投资、旅游、基础设施建设、人力资源、环保、技术等多个合作领域。六是合作形式的开放性。次区域合作中的开放性是由次区域合作的性质所决定的。次区域合作大都只涉及主权国家的一部分领土，区域内资源非常有限，因而需要借助外部的力量补充区域内的不足，这就决定了必须实行高度的对外开放政策。外部资源在次区域经济合作的进程中发挥着重要作用，次区域作为一个整体与外部经济体发生持续有效的经济互动作用，保证经济合作的良性运转。

一　大图们江区域经济合作的发展历程

20 世纪 80 年代中期东北高校和一些研究机构的学者就开始关注图们江地区，建议在这个区域建立一个由东北亚各国共同参加的经济协作组织。1991 年 10 月 24 日，联合国开发计划署（UNDP）宣布将筹集 300 亿美元，用 10~20 年时间，在东北亚地区兴建一个多国经济技术开发区，这一计划形成雏形。1995 年 12 月，在 UNDP 的组织协调下，中国、俄罗斯、朝鲜三国政府代表在 UNDP 纽约总部签署了《关于建立图们江地区开发协调委员会的协定》，中国、俄罗斯、朝鲜、蒙古和韩国政府的代表一起签署《关于建立图们江经济开发区及东北亚开发协商委员会的协定》和《关于建立大图们江经济开发区及东北亚环境原则谅解备忘录》。这三个文件的签署，表达了各方加强合作的政治承诺，为大图们江地区经济合作提供了必要的法律基础和框架。而后又签署了《图们江地区委员会协定》、《图们江地区政府间专门委员会协定》、《图们江地区开发公司协定》和《图们江地区开发公司章程细则》四个协定。2005 年 5 月，在联合国开发计划署召开的东北亚五国协调会会议上，把图们江地区开发确认为"大图们江区域合作计划"。9 月，在第一届中国吉林·东北亚投资贸易博览会（2012 年更名为中国－东北亚博览会）上，各国签署了《大图们江行动计划成员国长春协议》，这标志着，"大图们江区域合作开发计划"正式确定。

"大图们江区域合作开发"与"图们江地区开发"相比，具有以下几个方面的新特点：[①] 一是更大的区域。大图们江区域合作，首先表现在参与开发的主体范围的扩大。2005 年 5 月联合国开发计划署召开了五国协调委员会会议，大家一致同意扩大合作范围。蒙古增加了与中国接壤的两个省，俄罗斯增加了萨哈林州。中国也在以吉林省为主体的基础上，先行增加内蒙古自治区，并逐步增加辽宁省和黑龙江省，这样，大图们江区域合作开发的主体区域共包括：中国东北的吉林省、辽宁省、黑龙江省以及内蒙古自治区；朝鲜的罗先经济贸易区；俄罗斯的滨海边疆区、哈巴罗夫斯克边疆区和萨哈林州；蒙古国东部的东方省、肯特省、苏赫巴托尔省；韩国东部沿海城市。扩大后的区域拥有 3.15 亿人口，包含丰富的人力资源、自然资源与广阔的市场。从开发的对象上看，作为大图们江区域合作，开发的空间布局也要有所扩展，从图们江下游地区扩展到图们江上游、图乌线（图们至乌兰浩特）沿线，并辐射吉林省、内蒙古自治区乃至全东北。二是更高的层次。大图们江区域合作，也意味着大图们江区域合作开发需要在更高的层次上进行运作。目前已形成由国际机构

[①]　大图们江区域合作开发战略研究课题组：《大图们江区域合作开发战略的思考》，《社会科学战线》2006 年第 3 期。

与图们江区域相关国家合力推进此区域经济开发的整体格局。在 UNDP 框架下，大图们江区域合作开发已形成多种机制：UNDP 图们江区域项目秘书处机制（在北京设立）；中俄朝三国协调委员会机制；中俄朝蒙韩五国协商委员会机制；中俄朝蒙四国协调机制；中俄蒙韩日环日本海地方首脑会晤机制。这些机制的启动与运作对协调合作各方发挥并将继续发挥积极作用。中国政府对此项目给予空前重视，纳入国家间合作的框架内，并将其纳入东北振兴的总体布局中；在北京成立了中国图们江地区开发项目协调小组，2004 年该协调小组的成员单位已增加到 20 个部委（省）。三是更宽的领域。20 世纪 90 年代的图们江地区开发，主要目标是要打通图们江出海口，进而促进这一区域国家间的商品贸易。与其相比，现在的大图们江区域合作开发，在打通中俄、中朝两条出海通道的基础上，开发的对象范围也要向更宽的领域拓展。比如建立出口加工、保税仓储、商贸服务等功能的物流园区；组建跨国公司，联合开发图们江区域的资源；加强基础工程、基础设施的建设；加强投资环境等软环境建设，培训人员等。所以，大图们江区域合作开发是一个以开边通海为突破口，带动延边和相关区域商贸、工农业等全面开发开放，从而振兴东北，并实现与图们江区域各邻国双赢的综合开发。四是更大的动作。与 20 世纪 90 年代的图们江地区开发相比，现在的大图们江区域合作开发将有更大的规划，更大的动作，上更大的项目。比如以"一核"和"两轴"① 建设为突破口，构筑蒙中国际运输通道产业带和"东边道"② 沿边产业带。目前，大图们江区域经济合作正在推进着五大工程建设：中俄珲春—哈桑"路港关"建

---

① "一核"是指以吉林珲春出口加工区、珲春中俄互市贸易区及珲春边境经济合作区为核心。到 2010 年，以"一核"建设为重点，把珲春建设成为重要的国际物流园区，使这一地区形成年吞吐能力为 245 万吨的国际货物集散地和物流中心。到 2020 年，把珲春建设成为基础设施完备、拥有 50 万人口的发达开放型边境口岸城市。"两轴"是指以对俄"路、港、关"和对朝"路、港、区"交通沿线为两轴。简言之，"一核"是三区，"两轴"是两个通道。

② "东边道"铁路是指沿中俄、中朝边境走向，纵贯东北三省东部地区的南北铁路大通道。党中央、国务院在《关于实施东北地区等老工业基地振兴战略的若干意见》中做出了"建设纵贯东北东部地区的铁路工程，形成东北新的出海通道"的战略决策。该铁路的建设，对于加速东北东部资源的开发、利用，推动地区经济发展，振兴东北老工业基地，增进大图们江区域经济合作等有着重大意义。

设工程①；中朝珲春—罗先"路港区"建设工程②；中俄珲春至扎鲁比诺港间铁路贯通及租用改造扎鲁比诺港工程；中俄克拉斯基诺300万立方米木材加工储运批发基地建设工程；中蒙国际运输通道建设工程。

二　大图们江区域经济合作面临的问题与关涉各方的具体举措

就目前情况来看，大图们江区域经济合作还面临着不小的问题。从地缘环境看，图们江区域均处在中、朝、俄三国边远地区，人口少，市场化程度低，经济欠发达。朝鲜是世界上最贫穷的国家之一，而与延边接壤的咸镜北道等山区就更穷一些；俄罗斯与延边接壤的哈桑区原为军事区，人口少，经济发展先天不足。从基础设施看，中国延边、珲春经过十多年的开发，虽然有很大发展，但仍是基础薄弱，作为边境口岸城市的服务功能还不完善，有待于进一步整合。该地区产业开发不足，没有形成足够推动物流的内在动力。俄罗斯滨海边疆区和朝鲜咸镜北道地区的一些基础设施也有待进一步完善，例如，珲春到扎鲁比诺港铁路俄方一段的"瓶颈"问题尚未解决，珲春到罗津港61公里的公路尚需修建，图们至清津港的铁路也需要改建等。从周边政治环境看，朝鲜半岛的局势对大图们江开发有直接的影响；俄罗斯在远东开发方面与日本、韩国均有许多项目，对珲春的开发热情还达不到我们期待的程度，加之俄罗斯经济管理体制还没有理顺，办事效率低下，也使一些事情久拖不决；日本不是联合国图们江开发项目委员会的正式成员，而是以观察员的身份参与活动，其患得患失的态度，一直没有使图们江区域合作开发摆脱"南南合作"的格局。③

尽管如此，大图们江区域经济合作关涉各方也都在稳步地开展着

---

① 中俄"路港关"工程建设项目是指中国珲春—俄罗斯克拉斯基诺公路建设、中国珲春—俄罗斯卡梅绍娃亚铁路建设，合作经营俄罗斯扎鲁比诺港、波谢特港及中俄该区域边境口岸通道便利化建设。即中俄合作建设和完善俄罗斯卡梅绍娃亚铁路国境站的货物换装、仓储、车皮租赁、木材加工储运；合作建设和改造俄罗斯扎鲁比诺港、波谢特港；合作建设和完善俄方口岸联检设施，共同经营报关、报检等业务。

② 中朝珲春—罗先"路港区"建设工程是指经珲春圈河口岸至朝鲜罗津港的入海通道，"路"即建设珲春圈河口岸至朝鲜罗津港间73公里二级公路；"港"即朝鲜罗先市罗津港，增加港口拖船、塔吊等设备及仓储设施；"区"即围绕罗津港建立具有出口加工、保税仓储、商贸服务等功能的物流园区。

③ 大图们江区域合作开发战略研究课题组：《吉林省大图们江区域合作开发面临的机遇与对策》，《经济纵横》2006年第6期。

相互合作。2009 年，中国国务院正式批复了《中国图们江区域合作开发规划纲要——以长吉图为开发开放先导区》，把以长吉图为开发开放先导区的中国图们江区域合作开发上升为国家战略。以此为标志，图们江国际合作开发开辟了一个新的纪元。现在以中国与其他各方的合作为例证。①

（1）中朝合作：目前，中国珲春－朝鲜罗先"路港区一体化"工程已经正式启动。根据 2005 年 7 月珲春东林经贸有限公司、珲春边境经济合作区保税有限公司与朝鲜罗先市人民委员会经济协作会社签订的"合资公司合同书"，中朝双方 8 月在朝鲜罗先市正式登记注册合资公司，中朝在注册资本中各占 50%，中方出任公司董事长。公司拥有朝鲜罗津港3 号码头和待建 4 号码头 50 年的经营使用权、连接中国圈河口岸至朝鲜罗津港公路 50 年的使用权，并在罗津港附近建设占地 5～10 平方公里的工业园和保税区。工程于 2006 年春开工建设，完工后，将成为首条打开中国吉林省对外出海的通道。双方还商定，中国的出口产品经朝鲜加工后再次输往中国时，适用通关优惠政策，以中国国内贸易的形式实行免检。朝鲜政府为此制定了专门的贸易投资协定，吉林省政府也批准了《经朝鲜至中国东南沿海港口的陆海联运规定》。此外，2005 年 9 月第一届中国吉林、东北亚投资贸易博览会和图们江区域开发项目第八次政府间协商会议期间，朝鲜表示 2006 年开始动工建设的中国图们至朝鲜清津港的铁路建设也将采取这种方式，并会优先考虑中国投资方，以及提供更优惠的政策。2006 年 1 月朝鲜劳动党总书记、国防委员会委员长金正日再度对中国进行非正式访问时表示，朝鲜也十分注意发展经济，愿意进一步加强同中国的交流与合作，以便更好地探索符合本国国情的发展道路。2011 年 3 月14 日朝鲜同意恢复中国图们江出海权，与中方正式签署了《关于中国船只经图们江通海往返航行的协定》，以法律形式确认了中国经图们江的出海权。这对中国来说是重要的合作利益。目前中朝双方已经完成《中朝罗先经济贸易区总体规划》和《中朝罗先经济贸易区核心区总体规划》的政府间签字、换文与培训工作，并成立了中朝罗先经济贸易区管理委员会。按照《黄金坪、威化岛经济区法》的规定，企业在经济区投资将享受土地、

---

① 大图们江区域合作开发战略研究课题组：《大图们江区域合作开发战略的思考》，《社会科学战线》2006 年第 3 期。

关税等一系列的优惠措施。① 近期，曾经作为图们江国际合作重要成员国的朝鲜，虽因 2009 年核试验退出图们江机制，却表达了回归图们江合作的意愿。②

（2）中韩合作：韩国认为，中国 21 世纪发展战略和东北老工业基地开发，对朝鲜经济的发展和朝鲜半岛经济共同体的建立有着不可忽视的影响。今后韩国在促进南北经济合作和建立南北经济共同体的进程中，将与中国在以下领域展开合作。一是东北亚交通运输网络建设。韩中两国在东北亚海上和陆路交通方面的合作潜力很大，"仁川—南浦—丹东—大连"的海上运输及"新义州—丹东—沈阳"的陆路运输，可把朝鲜半岛南北经济和中国东北经济连在一起；"仁川—上海"的海上运输可把半岛南北经济和华中经济圈连在一起；修复京义线、东海线铁路（TKR），可把 TCR 和 TSR 铁路连接起来，建成"朝鲜半岛—中国东北地区—俄罗斯远东地区"的物流运输网，并促进上述地区通信网络的建设和基础设施的扩充，从而加速经济开发，扩大经济及文化交流。二是边境地区的经济合作开发。朝鲜半岛南北和中国的经济交流在特定地区进行产业合作，会产生较佳的效果，即在朝中之间，以中国东北三省为中心建立交流基地，通过与朝鲜交流基地的连接，对朝鲜经济的发展及半岛经济共同体的建立将产生积极的作用。例如，把中国东北边境城市珲春与朝鲜的罗先地区连接起来，罗先地区就能发挥出东北亚中转运输基地的作用，同时也会推动包括珲春在内的吉林省北部地区的经济发展。从珲春经罗津港、先锋港把货物运到日本新潟港，比经大连到新潟的运输会缩短 1/10 的陆路距离，1/2 的海上距离，从日本装船的货物经罗津港、先锋港发往欧洲，比经大西洋路线可缩短 1/2 的运输距离和 1/3 的时间。三是边境地区旅游业的合作。20 世纪 90 年代初韩中建交后，中韩间旅游人数呈迅速增加趋势。中朝之间从 20 世纪 80 年代末期开始，由辽宁的丹东和吉林的集安、延边地区的旅游机构与朝鲜的旅游机构合作组织旅游团。路线有"丹东—新义州"，"珲春—先锋—集安—妙香山—金刚山"等。今后，中国和朝鲜旅游合作可发展成为"中国－朝鲜—韩国"的旅游线路，从而进一步扩大三国间的人员

---

① 金祥波、王禹：《双赢战略：中朝图们江区域合作与开发》，《延边大学学报》（社会科学版）2012 年第 4 期。

② 《图们江区域合作遇难题 专家组提"三步走"战略》，第一财经网，http://www.yicai.com/news/2015/04/4610418.html。

交往，促进朝鲜对外开放。

（3）中俄合作：苏联解体后，俄罗斯为加强其远东地区的国际合作环境建设采取了许多措施，包括制定远东与外贝加尔国家专项发展纲要，成立亚太经济合作组织事务跨部门委员会，筹建和扩建远东各自由经济区，积极引进外资和建立外资企业，开放远东最大的城市符拉迪沃斯托克（海参崴），增加远东出口产品的生产，给予远东各种特权，实行一系列加强远东与亚太地区经济一体化的政策等，由此进一步改善远东地区的国际合作环境。为改善远东国际合作环境，俄罗斯制定了《远东和外贝加尔地区1996—2005 年经济与社会发展联邦专项纲要》，这个纲要对打破远东地区与邻国相隔绝的局面和加强同亚太国家的关系具有重要的战略意义。制定此项纲要的目的在于，根据远东地区的具体特点，采取必要的措施使其摆脱经济危机和发展生产，利用资源优势加强同俄罗斯其他地区的经济联系，并且使远东地区的发展成为俄罗斯参与亚太经济一体化政策中的主要环节，加强同亚太国家和世界的经济联系，在该地区创造吸引力不比邻近亚太国家差的投资环境。为改善远东地区的国际合作环境，俄罗斯政府给予远东各种特权。俄罗斯政府允许远东将黄金开采量的 10%、海关关税的20% 和地方税的 45% 留作贷款抵押金和地方发展基金。在对外贸易方面，俄罗斯政府还给予远东地区 30% 的战略性物资的自主出口权。远东地区同亚太地区国家的经济技术合作正在不断加强。俄罗斯与日本、韩国在远东地区均有较大的资源开发项目。远东地区与中国的经贸合作也得到进一步加强。在纳霍德卡市和乌苏里斯克市建立了中国商品一条街，在符拉迪沃斯托克市、哈巴罗夫斯克市和布拉戈维申斯克市建立了中国商品市场。俄罗斯远东地区积极参加了与中国的对外运输通道建设，马哈林诺至珲春的俄中铁路已经接轨并进行试运行。俄罗斯政府还正在改建和扩建远东的全部海港。

（4）中蒙合作：历届蒙古政府都是图们江地区国际开放与开发的积极参与者，并为此制定了一系列积极的支持政策，谋求以开发东部带动全国发展。蒙古在其东方省已参与图们江区域开发的基础上，进一步将临近东方省的两个省划入大图们江区域合作开发的范围之内。而且为参与该计划，蒙古提出改善其东部铁路网的措施，目前正在积极争取日本等国和国际金融机构的贷款，以解决连接亚欧大陆桥蒙古境内的铁路建设资金问题。同时，蒙古政府还寻求中国帮助其铺设"千年路"。① 这条"千年路"与中俄的铁路系统相连之后，将成为又一条连接欧亚大陆的铁路交通大动脉。设想中的中蒙"东方大通道"② 如果建设成功，将会在中蒙之间形成一条新的产业带，带动两国相关地区的经济发展。蒙古国内尤其是其东部地区所蕴藏的丰富的矿产为蒙古参与图们江区域开发提供了有利的自然条件。蒙古国东部地区最具有开采潜力的矿产包括煤炭、锌、石油、铀、黄金、盐以及建筑材料。如果蒙古国东部地区具备铁路运输条件，每年可形成150万吨煤和150万吨石油的物流。其他物流品种还有建筑材料80万吨，转口货物30万吨，普通货物26万吨，集装箱15万吨和锌矿石7万吨。少量货物可能还有钢铁、饲料、粮食和化肥等。假设到2010年蒙古国

---

① 2001年1月25日，蒙古国家大呼拉尔通过了政府提交的关于建设国家公路网规划和"千年路"工程计划。国家公路网建设总体规划确定为"一横五纵"，近万公里。"千年路"工程计划，包括2500公里公路及合计长度2000米的桥梁。据统计，沿"千年路"干线两侧200公里半径将涵盖蒙古国1/3的领土、80%的人口、72%的牧区。该工程的实施将会极大地改善偏远地区的交通运输条件，促进矿产等资源的开发，带动经济的发展。"千年路"工程约需资金2.4亿美元。参见《蒙古"千年路"工程及建设情况》，中国对外承包工程商会网站，http://www.chinca.org/cms/html/main/col141/2012-05/30/201205300224473592376l9_1.html.

② "东方大通道"是指修筑以蒙古国乔巴山市为起点，以中国珲春市为终点，纵贯中国内蒙古兴安盟阿尔山市和吉林省白城市、长春市、吉林市、延吉市的国际铁路大通道。在大通道两端分别建立"乔巴山国际资源物流经济特区"和"珲春国际物流枢纽特区"，最终形成以两个特区为龙头，以长春为经济、金融、交运掌控中心，以铁路为纽带的中蒙带状经济区。凭借这条"东方大通道"，蒙古国的矿产资源既可以出口到中国东北地区，也可以由珲春经"图们江朝俄国际航道"运达日本海沿岸的日、朝、俄、韩各国港口，推进东北亚六国的地缘经济合作。该项目的重点是连接"两山"铁路，提升阿尔山－珲春铁路的运能。两山铁路项目的具体内容是建设阿尔山至乔巴山443公里单线一级国铁标准铁路。其中，在蒙古国境内新建铁路190公里（塔木察格布拉格—阿尔山松贝尔口岸），改造铺轨225公里（乔巴山—塔木察格布拉格），拟投资2.3亿美元；中方境内建设28公里，拟投资1.6亿元人民币。修通"两山"铁路是打通中蒙"东方大通道"的当务之急，该通道一经打通，可以使欧洲抵达太平洋的距离缩短1700公里。不仅如此，该通道的建成还对保障国家安全利益、振兴东北老工业基地、促进东北亚经济一体化、加快内蒙古东部盟市的经济发展和开发蒙古国东部丰富的矿产资源、促进图们江地区的综合开发具有十分重要的意义。随着东北亚国际局势的发展，依托吉林长春东北亚经济博览会成立的"中日蒙三边委员会"于2007年9月在长春签了《长春合作备忘录》，2007年11月在珲春签了《珲春合作备忘录》，2008年3月又在东京签了"东京宣言"，并达成了五项协议。这些都很好地调动了日本和蒙古国参加东方大通道项目的积极性，从而使这一项目迎来了历史上最好的发展机遇期。参见《千方百计推进东方大通道建设从战略高度提升我盟核心竞争力》，中共兴安盟委政策研究室网站，http://www.zys.xam.gov.cn/jcck/44055.htm。

东部地区各种资源初步开发，能够发生的年货运量在 500 万吨左右。到 2020 年将增加到每年 1000 万吨左右。蒙古国对外输出的绝大部分资源都是面向亚太市场的，"东方大通道"得以建成通车后，这将为珲春—图们口岸提供充足的物流保证。

（5）中日合作：日本主要是以地方政府为主参与图们江地区的合作和开发。1995 年应日本海沿岸县扩大地方权限的要求，日本政府制定的国土规划首次将贯穿日本海沿岸诸县的"日本海国土轴"与"东北国土轴"、"西日本国土轴"和"太平洋新国土轴"并列为四大国土轴。日本国土审议会计划部在 1995 年 12 月制定的《21 世纪的国土规划——新全国综合开发计划的基本设想》中，明确提出"充分利用与亚洲地理上的接近性，谋求环日本海圈构想和环黄海圈构想等跨国界的地区间的共同发展"。在 1996 年 12 月制定的《新全国综合开发计划——计划部会调查检讨报告》中，进一步强调了日本的环日本海地区与对岸国家可以开展 360 度交流和共同发展的地理优越性，并企望通过日本海沿岸地区先导型发展，带动太平洋带状地区焕发出新的生机。随着图们江经济政治环境的改善和图们江地区开发步伐的加快，日本海沿县也积极参与进来。日本新潟等日本海沿岸府县的地方自治体、企业团体对开展"环日本海经济圈"的经济合作和交流热情高涨。为了充分发挥区位综合优势，新潟县近年来积极推进与图们江地区水上航线的沟通以及同中国东北一些城市空中航线的开辟。

针对大图们江区域经济合作当前所面临的现实困难与问题，国务院参事施祖麟在 2015 年底召开的"图们江国际合作学术研讨会"上提出了循序渐进、具有很强可操作性的"三步走"战略：第一步，在当前的图们江合作机制下，中韩俄蒙四国紧密合作，共同推进图们江合作机制，加强发挥图们江四国作用，稳步推进图们江区域合作开发；第二步，在适当时机促成朝鲜重新回归图们江区域合作，使之成为完整的图们江合作机制；第三步，根据国际形势，在中日关系、日韩关系明显改善时，吸纳日本进入图们江合作机制，形成最终的东北亚国际合作。图们江区域合作"三步走"应该按 5～10 年进行规划，逐步形成完整的东北亚国际合作。①

---

① 《图们江区域合作遇难题 专家组提"三步走"战略》，第一财经网，http：//www.yicai.com/news/2015/04/4610418.html。

小　结

区域优惠贸易安排《亚太贸易协定》，区域合作论坛"上海合作组织"和"亚太经合组织"，次区域经济合作"大图们江区域经济合作"等不同的区域经济合作形式，初步勾画了中国自由贸易区战略拓展与深化平台的几个层次。当然，这里限于篇幅没有述及中国参与的其他的一些区域经济合作形式，比如，亚欧会议、东亚峰会、中非合作论坛、中拉合作论坛、大湄公河次区域经济合作、中亚区域经济合作等，但这并不能因此说它们是不重要的。这些区域经济合作形式，增进了中国与相应的参与各方互信共赢的合作理念，为促使中国加快与各方未来达成 FTA、升级与各方已签署 FTA 铺平了道路。

第三章　中国自由贸易区战略视角下的
周边市场安全

2013 年 4 月 7 日，习近平主席在博鳌亚洲论坛年会上发表了题为"共同创造亚洲和世界的美好未来"的主旨演讲。在演讲中他指出，亚洲与世界其他地区共克时艰，合作应对国际金融危机，成为拉动世界经济复苏和增长的重要引擎，近年来对世界经济增长的贡献率已超过 50%，给世界带来了信心。进入 21 世纪 10 多年来，亚洲地区内贸易额从 8000 亿美元增长到 3 万亿美元，亚洲同世界其他地区贸易额从 1.5 万亿美元增长到 4.8 万亿美元，这表明亚洲合作是开放的，区域内合作和同其他地区合作并行不悖。21 世纪以来，中国同周边国家贸易额由 1000 多亿美元增至 1.3 万亿美元，已成为众多周边国家的最大贸易伙伴、最大出口市场、重要投资来源地，① 超过了中国与欧盟、美国的贸易之和（参见图 3 - 1）。

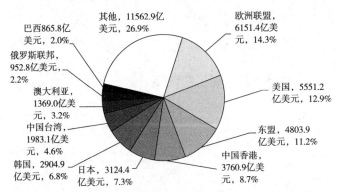

图 3 - 1　2014 年中国前十大贸易伙伴进出口额及占比②

---

①　习近平：《共同创造亚洲和世界的美好未来——在博鳌亚洲论坛 2013 年年会上的主旨演讲》，《人民日报》2013 年 4 月 8 日。

②　《2014 年中国对外贸易发展情况》，中国商务部综合司网站，http://zhs.mofcom.gov.cn/article/Nocategory/201505/20150500961314.shtml。

2015 年 12 月 17 日，中国国务院在发布的《关于加快实施自由贸易区战略的若干意见》中指出，中国加快实施自由贸易区战略的目标任务是：近期，加快正在进行的自由贸易区谈判进程，在条件具备的情况下逐步提升已有自由贸易区的自由化水平，积极推动与中国周边大部分国家和地区建立自由贸易区，使中国与自由贸易伙伴的贸易额占中国对外贸易总额的比重达到或超过多数发达国家和新兴经济体水平；中长期，形成包括邻近国家和地区、涵盖"一带一路"沿线国家以及辐射五大洲重要国家的全球自由贸易区网络，使中国大部分对外贸易、双向投资实现自由化和便利化。[①]

习近平主席在博鳌亚洲论坛的重要演讲以及国务院新拟定的加快实施自由贸易区战略的目标任务，都说明了中国与周边国家和地区的贸易依存度在不断加深，逐步形成了利益－命运共同体，而维系这一共同体的有效路径就是中国拓展与深化周边地区的自由贸易区网络。其实，中国加快实施自由贸易区战略的深层目的一方面是为了应对旷日持久的国际金融危机。这次危机久久未有"退意"，并且向实体经济蔓延的"余烬"又很难被消灭。另一方面又是为了让经济增速维持在一定合理范围（7% 左右），确保国民经济持续、平稳、中高速增长的"新常态"。因此，在着力进行社会主义市场经济建设的大背景下，中国的经济安全问题很大程度上表现为市场安全问题，在当前，市场安全问题又以周边市场安全问题为主。当然，本章的研究重点还是被放在中国为了确保周边市场安全而选择 WTO 与 FTA 的两种境遇上来。

第一节 经济安全与市场安全

在研究市场安全之前，我们首先要了解经济安全，因为经济安全涵盖了市场安全。冷战时期，经济安全问题被美苏两大集团以核武器为核心的军事、政治对抗所掩盖，处于不引人注目的位置。[②] 冷战结束后，经济安全问题迅速"浮出水面"，得到了各国政府和政要的重视。时任美国总统的克林顿在阐述其外交政策时说："我的政府的对外政策将建立在三个支

---

① 《国务院印发〈关于加快实施自由贸易区战略的若干意见〉》，中国政府网，http://www.gov.cn/xinwen/2015－12/17/content_ 5025124. htm。

② 王逸舟主编《全球化时代的国际安全》，上海人民出版社，1999，第 129 页。

柱基础上。首先，我们将把经济安全作为我国对外政策的主要目标。"① 为经济危机困扰的俄罗斯于 1996 年 5 月，由叶利钦以总统咨文形式推出了《俄罗斯国家经济安全战略（基本原则）》。

特别是亚洲金融危机于 1997 年 7 月爆发以后，经济安全问题也受到了中国党和政府的高度重视。江泽民总书记在 1997 年 9 月召开的党的十五大的报告中强调，"建设有中国特色社会主义的经济，就是在社会主义条件下发展市场经济，不断解放和发展生产力"；"坚持和完善社会主义市场经济体制，使市场在国家宏观调控下对资源配置起基础性作用"；"坚持和完善对外开放，积极参与国际经济合作和竞争"；要"正确处理对外开放同独立自主、自力更生的关系，维护国家经济安全"；要"努力提高对外开放水平。面对经济、科技全球化趋势，我们要以更加积极的姿态走向世界，完善全方位、多层次、宽领域的对外开放格局，发展开放型经济，增强国际竞争力，促进经济结构优化和国民经济素质提高"；"以提高效益为中心，努力扩大商品和服务的对外贸易，优化进出口结构。坚持以质取胜和市场多元化战略，积极开拓国际市场。进一步降低关税总水平，鼓励引进先进技术和关键设备。深化对外经济贸易体制改革，完善代理制，扩大企业外贸经营权，形成平等竞争的政策环境。积极参与区域经济合作和全球多边贸易体系"；"积极合理有效地利用外资。有步骤地推进服务业的对外开放。依法保护外商投资企业的权益，实行国民待遇，加强引导和监管。鼓励能够发挥我国比较优势的对外投资。更好地利用国内国外两个市场、两种资源。完善和实施涉外经济贸易的法律法规"。②

2002 年 11 月召开的党的十六大报告再次强调，"健全现代市场体系，加强和完善宏观调控。在更大程度上发挥市场在资源配置中的基础性作用，健全统一、开放、竞争、有序的现代市场体系"；要在"坚持'引进来'和'走出去'相结合，全面提高对外开放水平"的同时，"在扩大对外开放中，要十分注意维护国家经济安全"；要"适应经济全球化和加入世贸组织的新形势，在更大范围、更广领域和更高层次上参与国际经济技

---

① 克林顿 1993 年 1 月 18 日在乔治敦大学（又译为"乔治城大学"）发表的美国政策的讲话。另见王逸舟主编《全球化时代的国际安全》，上海人民出版社，1999，第 130 页。

② 江泽民：《高举邓小平理论伟大旗帜，把建设有中国特色社会主义事业全面推向二十一世纪——在中国共产党第十五次全国代表大会上的报告》（1997 年 9 月 12 日），《求是》1997 年第 18 期。

术合作和竞争，充分利用国际国内两个市场，优化资源配置，拓宽发展空间，以开放促改革促发展"；"进一步扩大商品和服务贸易。实施市场多元化战略，发挥我国的比较优势，巩固传统市场，开拓新兴市场，努力扩大出口。坚持以质取胜，提高出口商品和服务的竞争力。优化进口结构，着重引进先进技术和关键设备。深化外经贸体制改革，推进外贸主体多元化，完善有关税收制度和贸易融资机制"；"进一步吸引外商直接投资，提高利用外资的质量和水平。逐步推进服务领域开放。通过多种方式利用中长期国外投资，把利用外资与国内经济结构调整、国有企业改组改造结合起来，鼓励跨国公司投资农业、制造业和高新技术产业。大力引进海外各类专业人才和智力。改善投资环境，对外商投资实行国民待遇，提高法规和政策透明度。实施'走出去'战略是对外开放新阶段的重大举措。鼓励和支持有比较优势的各种所有制企业对外投资，带动商品和劳务出口，形成一批有实力的跨国企业和著名品牌。积极参与区域经济交流和合作"。①

　　2004 年 9 月，党的十六届四中全会通过的《中共中央关于加强党的执政能力建设的决定》中提出要"始终把国家主权和安全放在第一位，坚决维护国家安全。针对传统安全威胁和非传统安全威胁的因素相互交织的新情况，增强国家安全意识，完善国家安全战略，抓紧构建维护国家安全的科学、协调、高效的工作机制。坚决防范和打击各种敌对势力的渗透、颠覆和分裂活动，有效防范和应对来自国际经济领域的各种风险，确保国家的政治安全、经济安全、文化安全和信息安全"；要"掌握对外开放的主动权，全面提高对外开放水平。坚持对外开放的基本国策，密切关注世界经济形势变化，制定和实施正确的涉外经济方针政策，在更大范围、更广领域、更高层次上参与国际经济技术合作和竞争。坚持'引进来'和'走出去'相结合，利用好国际国内两个市场、两种资源，注重发挥我国的比较优势。既立足于国内需求又大力开拓国际市场，既充分用好内资又有效利用外资，既依靠和开发国内人力资源又借助和引进国外智力。提高引进外资质量，坚持引进先进技术和消化、吸收、创新相结合，提高自主开发能力，保护知识产权，增强关键行业和领域的控制力，不断提高国际竞争力。推动建立健全妥善应对国际贸易争端的机制，善于运用国际通行规则

---

① 江泽民：《全面建设小康社会，开创中国特色社会主义事业新局面——在中国共产党第十六次全国代表大会上的报告》，《求是》2002 年第 22 期。

发展和保护自己"。①

2007 年 10 月，胡锦涛总书记在党的十七大报告中指出，要"拓展对外开放广度和深度，提高开放型经济水平"，同时，要"防范国际经济风险"；要"坚持对外开放的基本国策，把'引进来'和'走出去'更好结合起来，扩大开放领域，优化开放结构，提高开放质量，完善内外联动、互利共赢、安全高效的开放型经济体系，形成经济全球化条件下参与国际经济合作和竞争新优势。深化沿海开放，加快内地开放，提升沿边开放，实现对内对外开放相互促进。加快转变外贸增长方式，立足以质取胜，调整进出口结构，促进加工贸易转型升级，大力发展服务贸易。创新利用外资方式，优化利用外资结构，发挥利用外资在推动自主创新、产业升级、区域协调发展等方面的积极作用。创新对外投资和合作方式，支持企业在研发、生产、销售等方面开展国际化经营，加快培育我国的跨国公司和国际知名品牌。积极开展国际能源资源互利合作。实施自由贸易区战略，加强双边多边经贸合作。采取综合措施促进国际收支基本平衡"。②

2012 年 11 月，胡锦涛总书记在党的十八大报告中指出，要"全面提高开放型经济水平"，更要"提高抵御国际经济风险能力"；要"适应经济全球化新形势，必须实行更加积极主动的开放战略，完善互利共赢、多元平衡、安全高效的开放型经济体系。要加快转变对外经济发展方式，推动开放朝着优化结构、拓展深度、提高效益方向转变。创新开放模式，促进沿海内陆沿边开放优势互补，形成引领国际经济合作和竞争的开放区域，培育带动区域发展的开放高地。坚持出口和进口并重，强化贸易政策和产业政策协调，形成以技术、品牌、质量、服务为核心的出口竞争新优势，促进加工贸易转型升级，发展服务贸易，推动对外贸易平衡发展。提高利用外资综合优势和总体效益，推动引资、引技、引智有机结合。加快走出去步伐，增强企业国际化经营能力，培育一批世界水平的跨国公司。统筹双边、多边、区域次区域开放合作，加快实施自由贸易区战略，推动同周边国家互联互通"。③

---

① 《中共中央关于加强党的执政能力建设的决定》，《求是》2004 年第 19 期。
② 胡锦涛：《高举中国特色社会主义伟大旗帜，为夺取全面建设小康社会新胜利而奋斗——在中国共产党第十七次全国代表大会上的报告》，《求是》2007 年第 21 期。
③ 胡锦涛：《坚定不移沿着中国特色社会主义道路前进，为全面建成小康社会而奋斗——在中国共产党第十八次全国代表大会上的报告》，《求是》2012 年第 22 期。

2013 年 10 月 24 日至 25 日，中央周边外交工作座谈会在北京召开，习近平主席在会上发表重要讲话。他强调，做好周边外交工作，是实现"两个一百年"奋斗目标、实现中华民族伟大复兴的中国梦的需要，要更加奋发有为地推进周边外交，为我国发展争取良好的周边环境，使我国发展更多惠及周边国家，实现共同发展。他指出，我国周边外交的基本方针，就是坚持与邻为善、以邻为伴，坚持睦邻、安邻、富邻，突出体现亲、诚、惠、容的理念。为此，"要着力深化互利共赢格局。统筹经济、贸易、科技、金融等方面资源，利用好比较优势，找准深化同周边国家互利合作的战略契合点，积极参与区域经济合作。要同有关国家共同努力，加快基础设施互联互通，建设好丝绸之路经济带、21 世纪海上丝绸之路。要以周边为基础加快实施自由贸易区战略，扩大贸易、投资合作空间，构建区域经济一体化新格局。要不断深化区域金融合作，积极筹建亚洲基础设施投资银行，完善区域金融安全网络。要加快沿边地区开放，深化沿边省区同周边国家的互利合作。要着力推进区域安全合作。我国同周边国家毗邻而居，开展安全合作是共同需要。要坚持互信、互利、平等、协作的新安全观，倡导全面安全、共同安全、合作安全理念，推进同周边国家的安全合作，主动参与区域和次区域安全合作，深化有关合作机制，增进战略互信"；"要对外介绍好我国的内外方针政策，讲好中国故事，传播好中国声音，把中国梦同周边各国人民过上美好生活的愿望、同地区发展前景对接起来，让命运共同体意识在周边国家落地生根。"①

2013 年 11 月，党的十八届三中全会通过了《中共中央关于全面深化改革若干重大问题的决定》中指出，要"紧紧围绕使市场在资源配置中起决定性作用深化经济体制改革，坚持和完善基本经济制度，加快完善现代市场体系、宏观调控体系、开放型经济体系，加快转变经济发展方式，加快建设创新型国家，推动经济更有效率、更加公平、更可持续发展"；"实行统一的市场准入制度，在制定负面清单基础上，各类市场主体可依法平等进入清单之外领域。探索对外商投资实行准入前国民待遇加负面清单的管理模式"；"加强金融基础设施建设，保障金融市场安全高效运行和整体稳定"；"健全宏观调控体系。形成参与国际宏观经济政策协调的机制，推

① 习近平：《让命运共同体意识在周边国家落地生根》，新华网，http：//news. xinhuanet. com/2013－10/25/c_ 117878944. htm。

动国际经济治理结构完善";"构建开放型经济新体制。适应经济全球化新形势,必须推动对内对外开放相互促进、"引进来"和"走出去"更好结合,促进国际国内要素有序自由流动、资源高效配置、市场深度融合,加快培育参与和引领国际经济合作竞争新优势,以开放促改革";"建立中国上海自由贸易试验区是党中央在新形势下推进改革开放的重大举措,要切实建设好、管理好,为全面深化改革和扩大开放探索新途径、积累新经验。在推进现有试点基础上,选择若干具备条件地方发展自由贸易园(港)区";"加快同有关国家和地区商签投资协定,改革涉外投资审批体制,完善领事保护体制,提供权益保障、投资促进、风险预警等更多服务,扩大投资合作空间";"加快自由贸易区建设。坚持世界贸易体制规则,坚持双边、多边、区域次区域开放合作,扩大同各国各地区利益汇合点,以周边为基础加快实施自由贸易区战略。改革市场准入、海关监管、检验检疫等管理体制,加快环境保护、投资保护、政府采购、电子商务等新议题谈判,形成面向全球的高标准自由贸易区网络。扩大对香港特别行政区、澳门特别行政区和台湾地区开放合作";"扩大内陆沿边开放。抓住全球产业重新布局机遇,推动内陆贸易、投资、技术创新协调发展";"加快沿边开放步伐,允许沿边重点口岸、边境城市、经济合作区在人员往来、加工物流、旅游等方面实行特殊方式和政策";"建立开发性金融机构,加快同周边国家和区域基础设施互联互通建设,推进丝绸之路经济带、海上丝绸之路建设,形成全方位开放新格局"。①

从党的十五大首次提出"维护国家经济安全"、十六大提出的"十分注意维护国家经济安全",到从十七大提出的"防范国际经济风险",再到十八大提出的"提高抵御国际经济风险能力";从十五大提出的"使市场在国家宏观调控下对资源配置起基础性作用",到十六大提出的"在更大程度上发挥市场在资源配置中的基础性作用",再到十八届三中全提出的"使市场在资源配置中起决定性作用";从十七大提出的"实施自由贸易区战略",到十八大提出的"加快实施自由贸易区战略",再到中央周边外交工作座谈会提出的"以周边为基础加快实施自由贸易区战略",不难看出,中国党和政府对经济安全与市场安全的认识在不断加深,增强了驾驭市场

---

① 《中共中央关于全面深化改革若干重大问题的决定(2013年11月12日中国共产党第十八届中央委员会第三次全体会议通过)》,《求是》2013年第22期。

经济的能力与自信，找准了实施"周边是首要"的自由贸易区战略①这个抓手，切实进行中国特色社会主义市场经济的大力建设。至于在以上列举的党的各种文献中，对国内经济安全问题没有用具体的字眼表述，而是用大段篇幅来阐述如何确保国内经济"持续、快速、健康、稳定"发展的具体措施。这可能是因为，"国内经济中存在的问题是主权范围内的事情，应更多地站在稳定和发展的角度而不是安全的角度来看待。即使国内经济发展中的有些问题是由国际经济中的问题引起或造成的，也已经错过了防范时机，只能当作内部问题来处理"。②

　　目前，关于"经济安全"的概念界定，也有很多种。有学者认为，"经济安全在国家层面上，是指一个国家经济体系抵御国内外各种干扰、威胁、侵袭的能力；一个国家经济体系得以持续、安全发展的国内、国际环境。经济安全在国际层面上，是指各国为自身利益、经济发展而在国际舞台上获得安全保障的能力和博弈行为；各国为了全球经济秩序的稳定，为了共同的经济利益，全球经济的持续发展，解决全球性经济危机所采取的共同行动。国际层面的经济安全问题无疑是国家层面经济安全问题的延伸，但是随着全球一体化进程的加快，人类面临的全球性经济安全问题日趋增加，国际层面的某些经济安全问题从性质、解决问题的机制等方面越来越具有与国家层面的经济安全问题完全不同的含义"。③ 也有学者认为，"国家经济安全，是指一国最为根本的经济利益不受伤害，主要体现在以下这些方面：一国经济在整体上主权独立、基础稳固、运行健康、增长稳定、发展持续；在国际经济生活中具有一定的自主性、防卫力和竞争力；不至于因为某些问题的演化而使整个经济受到过大的打击和遭受过多的损失；能够避免或化解可能发生的局部性或全局性的危机"。④ 当然也有学者发出不同的声音，认为，若把国家经济安全解释为"一种无威胁的国际生

---

① 参见对外经济贸易大学国际经济研究院课题组：《中国自贸区战略：周边是首要》，对外经济贸易大学出版社，2010。

② 吕博：《坚持在对外开放中维护国家经济安全》，《中国商务部国际贸易经济合作研究院2006年调研报告》，中国商务部国际贸易经济合作研究院网站，http://www.caitec.org.cn/list/xsyj/yjbg/1/cateinfo.html。另参见吕博《对外开放和国家经济安全》，《中国经贸》2006年第9期。

③ 王逸舟：《全球化时代的国际安全》，上海人民出版社，1999，第131页。

④ 《聚焦四中全会：如何认识维护国家经济安全?》，新华网，http://news.xinhuanet.com/newscenter/2004-12/26/content_2381498.htm。

存环境"，显然这种环境可以涵盖整个国家安全，甚至国际安全，使得国家经济安全的外延过于宽泛。若说国家经济安全就是"国家的根本经济利益不受损害"，① 显然是把国家经济安全的内涵缩小了。"安全和利益相关，但安全不能完全等同于利益。利益以大小多少来衡量，安全则强调状态的稳定性。目前所能看到的对国家经济安全的解释还有很多，但都没能拿出令人信服的结论。国家经济安全受经济因素的影响，同时也受其他非经济因素的影响，比如军事、政治等领域的风险，或者自然灾害和疾病蔓延等风险。"②

随着中国在 20 世纪 70 年代末开始进行改革开放，就逐渐投入了经济全球化的浪潮，中国经济变得越来越依赖于国际市场。以 WTO 为主导的全球多边贸易体制是实现贸易自由化和经济全球化的主要渠道，加入 WTO 既是中国积极参与经济全球化和融入世界经济大家庭的必然选择，也是中国经济实现快速发展的一大契机。2000～2008 年，中国的对外贸易和经济发展均呈现快速增长态势。2000 年中国 GDP 为 11985 亿美元，居世界第七位，而同期进出口总额仅为 4743 亿美元，居世界第八位；入世当年进出口总额突破 5000 亿美元，世界排名上升至第六位；2004 年进出口总额首次突破 1 万亿美元大关，成功超越日本，成为世界第三大贸易国；2005 年 GDP 超过英国居世界第四位；2008 年进出口总额达到创纪录的 25633 亿美元，GDP 也成功超过德国居世界第三位；2009 年，受国际金融危机的影响，中国的对外贸易出现大幅回落，同比下降 13.9%，但进出口总额仍然高达 22075 亿美元，超越德国成为仅次于美国的世界第二大贸易国，而出口额更是达到 12016 亿美元，成为世界第一大出口国，GDP 也迫近日本，约占日本的 96%；2010 年中国 GDP 突破 5 万亿美元大关，达到 58783 亿美元，取代日本成为仅次于美国的世界第二大经济国，进出口贸易也实现恢复性增长，增长率高达 34.7%；2011 年，虽然世界经济增长整体低迷，但中国经济仍实现 9.2% 的增长率，GDP 增至 72982 亿美元，进一步缩短了与美国的差距，进出口总额同步增长 22.5%，仍然保持了世界第二大贸

① 雷家骕主编《国家经济安全理论与方法》，经济科学出版社，2000，第 7 页。
② 吕博：《坚持在对外开放中维护国家经济安全》，《中国商务部国际贸易经济合作研究院 2006 年调研报告》，中国商务部国际贸易合作研究院网站，http：www.caitec.org，cn/list/xsyj/yjbg/1/cateinfo.html。

易国和第一大出口国的地位。[1]

2014 年 3 月 1 日，根据世界贸易组织秘书处初步统计数据，2013 年中国已成为世界第一大货物贸易国。2013 年，中国货物进出口总额约为 4.16 万亿美元，其中出口额约 2.21 万亿美元，进口额 1.95 万亿美元。[2]（参见表 3 - 1）商务部新闻发言人姚坚就此发表谈话时说，作为发展中国家，中国跃居世界第一大货物贸易国，是对外贸易发展道路上新的里程碑，是中国坚持改革开放和参与经济全球化的重大成果。他表示，改革开放 35 年来，特别是加入 WTO 以来，中国进出口贸易实现跨越式发展，有力推动了中国经济发展，也为世界经济做出了重要贡献。中国已经是 120 多个国家和地区最大的贸易伙伴，每年进口近 2 万亿美元商品，为全球贸易伙伴创造了大量就业岗位和投资机会。尽管中国已经成为世界贸易大国，但要成为贸易强国仍然任重道远。中国出口产品附加值较低，拥有自主品牌较少，营销网络不健全，出口产品质量不高的现象仍然存在，统筹两个市场、两种资源的能力需要进一步提高。当前中国对外开放面临新的形势和挑战，我们要积极推进转方式、调结构，培育参与经济全球化的新优势，加强与贸易伙伴的务实合作，努力实现互利共赢和共同发展。[3]

与经济增长和对外贸易的发展态势相对应，入世以来中国的对外贸易依存度（传统计算方式：进出口额/GDP × 100%）呈现先快速上升而后逐渐回落的变化趋势。2000 ~ 2013 年，中国外贸依存度的变化可以划分为 4 个阶段：一是 2000 ~ 2001 年略有下降阶段，主要原因是中国经济增长快于进出口增长，入世对进出口的促进作用尚未显现；二是 2001 ~ 2006 年的快速上升阶段，外贸依存度从 2001 年的 38.5% 上升至 2006 年的 64.9%；三是 2007 ~ 2009 年的逐渐回落阶段，尤其是深受金融危机影响，进出口规模萎缩，导致外贸依存度从 2008 年的 59.2% 大幅降至 2009 年的 45%；四是 2010 ~ 2013 年外贸依存度恢复性增长并呈现稳中有降趋势。此外，出口依

---

[1] 张建华：《入世以来中国对外贸易依存度的变化趋势及其原因分析》，《价格月刊》2013 年第 5 期。

[2] 《中国 2013 年成为世界第一货物贸易大国》，中国商务部网站，http：//www. mofcom. gov. cn/article/ae/ai/201403/20140300504001. shtml。

[3] 王希：《中国 2013 年成为世界第一货物贸易大国》，新华网，http：//news. xinhuanet. com/fortune/2014 - 03/01/c_ 119563015. htm。

存度明显高于进口依存度，在显示中国经济对出口依赖性较大的同时，也解释了贸易顺差的原因。[①]（参见表 3 - 1）

表 3 - 1 2000～2013 年中国对外贸易与 GDP 增长情况[②]

单位：亿美元

年份	2000	2001	2002	2003	2004	2005	2006
进出口	4743	5097	6208	8510	11546	14219	17604
出口	2492	2661	3256	4382	5933	7620	9689
进口	2251	2436	2952	4128	5612	6600	7915
GDP	11985	13248	14538	16410	19316	22576	27135

年份	2007	2008	2009	2010	2011	2012	2013
进出口	21766	25633	22075	29740	36419	38671	41590
出口	12205	14307	12016	15778	18984	20487	22090
进口	9561	11326	10059	13962	17435	18184	19500
GDP	34957	45218	49090	58783	72982	82276	91639

中国对外贸易依存度的不断提高也是中国经济市场化的结果。随着改革开放的不断深化，中国逐渐放弃了"姓社"和"姓资"的争论，承认"计划"与"市场"都是资源配置的有效手段，从而加速计划经济体制向市场经济体制转变的进程。中国在 2010 年建成较为健全的社会主义市场经济体制，力争到 2020 年建成较为完善、趋于成熟的社会主义市场经济。社会主义市场经济不是倾向于市场的完全自由化，而是通过宏观调控来消除市场机制的盲目性、滞后性等弊病，从而确保市场经济的安全。因此，随着中国社会主义市场经济体制的逐步确立，中国对外贸易依存度的不断增加，中国的经济安全问题很大程度上表现为市场安全问题。

所谓市场安全，有学者认为，是指国家整个市场体制和体系能够有效地抵御来自国内外各种经济风险的冲击；各类市场主体的利益得以实现和

---

① 张建华：《入世以来中国对外贸易依存度的变化趋势及其原因分析》，《价格月刊》2013 年第 5 期。

② 《中国统计年鉴》，中国国家统计局网站，http://www.stats.gov.cn/tjsj/ndsj/。

保障；市场机制可以稳定和正常地发挥作用；市场活动有序和规范；国内市场和国际市场良好地进行衔接。[①] 也有学者认为，市场安全即市场利益安全，它是指人们在从事市场经济活动中的利益保障程度及其所遭受的利益损害的可能性。一般情况下，利益保障程度越高，所遭受的利益损害的可能性越小，则意味着市场的安全度越高，安全系数越大；反之，则市场的安全度越低，安全系数越小。市场的安全性在完全竞争市场状态下不成为问题，但是这种完全竞争在现实的经济生活中是不存在的。而不完全竞争则是市场常态，在这种市场状态下，就可能产生市场的安全性问题，即人们在从事交易活动时，其正当利益得不到有效保证，并有遭受损害或危害的可能性。市场不安全在国家层面上的根源，一是经营者的自利本性；二是市场的天然缺陷；三是经营者的道德水准不高，法律意识淡薄；四是经济体制的漏洞和监督的不健全。[②] 而市场安全问题产生的国际层面的根源，一是贸易伙伴国（地区）为了保护本民族企业的利益而采取新旧贸易保护主义的程度；二是本国（地区）产品国际竞争力的强弱；三是本国（地区）签署有效的双边、多边国际贸易协定的数量及其遵守的程度；四是本国（地区）参与的多种区域经济合作形式的数量及其高低程度。一般来说，贸易伙伴国（地区）很少采取新旧贸易保护主义，本国（地区）的产品具有很强的国际竞争力，又签署很多有效的双边、多边国际贸易协定，并参与多种区域经济合作形式（尤其是以自由贸易区为主要内容的区域贸易安排），则本国（地区）的市场安全程度就高；反之，其市场安全程度就低。如若在国家层面上确保市场安全，可以通过对经营者的正确舆论导向，完善与健全市场经济体制、法律法规及监督机制来做到；而在国际层面上，只有通过减少新旧贸易保护主义与增加国家（地区）之间沟通协商管道、多签署有效的双边（多边）国际贸易协定、多参加特别是以自由贸易区为主要内容的区域贸易安排，从而使得经贸双方增强政治互信，增加信息透明度，减少交易成本，集体应对经济全球化带来的不稳定因素，才能确保国际市场安全。从目前情况来看，随着已经签署和正在谈判的 FTA 数量的不断增加及其质量的不断提高，中国终将构筑一个覆盖全球的 FTA 网络和市场网络，进而影响 WTO 等多边贸易谈判进程及其游戏规

---

①　张澜涛：《加入世贸组织与中国的经济安全（四）——略论加入 WTO 与我国的市场安全》，《国家安全通讯》2001 年第 8 期。

②　甘碧群、熊元斌：《市场安全控制论》，《消费经济》1997 年第 6 期。

则，保障中国经济的国际市场安全，为其可持续发展提供稳定而广阔的国际市场。

第二节　市场安全与 WTO

为了确保国际市场安全，最初，中国首先青睐的是参加多边贸易机制，因此，GATT/WTO 便是首选。中国争取复关和入世，看中的就是广阔而稳定的国际市场。WTO 的广阔性，可以从其成员的数量上显示。截至 2015 年 11 月 30 日，哈萨克斯坦宣告其 19 年的入世历程结束，正式成为 WTO 第 162 个成员国。其他正在进行入世谈判，预计将来加入的国家有近 30 个，其中包括白俄罗斯等前苏联阵营的一些国家。而还没有申请加入 WTO 的国家仅剩朝鲜及贸易量极少或只同邻国进行贸易的少数国家。[①] WTO 的稳定性，主要得益于其制度性保障。所有加入 GATT/WTO 的成员都要修改与之承诺相违背的国内法律法规或重新立法予以保障。尽管，中国加入 WTO 不是一劳永逸地解决所有问题，美欧日等发达国家和地区仍然会像中国入世之前一样，动辄就诉诸非关税壁垒和反倾销调查等手段，但是它们多少有所顾忌，因为，这些手段都是相互的，中国也可以使用。

但是 WTO 内在地又存在着一定的矛盾性。首任 WTO 总干事鲁杰罗认为"以规则为基础"（rule-based）的特性是多边贸易体制的根本力量，而 WTO 秘书处用"成员驱动"（member-driven）一词来描述 WTO 的性质，并称 WTO 是由其成员的政府运转的。[②]"以规则为基础"给人的印象是有一个超国家的机构在制定并执行规则，而"成员驱动"则意味着成员在 WTO 中拥有最终的决定权，WTO 并不能管辖成员的行为。实际上，WTO 基本上是融合了这两种性质的一个复杂的混合体，与前身 GATT 相比，WTO 具有更强的国际法人地位、更完备的组织形式以及更自动、有效的争端解决机制，也因而被视为当前最具影响力的国际经济组织之一。但除此之外，WTO 的实际运作并不是按照一个国际性机

---

① "Understanding the WTO: the Organization Members and Observers," The WTO official website, http://www.wto.org/english/thewto_e/whatis_e/tif_e/org6_e.htm.

② 屠新泉：《中国在 WTO 中的定位、作用和策略》，对外经济贸易大学博士学位论文，2004。

构的方式来进行的，仍然更多地表现为政府间机构（或协定）的性质。国际政治经济学中的新自由制度主义和国际经济法中的墨守法规派都力图强调多边贸易机制本身对于维护和促进贸易自由化、协调各国贸易政策的作用，但事实上前者刻意回避了多边贸易机制中的利益分配问题，而后者则隐藏了 GATT/WTO 作为美国实现国家利益重要工具的根本属性。因此，尽管经济全球化、相互依赖的不断深化使得传统的以国家的军事力量、意识形态为基础的权力政治的思维方式不再适用，但"以国家为中心的现实主义"仍然是观察当前的国际政治经济关系（包括 WTO 多边贸易体制）的恰当的视角[1]。同时，尽管 WTO 制定了相当完善的规则体系，并一再宣称自己的公平和互惠，似乎建立了新的以规则而非权力为基础的国际关系模式，但从它的非正式决策过程、多边贸易谈判以及争端解决机制等方面可以看出，权力政治仍然是 WTO 规则体系背后的现实情景。虽然弱者并非不能从中受益，但强国始终按照自身的利益判断主导着多边贸易体制的发展以及规则的执行。

二战结束以后的美国，经济一枝独秀，为了实现其经济称霸全球的国家利益，竭力倡导建立旨在推动其他国家的进口自由化和市场开放的多边贸易体制。虽然美国最初设想的战后贸易体系的组织形式——国际贸易组织（ITO）由于美国国会的抵制而胎死腹中，但是一个从来没有正式名分的"事实上"的国际组织——关贸总协定（GATT）继而承担起这一使命。为此，美国的贸易政策也呈现出不断降低保护水平的趋势，这一方面是出于美国对在大多数产业中的强大国际竞争优势的信心，另一方面也是要求其他国家开放市场的交换筹码。但尽管如此，保护主义从来都没有从美国的贸易政策中淡出，而随着美国部分产业竞争力的下降和霸权地位的相对衰落，以"公平贸易"为幌子的新重商主义成为美国对外贸易政策中的主流。美国一方面利用 GATT/WTO 机制内的诸如反倾销调查、争端解决机制等手段来保护本国企业利益，同时还经常使用国内法来"弥补"GATT/WTO 规则上的缺失，比如，美国依据其国内法《1956 年农业法》，要求日本签订了一个为期 5 年的"自愿出口限制协议"，迫使其自愿限制对美国

---

[1] 〔美〕罗伯特·吉尔平：《全球政治经济学：解读国际经济秩序》，杨宇光，杨炯译，上海人民出版社，2003。

的纺织品出口。而《1988 年综合竞争与贸易法》的"特别 301 条款"① 和"超级 301 条款"更突出体现了美国的侵略性单边主义，它使得美国可以仅仅根据自己的判断而非 GATT 的裁定，就可以对其他国家的所谓"不公平贸易"行为单方面采取报复措施。为避免受到美国的制裁，许多国家不得不与美国进行谈判，签订所谓的"自愿出口限制协议"和"有秩序销售安排协议"等以结果为导向的贸易协议。与日本在汽车、半导体、钢铁等多个部门达成的类似协议，有效地保护了美国的相关产业。随着中美贸易的不断发展，中国也是美国"301 条款"等国内法最大的受害国之一。特别在中国加入 WTO 后，中美之间的知识产权摩擦不断增加，并出现了新的变化，即美国由 20 世纪 90 年代动用"特别 301 条款"对中国进行制裁，转为 21 世纪更多地动用"337 条款"② 对中国企业展开调查。这是继特别保障措施、反倾销调查等名目繁多的贸易、技术壁垒后，美国再次对中国企业使出的"壁垒武器"。乌拉圭回合达成了新的《保障措施协议》，明确禁止了"自愿出口限制协议"等灰色区域措施，但是美国并没有废止"301 条款"，显示出美国仍然不放弃在 WTO 规则用尽的情况下诉诸单边行动的权利。

欧共体/欧盟各成员国作为一个整体，在 GATT/WTO 中获得了仅次于或等同于美国的强势地位。尽管农业在 GATT 中的豁免最初是美国开创的先例，但最大的利用者却是欧共体。根据《罗马条约》的有关规定，欧共

---

① 美国"301 条款"有狭义和广义之分。狭义的 301 条款只是美国《1974 年贸易法》制定的第 301 条。具体内容是一种非贸易壁垒性报复措施或者说是一种威胁措施。当别国有"不公正"或"不公平"的贸易做法时，美国贸易代表办公室（USTR）可以决定实施撤回贸易减让或优惠条件等制裁措施，迫使该国改变其"不公正"或"不公平"的做法。广义的 301 条款包括一般 301 条款、特别 301 条款、超级 301 条款及其他配套措施。在这个意义上，美国"301 条款"法律制度倾向于称其为 301 条款制度的范围逐渐扩大的趋势。其中，一般 301 条款，即狭义的 301 条款，是美国贸易制裁措施的概括性表述。然而超级 301 条款、特别 301 条款、配套条款等是针对贸易具体领域做出的具体规定，构成了美国"301 条款"法律制度的主要内容和适用体系。具体说就是，特别 301 条款是针对知识产权保护和知识产权市场准入等方面的规定；超级 301 条款是针对外国贸易障碍和扩大美国对外贸易的规定；配套措施主要是针对电信贸易中市场障碍的"电信 301 条款"及针对外国政府机构对外采购的歧视性和不公正做法的"外国政府采购办法"。
② "337 条款"，因美国的《1930 年关税法》的第 337 节而得名，后来分别在 1974 年、1988 年及 1994 年进行了三次重大的修订。"337 条款"授权美国国际贸易委员会（ITC）在美国企业起诉的前提下，对进口中的不公平贸易做法进行调查和裁处。若判定违反了"337 条款"，ITC 将签发排除令（Exclusion Order），指示美国海关禁止该批产品的进口。其结果是特定企业的相关产品乃至全行业的相关产品都无法进入美国市场。

体在 20 世纪 60 年代逐步完善和建立了共同农业政策的框架，其中农业经济比重最大而其农产品出口遭遇困境的法国成为共同农业政策的主导者。此时，实行共同贸易政策会使对外贸易保护水平提高的效应体现出来，为了保护法国、荷兰、意大利等农业大国的利益，共同农业政策的实际保护水平以最需要保护的国家为标准制定，从而使原本保护水平较低的国家也纳入统一的保护框架中。随着美国农业比较优势的不断体现，美国开始后悔把农业排除在 GATT 之外，从肯尼迪回合开始，美国提出大幅度削减农产品进口关税、取消数量限制的要求，但共同农业政策正处于形成过程中的欧共体坚决予以拒绝。东京回合时，美国再次试图讨论农产品贸易问题，但刚刚从共同农业政策中尝到"甜头"的欧共体对此根本不予以考虑。直到乌拉圭回合谈判时，欧共体出于自身的多种原因，如欧共体内部各国之间为农业保护经费的分配不公而产生矛盾，农产品的严重过剩，财政补贴的不断提高，不得不开始考虑共同农业政策的改革，当然美国的压力以及欧共体对 GATT 多边自由化的期望也是促使其改革的原因。① 除了共同农业政策之外，欧共体在反倾销的使用上也是仅次于美国的第二大使用者。尽管在农业问题上存在激烈的冲突，但欧共体在其他议题上则支持了美国的倡议，特别是在争端解决机制、服务贸易、知识产权、非关税措施等议题上，欧共体与美国的立场并没有太大分歧。在纺织品与服装领域，欧共体紧跟在美国后面，直接促成了《多种纤维协定》的产生；在应对迅速崛起的日本时，欧共体同样采取了和美国一样的方式，通过双边的自愿出口限制（又称"自动出口限制"）协议，以阻止日本对欧洲工业的冲击。随着欧盟的扩大，欧元的启动，欧盟在贸易问题上已经成为和美国完全平等的伙伴，并有能力否决任何全球贸易协议。正如贝格斯滕（Bergsten）指出的，美国领导了以前各轮贸易谈判，但现在 WTO 已经形成了 G-2 的管理架构，即美国和欧盟。② 因此，对 21 世纪的欧盟来说，多边贸易自由化已经成为它的一种内在需要，这也决定了它将在 WTO 中扮演越来越重要的领导者和推动者的角色。

---

① 姜南：《试析欧盟共同农业政策的改革》，《世界历史》2002 年第 4 期。

② Bergsten, C. Fred, "Fifty Years of the GATT/WTO: Lessons from the Past for Strategies for the Future," in WTO Secretariat (ed), *From GATT to the WTO: The Multilateral Trading System in the New Millennium*, The Hague: Kluwer Law International, 2000.

第三节　市场安全与 FTA

中国加入 WTO 所花费的时间是有史以来最长的。1948 年 GATT 成立之初，中国曾是最早的 23 个成员之一。但是新中国成立之后的第二年，台湾当局单方面发表了中国退出 GATT 的声明。随即中国大陆也发表声明，不承认退出 GATT，并希望就加入条件进行再次谈判，并于 1986 年 7 月申请重返 GATT。其后，历经波折，比如，1995 年复关转为入世，1999 年以美国为首的北约轰炸中国位于贝尔格莱德的大使馆，2001 年中美南海撞机等一系列事件，终于 15 年之后的 2001 年 12 月 11 日中国成为 WTO 成员。中国加入 WTO，真可谓"忍辱负重"。一是长达 15 年的"非市场经济地位（Non-Market Economy Status）"。① 《中国加入世界贸易组织议定书》第 15 条"有关确定补贴和倾销时的价格可比性内容的 15 年特殊过渡期措施"（参见附录二）和第 16 条"有关特定产品的 12 年过渡性安全保障措施"（参见附录二），以及《中国加入世界贸易组织工作组报告书》第 242 段"有关纺织品的截至 2008 年 12 月 31 日的单独过渡性安全措施"（参见附录三），常常将中国产品在国际市场的开拓置于不安全的境地。二是宣示性的发展中国家身份。中国虽然是以发展中国家的身份加入 WTO，但是从整体上看，中国没有能够享受到多少 WTO 给予发展中国家的优惠和灵活性，而在市场准入水平上中国已经接近、甚至超过了某些发达国家。② 比如，在补贴方面是否按发展中国家标准对待中国成为谈判焦点时，中国最终同意将国内补贴（农业补贴）的比例设定为发达国家与发

---

① 市场经济地位（Market Economy Status，MES）是反倾销调查确定倾销幅度时使用的一个重要概念。反倾销案发起国如果认定被调查商品的出口国为"市场经济"国家，那么在进行反倾销调查时，就必须根据该产品在生产国的实际成本和价格来计算其正常价格；如果认定被调查商品的出口国为"非市场经济"国家，将引用与出口经济发展水平大致相当的市场经济国家（即替代国）的成本数据来计算所谓的正常价值，并进而确定倾销幅度，而不使用出口国的原始数据。如 20 世纪 90 年代，欧盟对中国的彩电反倾销，就是将新加坡作为替代国来计算中国彩电的生产成本。当时，新加坡劳动力成本高出中国 20 多倍，中国的产品自然被计算成倾销。

② 屠新泉：《中国在 WTO 中的定位、作用和策略》，对外经济贸易大学博士学位论文，2004。

展中国家之间的中间比例 8.5% 以内。① 三是还遭到诸如萨尔瓦多等个别国家采取的 GATT 第 35 条 "互不适用条款"。中国在很多方面以超 WTO 义务入世，目的是赢得广阔而稳定的国际市场，但同时也确实为中国享受应得的利益带来了不确定性，甚至可能使中国丧失对竞争对手的比较优势。

WTO 的规则从来都不仅仅是被遵守，更是根据美欧等发达国家和地区的需求和意愿而被创造的。据英国广播公司（BBC）网站 2015 年 11 月 12 日报道，中国的贸易代表 11 月 10 日在 WTO 会议上说，对于中国商品涉嫌倾销的指控很快将成为 "过时的，不公平的和歧视性的"。因为根据成员方协议，中国将在加入世贸组织 15 年后，即从 2016 年 12 月 11 日开始自动成为 "市场经济国家"。根据世贸组织的统计，仅仅在 2015 年 9 月一个月中，便有 22 类中国商品遭到了来自欧盟的反倾销调查。这些商品种类繁多，包括太阳能发电配件和钢铁产品，以及人造甜味剂、柠檬酸、味精等食材。欧盟同时还在对产自中国的自行车、活页夹、虹鳟鱼等商品征收反倾销关税。② 然而，据英国《金融时报》（_Financial Times_，FT）网站 2015 年 12 月 29 日报道称，华盛顿近日再次警告布鲁塞尔不要给予中国 "市场经济地位"，称中方长期寻求的这一贸易优惠待遇可能妨碍阻止中国企业在美欧市场倾销廉价商品的努力。美国官员警告欧盟同行称，给予中国市场经济地位无异于 "单方面解除" 欧洲对中国的贸易防御。私底下，美国官员严厉批评此举，在他们眼里，这是欧洲人为了获得巨额投资而试图讨好中国的最新例证。在美国工业界的欢呼下，奥巴马政府正在倡导不作为的政策，那将迫使中国在世贸组织发起挑战，从而使中国承担举证责任，要证明政府干预的中国经济模式满足了市场经济地位的所有标准。但欧盟执行机构——欧盟委员会（European Commission）正越来越倾向于支持中国的诉求。该机构预计最早在 2016 年 2 月就会做出决定。欧盟委员会眼下热衷于修复与中国的贸易关系。它正在争取中方对一只 3000 亿欧元的基础设施基金的大笔投资，该基金旨在提振欧洲乏力的经济。德国总理安格拉·默克尔（Angela Merkel）支持给予中国市场经济地位，同时力主英国迎合中国的英国财政大臣乔治·奥斯本（George Osborne）也坚定地支持这

---

① 〔日〕高濑保：《WTO 与 FTA：世界贸易组织与自由贸易协定》，边红彪、陈恺之译，中国计量出版社，2008，第 46 页。

② 《英媒：中国 2016 年 12 月将获得 "市场经济" 地位》，参考消息网站，http：//www. cankaoxiaoxi. com/finance/20151113/995417. shtml。

样做。但是，以意大利为首的欧洲其他国家政府，以及越来越多的欧洲工会和传统产业（包括钢铁、陶瓷和纺织品）都强烈反对。[1]

多哈回合谈判一次次的无果而终，欧盟区域经济一体化水平的不断提高，使得美国也开始推行既被 WTO 承认，又容易达成协议的 FTA。近年来，美国与约旦、新加坡缔结了 FTA，并使用赋予总统的贸易谈判权与摩洛哥、澳大利亚、巴林、南非、中美、东盟等分别缔结了 FTA。另外，美国还效仿欧盟给予非加太各国（ACP，非洲、加勒比和太平洋地区发展中国家）优惠政策的做法，给予加勒比海各小国以关税优惠。[2] 当然，不容置疑的是，美国绝不会放弃 WTO 这一被苦心经营多年、有利于其倡导全球贸易自由化的多边贸易体制，而是一方面想通过不断推进 FTA 战略，来刺激 WTO 的其他成员进一步谈判的意愿，另一方面也想通过 FTA 的谈判和建设所取得成果影响 WTO 谈判的未来议题，进一步获得 WTO 规则制定的霸权。同时，美国的这一做法也意外地产生了一种磁吸效应。这种效应已在加入北美自由贸易区并逐渐成为香饽饽的墨西哥身上体现出来。欧盟为了进入北美市场，与墨西哥签署了 FTA，日本为了消除歧视性待遇，也与墨西哥缔结了 FTA。墨西哥迅速取得了"狐假虎威"之势，并且签署了 30 个左右的 FTA，构建了以自己为轮轴国的 FTA 网络。像墨西哥这样的还有智利、新加坡以及东盟等，巧妙地选择了构建以自己为轮轴国的 FTA 网络所体现出的"轮轴 - 辐条"效应（Hub-Spoke effect）的支点，来撬动区域乃至全球的市场，从而确保了自身的国际市场安全，同时也提高了自身的国际经济政治地位。

正是基于这样一些背景，党的十七大报告才明确提出要实施"自由贸易区战略"。中国自由贸易区战略实际上是 FTA 战略。FTA，是两种概念的缩写，即 Free Trade Area 和 Free Trade Agreement。Free Trade Agreement 意思是"自由贸易协定"，是指两个或两个以上的国家（包括独立关税地区）根据GATT/WTO 相关规则，为实现相互之间的贸易自由化所进行的区域贸易安排/协定（RTA，Regional Trade Arrangement/Agreement，RTA）。[3] 而由自由

---

[1] 〔比〕克里斯蒂安·奥利弗（布鲁塞尔）、〔美〕肖恩·唐南（华盛顿）、米强：《美国警告欧盟不要给予中国市场经济地位》，英国《金融时报》中文网，http://www.ftchinese.com/story/001065497。

[2] 〔日〕高濑保：《WTO 与 FTA：世界贸易组织与自由贸易协定》，边红彪、陈恺之译，中国计量出版社，2008，第 46 页。

[3] 在 GATT/WTO 规则中，RTA 包括 FTA（缔约国之间取消关税和贸易数量限制）以及关税同盟（FTA + 对非缔约国实行统一关税）等。

贸易协定的缔约方所形成的区域称为自由贸易区（Free Trade Area）。需要说明的是，近些年来，在国内一些公开发表的文章、内部工作文件和媒体报道中，常常出现另一种"自由贸易区"的提法，实际上是"自由贸易园区"（Free Trade Zone，FTZ）。"自由贸易园区"，指在某一国家或地区境内设立的实行优惠税收和特殊监管政策的小块特定区域，类似于世界海关组织的前身——海关合作理事会所解释的"自由区"。按照该组织 1973 年订立的《京都公约》的解释，"自由区（Free Zone）系指缔约方境内的一部分，进入这一部分的任何货物，就进口税费而言，通常视为在关境之外，并免于实施通常的海关监管措施。有的国家还使用其他一些称谓，例如自由港、自由仓等"。我国的经济特区、保税区、出口加工区、保税港、经济技术开发区等特殊经济功能区都具有"自由贸易园区"的某些特征。① 2013 年 8 月 22 日国务院正式批准设立的中国（上海）自由贸易试验区〔China（shanghai）Pilot Free Trade Zone〕，以及 2014 年 12 月 28 日国务院正式批准设立的中国（广东）自由贸易试验区、中国（天津）自由贸易试验区、中国（福建）自由贸易试验区，都是典型的自由贸易园区。

FTA 的达成是以 GATT/WTO 的相关规则为基础的，也就是说，FTA 能够在 GATT/WTO 体制之内存在。这些相关规则主要是 GATT1947/1994 第24 条和根据乌拉圭回合确定的"服务贸易总协定"（GATS）第 5 条。但是也有一些全部由发展中国家组成的 FTA 是依据东京回合中通过、1979 年生效的"授权条款"（Enabling Clause）建立的，比如，中国 - 东盟自由贸易区。根据这些规则，FTA 在并不提高对区域外的贸易障碍、区域内成员相互之间取消所有贸易障碍和全部谈判 10 年内完成等三个条件下，可以作为最惠国待遇原则（Most Favored Nation treatment，MFN）② 的例外成立，但是如果由于 FTA 的成立使针对区域外的贸易障碍有所提高，则视为违反

---

① 中国商务部和海关总署为了顺利实施自由贸易区战略，还特意向各省、自治区、直辖市、计划单列市、新疆生产建设兵团商务主管部门以及各直属海关发函，规范"自由贸易区"的表述，以便正确理解自由贸易区内涵，并对"自由贸易区"（FTA）与"自由贸易园区"（FTZ）的区别予以清晰界定。参见《商务部 海关总署关于规范"自由贸易区"表述的函》，中国商务部国际经贸关系司网站，http：//gjs. mofcom. gov. cn/aarticle/af/ak/200805/20080505531188. html。

② WTO 的最惠国待遇原则指，一成员方应立即和无条件地将其在货物贸易、服务贸易和知识产权保护领域给予第三方的优惠待遇给予其他成员方。而 GATT 中的这一原则仅指货物贸易领域。

GATT/WTO 规则。根据"授权条款"建立的 FTA 则可以享受区别于一般 FTA 的更为宽松的特殊安排。由于 FTA 谈判对象少、时间短、见效快，再加上多哈回合谈判一再受阻，使得以 FTA 为核心的 RTAs 在 20 世纪 90 年代以来又如雨后春笋般地涌现。截至 2015 年 12 月 1 日，向 GATT/WTO 通报受理的包括货物贸易、服务贸易和市场准入等各自单列案例 （counting goods, services and accessions separately） 的 RTAs 有 619 个左右，其中，428 个是基于 GATT1947/1994 第 24 条 （under Article XXIV of the GATT 1947 or GATT 1994），41 个是基于"授权条款"（under the Enabling Clause），150 个是基于 GATS 第 5 条 （under Article V of the GATS），413 个正在施行。包括货物贸易、服务贸易和市场准入的"一揽子"案例 （counting goods, services and accessions together） 的 RTAs 有 452 个，其中 265 个正在施行。在这些 RTAs 中，FTAs 和涵盖部分领域的协定 （partial scope agreements） 超过了总数的 90%，而关税同盟 （customs unions） 还不到 10%。[①] 尽管对于 GATT/WTO 允许 FTA 在体制内存在有一些不同看法，比如说，是迫于当年欧共体放出集体退出的"狠话"的压力等，但多数人认为二者是一种互补互动关系，FTA 有助于 GATT/WTO 推动全球贸易自由化的宗旨。其中的原因有：一是建立 FTA 可以为成员实现贸易和投资自由化目标提供多种选择的机会；二是可以弥补 GATT/WTO 多边贸易体系的空白和缺陷，为推动全球贸易自由化积累经验；三是有助于减少多边贸易谈判的层次、提高 GATT/WTO 机制的运作效率；四是对贸易伙伴的贸易保护主义可以形成牵制。[②]

　　FTA 的传统含义是缔约各方之间相互取消货物贸易关税和非关税贸易壁垒。但是最近几年的 FTA 出现了新的变化，其内容不仅包括货物贸易自由化，而且涉及服务贸易、投资、政府采购、知识产权保护、标准化等更多领域的相互承诺。为了突出这种新变化，以及缔约各方之间更紧密的经济合作与安排，FTA 便有了其他称呼。比如，澳大利亚与新西兰签署的 CER （Closer Economic Partnership，进一步密切经济关系），新西兰与泰国签署的 CEPA （Closer Economic Partnership Agreement，进一步密切经济关系协定），印度和新加坡签署的 CECA （Comprehensive Economic Cooperation

---

① "Regional Trade Agreements," The WTO official website, http：//www. wto. org/english/tratop_ e/region_ e/region_ e. htm。

② 赵晋平：《从推进 FTA 起步——我国参与区域经济合作的新途径》，《国际贸易》2003 年第 6 期。

Agreement，经济全面合作协定），日本和泰国签署的 EPA（Economic Partnership Agreement，经济伙伴关系协定），欧盟与阿尔及利亚签署的 AA（Association Agreement，联系协定）等。这样一来，我们就明白了内地与港澳之间签署的 CEPA，也并不是专门为"一国两制"量身打造的。至于台湾地区更为倾向的 CECA 最近很可能因为跟 CEPA "长相接近"，遭到"统战"和"矮化"的诋毁，又要改换为 ECFA（Economic Cooperation Framework Agreement，海峡两岸经济合作框架协议）。好在大陆对此表现出超凡的弹性，真正关注的倒是两岸应尽快签署类似 FTA 的经济合作协议，"建立具有两岸特色的经济合作机制"。

FTA 实际上也是国际区域经济一体化的一种类型。[①] 因此，区域经济一体化主要产生的一些贸易效应对其也有一定的适用程度。区域经济一体化有以下六种贸易效应。[②] 一是贸易创造效应（Trade Creating Effect）。贸易创造效应是指在经济一体化区域内，进口国开始从区内进口本国国内生产成本较高的产品，进而带来的成员国间贸易规模扩大、社会福利增加等收益。这种收益体现为两种效应：（1）生产效应，即低效率国会减少或取消某些在本国国内生产成本相对较高的商品，转而从区内生产成本更低的伙伴国进口。这对于出口国而言，是国内生产规模的扩大；对于进口国而言，是生产资源的节约。（2）消费效应，[③] 即由于进口的低成本产品替代了本国高成本产品，使得本国居民对该项产品消费开支减少，从而增加了消费者剩余。

二是贸易转移效应（Trade Diversion Effect）。贸易转移效应是指过去从生产成本较低的非成员国进口的产品，转而从经济一体化区域内生产成本相对较高的成员国进口而带来的福利损失。这种损失来自两个方面：一是成员国的进口产品从区外的低成本产品变为区内的高成本产品，导致进口成本增加；二是成员国对相同产品的消费从区外的低成本产品转向区内的高成本产品，从而造成消费者剩余减少。综合上述分析，维纳（Viner）

①　根据发展目标和程度的不同，国际区域经济一体化可分为六种类型：优惠贸易安排（PTA），自由贸易区（FTA），关税同盟（Customs Union），共同市场（Common Market），经济同盟（Economic Union），完全经济一体化（Complete Economic Integration）。

②　张海森：《中国与澳大利亚建立自由贸易区研究》，对外经济贸易大学出版社，2007，第 10~12 页。

③　〔加拿大〕哈里·约翰逊：《货币、贸易与经济成长》，侯家驹译，台北：联经出版事业公司，1976，第 1~92 页。

提出了衡量区域经济一体化总体效果的"维纳标准",即贸易创造效应和贸易转移效应的差额。

三是贸易扩张效应（Trade Expansion Effect）。维纳所提出的贸易创造效应和贸易转移效应实际上针对的都是低效率的成员。詹姆斯·爱德华·米德在1955年提出了贸易扩张效应,使得对区域经济一体化的经济效益分析包括高效率和低效率两方面。对于高效率成员,其低价高产的商品会在一体化区域内,迅速占领整个市场,贸易量大大增加,这就是贸易扩张效应;对于低效率成员,随着区域经济一体化的实现,其国内市场价格会逐步降低,同时能够通过规模扩大的对外贸易获得更多的供给,并刺激国内需求的增加,这就是低效率成员所面临的贸易扩张效应。

四是贸易偏转效应（Trade Deflection Effect）。所谓"贸易偏转",是指利用成员国之间的关税差异,从关税最低的国家进入,以便在其他成员国销售。"原产地原则"的诞生便是基于这一理论。

五是规模经济效应。科登（Corden,1972）指出,在规模收益递增的条件下,可能会产生两种后果:成本降低效应和贸易抑制效应。成本降低效应（Cost Reduction Effect）,是指发生贸易转移效应时,一方面,伙伴成员国因产量扩大而降低了单位成本的生产效应;另一方面,消费者因为价格降低而实现了额外消费的消费效应。贸易抑制效应（Trade Suppression Effect）,是指尽管原本需要进口的产品生产转移到区域内成员进行生产而产生贸易创造效应,但对区内生产成员而言,却会因为在区内从事成本相对较高的生产,以更多地替代从区外更低成本的进口而带来的福利损失。

六是贸易条件效应。① 蒙代尔（Mundell,1964）指出,在区域经济一体化没有影响到世界其他地区进口需求的时候,区域内的贸易条件是不会变化的。如果情况相反,那么区域内外的贸易条件都将得到改善,这种改善能够减少贸易转移带来的损失,甚至完全抵销这种损失。

当然也有学者将FTA对区域内经济的影响大致分为两类,即静态效应和动态效应。前者是指由于区域内成员相互之间取消关税和贸易数量限制措施之后直接对各成员贸易发展所产生的影响;后者是指缔结FTA之后,由于区域内生产效率提高和资本积累增加,导致各成员经济增长加快的间接效果。

---

① 〔加拿大〕蒙代尔:《蒙代尔经济学文集（第一卷）:古典国际贸易理论》,向松祚译,中国金融出版社,2003,第87～98页。

静态效应中最具有代表性的影响是贸易创造效应和贸易转移效应。动态效应主要包括"市场扩张效应"和"促进竞争效应"。市场扩张效应是指随着贸易规模的扩大，将产生生产和流通的规模效益，并带来产业集聚效果。促进竞争效应是指随着区域统一市场的形成，将促进区域内垄断行业的竞争，提高生产效率。对于FTA成员国而言，贸易创造效应、市场扩张效应和促进竞争效应会带来许多正面影响，但是贸易转移效应也有可能带来负面影响，原因在于区域内的低效率产品可能会取代非成员的高效率产品。一般来说，需要通过吸收高效率成员和扩大区域覆盖范围才有可能防止这一负面影响。[①]

小　结

尽管中国正在建设的各个FTA也都有负面经济效应，但是总的来说，正面经济效应还是远远大于负面经济效应。中国FTA战略的总目标是建立一个以中国为"轮轴国"的覆盖全球的FTA网络，目前，已经基本展现了在全球布点的图景（参见导论的"表1：中国正在商谈和建设的FTA/RTA全球具体分布情况一览表"和第四章的"表4-1：中国与周边地区的区域经济合作形式及其涵盖的国家和地区"），即这一FTA网络基本覆盖了周边地区（涵盖整个亚洲和大洋洲），深入拉美地区[②]，沟通欧洲地区，进军非

---

① 赵晋平：《从推进FTA起步——我国参与区域经济合作的新途径》，《国际贸易》2003年第6期。

② 中国与智利和秘鲁分别建有FTA，与哥伦比亚正在进行FTA谈判，它们又是南方共同市场（MERCOSUR-South American Common Market）的联系国。南方共同市场建立时有阿根廷、巴西、巴拉圭和乌拉圭4个成员国，后来委内瑞拉等国加入，也成为正式成员国。目前为止，南方共同市场正式成员国为阿根廷（1991）、巴西（1991）、巴拉圭（1991）、乌拉圭（1991）、委内瑞拉（2012）和玻利维亚（2015）6国。智利（1996）、秘鲁（2003）、哥伦比亚（2004）、厄瓜多尔（2004）、苏里南（2013）、圭亚那（2013）先后成为南共市的"联系国"。2013年6月，厄瓜多尔正式向南共市轮值主席国乌拉圭提交申请，启动加入南方共同市场的程序。中国与哥斯达黎加建有FTA，后者是中美洲共同市场成员国。1960年12月13日中美洲4国签订了《中美洲经济一体化总条约》，1962年8月2日，哥斯达黎加、洪都拉斯、尼加拉瓜、萨尔瓦多、危地马拉等五国在哥斯达黎加首都圣约瑟签订建立中美洲共同市场协议，并正式成立中美洲共同市场（Central American Common Market，CACM）。1963年8月巴拿马作为准成员国参加活动。该组织的宗旨在于：促进中美洲的经济一体化，协调各成员国的经济政策，逐步取消各成员国之间的关税，统一对外关税，最后实现地区贸易自由化，建立自由贸易区和关税同盟。目前，中美洲共同市场多数成员未与中国大陆建交，而与中国台湾地区保持着非法的所谓"邦交国"关系。

洲地区。当然，这一FTA网络还存在着众多盲点区域，至少北美地区的墨西哥与北非地区的埃及是两个比较关键的"节点"，因此，这两个国家有可能是中国FTA战略未来进行FTA谈判的重点。总之，中国FTA战略的顺利推进，覆盖全球的FTA网络的逐步充实和提高，特别是与"一带一路"沿线国家和地区积极商建FTA，将会强有力地推动和影响WTO等多边贸易体制的谈判进程和议题，中国的周边市场安全也将会得到强有力的保障。

第四章　中国自由贸易区战略视角下的
周边交通能源安全

中国的周边地区传统意义上指的是与中国海陆相邻的国家和地区。在长达 2.28 万公里的陆地边界上，与中国接壤的有 14 个国家，分别是俄罗斯、哈萨克斯坦、吉尔吉斯斯坦、塔吉克斯坦、蒙古、朝鲜、越南、老挝、缅甸、印度、不丹、尼泊尔、巴基斯坦、阿富汗。中国海岸线长达 1.8 万多公里，隔海相望的有 8 个国家，分别是朝鲜、韩国、日本、菲律宾、文莱、马来西亚、印度尼西亚、越南。但是笔者认为，与中国海陆相邻的国家和地区仅是中国周边地区的狭义范围，其广义范围应该还包括整个亚洲和大洋洲。这主要因为：一是发达便捷的现代交通等基础设施以及迅猛发展的虚拟网络缩短了中国与周边地区的空间距离；二是综合国力的不断增强拓展了中国国家利益的投射空间，进而延展了周边地区的范围；三是频繁的贸易及人员往来强化了中国与延展后周边地区的"命运共同体"意识。因此，中国的周边地区在新的时代背景下被大大地延伸了。

漫长的陆地边界和海岸线毗邻着众多的国家和地区，使得中国与周边地区免不了会有这样那样的问题，千百年来的历史证明了这一点，而且今后还会呈现出老问题还没有解决，新问题又会产生，新老问题错综复杂，飘忽不定的状态。这些问题归结到一点就是周边安全问题。周边安全问题是一个综合性的概念，既包括传统安全，又包括非传统安全；既有历史遗留的领土、宗教、民族等问题，又有新时期不断出现的"国内问题国际化，国际问题国内化"的新现象。中国现在面临着"台独"、达赖集团分裂势力和"东突"分裂势力等国内外反华分裂势力内外勾结的不断骚扰，还有南海问题、钓鱼岛问题、领海划分等问题的困扰。这些问题随时都能引起大麻烦，给周边地区甚至世界注入不安定因素。

中国历来都十分重视周边安全问题，并且解决问题的方式也在发生着变化：由军事对抗到"搁置争议，共同开发"，由"睦邻、安邻、富邻"

的外交政策，再到"亲、诚、惠、容"的周边外交新理念，由注重增强"硬实力"作为解决安全问题的坚强后盾到同时也注重提高"软实力"对周边地区的影响程度。事实上，中国在解决周边安全问题方式上的变化，也是顺应了时代潮流的。自从 20 世纪 70 年代世界政治经济多极化以来，特别是 20 世纪 90 年代冷战结束以来，大多数国家和政府不愿再通过传统的军事冲突方式来解决问题，而是一门心思地搞经济建设，旨在提高本国的综合国力和本国人民的经济、政治、文化等各领域的福利水平以及本国政府的合法性地位，从而谋求和平发展。世界各国都在探索适合自身的发展模式：由盲从到寻找"特色"，由"依附"到集体自力更生，逐渐地形成了具有区域特色的发展模式，像"欧盟模式"、"东亚模式"、"东盟模式"、"拉美模式"和"非洲模式"等。在很大程度上，虽说有的国家所持的价值观与"合则两利"有所冲突，但是世界上大多数国家都应该是信奉"利则两合"的实用主义观念。WTO 几乎囊括所有的国家和地区，区域经济集团化不断深入发展，FTA 又在全球如火如荼地蔓延，看似矛盾，实是相互补充的发展趋势昭示着一个颠扑不破的真理——各个国家和地区都在积极追求"利益最大化"。在这种利益的驱动下，各个国家和地区都容易聚集在一起，从经济领域的合作外溢到政治、安全等其他领域的合作（当然，绝不可否认，反之亦然）。

因此，新时期中国提出和实施 FTA 战略不失为周边安全问题解决的最佳路径之一。其至少有以下两点原因：首先是 FTA 较之 WTO 谈判程序便捷、开放领域广泛、升级空间广阔，能够很快实施到位。中国实施以周边地区优先的 FTA 战略迎合了周边地区大多数的国家和地区渴望经济快速发展和提升的愿景。其次是中国实施以周边地区优先的 FTA 战略最起码可以在本地区成为一个"轮轴国"。一旦中国与周边地区都达成了 FTA，就会形成以中国为核心的 FTA 网络，中国就可以利用这一网络平台构建和巩固安全架构，从而使得自身在解决周边安全问题时能够从容应对。

事实上，在中国 FTA 战略的框架下，确保周边安全的一系列机制已经初具规模。比如，由起因于解决边界安全等问题建立的"上海五国"会晤机制发展为现在的经贸合作与安全合作并进的上海合作组织，中国与起因于防范中国等社会主义革命外溢而成立的东盟在 2010 年全面建成的 FTA，中国与 60 多年没有翻过脸的"全天候战略伙伴"巴基斯坦达成的 FTA 等，都有相应体制框架下安全保障方面的各种沟通与协调机制。在前面第一章的第一节"中国－东盟自由贸易区"、第四节"中国－巴基斯坦自由贸易区"以及第二章的第二节"上海合作组织"部分中，都有相关体制框架下安全保障方面的内容阐述，在这里就不再重复了。

由于中国与周边地区的区域经济合作形式所涉及的领域和涵盖的范围比较广泛（见表4－1），所以我们在研究中国 FTA 战略与周边安全问题的关联时，不可能一概而论，否则就会使得周边安全问题的研究泛化，脱离了中国 FTA 战略的视野。为此，只能选取几个切入点，力争更好地说明问题。本章选取交通与能源合作作为切入点，主要是由于支撑贸易投资便利化的交通合作和关系经济发展命脉的能源合作是当前中国 FTA 战略拓展与深化最为迫切的需要。以周边国家和地区作为优先的 FTA 谈判对象的中国 FTA 战略，必然要面临一个非常重要的事实就是，周边地区绝大多数国家是发展中国家，其交通与能源基础设施建设相当落后，这就严重制约了它们自身经济的快速发展以及中国与其达成 FTA 后实施的效果。中国面临着同样的问题，多年来的改革开放使得东、中、西部区域经济发展严重不平衡，因此，20 世纪末提出的"西部大开发"具有非常重要的战略意义和历史意义。"西部大开发"的入手处首先就是加大对交通与能源基础设施建设的投入，从而使得中、西部能与东部经济发展的快车道接轨，它们的丰富资源得以及时地开发和输出。中国的大部分周边地区正好也是"西部大开发"所辐射和利好的区域，通过中国与它们在交通与能源基础设施建设等方面的共同合作，从而在中国与周边地区构建起一个以便利、畅达的交通能源基础设施为"神经"网络的"命运共同体"，从而更好地化解周边安全隐患。

表 4－1　中国与周边地区的区域经济合作形式及其涵盖的国家和地区

区域经济合作形式	涵盖的国家和地区
亚太贸易协定	正式成员：中国，韩国，印度，老挝，孟加拉国，斯里兰卡；即将加入：巴布亚新几内亚；有意向加入：蒙古，尼泊尔，巴基斯坦，泰国，越南，缅甸，柬埔寨
中国－巴基斯坦 FTA	中国，巴基斯坦
中国－印度 RTA（在谈）	中国，印度
中国－斯里兰卡 FTA（在谈）	中国，斯里兰卡
中国－马尔代夫 FTA（在谈）	中国，马尔代夫

续表

区域经济合作形式	涵盖的国家和地区
中国 – 韩国 FTA	中国，韩国
中国 – 新加坡 FTA	中国，新加坡
中国 – 新西兰 FTA	中国，新西兰
中国 – 澳大利亚 FTA	中国，澳大利亚
中国 – 海合会 FTA（在谈）	中国，海合会（阿拉伯联合酋长国，阿曼，巴林，卡塔尔，科威特，沙特阿拉伯）
中国 – 东盟 FTA（"10 + 1"机制）	中国，东盟（印度尼西亚，马来西亚，菲律宾，新加坡，泰国，文莱，越南，老挝，缅甸，柬埔寨）
"10 + 3"机制	东盟，中国，日本，韩国
基于东盟的"3"机制和中日韩 FTA（在谈）	中国，日本，韩国
区域全面经济伙伴关系（RCEP）（在谈）	东盟，中国，日本，韩国，印度，澳大利亚，新西兰
上海合作组织	正式成员：中国，俄罗斯，哈萨克斯坦，吉尔吉斯斯坦，塔吉克斯坦，乌兹别克斯坦；观察员国：印度，巴基斯坦，伊朗，蒙古，阿富汗，白俄罗斯；对话伙伴国：斯里兰卡，土耳其，阿塞拜疆，亚美尼亚，柬埔寨，尼泊尔
亚太经合组织*	中国，中国香港，中国台北，日本，韩国，俄罗斯，文莱，印度尼西亚，马来西亚，菲律宾，新加坡，泰国，越南，澳大利亚，新西兰，巴布亚新几内亚，美国，加拿大，墨西哥，智利，秘鲁
大湄公河次区域经济合作	中国（以云南、广西为主要参与省区），越南，老挝，缅甸，柬埔寨，泰国
大图们江区域经济合作	中国（以东北三省、内蒙古为主要参与省区），俄罗斯，蒙古，朝鲜，韩国
中亚区域经济合作	中国（以新疆为主要参与省区），哈萨克斯坦，塔吉克斯坦，乌兹别克斯坦，吉尔吉斯斯坦，土库曼斯坦，蒙古，阿塞拜疆，阿富汗，巴基斯坦

注：*亚太经合组织中的太平洋西海岸的国家和地区都在中国周边地区范围之内，所以在此应考虑在内。

资料来源：根据中国自由贸易区服务网站（http：//fta. mofcom. gov. cn/）、上海合作组织官方网站（http：//www. sectsco. org/CN11/）、亚太经合组织官方网站（http：//www. apec. org/）、中国 – 东盟博览会秘书处官方网站大湄公河次区域经济合作专题（http：//www. caexpo. org/gb/news/special/GMS/）、中国图们江合作网站（http：//www. tmjhz. org/）、中亚区域经济合作网站（http：//www. carecprogram. org/）等资料信息整理。

中国与周边地区的交通能源合作比较成熟的形式有两个，一个是中国－东盟自贸区，一个是上海合作组织，而中国与周边其他国家和地区的交通能源合作都多少和这两者有关系。另外，中国积极推进的"一带一路"战略与加快实施的自由贸易区战略是紧密联系、相互促进的，而且两者目前最要紧的都是做好周边地区的事情。因此，本章将主要分三部分来谈中国与周边地区交通能源合作的进展状况。

第一节　中国－东盟FTA区域内的交通能源合作

随着中国－东盟自贸区建设的不断深入，双方业已密切的经贸合作关系得到了进一步加强，同时，也对双方交通能源合作的软硬层面建设提出了更高的要求。从"硬件"层面来看，首先是交通基础设施、能源管道铺设路径等方面的合作与对接。从"软件"层面来看，重要的是服务贸易协定的签署、双方关于交通能源合作方面法律法规的协调及修订。而这软、硬两个层面的建设又都具体涉及中国和东盟的海、陆、空三个领域的几乎所有部门，同时，也包括一些感兴趣甚至已经介入这些领域合作的国家和地区以及国际（地区）组织。因此，协调起来非常繁杂，真是"牵一发而动全身"。搞不好就牵扯主权问题，再深入又会触动各方的地方利益争夺，特别是涉及"谁出钱"的问题时，各方更是谨慎万分。这也是多年来，中国和东盟在交通能源领域的合作一直滞后的重要原因。但是，不管怎样，中国与东盟之间的交通能源合作却一直走在行进途中。下面我们就从几个方面来具体展示双方在交通能源合作领域取得的进展。

一　中国与东盟之间的"泛亚铁路"建设

泛亚铁路（Trans-Asian Railway，TAR）构想被称为"铁的丝绸之路"，1960年，联合国亚太经社委员会（UNESCAP，当时称"联合国亚洲及远东经济委员会"，1974年改为现名）首次提出建设泛亚铁路网的设想，当时的规划是形成从新加坡到土耳其的铁路通道，途经东南亚、孟加拉、印度、巴基斯坦和伊朗等国，全长1.4万公里，但至今未能实现。此后，亚太经社委员会不断扩大，泛亚铁路网所覆盖的范围也拓展到整个亚洲大陆。

2006年4月12日，来自60多个国家和地区的600多名代表在印度尼西亚首都雅加达举行的第 62 届联合国亚太经社委员会年会落幕时通过了《泛亚铁路网政府间协议》，一张连接从亚洲到欧洲 28 国[①]、线路总长 81000 公里的庞大铁路网真实地呈现在世人面前。2006 年 11 月 10 日，包括中国、俄罗斯在内的 18 个亚太经社委员会成员代表在韩国釜山会聚一堂，签署了《泛亚铁路网政府间协议》（Intergovernmental Agreement on the Trans-Asian Railway Network）。这份政府间文件的签署，确定了泛亚铁路网的框架，为打造新的钢铁丝绸之路，促进亚洲地区的经济发展和共同繁荣奠定了"一个新的里程碑"。亚太经社会专家指出，世界上排名前 20 的集装箱大型港口中，有 13 个在亚洲，泛亚铁路的开通，有助于提高这些港口货物的集散能力。此外，世界上 30 个内陆国家中，有 12 个在亚洲，其中 10 个是泛亚铁路网的成员国。泛亚铁路开通后，这些被陆地"封锁"的国家等于获得了出海口，可以促进这些国家的国际贸易。亚太经社会还指出，亚洲各国的经济发展，大都集中在沿海地区。泛亚铁路网的连通，将有助于使亚洲国家的内陆腹地获得"干港"（dryports）[②]，从而使经济发展的地域分布更趋平衡。

　　泛亚铁路网总共有四条路线。一是北部路线全长 32500 公里，贯通亚洲北部地区，连接欧洲和太平洋。从德国出发，经波兰、白俄罗斯、俄罗斯、哈萨克斯坦、蒙古、中国，到达铁路网最东端的朝鲜半岛。二是南部路线全长 22600 公里，将中国和印度这两个地区大国连在了一起。这条"丝路"连接了土耳其、伊朗、巴基斯坦、印度、孟加拉国、缅甸、泰国（与中国云南省连通）、马来西亚和新加坡。三是南北部路线长 13200 公里，它连接着北欧和波斯湾，伊朗是它的中枢。这条"丝路"从芬兰的赫尔辛基出发，通过俄罗斯到里海，然后分成三路，西路经过阿塞拜疆、亚美尼亚和伊朗西部。中路通过海运直穿里海到达伊朗。东路从哈萨克斯

---

① 泛亚铁路网成员国是：亚美尼亚、阿塞拜疆、孟加拉国、柬埔寨、中国、朝鲜、格鲁吉亚、印度、印度尼西亚、伊朗、哈萨克斯坦、吉尔吉斯斯坦、老挝、马来西亚、蒙古、缅甸、尼泊尔、巴基斯坦、韩国、俄罗斯、新加坡、斯里兰卡、塔吉克斯坦、泰国、土耳其、土库曼斯坦、乌兹别克斯坦和越南。参见《亚太经社会："丝绸铁路"即将梦想成真》，联合国官方网站，http://www.un.org/chinese/News/fullstorynews.asp? newsID = 6750。

② "干港"是内陆货运集散中心的俗称。亚洲严重缺少"干港"，目前亚洲的"干港"不到 100 个，而欧洲有 200 个"干港"，美国有 370 个。参见周路菡《泛亚铁路，力促亚洲经济一体化进程》，《新经济导刊》2015 年第 10 期。

坦、乌兹别克斯坦、土库曼斯坦到伊朗东部。三条路线在伊朗首都德黑兰交会，然后延伸到伊朗港口。四是东盟路线全长 12600 公里，连接中国南部与东南亚国家和地区。[①]

泛亚铁路东盟路线被明确提出则是在 1995 年 12 月的东盟第五届首脑会议上，时任马来西亚总理的马哈蒂尔提出了修建一条超越湄公河流域范围，从马来半岛南端的新加坡，经马来西亚、泰国、越南、缅甸、柬埔寨到中国昆明的"泛亚铁路"倡议。该倡议立即得到了东盟首脑和中国政府的认同。这条大通道纵贯中南半岛，建成后将有利于加强东南亚各国的物资交流，加快湄公河流域的开发，并可加强中国西南部各省（区、市）与东南亚的联系。云南省澜沧江 - 湄公河区域合作开发前期研究协调领导小组所提交的一份报告认为，要达到基本实现工业化的目标，中国每年要消耗 10 亿吨原油和 7 亿吨铁矿石，2010 年需进口原油 8 亿吨、铁矿石 3 亿吨、粮食 1 亿吨，而如果能加快泛亚铁路建设，中国内陆省区西下印度洋和西进中东、北非、西欧等国家的运距可缩短 3000～5000 公里，运输费用和时间也能大大节省；中东地区的石油资源就可以通过陆路进入中国；还可以从泰国、越南等国家获得粮食补给，"一旦发生战争，可打破霸权主义的海上封锁，保证国家战略安全"。因此，中国东盟商务理事会中方理事许宁宁形容它将是一条便捷的"黄金走廊"。[②]

对泛亚铁路东盟路线的建设，中国政府一贯持积极的态度。自 20 世纪 90 年代以来，中国就对泛亚铁路国内段进行了大量的前期研究工作，并将泛亚铁路东、中、西 3 个方案的国内段项目列入了《中长期铁路网规划》。2008 年 3 月 31 日，中国国务院总理温家宝在出席老挝万象举行的大湄公河次区域经济合作第三次领导人会议上发表的题为"合作的纽带，共同的家园"的讲话中郑重承诺，"中国愿出资 2000 万元人民币对泛亚铁路东线缺失段（巴登至禄宁）进行工程可行性研究，愿与各方一道探讨建设融资的可行性，并提供技术、管理和设备支持，争取使东线早日贯通"。[③] 泛亚铁路东盟路线共分东线、中线、西线 3 个方案。东线起于昆明，经既有昆

---

① 《中俄等国签订政府间协议穿越欧亚 28 国修筑 8.1 万公里铁路　46 年后重启泛亚铁路网》，《河南商报》2006 年 11 月 22 日。

② 王强：《泛亚铁路：再启中国 - 东盟"大陆桥"梦想》，《西部论坛》2005 年第 2 期。

③ 温家宝：《合作的纽带　共同的家园——在大湄公河次区域经济合作第三次领导人会议上的讲话》，《人民日报》2008 年 4 月 1 日。

玉铁路，新建玉溪—河口准轨铁路，在河口口岸与越南铁路网相连，并经柬埔寨、泰国、马来西亚铁路网后抵达新加坡，全长 5445 公里。其中中国境内玉溪—河口新建长度 285 公里，国外新建长度 431 公里，分别位于柬埔寨和越南境内。中国境内路段主要分为玉溪—蒙自铁路和蒙自—河口铁路。中线起于昆明，经既有昆玉铁路，新建玉溪—磨憨铁路抵达中国与老挝边境口岸磨憨，此后经老挝、泰国、马来西亚抵达新加坡，全长 3894 公里。其中中国境内新建长度 599 公里，国外老挝境内新建长度 580 公里。西线起于昆明，经既有成昆铁路、广大铁路，新建大理—瑞丽铁路抵达中国与缅甸边境口岸瑞丽，此后经缅甸、泰国、马来西亚抵达新加坡，全长 4758 公里。其中中国境内新建长度 339 公里，国外新建长度 495 公里，分别位于缅甸和泰国境内。当前，这 3 个方案的中国境内路段项目都在积极推进中。①

2015 年 8 月 26 日，中铁建东南亚公司总经理朱锡均在曼谷表示，中泰双方就长达 800 多公里的中泰铁路合作至今已举行 6 轮会谈，双方拟于 9 月上旬签署中泰铁路合作的政府间框架协议，预计 10 月底举行开工典礼。据了解，第一期坎桂—曼谷 133 公里铁路已完成可行性研究，可按计划开工建设，并将在 2017 年底投入运营。此外，246 公里的坎桂—玛塔卜线、138 公里的呵叻—坎桂线和 355 公里的呵叻—廊开线将会陆续开工建设，建成后将横贯泰国曼谷以北的南北国土。据悉，这 4 条线路将构成泛亚铁路规划的重要一环。这 4 条线路虽然不是高铁线路，但是均为复线铁路，时速达到每小时 180 公里。这些铁路向北可以连接老挝万象，再向北就直达中国昆明，向南则可以连接马来西亚和新加坡。可以说，中泰铁路将大大推进中国与东南亚的互联互通。2015 年 8 月 31 日，连接中国和老挝的铁路——玉溪至磨憨铁路先期开工段开始建设。据悉，玉磨铁路北起玉溪，南至中老边境口岸磨憨，线路起自玉溪，经峨山、元江、墨江、普洱、西双版纳，至中老边境磨憨，正线全长 508.53 公里，设计速度目标值 160 公里/小时。中泰铁路和中老铁路进程的推进，离不开中国在此方面付出的巨大努力。②

对中国和东盟国家来说，泛亚铁路可以带来诸多好处，可以从不同层

① 李卫民：《连通东盟和欧亚大陆的泛亚铁路》，《中国铁路》2007 年第 7 期。
② 周路菡：《泛亚铁路，力促亚洲经济一体化进程》，《新经济导刊》2015 年第 10 期。

面深化多国经济交流合作。首先是为企业合作拓宽物流通道，降低运输成本，促进外贸型企业更好地发展。铁路运输成本比较低，运输费用仅仅为汽车运输费用的几分之一到十几分之一，运输耗油量约是汽车运输的二十分之一。有数据显示，中泰铁路建成运营之后，从昆明到曼谷的往返铁路客运票价约为每人 3600 泰铢（约合 700 元人民币），相当于飞机票价的一半或 1/3，货运费用相当于航空费用的 1/9，大幅降低了物流成本。此外，相比海运，铁路运输还有诸多好处。比如铁路运输几乎可以不受气候的影响，一年四季可以不分昼夜地进行定期的、有规律的并且准确的运作。铁路运输速度也比较快，每昼夜可达几百公里，一般的货车就可达 100 公里/小时左右，远远高于海上运输。铁路运输量比较大，一列货车能运输 3000～5000 吨货物，远远高于航空运输和汽车运输。更重要的是铁路运输安全可靠性大，风险远远小于海上运输以及其他运输方式。此外，泛亚铁路合作可以优化连线各国的产业结构，更好地提质增效，促进产业结构的优化升级。比如对于泰国来讲，中泰铁路项目建成后不仅大幅度提升了泰国铁路时速，从现有的 50 公里提升到 160～180 公里，这将使得泰国的铁路基础设施有一个质的提升。此外，中泰铁路建成之后，将更加便利于泰国大米、橡胶、木薯、水果等各种农产品以及工业产品进入中国市场及国际市场，相当于为泰国农产品提供了一个稳定的出口市场，保证了当地人民的经济利益，也有利于社会的稳定和发展。比如泰国作为全球最大的橡胶生产国和出口国，2014 年以来已经因橡胶供应过剩和橡胶市场需求疲弱而大受打击。最近，中国同意以"友好的"价格买入 20 万吨橡胶，即是支持中泰铁路建设的积极信号，意在帮助削减泰国庞大的橡胶库存来获取泰国民众的支持。此外，泛亚铁路对中国物流的战略意义也非常重要。泛亚铁路为中国战略物资的运输，特别是石油运输提供了新选择，分散了风险。由于中国从西非和东亚进口原油主要采用海运方式，基本上绕不开马六甲海峡，严重受制于马来西亚、印度尼西亚和新加坡。为分散运输风险、增加石油进口的渠道，中国已与缅甸政府合作建设中缅油气管道。但是，由于管道的距离很长，很容易遭受破坏，虽然管道运输是一个新途径，但仍面临较大的风险问题。泛亚铁路为中国战略物资的运输提供了新的选择，可以分担海运和管道运输的风险。对石油运输而言，从西非和中东地区进口的石油通过泛亚铁路进入中国，比经过马六甲海峡的海运距离缩短一半，而且运输风险大大减小。泛亚铁路对大湄公河次区域经济走廊的建设也非常必要。围绕着澜沧江－湄公河，中国云南、老挝、缅甸、泰国、柬埔寨和越南形成了大湄公河次区域经济走廊。来往于中国与其他国家之间的货物多依赖于澜沧江－湄公河的航运通道，货运量年仅几百万吨，经济贸易很受限制。该区域交通运输体系的建设迫在眉睫，2015 年 6 月，"第七届大湄公河次区域经济走廊论坛"中所提及的制定"交通与贸易便利化行动计划"即是对此的反应，所以加快铁路建设是促进各国经济发展的必要条件。泛亚铁路将编织一个巨大的经济合作网络，成为大湄公河次区域经济走廊各国经济往来的血脉。目前，中国的"一带一路"建设正在如火如荼地展开，"一带一路"的最终目标是要与沿线国家一起打造利益共同体和命运共同体，那么泛亚铁路带来的互联互通和贸易投资便利化同样也是中国构建"一带一路"的最基本要求。未来，泛亚铁路网将与建设中的东盟互联互通、APEC 互联互通、泛亚能源网、大湄公河次区域互联互通、孟中印缅走廊、中巴经济走廊形成互相支撑的体系，以此来带动更多国家打通欧亚交通网、泛亚铁路网东南亚走廊和泛亚能源网，构建横贯东西、连接南北的欧亚海陆立体大通道。①

尽管泛亚铁路东盟路线对于东南亚各国来说意义如此重大，但是从 20 世纪 90 年代提出这一构想到现在已经十几年过去了，围绕泛亚铁路的实质性动作和合作并未开始，该项目一直处于前期论证和准备阶段。这主要有几个方面的原因。首先是该项目所需 900 多亿元的庞大建设资金，对于像老挝、柬埔寨、缅甸等经济落后的国家来说，是"心有余而力不足"的，其非常需要国外资金和技术的援助。其次是协调多样的技术和设计问题，而轨距不统一是最大的难题。泛亚铁路东盟线路所经各国，有三种不同的铁路轨距，分别是 1435 毫米、1067 毫米、1000 毫米。所以有专家建议，研制一种新型可变轮距的准轨－米轨列车，将可在泛亚铁路全线通行无阻，也是实现泛亚铁路国际联运必备的重要条件。但这还需要各国进一步的沟通和合作，要解决米轨和标准轨道的更换以及对接问题，成本和造价比较高。最后是区域内外力量的博弈。区域内，作为泛亚铁路的倡议国，马来西亚一直对这一大通道的建设非常重视，政府内外都希望尽早开工。而新加坡的主要贸易市场在欧美和日本，其进出口贸易主要通过海路，国际陆路运输所占比重不大，因此反应比较冷淡。虽说建设区域性铁路网特

---

① 周路菡：《泛亚铁路，力促亚洲经济一体化进程》，《新经济导刊》2015 年第 10 期。

别重要，但老挝、柬埔寨、缅甸和越南等国家对于线路的选择仍存在争议，因为不同的线路对沿线各国所带来的意义是截然不同的。区域外，日本通过提供援助插手泛亚铁路项目，并且还积极支持中南半岛几个国家建设东西走向的交通线路，以与泛亚铁路这条"南北走廊"相抗衡。作为该地区的海外最大直接投资国和援助国，日本加大了支持建设横贯湄公河的东西走廊①的力度。另外，印度在其全面"东进"东盟战略中，也将尽快修通从新德里到河内的铁路作为重点。

二 中国与东盟之间的"泛亚公路"建设

"泛亚公路"（Asian Highway，AH）一词很多情况下是为了表述方便，在正式文本中通常是以"亚洲公路网"的概念出现。泛亚公路（亚洲公路网）是联合国亚太经社委员会（UNESCAP）自 1959 年开始倡导规划的一个连接亚洲地区各国重要城市的国际公路交通运输网的合作计划，是亚洲陆路交通基建发展计划（ALTID）三大工程之一（另外两个为泛亚铁路和促进陆路交通计划）。② 2003 年 11 月 18 日，联合国亚太经济委员会在泰国曼谷正式通过了《亚洲公路网政府间协定》（Intergovernmental Agreement on the Asian Highway Network）文本，32 个成员国同意加入亚洲公路网。2004 年 4 月 26 日在中国上海举行的亚太经社会第 60 届会议上，包括日本、韩国、印尼、泰国、哈萨克斯坦、越南、土耳其等 23 个成员国正式签署该协议，还有一些国家也将陆续签署协议。根据《亚洲公路网政府间协定》，亚洲公路网由亚洲境内具有国际重要性的公路路线构成，包括大幅度穿越东亚和东北亚、南亚和西南亚、东南亚以及北亚和中亚等一个以上次区域的公路线路；在次区域范围内，包括那些连接周边次区域的公路线路，以及成员国境内的亚洲公路线路。

总耗资 440 亿美元的亚洲公路网将贯穿 32 个国家，实现亚洲与欧洲的

---

① 所谓的"东西走廊"，实际上就是从横向穿越湄公河流域的物流通道。"东西走廊"有两条，第一条"东西走廊"东起越南岘港，经老挝南部、泰国东北部，至缅甸毛淡棉港的交通线及沿线经济带，全长 1450 公里，于 2007 年 12 月全线通车；另一条是连接泰国与柬埔寨的"第二东西走廊"，总长为 1000 公里。参见《日本将援建"东西走廊"讨好东盟 抗衡中国》，中国评论新闻网，http://cn.chinareviewnews.com/doc/1005/3/5/5/100535577.html? coluid = 7&kindid = 0&docid = 100535577。

② 《泛亚公路》，维基百科网站，http://zh.wikipedia.org/w/index.php? title = % E6% B3% 9B% E4% BA% 9E% E5% 85% AC% E8% B7% AF&variant = zh-hans。

连接，工程全部竣工后，各国首都、主要工农业中心、主要机场、海港与河港、主要集装箱站点以及主要旅游景点将连成一片，为商贸和旅游业提供更多的便利，是促进亚洲经济一体化的基础和手段。公路网同样使"泛亚洲共同体"的梦想变得更为现实。[1] 建立亚洲公路网的宗旨是协调并推动亚洲地区国际公路运输的发展，促进亚洲各国贸易往来，繁荣旅游业，从而刺激亚洲地区的经济发展，便利区域经济贸易和文化交流。

2005 年 7 月 4 日正式生效的亚洲公路协议，最终确定了穿越亚洲的线路图、道路的基本技术标准以及公路沿线的线路标志。根据协议规定，亚洲公路将使用 2 个英文首字母"AH"后缀数字代码来表示地区和次地区；使用单个数字线路号码"1"到"9"的亚洲公路线路，充分贯穿多个次地区；线路号码"40"到"59"和"400"到"599"用于南亚国家；线路号码"10"到"29"和"100"到"299"用于东南亚国家。协定规定了统一的亚洲公路分级和设计标准，为亚洲公路的建设、改善和养护提供最低标准和指南。根据车道数量和路面类型，亚洲公路被分为四个等级：干线、一级、二级和三级。"干线"指控制进入的汽车专用路；"三级"即 2 车道、双层沥青表面处理，被视为最低要求标准，应在修路资金缺乏或是供道路使用的土地有限的情况下才可使用，路面铺设将来应尽快升级到沥青或水泥混凝土。在此分类基础上，协定根据地形分类、车速等因素为不同等级的亚洲公路设计了不同建设标准。协议还规定，联合国亚太经社会须设立一个亚洲公路工作组，审议该协定的执行情况和任何修订建议。所有成员国均是工作组的成员。工作组每两年开一次会，任何缔约方也可通知秘书处，要求召开工作组特别会议。[2] 被命名为"亚洲公路 1 号"（AH1）的线路是整个公路网中最长的一条线路，它始于日本东京，从福冈经轮渡到韩国的釜山，再经由中国的沈阳、北京、广州等城市，进入越南河内，随后经柬埔寨、泰国、老挝、缅甸、印度、巴基斯坦、阿富汗、伊朗、土耳其等 10 多个国家到达保加利亚边境。到目前为止，亚洲公路网的入网公路里程已超过 14 万公里，其中中国已加入和今后将加入的亚洲公

---

[1] 《亚洲公路网——32 国联手打造的超级工程》，中国交通技术网，http：//www. tranbbs. com/news/cnnews/news_ 33282. shtml。

[2] 《亚洲公路网——32 国联手打造的超级工程》，中国交通技术网，http：//www. tranbbs. com/news/cnnews/news_ 33282. shtml。

路网线路总里程约为 26000 公里，占亚洲公路网总长度的近 20%。①

中国与东盟之间的"泛亚公路"也可以说是中国与东盟计划修建的 3 条高速公路，即东线、中线、西线三条线路。有资料显示，东线是南宁至仰光高速公路。被誉为"南疆国门第一路"的南友（南宁—友谊关）高速公路与越南一号公路相连，并经越南连接中南半岛 7 个国家。建设线路由中国南宁—越南河内—老挝琅勃拉邦—泰国清迈—缅甸仰光，全长约 1250 公里，途经中、越、老、泰、缅 5 国。其中，中国段南友高速公路 179.2 公里，已于 2005 年底投入使用。中线昆曼（昆明至曼谷）公路起于昆明，经过老挝，止于曼谷，全长 1807 公里。其中，中国境内 688 公里，老挝境内 229 公里，泰国境内约 890 公里。中国政府采取以提供无息贷款和部分无偿援助（共计 2.49 亿元人民币）的方式与亚洲开发银行及泰国共同出资分别承建老挝境内路段的 1/3。中国段（包括中国援建的老挝段）已于 2008 年 3 月 28 日建成通车。西线是 2007 年 4 月开通的中国援建的新滇缅公路。

中国与东盟之间的"泛亚公路"建设同样会遇到与"泛亚铁路"建设类似的资金、技术问题。在资金方面，比较贫穷的缅甸、老挝、柬埔寨等国家只能等着包括中国在内的外国和亚洲开发银行等国际组织的援建资金到位，比如，昆曼公路老挝段，中国所承建的部分已经通车，但是泰国所承建的尚在建设中，最终完工不知要等到什么时候。在技术方面，除了建设时会遇到复杂的地理自然因素外，还遭遇到通车联网管理的道路标志统一、检疫与车辆安全标准等问题。例如，2003 年 10 月 1 日中泰两国正式将果蔬进出口关税从原来的平均 30% 降为零，本可期望贸易由此井喷，但由于中泰两国的工作对接出现了纰漏，湄公河上的许多水果商贩跑来跑去办不了手续，反而造成了损失。② 其实在这之前的 2002 年 11 月，在柬埔寨首都金边举行的大湄公河次区域经济合作（GMS）首次领导人会议上，中国就加入了《大湄公河次区域便利货物及人员跨境运输协定》。③

① 《亚洲公路网》，新华网，http：//news. xinhuanet. com/ziliao/2004 - 04/27/content _ 1441717. htm。

② 尹鸿伟：《中国编织"亚洲公路网"》，《南风窗》2008 年第 8 期。

③ 《大湄公河次区域便利货物及人员跨境运输协定》（简称《便利运输协定》）是 GMS 经济合作框架下的重要内容。协定主要包括跨境手续、道路标志、运输价格、海关检查、车辆管理等涉及交通运输领域的便利化措施，旨在实现 GMS 六国之间人员和货物的便捷流动，使该次区域公路网发挥最大效益，使 GMS 各国在交通基础设施投资的"硬件"方面与便利客货运输的"软件"方面协调发展。

三 《中国与东盟交通合作规划设想》与"马六甲困局"

2007 年 9 月 10 日，在广西南宁召开的第一届中国 – 东盟交通战略规划研讨会上，中国交通部向中国与东盟十国的交通专家和官员提交了《中国与东盟交通合作规划设想》（以下简称《设想》）。《设想》中勾画了中国与东盟国家间将形成"四纵两横"运输大通道：一纵是中缅通道，该通道由公路、内河航道、铁路和石油管道①共同组成，是从中国云南省进入缅甸境内，并通向印度洋的战略性综合运输大通道。二纵是昆明—曼谷—新加坡通道，该通道是由新加坡至昆明的泛亚铁路、昆曼公路、澜沧江 – 湄公河航道②等国际运输路线组成的综合运输通道。三纵是中越通道，中越通道主要由中国西南沿海港口，越南北部沿海港口，中越红河航道及内河港口，昆明、南宁至河内的公路、铁路等国际运输通道组成。四纵是海上运输通道，开辟了中国沿海港口通往北部湾、泰国湾、孟加拉湾等沿岸国家的海上航线，是中国与东盟外贸物资运输的主要通道。此外，马来半岛和苏门答腊岛之间的马六甲海峡通道和联系中国云南、缅甸、孟加拉国和印度的中缅孟印通道将构成"两横"大通道。③

《设想》中的"四纵两横"运输大通道谋求在中国与东盟之间打造一个建立在已有的现实基础上，包括除了航空以外的各种交通运输方式，立体式、全方位、多领域的交通能源安全合作网络。正因为有了现实基础作

---

① "中缅石油管道"项目已经在积极地推进。中缅油气管道西起缅甸西海岸的实兑，从云南瑞丽进入中国境内，直达云南昆明，长度为 900 公里，每年计划向中国国内输送 2000 万吨原油，相当于每日运输 40 万桶左右。

② 澜沧江 – 湄公河是亚洲唯一的一江连六国（中、老、缅、泰、柬、越）的国际河流。自古以来，这条"东方多瑙河"就是一条天然纽带、民族走廊、经济通道，把中国西南和东南亚的社会经济文化紧密联系在一起。中老缅泰四国为给澜沧江 – 湄公河运输提供法律保障，自 1994 年开始历经 7 年 6 次事务级会谈后，四国交通部长于 2000 年 4 月正式签署了《中老缅泰澜沧江 – 湄公河商船通航协定》；为维护和改善河流通航条件，以确保船舶安全顺利航行，四国于当年 9 月又通过了《澜沧江 – 湄公河航道维护与改善导则》等 6 个文件草案。据研究预测，2010 年货运量可达到 150 万吨以上、旅客量 40 万人次以上。参见《中老缅泰澜沧江 – 湄公河商船通航合作概况》，中国 – 东盟博览会官方网站，http：//www.caexpo.org/gb/news/special/GMS/coporation/t20050123_30935.html。

③ 《中国欲打造东盟十国"四纵两横"运输大通道》，广西壮族自治区人民政府门户网站，http：//www.gxzf.gov.cn/gxzf_gxdm/gxdm_zgdmfzgh/zgdmfzgh_fzgh/200709/t20070913_41385.htm。

为依托，"四纵两横"运输大通道的建设将会迅速行动起来，立竿见影。这样一来，既尊重了传统，又节省了资金。

"马六甲困局"是指中国进口能源、原料运输过度依赖马六甲海峡的困境。我们经常可以看到有很多种关于回避"马六甲困局"的富有创建性的设想。比如，汪海就在一篇文章文中，针对"建设从中国北部湾到东南亚和印度洋的现代化、综合性国际大通道"设计了 5 种具体方案：（1）中国北部湾至新加坡的铁路和公路方案；（2）泰国至中国北部湾石油管道方案；（3）缅甸至中国北部湾石油管道方案；（4）东南亚至中国珠江三角洲天然气管道方案；（5）中国海南岛至越南和印度洋海陆联运通道方案。①这 5 种方案的精心设计显示了作者宏大、开阔的建构视野，着实令人佩服。但是，就目前中国与东盟之间现代化、综合性运输大通道的建设来说，不得不考虑多方面的因素，诸如资金、技术等问题，更多考虑的是当涉及跨国、特别是多国的交通能源合作时，就得多方面勘察、论证与协调，而不仅仅是地理上选取几何式的最近距离。相比之下，这样的大通道，经过的国家越少越好，其谈判协调起来也简单方便。这也部分地解释了中缅石油管道建设，虽将历经艰难险阻、排除种种"非议"也在积极推进的原因。当然，运输方式与途径的多元化为应对现代化建设快速增长的能源、原材料需求以及抵御各种潜在危机与风险都展示了战略性的抉择，这恐怕也是《设想》的深层考虑。就拿油气运输不一定要经过管道来说，铁路、公路、水路等各种途径都可以考虑与尝试，这样才能真正缓解"马六甲困局"。2006 年底，两艘满载 150 吨成品油的专用油船，从泰国清盛码头启运并顺利抵达云南景洪港关累码头，标志着首次澜沧江－湄公河国际航道成品油试运输取得成功。这也是能源运输通道（途径）多元化的一个重大突破。②

第二节　上海合作组织区域内的交通能源合作

就像在第二章第二节"上海合作组织"中所研究的那样，上海合作组

---

① 汪海：《从北部湾到中南半岛和印度洋——构建中国联系东盟和避开"马六甲困局"的战略通道》，《世界经济与政治》2007 年第 9 期。

② 李倩、李怀岩：《澜沧江——湄公河国际航道启动成品油试运输》，新华网云南频道，http://www.yn.xinhuanet.com/reporter/2006－12/28/content_ 8912607.htm。

织区域内的交通能源合作存在着基础设施方面严重落后的"硬瓶颈",同时这方面的建设所需的资金、技术缺口又很大。为此,中国多年来一直是全力以赴。虽说面临着资金、技术以及利益协调等方面的问题,但是包括中国在内的上海合作组织成员国之间的交通能源合作依然在快速升温,并有序地展开着。现在,我们就几个方面具体地谈一下上海合作组织区域内交通能源合作的进程。

一 上海合作组织区域内的交通合作

事实上,在前面中国 – 东盟 FTA 区域内的交通合作中谈到的"泛亚铁路"和"泛亚公路"的一些线路,很大程度上也要经过广袤的上海合作组织区域范围之内,这里就不再多说了。但是,我们要研究上海合作组织区域内的交通合作,必然要将其范围予以扩展到"6 + 6"(上海合作组织 6 个成员国加上 6 个观察员国)的合作范围,甚至更大一些,这样才会显得更完整。上海合作组织的一些中亚地区的成员国在本组织还没有成立之时,甚至在苏联解体、国家刚刚成立之际,就与中国之间达成了某些交通合作协议。特别是自从"上海五国"会晤机制成立的那一年开始,穿越上海合作组织成员国之间的一些公路、铁路线路就通过多方协定的形式得以确定,并开始兴建、改建与扩建。这些线路主要有:(1)"哈萨克斯坦—乌兹别克斯坦—土库曼斯坦—伊朗"(谢拉赫斯—麦什德,谢拉赫斯协定,1996 年);(2)"中国—哈萨克斯坦—俄罗斯—乌克兰—波兰—德国";(3)"中国—吉尔吉斯斯坦—乌兹别克"(安集延—奥什—喀什,中、吉、乌国际公路交通协定,1997 年);(4)"欧洲—高加索—亚洲"(欧亚大干线,主要多边协定,1998 年);(5)"印度—伊朗—俄罗斯—欧洲"("北—南"、印、伊、阿曼和俄协定,2000 年);(6)"E – 40"国际间技术委员会,"德国—波兰—乌克兰—俄罗斯—哈萨克斯坦—乌兹别克斯坦—哈萨克斯坦—中国";(7)跨越阿富汗的新的运输走廊("乌兹别克斯坦—阿富汗—伊朗",阿、伊、乌协定,2003 年);(8)"中国—哈萨克斯坦(吉尔吉斯斯坦、塔吉克斯坦)—乌兹别克斯坦—阿富汗—伊朗",通向印度洋港口;(9)"中国—塔吉克斯坦—乌兹别克斯坦—阿富汗—伊朗";(10)"中国—塔吉克斯坦—乌兹别克斯坦";(11)"中国—哈萨克斯坦—土库曼斯坦—伊朗"(铁路干线新方案）等。① 这么多的交通运输线路如果真的都能够达到畅通无阻，那么亚洲的大部分区域范围内都将会被一个紧密的交通网络所整合。其中，值得一提的是，为了又快又好地建设上海合作组织区域内的交通运输通道，该组织特意将中国—吉尔吉斯斯坦—乌兹别克斯坦公路和 E-40 公路作为在交通领域的示范性项目来抓。

在这些现有的基础上，中国曾提出了与上海合作组织其他成员国之间进行交通合作的初步设想，其主要内容是②：上海合作组织各成员国要进一步加大对公路基础设施的投入，并争取得到世界银行、亚洲开发银行等国际金融机构的更大支持，加快建设贯通中国—中亚—欧洲的三条东西运输通道。（1）中国—哈萨克斯坦—俄罗斯—欧洲（欧亚洲际运输通道之北通道）。这是中国经过哈萨克斯坦、俄罗斯连接欧洲的重要通道。中国国内公路通道由连霍国道主干线和霍尔果斯、吉木乃、巴克图、阿拉山口口岸公路组成，已基本完成高等级公路改造。它是目前欧亚联系的主要陆路通道之一。（2）中国—哈萨克斯坦—里海—欧洲（欧亚洲际运输通道之中通道）。这是中国经过哈萨克斯坦腹地到达里海，然后进一步延伸至欧洲的便捷通道。（3）中国—中亚—伊朗—土耳其—欧洲（欧亚洲际运输通道之南通道）。南通道横贯中国东、中、西部，东起连云港，途经西安，西抵新疆乌鲁木齐、阿克苏、喀什，通过吐尔尕特和伊尔克什坦口岸可以联系吉尔吉斯斯坦，并通过吉尔吉斯斯坦到达乌兹别克斯坦、塔吉克斯坦和土库曼斯坦，通过卡拉苏等口岸到达塔吉克斯坦等中亚国家，再经高加索地区到欧洲，经伊朗和土耳其，通过博斯普鲁斯海峡到达欧洲。沿线经过中亚的比什凯克、杜尚别、塔什干、霍罗格、胡詹等中亚国家的首都和重要城市，是经过中亚国家最多、沿线人口最密集的通道。通过这条通道，将中国与中亚主要国家、西亚和欧洲连接在一起。这三条东西通道可以将中国和东北亚与中亚和欧洲更紧密地联系起来。通道横贯了中亚五个国家，连接了这些国家的行政中心、主要城市和资源产地，为发展中国与俄罗斯、中亚、南亚等国家乃至欧洲等国家的经济贸易提供了良好的通道运

① 〔俄〕阿卜杜拉·哈希莫夫：《上海合作组织与中亚交通运输》，《俄罗斯中亚东欧市场》2004 年第 11 期。

② 《建设公路运输通道、实现便利运输、促进经贸发展》，中国交通运输部网站，http://www.mot.gov.cn/buzhangwangye/fengzhenglin/zhongyaohuodonghejianghua/201510/t20151012_1891589.html。

输条件。同时，俄罗斯、中亚、南亚等相关国家就建立连接俄罗斯、中亚至南亚阿巴斯、卡拉奇等港口的南北运输通道达成共识，这将为中国与中东、波斯湾和印度洋地区的国家开通陆路联系，也为中亚地区开辟了向南的出海通道，为通过海上运输连通中亚和中国西部地区提供了可能，对上海合作组织成员国发展经贸和公路运输合作意义重大。

当然，在重点推进中国与上海合作组织区域公路运输大通道的基础上，中国已加大资金投入建设和正在规划建设到 2010 年前通往本区域国家的 12 条现代化高速公路运输线路的中国境内路段，其中 5 条为近期重点建设线路（总长约 5200 公里），上述路线将把中国乌鲁木齐、喀什等重要城市通过霍尔果斯、伊尔克什坦、卡拉苏等口岸与中亚国家、俄罗斯、欧洲连接起来。中国在建设自己境内路段的同时，也向其他成员国提供力所能及的援助。比如，中国政府已向吉尔吉斯斯坦提供了 6000 万元人民币的无偿援助用于援建中吉乌公路；中国政府还提供 3 亿美元优惠出口买方信贷用于修建连接中吉乌公路的塔乌公路（全长 380 公里）。

从 2004 年 8 月到 2007 年 12 月，前后经历了 7 次谈判，经过各方的努力，《上海合作组织成员国交通便利化协定》有关各方在北京完成了其框架协定的绝大部分文本讨论，有待正式签署。建立和完善各国间公路跨境过境运输法律框架，消除人为因素造成的非物理障碍，实现各成员国的跨境过境运输便利化，是充分发挥国际公路运输通道基础设施建设投资效益的基本保证。因此，上海合作组织各成员国对在道路运输便利方面的合作非常重视，都希望尽快签署该协定，为本组织道路运输便利化提供可靠的法律保障。

2014 年 9 月 12 日，上海合作组织杜尚别峰会正式签署《上海合作组织成员国政府间国际道路运输便利化协定》，计划 2017 年建成从连云港至圣彼得堡公路网，使各成员国更好地共享连云港这个出海口。这是上合组织成员国在多边经贸合作领域里的一大突破，可谓是"十年磨一剑"。签署这一协定，可以说是各成员国对习近平主席倡议的丝绸之路经济带的积极回应，是推进丝绸之路经济带建设的一份"厚礼"。① 据了解，总里程近8500 公里的"中国－哈萨克斯坦—俄罗斯"跨境公路被誉为"新世纪的

---

① 《十年磨剑 上合峰会正式签署〈上海合作组织成员国政府间国际道路运输便利化协定〉》，中国证券网，http://news.cnstock.com/news/sns_bwkx/201409/3177093.htm。

丝绸之路"，它东起连云港，向西跨越亚欧大陆，依次经过俄罗斯联邦奥伦堡州及鞑靼斯坦共和国、下诺夫哥罗德州、莫斯科州，最后到达圣彼得堡市。这条公路在中国境内总计 3425 公里，俄罗斯境内 2233 公里，哈萨克斯坦境内 2787 公里。据专家测算，通车之后，从连云港到圣彼得堡，及与之交界的欧洲国家边境道路只需要约 10 昼夜，而使用通过苏伊士运河的海上通道的时间达 45 昼夜，通过跨西伯利亚大铁路的时间为 14 昼夜，公路运输的时间优势显而易见。中国国际问题研究所欧亚部副主任李自国认为，"这个协定是上合组织内部实现互联互通、推动多边合作的一个突破。各成员国将在货物过境运输涉及的海关通关、检验检疫等方面达成一致，互相交换物流信息，在法律法规方面也会做出统一规定"。[①] 2015 年 12 月 14 日至 15 日，上海合作组织成员国政府首脑（总理）理事会第十四次会议在河南郑州举行。总理们强调，2014 年 9 月 12 日在杜尚别签署的《上海合作组织成员国政府间国际道路运输便利化协定》应尽快生效。该协定的落实将有助于发展多式联运，构建便捷的互联互通基础设施网络格局，释放上合组织成员国过境运输潜力。[②]

二　上海合作组织区域内的能源合作

在上海合作组织区域所涵盖的范围内，有着俄罗斯、伊朗、哈萨克斯坦、乌兹别克斯坦、吉尔吉斯斯坦等生产潜力巨大的资源国。据统计，该地区的石油储量约占世界总储量的 10.9%（如果包括观察员国，则为22.9%），天然气储量约占世界总储量的 30.65%（如果包括观察员国，则为 46.15%），煤炭储量约占世界总储量的 33.4%（如果包括观察员国，则为 43.9%）。又有中国、印度、蒙古、巴基斯坦等能源需求旺盛的消费国。据国际能源机构预测，到 2030 年，世界能源需求将以年均 1.6% 的速度递增，而亚洲发展中国家的增长最快，这主要是指中国和印度。中国的石油需求量预计年均增长率约为 3.4%，印度为 3%。相应地，到 2030 年，中国的原油消费量将达到每天 1530 万桶（其中 77% 依靠进口），印度约为每天 540 万桶（其中 87% 依靠进口）。也就是说，届时仅中国一国的原油

---

① 陆怡：《上海合作组织成员国签订从连云港到圣彼得堡的国际道路运输便利化协定》，《大陆桥视野》2014 年第 9 期。

② 《上海合作组织成员国政府首脑（总理）理事会第十四次会议联合公报（全文）》，中国政府站，http://www.gov.cn/xinwen/2015-12/15/content_5024468.htm。

消费量大致就相当于整个欧洲的水平。另外，到 2030 年，中国每年的天然气需求量将达到 1690 亿立方米（其中 33% 依靠进口），印度约为 900 亿立方米（其中 30% 依靠进口）。[①] 因此，这种客观条件使得它们对开展区域能源合作有着强大的内在需求，同时也为它们之间互利共赢的能源合作开辟了广阔的前景。现在我们从几个具体领域来看一下上海合作组织区域内的能源合作。

一是上海合作组织区域内天然气领域的能源合作。2006 年 3 月，中俄两国签署了《中国石油天然气集团公司与俄罗斯天然气工业股份公司关于从俄罗斯向中国供应天然气的谅解备忘录》，计划从 2011 年开始俄罗斯将通过东、西两条管道每年对华出口天然气 680 亿立方米。第一条管道经阿尔泰边疆区到中国，其依托是亚马尔半岛气田和西伯利亚的恰扬金斯克气田；第二条管线将以萨哈林或科维克金气田为基地。中国还计划建设 16 个液化天然气的终端接收站。中国石油化工集团公司参与了生产液化天然气的俄罗斯"萨哈林 - 3"勘探项目，拥有该项目中韦宁区块开发项目中 25.1% 的股份，目前进展顺利。2004 年，中国和伊朗政府签订了总额为 700 亿美元的巨额投资合同。按照合同规定，伊朗将在 25 年内向中方供应约 2.5 亿吨液化天然气，而中国在未来 25 年内对伊朗能源工业的投资总额将有可能超过 1000 亿美元。正在修建的从伊朗经巴基斯坦再到印度的天然气管道可以保证伊朗每年出口 660 亿立方米天然气，这条管道基本上将能够满足印度日益增长的能源需求[②]。2007 年 7 月，中国石油天然气集团公司与土库曼斯坦签署了一项长达 30 年的天然气供应协议。根据该协议，土库曼斯坦将在 30 年内，每年向中国供应 300 亿立方米天然气。按照规划，中石油将修建一条始自土库曼斯坦，途经乌兹别克斯坦和哈萨克斯坦，最后到达中国西部霍尔果斯口岸的天然气管道，以便将中国在土库曼斯坦购买的天然气输送到中国。为此，2007 年 12 月底，中石油决定与其子公司各向中油勘探注资 80 亿元，即共增资 160 亿元人民币以支持该天然气管道项目。

二是上海合作组织区域内石油领域的能源合作。俄罗斯远东输油管道

---

① 陈小沁：《上海合作组织能源一体化前景探析》，《国际经济合作》2008 年第 10 期。

② 指的是"伊—巴—印天然气管道"。参见第一章第四节"中国 - 巴基斯坦自由贸易区"的注释部分。

"泰纳线"[①] 建成之后，将形成每年 8000 万吨的输送能力，受益的将包括中日韩在内的亚太地区。随着 "阿塔苏—阿拉山口"（哈萨克斯坦—中国新疆）石油管道二期工程将于 2009 年下半年正式投入使用，届时可实现由哈萨克斯坦西部到中国新疆全线贯通，每年输送原油达 2000 万吨。目前，俄罗斯通过铁路每年可向中国出口 1000 万吨~1500 万吨原油，但这远不能满足快速增长的中国经济对原油的需求。现在伊朗正在计划成为中国主要的原油供应国。伊朗已经向本国的石油部门投入了 300 亿美元，以期到 2015 年实现日产原油 550 万桶，而如果投入 1000 亿美元，则可实现日产原油 700 万桶。按照中国石油化工集团公司与伊朗方面签署的原油供应合同的规定，中国在未来 25 年内每天将可从伊朗获得 15 万桶原油，即每年超过 5000 万桶原油。2015 年 11 月 11 日，巴基斯坦正式向中国海外港口控股有限公司（中海港控）移交瓜达尔港自贸区 300 公顷土地——这占瓜达尔自贸区目前规划面积 923 公顷中的近三成，给予中国海外港口控股有限公司 43 年的开发使用权限。至此，中国完成了中巴经济走廊上最重要的一块拼图。瓜达尔港地处巴基斯坦西部，距伊朗边境不到 100 公里，距中东石油咽喉阿曼湾也只有 380 公里。如果中东石油通过瓜达尔港，从陆路经中巴经济走廊进入中国新疆，将把中国目前绕经马六甲海峡的石油运输航程缩短 85%。有市场声音认为，如果以瓜达尔港为出口的中巴经济走廊最终能够打通，中国对马六甲海峡的依赖度将明显降低，这也将深刻影响亚洲的经贸战略格局。法新社引述巴基斯坦分析员阿斯卡里（Hasan Askari）的话说，这项工程将为中国提供进入阿拉伯海的 "新通道"。这向世界表明，中国愿意帮助自己的朋友，以积极的经贸活动扩大自己的影响力。11 月 12 日，中国外交部发言人洪磊在例行记者会给出的官方表态是：中国企业接手瓜达尔港经营权，是中巴经贸合作下的商业项目，是两国互

---

① "泰纳线"是中日"安大线"与"安纳线"竞合的结果。中国最先与俄罗斯达成的"安大线"输油管道按计划西起俄罗斯伊尔库茨克州的安加尔斯克油田向南进入布里亚特共和国，绕过贝加尔湖后，一路向东，经过赤塔州，进入中国，直达大庆。但是"安大线"方案建设由于日本提出优厚条件要求俄罗斯优先兴建从安加尔斯克油田到远东太平洋港口纳霍德卡的"安纳线"输油管道而陡增变数。而"安纳线"也由于很多不确定的不利因素导致流产。之后，俄罗斯最终选定"泰纳线"方案。该线西起伊尔库茨克州的泰舍特，从贝加尔湖北侧经过，然后沿着贝加尔—阿穆尔大铁路，从斯科沃罗季诺开始沿着中俄边境地区，最后到达纳霍德卡。俄承诺优先向中国支线供油。参见崔颖《上海合作组织框架下的能源合作（下）》，《大经贸》2007 年第 9 期。

利友好合作的一部分。瓜达尔港项目是中巴经济走廊框架下的重点项目之一，中巴企业将继续按照平等协商、互利共赢原则推动瓜达尔港建设与开发。①

三是上海合作组织区域内其他领域的能源合作。水力发电是成员国间合作的另一个重要领域。吉尔吉斯斯坦和塔吉克斯坦都拥有丰富的水力资源，但它们现在的利用率还很低，比如在塔吉克斯坦的利用率只有5%。现在俄罗斯和塔吉克斯坦正在进行建设大型水力发电站的合作项目。另外，中国和哈萨克斯坦现已达成关于在埃基巴斯图兹联合修建热电站的初步协议，这将是哈萨克斯坦境内功率最大的发电站之一，每年可向境外输送约400亿千瓦时的电力，而且该热电站的电力将只供应给中国。

在上海合作组织区域内成员国（包括观察员国）之间能源合作广泛开展的同时，区域外的美国、欧盟、日本等一些国家和地区以及国际组织也在积极地渗透进来。美国一方面通过阿富汗战争进驻中亚地区，拉拢英国等西方国家一起炮制出一个"美国管道"——"巴库—杰伊汗管线"②，用来同"俄罗斯管道"——"田吉兹—新罗西斯克管线"③抗衡，同时又威胁中亚地区的能源不能经由伊朗出口，并制裁与伊朗合作的国家与公司。这也使得中亚国家想选择巴基斯坦作为其能源南下出海的通道，比如呼声很高的"土库曼斯坦—阿富汗—巴基斯坦—印度天然气输送管道"项目建设④。在美欧支持下，2007年5月11日至13日，波兰、乌克兰、阿塞拜疆、格鲁吉亚、立陶宛五国首脑和哈萨克斯坦总统特使在波兰召开

---

① 丁蕾蕾、是冬冬：《中国企业接手瓜达尔港的战略考量：从新加坡截胡的阴谋论说起》，澎湃新闻网站，http：//www.thepaper.cn/newsDetail_forward_1395702_1。

② "巴库—杰伊汗管线"从哈萨克斯坦的阿克套经阿塞拜疆的巴库、格鲁吉亚的第比利斯至土耳其的杰伊汗，该管道绵延1767公里，途经海拔2700多米的高山峻岭和1500多条河流。从酝酿修建到完工，历时10年之久，耗资30多亿美元，英国石油公司是这个管道项目的最大股东，持有30%的股份。主导这个项目的却是美国政府。在美国敦促和英国石油公司领导下，由欧洲复兴开发银行和世界银行下属国际金融公司筹资。管道集团由10个国家公司入股。输油能力每天100万桶，约占全球日原油总产量的1.2%，相当于美国日原油进口量的1/10。建立这条管线的真实意图是绕开俄罗斯和伊朗，防止俄伊两国控制里海能源。参见王海燕《上海合作组织框架下的里海能源合作》，《新疆金融》2006年第11期。

③ "田吉兹—新罗西斯克管线"从哈萨克斯坦的田吉兹油田至俄罗斯黑海港口新罗西斯克。该项目1999年5月开工，管线长1580公里。第一阶段年输油量为2820万吨，随后将达到6700万吨。目前进入国际市场的里海石油很大一部分是从俄罗斯的黑海港口转运的。

④ 参见第一章第四节"中国－巴基斯坦自由贸易区"的注释部分。

"欧亚非正式能源峰会"，就 2011 年前修建一条绕过俄罗斯而将里海石油输送到欧洲的"敖德萨—布罗德—格但斯克"石油管线①初步做出决定。日本也通过向中亚五国提供官方开发援助（ODA）、"日本 + 中亚"计划以及积极购入中亚油田股份与谋求打通南方输油通道，构建一个日本版的中亚能源网络。

　　上海合作组织区域内外的国家和地区在该区域范围内色彩纷呈的能源合作，不禁让人思考这里是否有那么多的能源储备经得起多方分流？能源富有国输出能源通道多元化与能源消费国输入能源途径多元化的竞合，会不会导致上海合作组织区域内产生不和谐因素，而导致本组织的凝聚力下降，外来势力乘虚而入呢？针对这些问题，2006 年 6 月，上海合作组织峰会期间，俄罗斯总统普京率先提出了组建"上海合作组织能源俱乐部"的设想，并得到了广泛支持。俄方考虑的是它在上海合作组织内部，尤其是在中亚地区的能源领域的支配地位不断地遭到侵蚀和动摇，需要通过这样一个类似欧佩克的能源组织来重新取得支配地位，至少能够在问题出来之前有一个协调的余地。2013 年 9 月 13 日，习近平主席在上海合作组织比什凯克峰会上提出"成立能源俱乐部，建立稳定供求关系，确保能源安全"的建议。② 11 月 29 日，俄罗斯总理梅德韦杰夫在乌兹别克斯坦首都塔什干出席上海合作组织成员国总理第 12 次会议时表示，俄方呼吁各成员国更为积极有效地探讨成立上海合作组织能源俱乐部事宜，并将此打造成各国开展能源项目对话的平台。③ 2014 年 9 月 12 日，习近平在上海合作组织杜尚别峰会上再次强调，"我们应该充分发挥能源俱乐部作用，加强成员国能源政策协调和供需合作，加强跨国油气管道安保合作，确保能源安

---

① 从乌克兰境内黑海沿岸的敖德萨至乌（乌克兰）波（波兰）边境城市布罗德的输油管道（简称"敖布线"），最终延伸至波兰北方港口城市格但斯克。这条扩建后的敖德萨—格但斯克管道（简称"敖格线"）若能建成，将打通从里海经黑海至波罗的海的石油运输走廊，从而使里海石油可绕过俄罗斯直接输送到波兰和波罗的海国家。此次峰会，促成了该管线的能源需求方（波兰、立陶宛）、过境方（乌克兰、格鲁吉亚）和供应方（阿塞拜疆、哈萨克斯坦）共同做出支持延长"敖布线"的政治决定。

② 习近平：《弘扬"上海精神"促进共同发展——在上海合作组织成员国元首理事会第十三次会议上的讲话》，《人民日报》2013 年 9 月 14 日。

③ 沙达提、刘越：《俄罗斯呼吁尽快成立上合组织能源俱乐部》，新华网，http://news. xinhuanet. com/fortune/2013 – 11/29/c_ 118357968. htm。

全"。①

虽说现在启动能源俱乐部的建设显得为时尚早，最终是以论坛还是协调机构的形式出现，将取决于上海合作组织区域内这些国家能源领域的合作程度以及其他领域的影响程度。但是无论如何，上海合作组织框架内组建的能源俱乐部建设会符合包括中国在内的各成员国/观察员国的利益，因为本组织区域内的这些国家在能源领域的合作将会提高本组织的国际地位与影响力，增进与区域外国家和地区以及国际组织对话与合作的程度，增加谈判筹码，最终会呈现多赢互利的局面。

第三节 "一带一路" 与周边交通能源合作

中国现在加快实施自由贸易区战略的重要路径之一就是与"一带一路"沿线国家和地区积极商建自贸区。"一带一路"，意指中国国家主席习近平分别于 2013 年 9 月和 10 月提出的"丝绸之路经济带"和"21 世纪海上丝绸之路"。"一带一路"战略，涵盖了中国周边大部分的国家和地区，其框架可谓气势恢宏的顶层设计。为了"一带一路"战略的顺利实施，中国又主导创建了亚洲基础设施投资银行和丝路基金等金融公共产品为其"保驾护航"。因此，随着"一带一路"战略的持续推进，周边交通能源合作将会不断呈现出开放、深化、升级、多领域、多层次的发展态势。

一 "一带一路" 的发展历程

2013 年 9 月 7 日，习近平主席在对哈萨克斯坦进行国事访问时发表了题为《弘扬人民友谊 共创美好未来》的重要演讲。习近平提出，为了使我们欧亚各国经济联系更加紧密、相互合作更加深入、发展空间更加广阔，我们可以用创新的合作模式，共同建设"丝绸之路经济带"。这项造福沿途各国人民的大事业可从"政策沟通、道路联通、贸易畅通、货币流通、民心相通"五个方面先做起来，以点带面，从线到片，逐步形成区域大合作。② 10 月 3 日，习近平主席在对印度尼西亚进行国事访问时发表了

---

① 习近平：《凝心聚力 精诚协作 推动上海合作组织再上新台阶——在上海合作组织成员国元首理事会第十四次会议上的讲话》，《人民日报》2014 年 9 月 13 日。
② 习近平：《弘扬人民友谊 共创美好未来——在纳扎尔巴耶夫大学的演讲》，《人民日报》2013 年 9 月 8 日。

题为《携手建设中国－东盟命运共同体》的重要演讲。习近平指出，中国致力于加强同东盟国家的互联互通建设。中国倡议筹建亚洲基础设施投资银行，愿支持本地区发展中国家包括东盟国家开展基础设施互联互通建设。东南亚地区自古以来就是"海上丝绸之路"的重要枢纽，中国愿同东盟国家加强海上合作，使用好中国政府设立的中国－东盟海上合作基金，发展好海洋合作伙伴关系，共同建设"21世纪海上丝绸之路"。中国愿通过扩大同东盟国家各领域务实合作，互通有无、优势互补，同东盟国家共享机遇、共迎挑战，实现共同发展、共同繁荣。①

2013年12月10日至13日，中央经济工作会议在北京举行。习近平在重要讲话中指出，推进丝绸之路经济带建设，抓紧制定战略规划，加强基础设施互联互通建设。建设"21世纪海上丝绸之路"，加强海上通道互联互通建设，拉紧相互利益纽带。② 2014年5月21日，习近平在亚洲相互协作与信任措施会议第四次峰会（简称"亚信峰会"）上发表的主旨演讲中强调，中国坚持与邻为善、以邻为伴，坚持睦邻、安邻、富邻，践行亲、诚、惠、容的理念，努力使自身发展更好惠及亚洲国家。中国将同各国一道，加快推进丝绸之路经济带和"21世纪海上丝绸之路"建设，尽早启动亚洲基础设施投资银行，更加深入参与区域合作进程，推动亚洲发展和安全相互促进、相得益彰。③

2014年6月5日，习近平在中阿合作论坛第六届部长级会议开幕式上的讲话中指出，中阿要弘扬丝路精神，共建"一带一路"，坚持共商、共建、共享原则，打造中阿利益共同体和命运共同体。既要登高望远、也要脚踏实地。登高望远，就是要做好顶层设计，规划好方向和目标，构建"1＋2＋3"合作格局。"1"是以能源合作为主轴，深化油气领域全产业链合作，维护能源运输通道安全，构建互惠互利、安全可靠、长期友好的中阿能源战略合作关系。"2"是以基础设施建设、贸易和投资便利化为两翼，加强中阿在重大发展项目、标志性民生项目上的合作，为促进双边贸

① 习近平：《携手建设中国－东盟命运共同体——在印度尼西亚国会的演讲》，《人民日报》2013年10月4日。
② 《中央经济工作会议在北京举行——习近平李克强作重要讲话 张德江俞正声刘云山王岐山张高丽出席会议》，《人民日报》2013年12月14日。
③ 习近平：《积极树立亚洲安全观 共创安全合作新局面——在亚洲相互协作与信任措施会议第四次峰会上的讲话》，《人民日报》2014年5月22日。

易和投资建立相关制度性安排。中方将鼓励中国企业自阿方进口更多非石油产品，优化贸易结构，争取中阿贸易额从2013年的2400亿美元在未来10年增至6000亿美元。中方将鼓励中国企业投资阿拉伯国家能源、石化、农业、制造业、服务业等领域，争取中国对阿非金融类投资存量从2013年的100亿美元在未来10年增至600亿美元以上。"3"是以核能、航天卫星、新能源三大高新领域为突破口，努力提升中阿务实合作层次。双方可以探讨设立中阿技术转移中心，共建阿拉伯和平利用核能培训中心，研究中国北斗卫星导航系统落地阿拉伯项目。脚踏实地，就是要争取早期收获。阿拉伯谚语说："被行动证明的语言是最有力的语言。"只要中阿双方有共识、有基础的项目，如中国－海合会自贸区、中国－阿联酋共同投资基金、阿拉伯国家参与亚洲基础设施投资银行筹建等，都应该加快协商和推进，争取成熟一项实现一项。"一带一路"建设越早取得实实在在的成果，就越能调动各方面积极性，发挥引领和示范效应。①

2014年6月28日，习近平在和平共处五项原则发表60周年纪念大会上的重要讲话中强调，中国将坚定不移奉行互利共赢的开放战略。中国正在推动落实丝绸之路经济带、21世纪海上丝绸之路、孟中印缅经济走廊、中国－东盟命运共同体等重大合作倡议，中国将以此为契机全面推进新一轮对外开放，发展开放型经济体系，为亚洲和世界发展带来新的机遇和空间。中国愿意同各国尤其是周边邻国共同发展、共同繁荣。② 9月12日，习近平在上海合作组织杜尚别峰会上颇有感慨地指出，中方提出共建丝绸之路经济带的倡议，得到国际社会特别是上海合作组织各成员国高度关注和热情回应。目前，丝绸之路经济带建设正进入务实合作新阶段，中方制定的规划基本成形。欢迎上海合作组织成员国、观察员国、对话伙伴积极参与，共商大计、共建项目、共享收益，共同创新区域合作和南南合作模式，促进上海合作组织地区互联互通和新型工业化进程。③

2014年11月8日，习近平在北京召开的"加强互联互通伙伴关系"

---

① 习近平：《弘扬丝路精神 深化中阿合作——在中阿合作论坛第六届部长级会议开幕式上的讲话》，《人民日报》2014年6月6日。

② 习近平：《弘扬和平共处五项原则 建设合作共赢美好世界——在和平共处五项原则发表60周年纪念大会上的讲话》，《人民日报》2014年6月29日。

③ 习近平：《凝心聚力 精诚协作 推动上海合作组织再上新台阶——在上海合作组织成员国元首理事会第十四次会议上的讲话》，《人民日报》2014年9月13日。

东道主伙伴对话会上指出，"一带一路"和互联互通是相融相近、相辅相成的。如果将"一带一路"比喻为亚洲腾飞的两只翅膀，那么互联互通就是两只翅膀的血脉经络。习近平对"一带一路"深化务实合作提出几点建议。第一，以亚洲国家为重点方向，率先实现亚洲互联互通。"一带一路"源于亚洲、依托亚洲、造福亚洲，关注亚洲国家互联互通，努力扩大亚洲国家共同利益。"一带一路"是中国和亚洲邻国的共同事业，中国将周边国家作为外交政策的优先方向，践行亲、诚、惠、容的理念，愿意通过互联互通为亚洲邻国提供更多公共产品，欢迎大家搭乘中国发展的列车。第二，以经济走廊为依托，建立亚洲互联互通的基本框架。目前，中方制定的"一带一路"规划基本成形。这包括在同各方充分沟通的基础上正在构建的陆上经济合作走廊和海上经济合作走廊。这一框架兼顾各国需求，统筹陆海两大方向，涵盖面宽，包容性强，辐射作用大。中方愿同有关国家进一步协商，完善合作蓝图，打牢合作基础。第三，以交通基础设施为突破，实现亚洲互联互通的早期收获。丝绸之路首先得要有路，有路才能人畅其行、物畅其流。中方高度重视连通中国和巴基斯坦、孟加拉国、缅甸、老挝、柬埔寨、蒙古、塔吉克斯坦等邻国的铁路、公路项目，将在推进"一带一路"建设中优先部署。只有让大家尽早分享到早期收获，"一带一路"才有吸引力和生命力。[①] 11 月 9 日，习近平在 APEC 工商领导人峰会开幕式上承诺，随着综合国力上升，中国有能力、有意愿向亚太和全球提供更多公共产品，特别是为促进区域合作深入发展提出新倡议新设想。中国愿意同各国一道推进"一带一路"建设，更加深入参与区域合作进程，为亚太互联互通、发展繁荣做出新贡献。[②]

　　中国政府是认真和讲诚信的，很快成立了推进"一带一路"建设工作领导小组，指导和协调推进"一带一路"建设。该领导小组办公室设在国家发改委，具体承担领导小组日常工作。根据公开披露的信息，"一带一路"建设工作领导小组组长由中共中央政治局常委、国务院副总理张高丽担任，四名副组长分别由中央政治局委员、中央政策研究室主任、中央改革办主任王沪宁，中央政治局委员、国务院副总理汪洋，中央书记处书

---

① 习近平：《联通引领发展　伙伴聚焦合作——在"加强互联互通伙伴关系"东道主伙伴对话会上的讲话》，《人民日报》2014 年 11 月 9 日。

② 习近平：《谋求持久发展　共筑亚太梦想——在亚太经合组织工商领导人峰会开幕式上的演讲》，《人民日报》2014 年 11 月 10 日。

记、国务委员、国务院秘书长杨晶，国务委员杨洁篪担任。作为中国目前对外开放的总体战略，"一带一路"领导小组规格堪称高配，由一名政治局常委、两名政治局委员和两名国务委员组成。2015年2月1日，推进"一带一路"建设工作会议在北京召开。张高丽主持会议强调，推进"一带一路"建设是党中央、国务院统筹国内国际两个大局做出的重大决策，对开创中国全方位对外开放新格局、促进地区及世界和平发展具有重大意义。习近平主席提出"一带一路"战略构想并要求高举和平、发展、合作、共赢旗帜，秉持亲、诚、惠、容的外交理念，以"政策沟通、设施联通、贸易畅通、资金融通、民心相通"为主要内容，积极推进"一带一路"建设，与沿线各国共同打造政治互信、经济融合、文化包容的利益共同体、责任共同体和命运共同体，造福沿线国家人民，促进人类文明进步事业。他表示，"一带一路"建设是一项宏大系统工程，要突出重点、远近结合，有力有序有效推进，确保"一带一路"建设工作开好局、起好步。要坚持共商、共建、共享原则，积极与沿线国家的发展战略相互对接。要把握重点方向，陆上依托国际大通道，以重点经贸产业园区为合作平台，共同打造若干国际经济合作走廊；海上依托重点港口城市，共同打造通畅安全高效的运输大通道。要强化规划引领，把长期目标任务和近期工作结合起来，加强对工作的具体指导。要抓好重点项目，以基础设施互联互通为突破口，发挥对推进"一带一路"建设的基础性作用和示范效应。要畅通投资贸易，着力推进投资和贸易便利化，营造区域内良好营商环境，抓好境外合作园区建设，推动形成区域经济合作共赢发展新格局。要拓宽金融合作，加快构建强有力的投融资渠道支撑，强化"一带一路"建设的资金保障。要促进人文交流，传承和弘扬古丝绸之路友好合作精神，夯实"一带一路"建设的民意和社会基础。要保护生态环境，遵守法律法规，履行社会责任，共同建设绿色、和谐、共赢的"一带一路"。要加强沟通磋商，充分发挥多边双边、区域次区域合作机制和平台的作用，扩大利益契合点，谋求共同发展、共同繁荣，携手推进"一带一路"建设。①

2015年3月28日，经中国国务院授权，国家发展改革委、外交部和

---

① 《努力实现"一带一路"建设良好开局 推动中国和沿线国家互利共赢共同发展》，《人民日报》2015年2月2日。

商务部联合发布《推动共建丝绸之路经济带和"21世纪海上丝绸之路"的愿景与行动》（以下简称《愿景与行动》）。《愿景与行动》分为前言、时代背景、共建原则、框架思路、合作重点、合作机制、中国各地方开放态势、中国积极行动、共创美好未来等几个部分。其中，《愿景与行动》的框架思路部分给中国周边交通能源合作绘出了清晰路径："一带一路"贯穿亚欧非大陆，一头是活跃的东亚经济圈，一头是发达的欧洲经济圈，中间广大腹地国家经济发展潜力巨大。丝绸之路经济带重点畅通中国经中亚、俄罗斯至欧洲（波罗的海）；中国经中亚、西亚至波斯湾、地中海；中国至东南亚、南亚、印度洋。21世纪海上丝绸之路重点方向是从中国沿海港口过南海到印度洋，延伸至欧洲；从中国沿海港口过南海到南太平洋。根据"一带一路"走向，陆上依托国际大通道，以沿线中心城市为支撑，以重点经贸产业园区为合作平台，共同打造新亚欧大陆桥、中蒙俄、中国-中亚—西亚、中国-中南半岛等国际经济合作走廊；海上以重点港口为节点，共同建设通畅安全高效的运输大通道。中巴、孟中印缅两个经济走廊与推进"一带一路"建设关联紧密，要进一步推动合作，取得更大进展。"一带一路"建设是沿线各国开放合作的宏大经济愿景，需各国携手努力，朝着互利互惠、共同安全的目标相向而行。努力实现区域基础设施更加完善，安全高效的陆、海、空通道网络基本形成，互联互通达到新水平；投资贸易便利化水平进一步提升，高标准自由贸易区网络基本形成，经济联系更加紧密，政治互信更加深入；人文交流更加广泛深入，不同文明互鉴共荣，各国人民相知相交、和平友好。[1]

《愿景与行动》在合作重点部分中指出基础设施互联互通是"一带一路"建设的优先领域：在尊重相关国家主权和安全关切的基础上，沿线国家宜加强基础设施建设规划、技术标准体系的对接，共同推进国际骨干通道建设，逐步形成连接亚洲各次区域以及亚欧非之间的基础设施网络。强化基础设施绿色低碳化建设和运营管理，在建设中充分考虑气候变化影响。抓住交通基础设施的关键通道、关键节点和重点工程，优先打通缺失路段，畅通瓶颈路段，配套完善道路安全防护设施和交通管理设施设备，提升道路通达水平。推进建立统一的全程运输协调机制，促进国际通关、

---

[1] 《推动共建丝绸之路经济带和21世纪海上丝绸之路的愿景与行动》，《人民日报》2015年3月29日。

换装、多式联运有机衔接，逐步形成兼容规范的运输规则，实现国际运输便利化。推动口岸基础设施建设，畅通陆水联运通道，推进港口合作建设，增加海上航线和班次，加强海上物流信息化合作。拓展建立民航全面合作的平台和机制，加快提升航空基础设施水平。加强能源基础设施互联互通合作，共同维护输油、输气管道等运输通道安全，推进跨境电力与输电通道建设，积极开展区域电网升级改造合作。共同推进跨境光缆等通信干线网络建设，提高国际通信互联互通水平，畅通信息丝绸之路。加快推进双边跨境光缆等建设，规划建设洲际海底光缆项目，完善空中（卫星）信息通道，扩大信息交流与合作。①

《愿景与行动》发布的同一天，习近平在博鳌亚洲论坛 2015 年年会上发表主旨演讲时强调，"一带一路"建设不是中国一家的独奏，而是沿线国家的合唱。"一带一路"建设不是要替代现有地区合作机制和倡议，而是要在已有基础上，推动沿线国家实现发展战略相互对接、优势互补。目前，已经有 60 多个沿线国家和国际组织对参与"一带一路"建设表达了积极态度。"一带一路"建设、亚洲基础设施投资银行都是开放的，我们欢迎沿线国家和亚洲国家积极参与，也张开臂膀欢迎五大洲朋友共襄盛举。②

2015 年 4 月 20 日至 21 日，习近平对巴基斯坦进行国事访问。他在巴基斯坦议会演讲时指出，南亚地处"一带一路"海陆交会之处，是推进"一带一路"建设的重要方向和合作伙伴。中巴经济走廊和孟中印缅经济走廊与"一带一路"关联紧密，进展顺利。两大走廊建设将有力促进有关国家经济增长，并为深化南亚区域合作提供新的强大动力。③ 5 月 8 日，习近平在访问俄罗斯时与普京总统共同发表了《关于丝绸之路经济带建设和欧亚经济联盟建设对接合作的联合声明》。声明中强调，双方将共同协商，努力将丝绸之路经济带建设和欧亚经济联盟建设相对接，确保地区经济持续稳定增长，加强区域经济一体化，维护地区和平与发展。双方将秉持透

---

① 《推动共建丝绸之路经济带和 21 世纪海上丝绸之路的愿景与行动》，《人民日报》2015 年 3 月 29 日。

② 习近平：《迈向命运共同体 开创亚洲新未来——在博鳌亚洲论坛 2015 年年会上的主旨演讲》，《人民日报》2015 年 3 月 29 日。

③ 习近平：《构建中巴命运共同体 开辟合作共赢新征程——在巴基斯坦议会的演讲》，《人民日报》2015 年 4 月 22 日。

明、相互尊重、平等、各种一体化机制相互补充、向亚洲和欧洲各有关方开放等原则,通过双边和多边机制,特别是上海合作组织平台开展合作。双方支持启动中国与欧亚经济联盟对接丝绸之路经济带建设与欧亚经济一体化的对话机制,并将推动在双方专家学者参与下就开辟共同经济空间开展协作进行讨论。① 5 月 10 日至 12 日,习近平对白俄罗斯进行了国事访问并发表联合声明,强调双方将积极开展国际交通、物流运输合作,努力推进白俄罗斯境内丝绸之路经济带的运输物流、信息通信发展,扩大"渝新欧"等中欧班列辐射范围和货运量,确保各自境内的客货运安全。深化民航领域合作,鼓励两国空运企业开展多种形式的合作,继续拓展双边航空运输市场。双方确认,"中白工业园是经济带在欧亚地区的重要项目"要着力打造。②

2015 年 10 月 19 日至 23 日,习近平对英国进行国事访问,在伦敦金融城市长晚宴上演讲时强调,要把中英合作和"一带一路"建设结合起来,并以中英合作良好势头助力中欧合作,助推亚欧共同发展,促进全球繁荣,实现双赢、多赢、共赢的目标。③ 11 月 5 日至 6 日,习近平对越南进行国事访问,在越南国会演讲时指出,中方高度重视两国发展战略对接,愿在"一带一路"和"两廊一圈"框架内,加强两国互联互通等基础设施建设及产能和投资贸易合作,为新形势下中越全面战略合作伙伴关系向更高层次发展注入强劲动力。④ 11 月 6 日至 7 日,习近平对新加坡进行国事访问,在新加坡国立大学演讲时强调,"一带一路"倡议的首要合作伙伴是周边国家,首要受益对象也是周边国家。我们欢迎周边国家参与到合作中来,共同推进"一带一路"建设,携手实现和平、发展、合作的愿景。⑤

"一带一路"战略和中国加快实施的自由贸易区战略是紧密联系、相

---

① 《中华人民共和国与俄罗斯联邦关于丝绸之路经济带建设和欧亚经济联盟建设对接合作的联合声明》,《人民日报》2015 年 5 月 9 日。

② 《中华人民共和国和白俄罗斯共和国关于进一步发展和深化全面战略伙伴关系的联合声明》,《人民日报》2015 年 5 月 11 日。

③ 习近平:《共倡开放包容 共促和平发展——在伦敦金融城市长晚宴上的演讲》,《人民日报》2015 年 10 月 23 日。

④ 习近平:《共同谱写中越友好新篇章——在越南国会的演讲》,《人民日报》2015 年 11 月 7 日。

⑤ 习近平:《深化合作伙伴关系 共建亚洲美好家园——在新加坡国立大学的演讲》,《人民日报》2015 年 11 月 8 日。

辅相成的。2014 年 12 月 5 日下午，习近平主席主持了中共中央政治局就加快自由贸易区建设进行的第十九次集体学习。习近平指出，加快实施自由贸易战略是一项复杂的系统工程。要加强顶层设计、谋划大棋局，既要谋子更要谋势，逐步构筑起立足周边、辐射"一带一路"、面向全球的自由贸易区网络，积极同"一带一路"沿线国家和地区商建自由贸易区，使中国与沿线国家合作更加紧密、往来更加便利、利益更加融合。要努力扩大数量、更要讲质量，大胆探索、与时俱进，积极扩大服务业开放，加快新议题谈判。要坚持底线思维、注重防风险，做好风险评估，努力排除风险因素，加强先行先试、科学求证，加快建立健全综合监管体系，提高监管能力，筑牢安全网。要继续练好内功、办好自己事，加快市场化改革，营造法治化营商环境，加快经济结构调整，推动产业优化升级，支持企业做大做强，提高国际竞争力和抗风险能力。[1] 一年后的 2015 年 12 月 6日，国务院公开发布了《关于加快实施自由贸易区战略的若干意见》。该意见在"进一步优化自由贸易区建设布局"部分中强调，要积极推进"一带一路"沿线自由贸易区。结合周边自由贸易区建设和推进国际产能合作，积极同"一带一路"沿线国家商建自由贸易区，形成"一带一路"大市场，将"一带一路"打造成畅通之路、商贸之路、开放之路。[2]

二 亚洲基础设施投资银行与丝路基金的成立

1. 亚洲基础设施投资银行的成立

2013 年 10 月，习近平主席在印度尼西亚访问期间提议与东盟共建"21 世纪海上丝绸之路"的同时，也首次提出了创建亚洲基础设施投资银行（Asian Infrastructure Investment Bank，AIIB）的倡议，随后获得众多亚洲区域内发展中国家乃至部分西方发达国家的积极响应。2014 年 10 月，首批域内 22 个意向创始成员国在北京签署《筹建亚投行备忘录》。随后，亚投行筹建转入多边阶段，重点是同步推进吸收新意向创始成员国和《亚投行协定》谈判两项工作。在各方精诚合作和共同努力下，截至 2015 年 3月 31 日，亚投行意向创始成员国总数达到 57 个，遍布亚洲、大洋洲、欧

---

[1] 《加快实施自由贸易区战略 加快构建开放型经济新体制》，《人民日报》2014 年 12 月7 日。

[2] 《国务院关于加快实施自由贸易区战略的若干意见》，中国政府网，http：//www.gov.cn/zhengce/content/2015－12/17/content_ 10424.htm。

洲、非洲、拉美等地区，涵盖了联合国安理会 5 个常任理事国中的 4 个、西方七国集团（G7）中的 4 个、20 国集团（G20）中的 14 个、欧盟 28 个国家中的 14 个、经济合作与发展组织（OECD）34 个成员国中的 21 个、金砖 5 国及东盟 10 国全部。5 月 22 日，经过四轮富有成效的首席谈判代表会议磋商，57 个意向创始成员国在新加坡共同商定高质量的《亚投行协定》文本。6 月 29 日，《亚投行协定》签署仪式在北京成功举行。根据《亚投行协定》，亚投行的法定股本为 1000 亿美元，分为 100 万股，每股的票面价值为 10 万美元。域内外成员出资比例为 75:25。经理事会超级多数同意后，亚投行可增加法定股本及下调域内成员出资比例，但域内成员出资比例不得低于 70%。目前总认缴股本为 981.514 亿美元，中方认缴额为 297.804 亿美元，占比 30.34%，实缴 59.561 亿美元，为第一大股东。按现有各创始成员的认缴股本计算，中国投票权占总投票权的 26.06%。按照多边机构的一般原则，亚投行的决策需要 2/3 成员国同意和 75% 的投票支持，超过 26% 的投票权使得中国目前实际具有了一票否决权。① 8 月 24 日，各方通过共识选举中方提名人选、亚投行多边临时秘书处秘书长金立群为亚投行候任行长。

　　AIIB 成立有着多方面原因。首先，基础设施建设构成"一带一路"亚洲区域内互联互通和经济一体化的重大短板，建设资金需求大。从亚洲基础设施建设现状及融资需求看，区域内各经济体，特别是"一带一路"沿途国家基础设施条件不均衡、交通通信电力等重点领域总体落后，从而构成区域内互联互通、经济一体化的重要瓶颈，相关基建投资资金需求巨大。据亚洲开发银行（ADB）测算，2010～2020 年，其 32 个成员所需基础设施投资达 8.22 万亿美元，年均投资需求逾 8000 亿美元。其中，68% 是新增基础设施的投资，32% 是维护或维修现有基础设施所需资金。其次，现有的亚洲多边融资机构及制度安排难以将区域内存量资金转化为基建投资。从亚洲基础设施建设资金供给看，区域内各国的国民储蓄率较高，目前已沉淀了约 62 万亿美元的私人资本，但基建投资额度大、期限长、风险高、收益水平低、不确定性强的特点决定了一般私人投资者的投资意愿不强，从而遏制了充裕的民间存量资本批量进入这一领域。同时，

---

① 《〈亚洲基础设施投资银行协定〉今日在京签署 中国暂列第一大股东》，人民网，http://sh.people.com.cn/n/2015/0629/c134768-25401611.html。

世界银行（WB）与 ADB 主导的亚洲多边融资支持体系更加关注扶贫领域，且每年百亿美元级的融资供给规模远远无法满足区域内千亿美元级的融资需求，急需其他官方支持的多边合作机制加以补充，以机构资金的投入撬动私人资本的投入，引导区域内过剩资本转化为基建投资。再次，中国有资本、有实力且自身需要在亚洲基础设施建设及投融资领域发挥领头羊作用。一方面，中国现已拥有位列世界第一的外贸及外储规模、世界第二的经济规模、世界第三的对外直接投资规模，同时在铁路、公路、机场、桥梁、隧道等方面的工程施工能力、相关基建装备制造能力、投融资模式设计能力和经验突出，使中国在亚洲基础设施建设和投融资市场具备了"'实体＋金融'走出去"的底气和自信。另一方面，在中国经济由超高速换挡至中高速的"新常态"下，经济转型升级加速，中低端制造业以及基础设施建设出现相当程度的产能过剩，客观上有向区域内其他国家转移过剩产能的需要。① 最后，当前西方主导的国际金融机构体系不利于中国为亚洲基建及互联互通贡献更大的力量。中国在美国主导的 WB、国际货币基金组织（IMF），以及日本、美国双轮驱动的 ADB 中，话语权、决策权、投票权与自身在全球经济中所占份额不匹配。公开资料显示：中国在 WB 的表决权为 5.17%，而日本、美国的表决权分别为 8.01% 和 16.04%，西方几个发达国家的表决权加总起来会占到半数左右；在以亚洲为定位的 ADB 中，中国的表决权为 5.474%，日本、美国的表决权分别为 12.835% 和 12.747%，非亚洲国家的表决权占比达到 34.875%。从根本上来讲，亚洲开发银行的主导者也是以美国为首的西方国家。② 中国在 IMF 的表决权最近有所变化。美国国会在 2015 年 12 月 18 日通过了被拖延多年的 IMF2010 年份额和治理改革方案，并即将生效。该方案使得 IMF 份额将增加一倍，从 2385 亿 SDR（特别提款权）增至 4770 亿 SDR，并实现向有活力的新兴市场和发展中国家整体转移份额 6 个百分点。其中，中国份额占比将从 3.996% 升至 6.394%，排名从第六位跃居第三位。2015 年 11 月 30 日，IMF 执行董事会决定将人民币纳入 SDR 货币篮子，SDR 货币篮子相应扩大至美元、欧元、人民币、日元、英镑五种货币，人民币在 SDR 货币

① 高鹏：《亚洲基础设施投资银行（AIIB）：筹建背景、性质定位、面临挑战及对策》，《中国市场》2015 年第 31 期。
② 张俊勇：《亚洲基础设施投资银行成立的背景、意义及展望研究》，《北京金融评论》2015 年第 1 期。

篮子中的权重为 10.92%，美元、欧元、日元和英镑的权重分别为 41.73%、30.93%、8.33% 和 8.09%，新的 SDR 篮子将于 2016 年 10 月 1 日生效。① 从中不难看出，IMF 的话语权仍由美欧等西方国家牢牢掌控。

截至 2015 年 12 月 25 日，包括缅甸、新加坡、文莱、澳大利亚、中国、蒙古、奥地利、英国、新西兰、卢森堡、韩国、格鲁吉亚、荷兰、德国、挪威、巴基斯坦、约旦等在内的 17 个意向创始成员国（股份总和占比 50.1%）已批准《亚洲基础设施投资银行协定》（以下简称《协定》）并提交批准书，从而达到《协定》规定的生效条件，即至少有 10 个签署方批准且签署方初始认缴股本总额不少于总认缴股本的 50%，AIIB 正式成立。根据筹建工作计划，AIIB 开业仪式暨理事会和董事会成立大会将于 2016 年 1 月 16 日至 18 日在北京举行。② 中国财政部长楼继伟表示，这是国际经济治理体系改革进程中具有里程碑意义的重大事件，标志着亚投行作为一个多边开发银行的法人地位正式确立。亚投行将作为多边开发体系的新成员、新伙伴，和世行、亚行等现有多边开发银行一道，为促进亚洲地区基础设施互联互通和经济可持续发展做出积极贡献。③

2. 丝路基金的成立

2014 年 11 月 8 日，习近平在北京召开的"加强互联互通伙伴关系"东道主伙伴对话会上指出，要以建设融资平台为抓手，打破亚洲互联互通的瓶颈。中国将出资 400 亿美元成立丝路基金，为"一带一路"沿线国家基础设施、资源开发、产业合作和金融合作等与互联互通有关的项目提供投融资支持。丝路基金是开放的，可以根据地区、行业或者项目类型设立子基金，欢迎亚洲域内外的投资者积极参与。④ 12 月 29 日，丝路基金有限责任公司由中国外汇储备、中国投资有限责任公司、中国进出口银行、国家开发银行共同出资，在北京注册成立。丝路基金的宗旨目标是：秉承"开放包容、互利共赢"的理念，重点致力于为"一带一路"框架内的经

---

① 《中国 IMF 份额排名跃居第三》，〔新加坡〕《联合早报》网站，http：//www. zaobao. com/finance/china/story20151221 - 562156。

② 《亚洲基础设施投资银行正式成立》，中国财政部网站，http：//www. mof. gov. cn/zhengwuxinxi/caizhengxinwen/201512/t20151225_ 1632398. html。

③ 《楼继伟部长就亚投行正式宣布成立答记者问》，中国财政部网站，http：//www. mof. gov. cn/zhengwuxinxi/zhengcejiedu/2015zcjd/201512/t20151225_ 1632389. html。

④ 习近平：《联通引领发展 伙伴聚焦合作——在"加强互联互通伙伴关系"东道主伙伴对话会上的讲话》，《人民日报》2014 年 11 月 9 日。

贸合作和双边多边互联互通提供投融资支持，与境内外企业、金融机构一道，促进中国与"一带一路"沿线国家和地区实现共同发展、共同繁荣。公司定位是：丝路基金是中长期开发投资基金，通过以股权为主的多种投融资方式，重点围绕"一带一路"建设推进与相关国家和地区的基础设施、资源开发、产能合作和金融合作等项目，确保中长期财务可持续和合理的投资回报。投资方式是：丝路基金按照市场化、国际化、专业化的原则开展投资业务，可以运用股权、债权、基金、贷款等多种方式提供投融资服务，也可与国际开发机构、境内外金融机构等发起设立共同投资基金，进行资产受托管理、对外委托投资等。公司治理模式是：丝路基金依照《中华人民共和国公司法》，设立董事会、监事会和管理层，按市场化方式引入各类专业人才，建立与公司发展相匹配的、科学规范、运转高效的公司治理机制。股权结构是：丝路基金中，中国出资规模为 400 亿美元，首期资本金 100 亿美元。其中，中国外汇储备（通过梧桐树投资平台有限责任公司）、中国投资有限责任公司（通过赛里斯投资有限责任公司）、中国进出口银行、国家开发银行（通过国开金融有限责任公司）分别出资 65 亿、15 亿、15 亿和 5 亿美元。①

2015 年 2 月 16 日，丝路基金正式揭牌，在不到一年的时间里，取得了骄人成绩。4 月 20 日，丝路基金、三峡集团及巴基斯坦私营电力和基础设施委员会在中国国家主席习近平和巴基斯坦总理谢里夫见证下共同签署了《关于联合开发巴基斯坦水电项目的谅解合作备忘录》。该项目是丝路基金注册成立后投资的首个项目，标志着丝路基金按照市场化、国际化、专业化的方向开展实质性投资运作迈出了坚实步伐。丝路基金负责人表示，丝路基金与三峡集团合作，支持巴基斯坦开发水电等清洁能源，"首单"将投资于卡洛特水电项目，总投资金额约 16.5 亿美元（约合 101 亿元人民币）。卡洛特水电站是中巴经济走廊优先实施的能源项目之一，计划采用"建设—经营—转让"（BOT）模式运作，于 2015 年底开工建设，2020 年投入运营，运营期 30 年，到期后无偿转让给巴基斯坦政府。三峡集团与丝路基金等投资各方计划通过新开发和并购等方式，在吉拉姆河流域实现 3350 兆瓦的水电项目开发目标。②

---

① 《丝路基金公司概况》，丝路基金公司网站，http://www.silkroadfund.com.cn/cnweb/19854/19858/index.html。
② 华星：《丝路基金首单，为"一带一路"开个好局》，《金秋》2015 年第 15 期。

2015 年 6 月 5 日，丝路基金与中国化工签署合作投资协议，成为中国橡胶国际控股（香港）有限公司（以下简称"橡胶控股"）股东并持股25%。据 2015 年 3 月 22 日的公告，橡胶控股通过其子公司收购意大利肯芬公司（Camfin）持有的倍耐力的普通股，继而发起对倍耐力普通股的强制要约收购以及对倍耐力保留股的自愿要约收购（收购价格均为每股 15欧元）。据了解，截至目前，该收购已获得中国相关机构的批准，全球反垄断审查正在进行中，初次交割预计将于当年夏季完成。此次投资协议的签署标志着中国化工、丝路基金、倍耐力管理层及本交易的其他合作伙伴对倍耐力的长期产业投资，各方将继续共同致力于建设一个全球轮胎行业的市场领导者。①

2015 年 12 月 14 日，丝路基金与哈萨克斯坦出口投资署签署了框架协议，决定由丝路基金出资 20 亿美元，建立中哈产能合作专项基金，重点支持中哈产能合作及相关领域的项目投资。这是丝路基金成立以来设立的首个专项基金。此前，双方于 8 月 31 日签署了关于此项目的合作备忘录。根据协议，专项基金支持的投资项目由双方共同推荐。哈方负责落实哈国相关优惠政策，并协调各相关方解决合作中出现的问题，确保项目落实。丝路基金将积极与哈方金融机构及企业进行对接，开展合作。同日，丝路基金还与哈萨克斯坦巴伊捷列克国家控股公司签署了合作备忘录。双方商定，综合运用金融、信息、法律、组织等资源，以股权、债权等多种方式，在中哈产能合作专项基金框架下开展合作，共同寻求产能、创新、信息技术等优先领域合作机会。丝路基金有关负责人表示，这些合作将着力实现丝绸之路经济带建设和哈方"光明之路"新经济政策对接，促进双方共同繁荣发展。②

2015 年 12 月 17 日，在中国国务院总理李克强和俄罗斯联邦政府总理梅德韦杰夫的共同见证下，丝路基金与俄罗斯诺瓦泰克公司（Novatek）在北京签署了关于亚马尔液化天然气一体化项目的股权转让及贷款相关协议。此前，双方于 9 月 3 日签署了关于此项目的框架协议。根据股权转让协议，丝路基金将从诺瓦泰克公司购买亚马尔项目 9.9% 的股权。双方还签署了贷款协议，由丝路基金提供为期 15 年、总额约 7.3 亿欧元的贷款，

① 《丝路基金联手中国化工投资倍耐力》，新华网，http://news.xinhuanet.com/finance/2015
　－06/08/c_ 127890161.htm。
② 《丝路基金设首个专项基金》，《中华工商时报》2015 年 12 月 15 日。

支持亚马尔项目建设。[①] 亚马尔项目是丝路基金首单对俄投资，也是丝路基金在油气领域的第一笔投资。这标志着亚马尔项目成为丝绸之路经济带建设的油气亮点。中俄能源合作奏响新乐章。亚马尔项目被称为全球最大、纬度最高的液化天然气项目，是世界特大型天然气勘探开发、液化、运输、销售一体化项目。俄罗斯诺瓦泰克、法国道达尔和中国石油分别持有60%、20%、20%的股份。亚马尔项目气源地南塔姆贝凝析气田的天然气和凝析油储量分别达1.35万亿立方米和6018.4万吨。预计到2019年3条液化天然气（LNG）生产线建成后，每年可生产1650万吨液化天然气及100万吨凝析油，因而被誉为"镶嵌在北极圈的一颗能源明珠"。亚马尔项目是中俄第一次在北极地区进行的能源合作，也是中国第一次与俄罗斯私人油气公司合作，第一次与俄罗斯进行上、中、下游产供运销的合作，开创了中俄两国能源合作新模式。专家认为，亚马尔项目既是对世界能源市场有着重要影响的大项目，也是中俄能源合作和丝绸之路经济带建设的重大成果。[②]

小　结

　　中国－东盟自贸区和上海合作组织各自区域内的交通能源合作虽面临不少问题但也已取得不小成就，而"一带一路"战略的"扬帆起航"、亚洲基础设施投资银行和丝路基金成立及其为"一带一路"的"保驾护航"，让世人见证了中国周边正在出现一个壮丽的交通能源合作网络的雏形。随着这个网络的逐步完善与巩固，中国与周边地区将会形成更为紧密的命运共同体，更好地解决周边安全问题，也必将达到中国自由贸易区战略确保周边安全的目的。

---

① 《丝路基金与诺瓦泰克签署关于俄罗斯亚马尔液化天然气一体化项目的交易协议》，中国日报中文网，http://world.chinadaily.com.cn/2015-12/17/content_22736959.htm。
② 《牵手"一带一路"明珠闪耀北极——亚马尔项目多方合作建设纪实》，《国外测井技术》2015年第5期。

第五章　中国自由贸易区战略
视角下的台海安全

台海安全虽然涵盖在周边安全范围之内，但是由于其特殊性，所以就将其独立出来专门进行研究。2008—2016年，国民党人士马英九担任台湾地区领导人期间，两岸不断展现增进共谅共融、互惠互动、欣欣向荣的和谐台海的安全构建契机。

"台海安全"概念的提出，有着很多历史与现实的考量。历史上，由于大陆军事制海权力量的薄弱，台湾地区经常遭外敌入侵，孤悬海外。抗日战争的胜利使得台湾重新回到祖国的怀抱，但是，新中国的成立却未能解决内战所遗留下的台海问题。目前，不管台湾地区的政局怎样变换，都是当年中国国民党败退台湾所造成的。从现实的角度来讲，台海问题产生也有以下几方面的原因。

一是外国势力的干涉与插手。美国一直是始作俑者，为了围堵冷战时期的苏联、现在的俄罗斯以及中国大陆，其着力将台湾打造成"第一岛链"中"永不沉没的航空母舰"。虽说美国不断地声称坚持"一个中国"和"台湾是中国领土不可分割的一部分"等原则，但暗地里还是不断地为台湾谋求"国际空间"，并通过向台湾不断出售先进武器确保恐怖平衡，以达到两岸"不统不独"的绝佳状态。日本的殖民情结也是潜在暗流。日本同美国一样不愿意看到中国恢复往日的强盛，总是与美国一起在中国和平发展的道路上不断地设置障碍。1997年9月，日美正式确定《新安保防卫指针》，指出日美军事防卫范围包括日本的周边事态①。2005年1月初，

---

① 《新安保防卫指针》的第五部分对"周边事态"做出这样的解释："周边事态是指对日本的和平与安全造成重大影响的事态。周边事态不是地理性概念，而是着眼于事态的性质。"但是，台海冲突是否包含在美日安保的范围内，从来都没有明确界定。不过，时任日本内阁官房长官的梶山静六就公开宣称："日本周边地区理所当然包括台湾海峡"。而当时的自民党外交调查会代理会长安倍晋三则断言："如果从《新安保防卫指针》中排除台湾，就有发生（中国大陆对台湾）武装入侵的危险。"

日本政府开始对 1999 年制定的《周边事态法》进行修改，新版本明确把台海地区包括在所谓的"周边"范围之内。日本国内反复出现对亚太地区发动侵略战争的"集体失忆"，美化侵略历史。2006 年 2 月 4 日，日本时任外相麻生太郎又对二战时期对台湾实行的殖民统治大放厥词。

2015 年 9 月 19 日凌晨，由日本自民党为首的安倍执政联盟控制的日本国会参议院全体会议不顾在野党和国民的强烈反对，强行表决通过了新的安保法案，9 月 30 日正式公布并将在之后的 6 个月内实施。新安保法案的通过将使日本自卫队从防御性的力量转变为具有进攻性的力量，日本自卫队对外派兵将有了法律依据，而原本专守防卫的安保政策也发生了重大的转变。新安保法案并不是一个单一法案，而是一共涉及 11 部法律的法律修正案，由《和平安全法制整备法案》（《和平安全法制整备法案》涵盖了《武力攻击事态法》、《周边事态法》和《联合国维和活动协力法》等 10 部法案）以及《国际和平支持法案》共同组成。这其中最突出的焦点集中在日本和平宪法第九条关于交战权的规定，日本和平宪法第九条中曾指出日本国民永远放弃以国权发动的战争、武力威胁或武力行使作为解决国际争端的手段。而这次安倍强行通过的新安保法案则完全突破了这一壁垒。第一，新安保法案允许日本行使战争权和集体自卫权，《武力攻击事态法》修改为《武力攻击暨存亡危机事态法》，把"日本或与日本有密切关系的国家遭到武力攻击，日本存亡受威胁、存在国民权利被彻底剥夺的明显危险"的情况，定义为"存亡危机事态"，在此情况下即使日本没有直接受到攻击，也可对他国行使武力；第二，扩大了自卫队行动范围，《周边事态法》将改名为《重要影响事态法》，只要发生重大事态，自卫队可以派往全球的任何地区；第三，允许日本自卫队支援盟军，《自卫队法修正案》允许日本自卫队为美国、澳大利亚等盟国和准盟国的军队提供护卫支援。以上三点，充分表明了这是一部名副其实的战争法案。① 对前一天日本参议院特别委员会通过新安保法一事，美国国务院发言人柯比（John Kirby）9 月 17 日表示，"欢迎日本在地区及国际安全中发挥更积极的作用"。柯比称安保法案的审议过程是日本的"国内问题"，同时也认为其符合 4 月两国政府修改的《美日防卫合作指针》精神。当天，美国国防

---

① 黄日涵、徐磊祥：《日本新安保法：迫使东亚坠入"安全困境"》，《华夏时报》2015 年 9 月 24 日。

部助理部长施大伟（David B. Shear）也公开表示，日美合作的范围"从平时的海洋监视扩展至广泛范围的突发事态应对"。他对与日本扩大合作表示出期待。[①] 台湾民进党 9 月 22 日宣布，2016 年台湾地区领导人参选人蔡英文，10 月 6 日至 9 日将赴日进行四天的"点亮台湾，台日友好之旅"。蔡英文除到东京拜访政要外，还将赴首相安倍晋三家乡山口县。而山口县的下关就是当年清朝政府被迫签订《马关条约》将台湾割让给日本的地方。120 年前的 4 月 17 日，由清廷北洋大臣李鸿章和日本总理大臣伊藤博文及外相陆奥宗光，在日本山口县下关市（古称"马关"）春帆楼共同签署《马关条约》，日方则称之为《下关条约》。在《马关条约》签订 120 年之际，蔡英文访日并专程到当年签订"历史上最刻毒的不平等条约"的山口县访问，无异于往中国民众的伤口上撒盐。这一方面体现了蔡英文与安倍的个人关系，并用这种特殊方式表达对安倍强行通过安保法案的支持；另一方面，实际上也是对李登辉一系列媚日言行的认同。[②] 另外，台湾以民进党为首的"绿营"有一种声音，认为新安保法通后之后，安倍很可能推动日本版的"台湾关系法"。对此，日本问题专家、台湾"中研院"近代史所副研究员林泉忠坦言，包括安倍的胞弟岸信夫在内的一些日本议员，确实一直在推动这个东西。但是就算不排除日本有制定"台湾关系法"的可能，其实现概率也不大。[③] 当然，日本打台湾牌，也是想在解决中日之间关于历史问题、钓鱼岛问题、东海领海划分问题以及油气资源勘探与开发等问题上占得先机。

二是台海两岸之间在经济、政治、文化和社会等各领域里由于多年的隔阂形成了不同程度的差异。两岸的经济发展水平差异显著，大陆目前还在谋求区域经济协调可持续的发展阶段，而台湾则已站上了产业链的高端。此外，两岸的政治制度存在根本性不同，台湾地区文化和社会也在多年的发展中呈现独特性。因此，台海两岸在短时间内不可能在各个领域里形成高度的认同。

[①] 王欢：《美政府对日本参院特别委通过安保法案表示欢迎》，环球网，http://world.huanqiu.com/exclusive/2015-09/7519685.html。

[②] 苏虹：《蔡英文媚日卖台本性毕露》，大公网（台湾），http://news.takungpao.com/paper/q/2015/0929/3192882.html。

[③] 燕子、杨思萍：《台媒：绿营欲借日本新安保法 化解"大陆压力"》，澳亚卫视网站，http://www.imastv.com/news/article.php? lang=cn&id=71685。

　　三是基于外部势力的干涉和两岸认同差异，台湾岛内逐渐滋生了"台独"势力。"台独"是一股不可轻视的势力，甚至在过去民进党执政的八年中已经达到了高峰。"台独"势力随时局变动，又有不同形态的变化。它不仅想通过政治上谋求所谓的"国际空间"，军事上图谋"以武拒统"，还想透过经济上"实质外交"，文化上"去中国化"，社会上"族群分裂"等一系列的动作，从而达到"法理台独"等不可告人的目的。2015 年 12 月 22 日，蔡英文与工商界对谈时表示，台湾需要稳定的两岸关系。若当选，她的两岸政策将"有沟通、不挑衅、不会有意外、持续维护两岸稳定"。台湾地区领导人选举国民党籍参选人朱立伦 23 日受访时则表示，虽说不挑衅、不意外，问题是蔡英文不承认"九二共识"，就是一个很大的挑衅；国民党能在"九二共识"基础上和平发展，两岸要合作双赢，从这个世代和平发展走向下个世代合作双赢。①

　　因此，针对台海问题可能爆发的三个发病机理，要想构建台海安全机制，祖国大陆除了在政治上不断强调"一个中国"和"台湾是中国不可分割的一部分"的原则和立场，而且在军事上决不承诺"放弃武力统一"的选项，还要加强两岸在文化和社会领域里的各种交流平台的构建，从而增强两岸"同文同种"的认同。当然，更重要的是在经济领域里也要防止"台独"势力触角的滋生。所以，这也是中国 FTA 战略的一项重要任务。这项任务主要包括三个方面的内容：

　　（1）固守双方在现有共同加入的 WTO 和 APEC 中的身份定位，防止和消除在多边、区域或双边经济合作中台湾地区有悖身份的企图。2001 年 12 月 11 日和 2002 年 1 月 1 日，海峡两岸分别以 the People's Republic of China（China）和 Separate Customs Territory of Taiwan，Penghu，Kinmen and Matsu（Chinese Taipei），即"中华人民共和国（中国）"和"台湾、澎湖、金门、马祖单独关税区（简称中国台北）"的身份加入 WTO，即中国大陆加入的身份为主权国家，中国台北加入的身份为单独关税区。1991 年 11 月，中国大陆同中国台北和中国香港一起正式加入亚太经合组织。在此之前，中国同 APEC 签署了谅解备忘录，明确中国作为主权国家，台湾和香港作为地区经济体，分别以"中国台北"和"香港"（1997 年后改为

---

① 《朱立伦批蔡英文不承认"九二共识"是挑衅》，大公网（香港），http：//news. takungpao. com/taiwan/shizheng/2015 - 12/3257918. html。

"中国香港")的名称加入；台湾地区只能派负责经济事务的官员出席财经、贸易等专业会议；台湾地区不得举办 APEC 会议。1993 年 11 月，在美国西雅图召开了首次 APEC 领导人非正式会议，会议确定，台湾地区参加领导人非正式会议的只能是经贸方面的负责官员或者工商界人士。这种方式被称为"西雅图模式"，后来的 APEC 会议都沿袭了这种模式。

　　（2）坚决反对任何国家和地区与台湾地区以"主权国家"或"政府"等身份之间达成 FTA。2002 年 11 月，时任中国对外贸易经济合作部部长石广生强调："台湾当局正在用商谈自由贸易协定问题作为手段，来搞实质意义的'台湾独立'和'两个中国'的问题。因此这是一个敏感的政治问题。我们中方坚决反对与我们建交的国家同台湾当局商谈和签订自由贸易协定，否则将会给这个国家带来严重的政治麻烦，影响我们双边的经贸合作关系。"[①] 这一表态反映的正是当时中国政府否定中国台湾有在 WTO 架构下与其他国家洽签 FTA 的可能。新加坡与台湾曾于 2001 年就 FTA 进行谈判，但最后因北京压力，及台湾坚持使用"台湾"名称，而暂时搁置。[②] 2008 年台湾政党轮替之后，国民党上台，采取与大陆务实合作的积极态度。2008 年 12 月 31 日，胡锦涛在纪念《告台湾同胞书》发表 30 周年座谈会上表示："对于台湾同外国开展民间性经济文化往来的前景，可以视需要进一步协商。对于台湾参与国际组织活动问题，在不造成'两个中国'、'一中一台'的前提下，可以通过两岸务实协商做出合情合理安排。"[③] 在 2013 年 4 月 8 日的"习萧会"上，参加博鳌亚洲论坛 2013 年年会的台湾两岸共同市场基金会荣誉董事长萧万长再次表示，不希望台湾在区域经济一体化的潮流与趋势中缺席。对此，大陆方面做出积极回应称，就两岸经济共同发展、区域经济合作进程相衔接的适当方式和可行途径进行务实探讨，合情合理解决，是双方的共同立场。[④] 2013 年 7 月 10 日，新西兰商工办事处和台北经济文化代表处签署了经济合作协议，这是台湾地

---

① 《外经贸部石广生部长答记者问》，中国网络电视台网站，http：//www.cntv.cn/lm/523/51/66308.html。

② 参见蔡宏明《台星 FTA 能否跟着融冰》，《国政评论》，台湾政策研究基金会网站，http：//www.npf.org.tw/post/1/4138。

③ 胡锦涛：《携手推动两岸关系和平发展 同心实现中华民族伟大复兴——在纪念〈告台湾同胞书〉发表 30 周年座谈会上的讲话》，《两岸关系》2009 年第 1 期。

④ 李寒芳、伍鲲鹏：《国台办："习萧会"积极而富有成果》，新华网，http：//news.xinhuanet.com/2013-04/08/c_115311004.htm。

区与其所谓非"邦交国"签署的第一个FTA，也是与其主要贸易伙伴签署的第一个FTA。2012年，台湾地区是新西兰的第12大出口市场，也是其第15大进口来源地。同时，台湾地区与其第五大贸易伙伴新加坡于2013年11月7日正式达成经济合作协议。在这两个FTA中，台湾都是以"台澎金马单独关税区"的身份达成的。事实上，非经大陆作为主权国家授权，台湾当局仍然无法享有对外签署FTA的权利。即便在大陆的默许下，台湾当局已经以"台澎金马单独关税区"的名义与新西兰等国家签署FTA，这也仅具有个案效应而非可以无条件效仿的先例。[①] 另外，台湾地区与中美洲的5个"邦交国"签署的4个FTA[②]，2000年以来在台湾进出口贸易所占比例始终维持在2%左右，台湾对其总出口额仅占台湾出口总额0.145%，FTA的经济有效性备受岛内外诟病。[③] 目前，台湾地区与美国和其他的几个大经济体之间均未达成FTA，这也说明了这几大经济体权衡得失的结果是不能轻易失去或交恶于中国这个偌大、稳定、快速发展的市场。

（3）坚持在"一个中国"原则和"九二共识"的基础上，两岸达成贸易自由化、投资便利化等经贸领域"双赢"或"多赢"的类似FTA性质的经济合作协议。台湾地区的官员学者不愿意使用内地与港澳的CEPA模式来框定两岸未来的经贸合作协议，曾在世纪初提出过"两岸共同市场"和"两岸综合性经济合作协议（Comprehensive Economic Cooperation Agreement，CECA）"，前者感觉有点"早熟"，后者又长相类似"CEPA"，所以都遭弃用，后又改用"海峡两岸经济合作框架协议（Economic Cooperation Framework Agreement，ECFA）"。目前，ECFA所涵盖的服贸协议被挡在立法院不能通过，国民党执政团队不能精诚合作，内外交困，又被民进党诬骂"黑箱操作"，因此，ECFA有可能再遭搁置和弃用。但是，

---

① 季烨、彭莉：《台湾当局自由贸易协议实践的亚太转向及其前景》，《台湾研究集刊》2013年第6期。

② 已与台湾地区签署FTA的国家有：巴拿马、危地马拉、尼加拉瓜、洪都拉斯、萨尔瓦多。与台湾地区正在进行FTA谈判的拉美国家有：多米尼加、巴拉圭、哥斯达黎加。（笔者注：此文引用来源是台湾"经济部"国际贸易局2007年5月30日的材料，而哥斯达黎加2007年6月与中国正式建立外交关系）邓岱贤：《两岸签署综合性经济合作协议之研究》，《国政研究报告》，台湾政策研究基金会网站，http://www.npf.org.tw/post/2/4745。

③ 季烨、彭莉：《台湾当局自由贸易协议实践的亚太转向及其前景》，《台湾研究集刊》2013年第6期。

今后不管两岸经济合作形式采用何种名头，都必须以"九二共识"为基础，不容忽略或偷换，而"直接、双向、互利"的"三通"①才应该是各种名目下的真实内容。

对于第一个方面，两岸在 WTO 与 APEC 内已经有了约定俗成的合作机制②和身份定位，台湾方面想在这两个平台上做文章已经没有了多大的空间。对于第二个方面，大陆已经取得了实质性的突破。目前，包括巴西、阿根廷、智利、秘鲁等在内的多个拉美国家已宣布承认中国的完全市场经济地位，这对于中国与这几个国家之间 FTA 谈判的启动是十分有利的。2006 年中国－智利 FTA 的正式实施，2010 年中国－秘鲁 FTA 的正式实施，特别是 2011 年中国与哥斯达黎加 FTA 的正式实施，最终将会加速"多米诺骨牌效应"，促使台湾在拉美地区的一些"邦交国"走向"倒戈"。这前两个方面是中国 FTA 战略在国际层面确保台海安全任务的宏观体现，而第三个方面则是中国 FTA 战略谋求两岸达成类似 FTA 性质的经济合作协议最终确保台海安全任务的具体体现。因此，本章重点放在第三个方面的阐述上来。

第一节　中国自由贸易区战略确保
台海安全的可能性

多年来，台海地区一直处于"不统、不独、不武"的冷和平状态，这对于台湾当局是个大好时机，但事实上，台湾地区已处于不断的边缘化的危机中。21 世纪以来，特别是民进党执政的 8 年期间，更是左冲右突，将全副精力用在"拼政治"，"去中国化"，"去蒋、正名、公投"等事

---

① "三通"有大、小"三通"之说，"大三通"即"三通"，是海峡两岸直接"通邮、通商、通航"的简称，最早是由全国人大常委会在 1979 年元旦发表的《告台湾同胞书》中提出的。《告台湾同胞书》倡议海峡两岸应"尽快实现通航、通邮"，"以利双方同胞直接接触，互通讯息，探亲访友，旅游参观"。30 年来，为实现"三通"，祖国大陆做了不懈努力，并提出了"一个中国、直接双向、互惠互利"的基本原则。直接通航（包括海运与空运的双向直接通航）是"三通"的关键部分。在岛内各界要求全面、直接"三通"的强大压力下，台湾当局从 2001 年 1 月 1 日起，分阶段开放金门、马祖与福建沿海的货物和人员直接往来，这就是所谓的"小三通"。

② 比如，两岸在 WTO 体制内都没有相互采取 GATT 第 35 条"互不适用条款"，这样一来，两岸在 WTO 体制内的贸易争端解决管道也是畅通的。至于在 APEC 体制内，台湾方面也醉心于 APEC 合作机制创新，对于 APEC 朝 FTA 方向的发展，乐见其成。

关统独的议题之上,导致台海局势紧张、岛内不断虚耗。岛内不断拼"口水",政府恶搞,朝野恶斗,百姓厌倦,经济衰败,人民信心丧失。台湾当局一直用一种"自我优越"的眼光看待大陆,竭力延缓同大陆经贸等方面的联系。在两岸经贸政策上,从"戒急用忍",到"积极开放、有效管理",再到"积极管理、有效开放"。试想,除了大陆,还有很广阔的"国际空间",谋求"深耕台湾,布局全球"。可是日子久了,问题就出来了。

虽说台湾地区自 1987 年开放民众赴大陆地区探亲后,正式开启两岸经贸交流,迄今已逾 20 多年,两岸经贸关系发展迅速,然而两岸经贸迟迟无法正常化,使得台湾丧失许多商机。两岸经贸无法正常化的各项项目之中,其中影响台湾最为深远的,就是两岸未能直接通航。美国商会及欧洲商会每年白皮书均疾呼两岸直航之重要性,以 2007 年 5 月美国商会白皮书内容为例,"美国商会从 1996 年开始发表年度白皮书;每一年报告都不断重申让两岸人员、商品、服务与投资正常流通的重要性,也特别强调两岸直航能提升台湾企业效率,两岸直航迟迟无法落实对台湾经济到底会有哪些负面影响?真的是该说的都说过了。所以,在两岸直航议题上,美国商会给台湾当局的建议跟过去一样明确:'Just do it!'"由此可见台湾地区的外商对于两岸直航的殷切期盼。正因为两岸不能直航,台湾地区逐渐丧失了成为亚太营运总部的先机。外商在台湾地区的营运基地也纷纷搬离台湾地区,以优比速(UPS)为例,当初为第一个来台设立亚太营运总部的跨国公司,因迟迟无法开放两岸直航,在 2002 年 4 月到菲律宾另设转运中心。此外,在台美国商会人数减至不到千人,台北欧洲商会亦从全盛时期会员逾千人,减至不到 500 人,美国商会执行长亦坦言,28 岁以下的专业个人会员数量大减,表示年轻一代的外国专业人士不想来台发展。也正是因为不能直航,使得很多台资企业所需的物流与人流必须选择迁往大陆,合作厂商也会要求赴大陆驻点,而台商也必须长驻大陆,台商逐渐失去在两岸间进行产业有效整合及分工的机会,海外台商零组件与半成品从台湾进口的比例开始逐年减少,而台湾地区在大陆进口占有率亦逐年递减(参见表 5 - 1)。①

---

① 林祖嘉、刘大年、谭瑾瑜:《建立两岸经济合作机制内涵探讨》,《国政研究报告》,台湾政策研究基金会网站,http://www.npf.org.tw/post/2/5224。

表 5 - 1　大陆主要进口来源地区在大陆进口市场占有率

单位：%

进口来源地 ＼ 年份	2002	2003	2004	2005	2006	2007
日本	18.1	18.0	16.2	15.2	14.6	14.0
台湾地区	12.9	12.0	11.6	11.3	11.0	10.6
韩国	9.7	10.5	11.1	11.6	11.3	10.9
美国	9.2	5.9	8.0	7.4	7.5	7.3
德国	5.6	3.4	5.4	4.7	4.8	4.8

资料来源：（台湾）"贸易局"：《两岸贸易情势分析》，2002～2007 年。

台湾当局也曾想做出撇开大陆另寻"国际空间"的努力。事实上，也收到了些许回报，如台湾加入了 WTO 与 APEC，可是它们又让台湾地区有身份上的"困扰"，而且谈判进程又非常的缓慢，在当今以 FTA 为核心的 RTA 在全球泛滥的时代，台湾地区的国际经济空间将会迅速萎缩，因为谁都不愿意同大陆这样一个快速发展的巨大经济体交恶。台湾地区与美国之间 FTA 谈判的搁浅，便是一个很好的例子。当然，也有台湾地区学者建议台湾当局在无法与重要经贸伙伴签署 FTA 的情况下，应循"台日模式"，化整为零，就部门别（sector by sector）的合作先行协商，比如知识产权（IPR）、投资、相互认证等领域，积极寻求双边合作的任何可能。[①] 这样虽说不失为一种次优的选择，但其缓慢而繁杂的进展根本就跟不上区域经济一体化的大趋势，单就在东亚的区域经济整合（"10 + 1"、"10 + 3"和"10 + 6"等）的过程中，就将逐渐地被排除在外，照此下去，台湾终将免不了被边缘化的命运。

而更让台湾当局担心的事——产业"空心化"以及对大陆高度的贸易依赖程度快要或终将发生了。产业"空心化"是指台湾地区企业为了寻求台湾以外的其他地区，尤其是大陆地区的更多商机，而直接或间接地绕过台湾当局的资金技术等管制，离开岛内，造成的岛内产业虚化现象。此外，台湾这两年对香港、大陆的出口，占台湾总出口的 40%，弥补了台湾地区对其他贸易伙伴的贸易逆差，台湾地区经济成长率若维持 5%，岛内

---

① 吴荣义、洪财隆：《中国与东协签署 FTA 的影响与因应策略》，《台湾经济月刊》2005 年第 3 期。

的内需贡献只有 1.5%，外需贡献却有 3.5%，所以两岸经贸对台湾很重要。① 因此，台湾对大陆保持高度的贸易依赖程度也是不可避免的。

2007 年，台湾地区经济增长只有 4% 左右，排在亚洲"四小龙"之末，当局入不敷出，人民的生活压力日益沉重。经过民进党执政期间 8 年的内耗、折腾，台湾地区的竞争力正在快速下降、机会正在快速流失。相较之下，2007 年，香港地区本地生产总值增长达 6.3%，创下过去 10 年的新高；2007 ~ 2008 年度政府综合盈余高达 1156 亿元，占本地生产总值的 7.2%，是原本预测的 4.5 倍，也创历史新高，库房因此严重"水浸"。新加坡方面，2007 年经济成长更高达 7.7%，房地产及股市税收成长均远超过预期，国库岁入也十分充实。究其原因是，新、港两地能抓住中国大陆经济崛起的机遇，发展壮大自己。香港回归 10 年来，经济历经风风雨雨，虽然走过金融风暴、SARS 疫情后的经济逆境，但终能把握到中国内地入世、签订 CEPA 等种种机遇，搭上内地经济高速发展的列车；特别是在中央政府的关怀、支持下，以内地为腹地，加速与珠三角融合、落实自由行等，令经济快速复原、及早重现繁荣。港人对"中国好、香港好"的体会，越来越深。新加坡方面，政府近年不断加强与中国的政治、经贸关系；李光耀多次提出真知灼见，指出新加坡必须借助中国经济发展的动力，才能发展壮大自己。中新贸易额连年增长，政治、经贸关系越来越紧密。与此相对照，民进党当局仍然坚拒两岸"三通"，阻挠台商投资大陆，限制大陆资本进入台湾，限制大陆游客来台等。一系列人为设置的"闭关锁国"措施，令台湾优势尽失，日益被边缘化、竞争力不断下降，一年不如一年。②

在台湾地区，包括国民党在内的广大台湾同胞早已认识到了离开大陆独自去发展几乎是不可能的事情。唯有通过与大陆达成类似 FTA 的管道才能与东亚、亚太等区域经济合作机制很好地接轨，也可以说是类似于"搭大陆的便车"吧。据台湾学者研究表明，若两岸经贸能够通过建立逐步正常化的两岸经济合作机制，甚至达到两岸经贸自由化、便捷化的程度，两岸经济发展将可进入更深化的程度，迈向新的里程碑。台湾学者的一项研

---

① 林建甫：《两岸签署 CECA 的时代性与必要性》，《国政评论》，台湾政策研究基金会网站，http：//www.npf.org.tw/post/1/5314。

② 《中评社：新港富贵逼人来 台湾当局需反省》，环球网，http：//taiwan.huanqiu.com/taiman_opinion/2008－03/67803.html。

究表明，若两岸三地指中国大陆地区，中国港澳地区，中国台湾地区成立FTA，台湾将是最大的受益者，其出口量、进口量、实际GDP将依次增加13.99%、22.79%及3.31%，而台湾的社会福利亦将增加141.3亿美元。除了台湾受益，两岸三地的进出口、实际GDP及社会福利均可获益，其中台湾与大陆之间的进出口量及社会福利将大幅增长，对台湾经济是一大助力。[①]

在此方面，大陆也早已做出过努力，比如也"希望和台湾有类似CEPA的安排"（参见第一章第二节"内地与香港、澳门CEPA"部分的内容）。但是，台湾岛内具有"高度政治敏感性"的一部分人不愿使用CEPA来框定两岸经济合作机制。当然，在两岸经济合作机制的名称方面，大陆展现了很强的弹性与亲和力。2005年4月26日至5月3日，中共中央总书记胡锦涛与中国国民党主席连战在北京举行了两党56年来的首次会谈，双方就促进两岸关系改善和发展经贸交往等重大问题深入地交换了意见，并共同发布"两岸和平发展共同愿景"，达成五项共识。其中第三项提出"促进两岸经济全面交流，建立两岸经济合作机制"，"并促进恢复两岸协商后优先讨论两岸共同市场问题"。这里面"两岸共同市场"的概念就是前两岸共同市场基金会董事长、台湾政治大学兼职教授萧万长在2000年首先提出来的。而胡锦涛在2008年12月31日纪念《告台湾同胞书》发表30周年座谈会上的重要讲话中指出，"两岸同胞要开展经济大合作，扩大两岸直接'三通'，厚植共同利益，形成紧密联系，实现互利双赢。我们继续欢迎并支持台湾企业到大陆经营发展，鼓励和支持有条件的大陆企业到台湾投资兴业。我们期待实现两岸经济关系正常化，推动经济合作制度化，为两岸关系和平发展奠定更为扎实的物质基础、提供更为强大的经济动力"；"两岸可以为此签订综合性经济合作协议，建立具有两岸特色的经济合作机制，以最大限度实现优势互补、互惠互利，建立更加紧密的两岸经济合作机制进程，有利于台湾经济提升竞争力和扩大发展空间，有利于两岸经济共同发展，有利于探讨两岸经济共同发展同亚太区域经济合作机制相衔接的可行途径"。[②] 这也是正面回应了台湾地区领导人马英九所提出

① 谭瑾瑜：《落实"建立两岸经济合作机制"之建议》，《国政分析》，台湾政策研究基金会网站，http：//www.npf.org.tw/post/3/5291。
② 胡锦涛：《携手推动两岸关系和平发展 同心实现中华民族伟大复兴——在纪念〈告台湾同胞书〉发表30周年座谈会上的讲话》，《人民日报》2009年1月1日。

的两岸应签署"综合性经济合作协议"的建议。

第二节　中国自由贸易区战略确保
台海安全的管道与平台

当前，中国自由贸易区战略在确保台海安全上不光有可能性，而且还通过两岸多年的互动，逐渐形成了良好的沟通管道与平台，最主要包括"国共论坛"与"两岸经贸文化论坛"、海协会与海基会、"海峡两岸经济合作框架协议（ECFA）"等。"国共论坛"与"两岸经贸文化论坛"、海协会与海基会已经是两岸经贸、文化、"三通"等领域实质性的交流与沟通管道，而在这些管道构建起来的平台基础上，达成的每一份协议，都是朝着化解两岸多年的敌对矛盾，构建和平、发展、和谐、共赢的台海两岸迈出坚实的一步。事实上，达成的这些协议，就其内容上来讲，一方面为两岸达成类似 FTA 性质的经济合作协议逐步扫清障碍；另一方面，其中有相当一部分协议已经具有了经济合作性质的内容。ECFA 其实是继"两岸共同市场"和"两岸综合性经济合作协议"之后，先由台湾地区学者倡议，后由民间上升到国共两党之间乃至于官方层次的两岸共识，其实质就是在两岸达成至少是类似 FTA 性质的经济合作协议。

一　"国共论坛"与"两岸经贸文化论坛"

"国共论坛"是两岸由中国共产党与中国国民党在坚持"九二共识"的政治基础上发起设立，并由两岸政治、经济、军事、文化、社会等具有广泛代表性的个人、团体及政府组织共同参与和探讨两岸中华民族融合、统一和繁荣的高规格、多层次的论坛。"国共论坛"最根本的目的有两个：一是坚定"九二共识"的政治方向；二是达成有利于两岸人民根本利益的广泛共识。[①] 2005 年 4 月 29 日，胡锦涛总书记与连战主席在北京举行首次国共论坛，会谈后达成五项共同愿景，同意"建立党对党定期沟通平台"，并以定期举办"两岸经贸论坛"及"两岸和平论坛"方式，作为党对党沟通平台。原本商定于 2005 年 12 月中旬在台北召开第一届两岸经贸论坛，

---

① 《"九二共识"与国共论坛》，〔新加坡〕联合早报网，http://www.zaobao.com/forum/letter/taiwan/story20081222 - 45517。

但是由于大陆的与会人士无法来台而被迫延期。2006 年 4 月 14 日至 15 日，第一届两岸经贸论坛在北京正式召开，由中共中央台湾工作办公室海峡两岸关系研究中心与中国国民党智库国家政策研究基金会共同主办，以及海峡经济科技合作中心、两岸和平发展基金会共同协办。

本次论坛台湾方面学者、工商企业及立委共 170 多位人士参加，台商代表则有 100 多人参加，加上国共两党人士及大陆企业界、学者专家代表，两岸与会人士共有 400 余位。论坛围绕"两岸经贸交流与直接通航"主题，就"在全球化浪潮下，两岸经贸交流对双方经济发展的影响"、"两岸农业交流与合作"、"两岸直航对产业发展策略、企业全球布局的影响"、"两岸观光交流对双方经济发展的影响"和"两岸金融交流与两岸经贸发展"五项议题进行研讨。经过两日热烈讨论后，两岸经贸论坛达成了"推动两岸经济交流与合作、积极推动两岸直接通航、促进两岸农业交流与合作、加强两岸金融交流、鼓励和支援台湾其他服务业进入大陆市场、积极推动实现大陆居民赴台旅游、共同探讨构建稳定的两岸经济合作机制"等七项建议。陈云林主任还宣布了促进两岸交流合作的 15 项政策措施，包括 7 项农业措施、4 项医疗措施、2 项观光旅游措施，及开放报考报关员及认可台湾高等学校学历各一项措施。大陆单方面宣布的惠台利民政策充分表达了大陆对台湾同胞的诚意和善意，也使两岸经贸往来中亟待解决的问题有了务实沟通的渠道，而拒不承认"九二共识"的民进党当局则在两岸往来日益密切的历史潮流中开始被"边缘化"。

依据第一届两岸经贸论坛共同建议之一"促进两岸农业交流与合作"，国共两党平台积极规划"两岸农业合作论坛"，并于 2006 年 10 月 17 日在海南博鳌举办。两岸农民团体代表、专家学者和农企业界人士共计 400 余人出席会议，其中台湾代表超过 200 人，台湾农渔会、合作社及农田水利会等三大农业团体及产业团体、农产市场、公会及协会等主要负责人皆亲自出席。[①] 论坛主题是"加强两岸农业合作，实现两岸农业互利双赢"，就"加入 WTO 后两岸农业合作面临之机遇与挑战"、"当前两岸农业合作模式之探讨"和"两岸农业合作发展之问题与对策"三项议题进行研讨。论坛达成"促进两岸农业交流与合作，实现双赢；欢迎台湾农民、农业企业到

---

① 许振明、谭瑾瑜：《台湾与海西区之间经济交流与合作研究》，《国政研究报告》，台湾政策研究基金会网站，http://www.npf.org.tw/post/2/4414。

大陆投资兴业；采取措施保障台湾农产品输入大陆快速通道顺畅；继续帮助台湾农产品在大陆销售；维护农产品贸易的正常秩序；推动构建两岸农业技术交流和合作机制以及推动建立两岸农业安全合作机制"等 7 点建议后，陈云林主任立即宣布了 20 项两岸农业交流及合作的具体政策措施。

从 2007 年开始，国共两党将两党间的此类论坛统一命名为"两岸经贸文化论坛"。2007 年 4 月 28 日至 29 日，第三届两岸经贸文化论坛于北京举办，胡锦涛总书记和连战主席会见了出席论坛的 500 余位两岸各界人士。论坛主题是"两岸直航、旅游观光、教育交流"，围绕海上直航、空中直航、"小三通"、两岸教育事业的发展与交流合作、观光旅游等五大议题进行了研讨。论坛提出"促进两岸空中直航与航空业交流合作，推动两岸海上通航与救援工作，继续拓展福建沿海与金门、马祖、澎湖直接往来的范围与层次，积极促进两岸教育与交流合作，继续推动实现大陆居民赴台旅游，促进两岸关系和平发展"等 6 项共同建议，然后由交通部、公安部、人社部、教育部、民航总局、国家旅游局等 6 部门推出欢迎台湾地区高校来大陆招生、增加 3 个台胞落地口岸签注点、向台湾居民开放 15 类（项）专业技术人员资格考试等 13 项开放政策。13 项惠台措施贴近民生，注重实效，受益的不仅是台湾工商企业，还包括农民、学生，以及医生等专业人士，受到两岸同胞的欢迎和国际舆论的好评。特别是在教育方面，欢迎台湾高校到大陆招生，不但帮助解决台湾高校生源不足的问题，使两岸的教育交流成为双向交流，还有助于促进两岸青年相互了解、消除隔阂，使两岸关系的长远发展趋向良性。

在遭受全球金融危机的冲击和两岸经济形势都很严峻的背景下，2008年 12 月 20 日至 21 日第四届两岸经贸文化论坛在上海举行。论坛主题是"扩大和深化两岸经济交流与合作"，包含拓展两岸金融及服务业合作、促进两岸双向投资、构建两岸经济交流的制度化安排三项议题。本届论坛呈现以下几个新特点：① 一是双向性。以往三届均由中台办主任或副主任宣读论坛形成的"共同建议"，此次则由国民党副主席曾永权宣读，而中台办主任王毅则宣布了十项惠台措施。不仅形式上由双方共同完成，在内容上，绝大部分建议与某些惠台措施也需要两岸当局共同完成。这与前三届

---

① 《朱磊：承前启后、共创新局的第四届两岸经贸文化论坛》，中国网，http：//www.china.com.cn/overseas/txt/2008 - 12/22/content_ 16989258.htm。

只是大陆单方面宣布惠台措施明显不同，凸显了国民党在岛内执政后对两岸经济交流与合作的影响大大增强。二是开放性。两岸经贸文化论坛虽然是国共论坛，但参与人士却非常广泛。参加本届论坛的，既有国共两党高层人士，也有亲民党、新党和无党联盟等其他政党及社团的代表；既有不同行业的企业精英，也有不同领域的专家学者；两岸相关主管部门人士以特邀嘉宾、特邀专家名义出席论坛，进行了首次直接交流。国民党主席吴伯雄还呼吁民进党、"台联党"明年也派人参加，让这个平台更具有多元性，包容不同的意见，寻求更大共识。诚如王毅主任所说，要以海纳百川的更大格局，让论坛汇集民意，凝聚共识，更好地为两会协商提供参考。三是权威性。两岸经贸文化论坛作为国共交流平台的支柱之一，是提供两岸产官学界交换意见的最权威性场所，对两岸双方的决策有很重要的参考价值。两党高层的参加也会对两岸经济合作的未来走向发出指导性建议，值得高度重视。例如此次论坛中全国政协主席贾庆林的重要演讲，概括了两岸经贸合作取得的成果和经验，阐明了大陆方面的政策主张，提出了今后共同努力的方向，对进一步扩大和深化两岸经贸合作具有重要的指导意义。四是及时性。本届论坛的三项议题有很强的针对性，既反映了两岸经济交流合作下一步发展的必然趋势，又适应了两岸应对当前国际经济形势挑战的迫切需要。论坛达成的共同建议与大陆宣布的惠台措施紧扣国际金融危机这一当前最紧要的经济形势，对两岸如何加强合作、共同克服经济困难提出了及时而广泛的对策。五是深入性。不仅对两岸经济议题进行深入讨论，还专门举办了由两岸知名人士参加的文化沙龙，显示两岸经济交流的讨论已经深入文化层次。推动两岸经济交流与合作受制于两岸当局与民众的观念，认同中华文化也会支持加强两岸交流。

第四届两岸经贸文化论坛达成"积极合作应对国际金融危机的冲击、促进两岸金融合作、相互参与扩大内需及基础建设、深化两岸产业合作、加强两岸服务业合作、完善两岸海空直航、加强两岸渔业合作、加强投资权益保障、实现两岸经济关系正常化以及推动建立两岸经济合作机制"九项共同建议，大陆方面宣布了十项惠台措施。这些惠台措施最显著的特点是大陆加大了协助台资企业迎战全球金融危机的力度。例如，2005年与2006年国家开发银行与华夏银行分别为台商提供300亿元与200亿元人民币的专案贷款，但为更好地加强台资企业融资服务，此次大陆又宣布，中国工商银行、中国银行分别为大陆台资企业包括中小企业安排500亿元人民币的融资，国家开发银行在原有支持台资企业 300 亿元人民币的专项融资的基础上，三年内再追加融资支持台资企业包括中小企业 300 亿元人民币。同时，为支持大陆台资企业发展，大陆宣布，扶持中小企业的财税、信贷政策，同样适用于台资中小企业，并且支持台资企业参与大陆扩大内需的建设工程和项目。此外，大陆方面还表示，将支持和帮助大陆台资企业转型升级、鼓励和扶持台资企业自主创新、推动两岸双向投资、加强两岸产业合作、携手促进平板显示产业发展、拓展两岸农业合作平台、扩大台湾鲜活农产品在大陆销售，以及允许符合条件的台湾居民在大陆从事律师职业，这些措施都将在未来两岸经济大交流、大合作、大融合、大发展的进程中发挥重要的促进作用。

论坛上全国政协主席贾庆林还郑重承诺："如果世界经济形势持续恶化，台湾方面提出缓解经济困难的要求，大陆方面愿意尽最大努力，提供协助。"[1] 这充分表达了大陆对两岸携手共同克服金融危机冲击的诚意、善意和决心。在两岸经济发展面临更高阶段的快速腾飞之际，此次论坛的召开无疑为两岸经济的发展提供了方向、助力和契机。新的时代为国共两党、两岸同胞提出了新的使命，两岸关系的前途掌握在两岸人民自己的手中。在一这历史时刻，两岸需要携起手来，为扩大、深化两岸经济文化交流与合作，为开创两岸关系和平发展的新局面，为实现中华民族的伟大复兴，做出新的贡献。

2009 年 7 月 11 日至 12 日，第五届两岸经贸文化论坛在湖南长沙举行。此次论坛首次以"两岸文化教育交流合作"为主题，深入探讨了中华文化传承和创新、两岸文化产业合作、两岸教育交流合作等议题，达成了六个方面 29 项"共同建议"并出台了多项惠台措施。此次论坛是在两岸关系步入和平发展新阶段、两岸经贸交流合作取得重大进展的形势下举办的，对进一步推动两岸文教交流合作、两岸经济提升、两岸关系和平发展具有重大战略与指导意义。

此次论坛规模为历届之最大、代表性为历届之最广。一是论坛共有530 多人参加，其中台湾代表 270 多人，开创了论坛成立以来的新纪录。此外，两岸新闻媒体也派出了 400 余名记者前来采访。二是论坛参与人员

---

① 包赛：《第四届两岸经贸文化论坛在上海隆重开幕——贾庆林吴伯雄连战出席》，《人民日报》2008 年 12 月 21 日。

涵盖各行业代表，包括两岸政党、文化界、文化创意产业界、新闻界、教育界、宗教界、经贸界人士，以及台湾学生和身在祖国大陆的台商。台湾参加论坛的成员中，国民党党员只占四分之一，其他四分之三是亲民党、新党、无党籍以及民进党人士。三是首次有台湾行政人员与会，台湾当局"教育部政务次长"吕木琳、"文建会副主委"张誉腾，"新闻局副局长"许秋煌、"陆委会文教处长"陈会英、"文建会一处处长"方芷絮，以及"环保署温检管理室执行秘书"杨庆熙等行政人员受邀出席论坛。这次论坛中首次出现多名民进党人士。尽管蔡英文等民进党高层视两岸经贸文化论坛为"统战平台"，认为"国共论坛是国共两党的事，禁止党内现、卸任公职人员出席论坛"，但前"农委会主委"范振宗、民进党前"立委"许荣淑、前中常委张富忠、前花莲县党部主委苏聪祥、三重市民代会主席林秋贵、"新兴民族文教基金会执行长"翁元一及秘书纪慧文等 7 人仍克服困难和阻力参加论坛。

　　此次论坛开辟了两岸经济发展的新途径。首先，此次论坛期间举办了"两岸经贸合作座谈会"，主要集中在过去较少接触的新能源产业和节能环保方面。它的意义在于，如果两岸能建立合作机制，将有助于两岸环境永续发展，甚至开创新的商机，促进两岸互利双赢、和平共荣。其次，"共同建议"中提出了支持台资企业在祖国大陆发展壮大，运用祖国大陆推进实施中部崛起等区域发展战略和扩大内需市场的有利时机，调整发展策略和市场布局，加快转型升级和产业转移步伐。这不仅有助于台资企业实现更好更快发展，也有助于祖国大陆中部地区利用对台合作实现新的经济增长点。最后，两岸在此次论坛中就文化产业合作进行的深入讨论、达成的"共同建议"，有助于岛内文化创意产业充分利用祖国大陆市场，吸引岛内文化创意人才与技术，必将开拓两岸经济发展新途径、创造两岸经济提振新模式。①

　　2010 年 7 月 10～11 日，第六届"两岸经贸文化论坛"在广州市举行，来自两岸 400 多名工商业者、学者专家和政党代表参加了此次会议。本届论坛的主题是"加强新兴产业合作，提升两岸竞争力"，在两岸签署经济合作框架协议的背景下，围绕促进新能源产业合作、加强节能环保产业合作及深化两岸经济合作三项议题进行研讨，并举办文化教育专题座谈会。

---

① 李贺：《第五届两岸经贸文化论坛意义重大》，《统一论坛》2009 年第 4 期。

全国政协主席贾庆林在论坛开幕式致辞时说，两岸经济合作框架协议的签订，是继两岸全面实现直接双向"三通"之后，两岸关系发展进程中又一新的里程碑，标志着构建两岸关系和平发展框架在经济领域取得重大进展，两岸经济关系从此站在了新的历史起点上。[①] 在论坛的开幕式上，全国政协主席贾庆林与国民党荣誉主席吴伯雄还不约而同地提到"振兴中华"。贾庆林表示，中山先生第一个喊出"振兴中华"的响亮口号，至今仍激励着我们为民族团结富强而奋斗。随着两岸交流进一步深化，两岸互信不断积累，两岸必能化解更多歧见，找到更多共同追求的目标。吴伯雄说，"两岸经贸论坛"的举办是为谋求两岸人民的福祉，如同孙中山先生在广东、广州所做的努力，无一不是谋求振兴中华，为了中华民族的复兴壮大。这也说明，经过近两年来两岸关系的飞速发展，特别是签署两岸经济合作框架协议之后进入全方位合作的阶段，"求同存异"虽然仍是两岸协商的基本原则，但已经不能满足客观形势发展的需求，两岸关系开始进入一个"化异聚同"的新历史时期。[②]

2011 年 5 月 6 ~ 8 日，第七届两岸经贸文化论坛在四川省成都市举行。与会人士围绕"深化两岸合作，共创双赢前景"的主题，就祖国大陆"十二五"规划与台湾中长期经济发展构想（黄金十年）、"《海峡两岸经济合作框架协议》实施与促进两岸经济发展"、"两岸文教合作与青年交流"三项议题展开深入讨论，共达成 19 项共同建议。贾庆林在开幕式上建议，要以落实两岸经济合作框架协议为主线，推动两岸经济合作机制化进程。他指出，2011 年以来，两岸货物贸易和服务贸易早期收获计划全面实施并初见成效，两岸经济合作委员会开始运作，框架协议规定的后续商谈也已全面启动。今后，我们要继续实施好早期收获计划，让两岸民众进一步共享其利。积极推进各项后续协商，不断健全两岸经济合作机制。尽快达成两岸投资保障协议，为促进双向投资提供更好、更便利的条件。抓紧启动争端解决协议商谈并及早取得成果，更好地维护两岸企业的合法权益。总之，要以落实框架协议为主线，着眼于为两岸经济合作提供稳定的制度保障，最大限度地实现两岸资源优化配置，促进两岸经济共同繁荣发展。贾庆林忆及前些日子，吴伯雄有段精彩讲话中提到，两岸之间有两座大桥，

---

① 贾庆林：《在第六届两岸经贸文化论坛开幕式上的致辞》，《人民日报》2010 年 7 月 11 日。
② 金奕：《第六届"两岸经贸文化论坛"述评》，《统一论坛》2010 年第 4 期。

第一座是经济合作，第二座是文化交流，经济合作是手携手的工作，文化交流是心连心的工作，两者缺一不可。贾庆林指出，2011 年是辛亥革命100 周年，海内外中华儿女正在以各种方式隆重纪念这一历史性大事。孙中山先生毕生致力于实现民族振兴、国家统一的崇高精神，至今仍激励着海内外中华儿女为之奋斗。①

2012 年 7 月 28～29 日，第八届两岸经贸文化论坛于素有"冰城"美誉的黑龙江省哈尔滨市隆重召开。本届论坛以"深化和平发展，造福两岸民众"为主题，主要围绕"和平发展回顾与前瞻"、"深化经贸合作"和"扩大文教交流"三个议题展开研讨，形成了 17 条共同建议，包括 4 条政治性议题，引起两岸民众的广泛关注。基于两岸关系和平发展已经形成全方位、宽领域、多层次的大交流局面，本届论坛与以往侧重讨论两岸交流合作若干单项议题有所不同，首度以专题研讨会的形式对 4 年多来两岸交流的经验与教训进行全面性总结，凸显论坛战略性与务实性。与会各方达成共识认为，"两岸关系和平发展符合两岸同胞的共同期待和中华民族的根本利益，是一条正确的康庄大道"，而实现这一道路的基础是两岸始终坚持反对"台独"、认同"九二共识"的共同立场，在此基础上按照"先易后难、循序渐进"的思路推进制度化建设，不断"聚同化异"，扩大和平发展成效，造福两岸民众。鉴于论坛建言对两岸双方制定政策的重要影响力，与会各方首次就敏感性较强的政治议题进行热烈探讨。贾庆林发表讲话指出，"一个中国框架的核心是大陆和台湾同属一个国家，两岸关系不是国与国的关系"，两岸应"积极探讨国家尚未统一特殊情况下的两岸政治关系，为逐步解决两岸关系中的深层次问题开辟道路"。吴伯雄对此回应称，"双方都坚持一个中国，两岸关系不是国与国关系，对于一个中国涵义，我们主张求同存异"。这引发与会各方对两岸是否需要及如何更清晰表述"一中框架"展开积极研讨。另外，与会人士还提出建构"阶段性的、能承认两岸政治现状的协议"及两岸军事互信机制，两岸共建"金门、厦门为和平特区，并对等共同管理"，两岸"两会"互设办事处，集合两岸产官学力量共组"两岸和平发展委员会"等半官方政治对话机构，将两岸经贸文化论坛移至台湾举办等诸多意见。相较往届论坛偏重讨论经济、文化、社会等议题，本届论坛毫不避讳地涉足政治议题，充分体现其

---

① 贾庆林：《在第七届两岸经贸文化论坛开幕式上的致辞》，《人民日报》2011 年 5 月 8 日。

前瞻性与先导性的特点。①

2013 年 10 月 26～27 日，第九届两岸经贸文化论坛在广西南宁举行。论坛以"扩大交流合作，共同振兴中华"为主题，就推进"两岸经济科技合作、加强文化产业合作、深化教育交流合作"三项议题，展开深入讨论。会议最终通过积极推进两岸经济合作框架协议后续协议商谈和落实、鼓励双方经济实验区合作、完善两岸旅游交流机制等 19 项共同建议。全国政协主席俞正声说，过去 5 年多来，两岸关系开辟出和平发展的正确道路，取得了重大进展。他透露，11 月将召开中共十八届三中全会，这次全会主要是研究全面深化改革问题。这一轮改革范围之广，力度之大，都将是空前的，必将强有力地推动大陆经济社会各领域的深刻变革，促进各项社会事业的发展，相信大陆经济社会和各项事业的新发展，必将为两岸经济合作乃至两岸关系的发展提供更强劲的动力、更宽广的空间和更有利的条件。国民党荣誉主席吴伯雄也表示，两岸关系目前处于半个世纪以来最好而且最受国际社会所肯定的和平关系，两岸各自的法律、体制都用"一个中国架构"来定位两岸关系，而非"国与国"的关系。他说，两岸关系能够迈开步伐，稳健向前推展，"先急后缓、先经后政、先易后难"是我们秉持的原则。但尽管如此，我们总结经验时总会发现，虽说是"先经后政"，但也会碰到"经中有政"；虽然说是"先易后难"，但有些事情是"易中有难"。因此，"政"也可以随时随着人民的需要而解决，但主要是要得到两岸人民多数的认同，这是我们必须一步一步来推动的。②

2015 年 5 月 3 日，第十届两岸经贸文化论坛在上海举行。本届论坛更加贴近民生、注重效率，充分展现关心、服务青年和基层的诚意和决心，就未来两岸关系发展和论坛前景提出了许多政策建议，成果丰富。本届论坛分为中小企业、青年与基层、经贸科技、文化教育四个专题进行分组讨论，涉及十余个议题，包括促进两岸产业分工合作，建立两岸供应链合作体系；两岸合作，共创青年就业与创业机会；两岸经贸合作与区域经济整合之回顾与展望；两岸文化产业交流的回顾与展望等。中央台办主任张志军概括了论坛提出的政策建议，主要涉及 9 个方面：一是继续推动两岸经济融合发展，提升两岸经济合作制度化水平；二是在继续支持大企业良性

---

① 吕存诚：《第八届两岸经贸文化论坛综述》，《统一论坛》2012 年第 5 期。
② 《扩大交流合作 共同振兴中华——第九届两岸经贸文化论坛硕果累累》，《团结报》2013 年 10 月 29 日。

发展的同时，更积极地为两岸中小企业合作搭建平台；三是加强两岸农渔业合作，增加电商通路，帮助台湾农产品拓展大陆市场；四是更多关注两岸基层民众的感受，促进更多民众投身两岸关系和平发展，并从中受益；五是扩大两岸青年交流规模，丰富、创新内容和形式，为两岸青年学生就学、实习、就业、创业创造条件；六是进一步深化两岸文化、影视产业的交流合作，探讨分类逐项商签相关领域交流合作协议；七是进一步深化两岸教育交流合作，商签两岸教育交流合作协议；八是继续推动研究尽快解决大陆旅客在台湾中转和进一步便利两岸同胞往来的问题；九是建立沟通平台，务实研究探讨台湾参与"一带一路"建设、区域经济合作和亚洲基础设施投资银行的方式等问题。

俞正声在开幕式上指出，10 年前，在两岸关系紧张动荡时刻，国共两党为遏制"台独"分裂活动，维护台海和平，增进两岸同胞福祉，毅然决然实现和解，共同迈出了历史性一步。国共两党领导人提出要共同推动两岸关系和平发展，建立两党定期沟通平台，两岸经贸文化论坛应时而生。10 年来，论坛作为国共两党交流对话的重要平台，始终坚持认同"九二共识"、反对"台独"的基本立场，坚持契合民意、注重引领的精神，着眼民族长远利益、体察两岸社情民意，集中探讨解决两岸同胞关心、事关两岸关系和平发展的重大问题，取得丰硕成果，得到了两岸同胞的广泛认同和支持。10 年来，论坛作为汇聚民意、政策先导的重要平台，始终坚持关注民生、服务民众的宗旨，就两岸经贸、"三通"、旅游、产业、金融、农渔业、文化、教育、科技等攸关两岸同胞切身利益的议题深入研讨，形成了 153 项共同建议，这些建议大多转化为两岸共同或各自的具体政策措施。两岸两会签署的 21 项协议，大陆方面在论坛上宣布的 73 项对台惠民措施，台湾方面采取的便利两岸同胞交流交往的积极举措，给两岸同胞带来了实实在在的好处。10 年来，论坛作为两岸各界人士互动合作的重要平台，始终坚持代表广泛、开放包容的原则，邀请两岸有关党派团体代表、实务部门人士、业界精英、专家学者共同参与，汇集各界真知灼见，增进同胞间的了解和感情，促进了各领域的交流合作。在论坛示范带动下，"双百"论坛、城市论坛、海峡论坛、紫金山峰会、和平论坛等一系列两岸交流对话平台相继建立，与经贸文化论坛相得益彰，推动形成了两岸全方位交往的可喜局面。经过 10 年发展，两岸关系站在了新的历史起点上。台海和平之稳定、两岸同胞往来之频繁、经济联系之密切、共同利益之广泛，都是

60 多年来前所未有的，两岸同胞的前途和命运更加紧密地联系在一起。展望未来，两岸关系既展现出更广阔的和平发展空间，同时又面临新的挑战与考验。"台独"分裂势力的阻扰破坏仍然是台海和平稳定最大的威胁。维护两岸关系和平发展大局任重道远。我们要坚定不移走和平发展道路，坚定不移坚持共同政治基础，坚定不移为两岸同胞谋福祉，坚定不移携手实现民族复兴。①

国民党主席朱立伦在致辞中积极评价 2005 年国共两党领导人发布的"两岸和平发展共同愿景"，强调两岸经贸文化论坛带动了两岸关系良性发展，希望未来两岸的交流，能够在"九二共识"的基础之上持续发展。对于两岸关系的未来，朱立伦提出"三个必须"：一是必须要传承。10 年对于历史来讲，只是短短的一刻。接下来的时代，必须要接棒，两岸的交流必须不断传承。希望两岸的和平发展、交流，能够透过传承来创新，对两岸未来做出更多的贡献。二是必须要深化。两岸的交流需要更多的层面，积极的投入，不管它是来自社会哪个行业、哪个层面，如果能够深化交流，一定可以感受到两岸合作、两岸和平得到的成果。三是必须要普及。两岸交流的和平红利属于民众，可以全民来分享，这是人民的心声和权利。两岸交流的成果，普及更多的民众享用、感受，这是必须要努力推动的。②

二 海协会与海基会

"海协会"，全称"海峡两岸关系协会"，是于 1991 年 12 月 16 日在北京成立的民间团体，是大陆方面与台湾方面商谈两岸交往中相关问题的受权团体。《海峡两岸关系协会章程》规定，海协会以促进海峡两岸交往，发展两岸关系，实现祖国和平统一为宗旨。为实现上述宗旨，海协会致力于加强同赞成该会宗旨的社会团体和各界人士的联系与合作；协助有关方面促进海峡两岸各项交往与交流；协助有关方面处理海峡两岸同胞交往中的问题，维护两岸同胞的正当权益。海协会还可接受有关方面委托，与台湾有关部门和授权团体、人士商谈海峡两岸交往中的有关问题，并可签订协议性文件。上海市原市长汪道涵 1991 年 12 月当选为海协会首任会长。

---

① 俞正声：《在第十届两岸经贸文化论坛开幕式上的致辞》，《人民日报》2015 年 5 月 4 日。
② 葛凤章：《汇民意 聚共识 谋民利——第十届两岸经贸文化论坛综述》，《两岸关系》2015 年第 6 期。

2005 年 12 月汪道涵逝世后，海协会会长一直悬缺。在 2008 年 6 月 3 日召开的海协会第二届理事会第一次会议上，国务院台办原主任陈云林当选为第二任会长。① 2013 年 4 月 26 日，海协会第三届理事会第一次会议推举原商务部部长陈德铭为海协会新任会长。

1992 年 10 月 28 日至 30 日，海协会与海基会在香港就两岸事务性商谈中如何表述坚持一个中国原则的问题进行讨论，后来形成"九二共识"，为海协会和海基会的商谈奠定了基础。对于"九二共识"，大陆海协会的表述为"海峡两岸都坚持一个中国的原则，努力谋求国家统一。但在海峡两岸事务性商谈中，不涉及一个中国的政治涵义"；而台湾海基会的表述为"在海峡两岸共同努力谋求国家统一的过程中，双方虽均坚持一个中国的原则，但对于一个中国的涵义，认知各有不同"。"九二共识"的实质内涵就是："海峡两岸均坚持一个中国原则"和"努力谋求国家统一"的态度，暂时搁置的是对一个中国政治含义的争议。简单地说，大陆方面希望的"九二共识"可以简化的表述为"一中不表"，而台湾方面把"九二共识"简化为"一中各表"。②

1993 年 4 月，海协会会长汪道涵和海基会董事长辜振甫在新加坡举行会谈，这是自 1949 年以来两岸高层人士首次以民间名义进行的公开会晤。这次会晤建立了两岸制度化协商的机制，标志着两岸关系迈出了历史性的重要一步。"汪辜会谈"签署了《汪辜会谈共同协议》等 4 项协议，推动了两岸经贸往来和民间交流的发展。此后，双方又举行了 20 多次不同层级的商谈以及 1998 年在上海举行的"汪辜会晤"。这一期间两会协商取得的成果，受到了两岸同胞的欢迎和国际社会的肯定。1999 年李登辉抛出"两国论"后，两会商谈被迫中断。

"海基会"，全称"海峡交流基金会"，是台湾方面于 1990 年 11 月 21 日成立的民间组织，1991 年 3 月 9 日举行开幕式，正式挂牌运行。该会分设由 43 人组成的董事会和由 6 人组成的监事会；辜振甫担任首任董事长，该会内设秘书处和文化服务处、经贸服务处、法律服务处、旅行服务处及综合服务处等 6 个业务单位，主要功能是接受"陆委会"委托，办理两岸

---

① 《新闻资料：海峡两岸关系协会》，新华网，http://news.xinhuanet.com/tw/2008 - 06/03/content_ 8306880. htm。

② 《"九二共识"与国共论坛》，〔新加坡〕联合早报网，http://www.zaobao.com/forum/letter/taiwan/story20081222 - 45517。

交流所衍生的各项事务。① 2008 年 5 月 26 日，中国国民党副主席江丙坤正式就任海基会董事长。2012 年 9 月 27 日，林中森接替江丙坤成为"海基会"新任董事长。

应海峡两岸关系协会邀请，海峡交流基金会董事长江丙坤率海基会协商代表团于 2008 年 6 月 11 ~ 14 日访问北京。两岸在走过"乌云飞渡"的风雨历程后，终于迎来"雨过天晴"的"陈江会谈"。12 日上午，海协会会长陈云林与海基会董事长江丙坤举行了会谈。双方就尽快解决两岸周末包机和大陆居民赴台旅游两项议题交换了意见，并就推进两会协商、加强两会联系交往等事宜进行了讨论。这是两会领导人十年来的首次会谈，标志着中断九年的两会制度化协商正式恢复。13 日上午，海峡两岸关系协会会长陈云林与海峡交流基金会董事长江丙坤在钓鱼台国宾馆签署了《海峡两岸包机会谈纪要》与《海峡两岸关于大陆居民赴台湾旅游协议》。纪要与协议都自签署之日起 7 日后生效。

依据《海峡两岸包机会谈纪要》与《海峡两岸关于大陆居民赴台湾旅游协议》，两岸周末包机将从 7 月 4 日起正式实施，大陆居民赴台旅游将自 7 月 18 日起正式实施，7 月 4 日启动首发团。海协会与海基会就开通两岸客运包机和货运包机等事宜，经平等协商形成了《海峡两岸包机会谈纪要》，内容涉及承运人、搭载对象、飞行航路、通关便利、保税措施、互设机构、辅助安排、申请程序、准用事项、货运事宜、定期航班以及联系机制等方面。根据纪要附件，两岸周末包机时段为每周五至下周一计 4 个全天。大陆方面同意先行开放北京、上海（浦东）、广州、厦门、南京 5 个航点，并陆续开放成都、重庆、杭州、大连、桂林、深圳，以及其他有市场需求的航点；台湾方面同意开放桃园、高雄小港、台中清泉岗、台北松山、澎湖马公、花莲、金门、台东等 8 个航点。双方同意在周末包机初期阶段，每周各飞 18 个往返班次，共 36 个往返班次。根据市场需求等因素适时增加班次。根据纪要，双方同意：凡持有效旅行证件往返两岸的旅客均可搭乘客运包机；尽快协商开通两岸直达航路和建立双方空管方面的直接交接程序，在直达航路开通前，包机航路得暂时绕经香港飞行（航）情报区；包机承运人得在对方航点设立办事机构，台湾方面同意大陆承运

---

① 《海峡交流基金会》，新华网，http://news.xinhuanet.com/tw/2008 - 06/06/content_8321391.htm。

人于 6 个月内设立办事机构；在周末客运包机实施后 3 个月内就两岸货运包机进行协商，并尽速达成共识付诸实施；尽快就开通两岸定期直达航班进行协商。

《海峡两岸关于大陆居民赴台湾旅游协议》内容涉及联系主体、旅游安排、诚信旅游、权益保障、组团社与接待社、申办程序、逾期停留、互设机构等方面。根据协议，双方同意赴台旅游以组团方式实施，采取团进团出形式，团体活动，整团往返；双方应共同监督旅行社诚信经营、诚信服务，禁止"零负团费"等经营行为，倡导品质旅游，共同加强对旅游者的宣导；双方同意各自建立应急协调处理机制，相互配合，化解风险，及时妥善处理旅游纠纷、紧急事故及突发事件等事宜，并履行告知义务；双方同意就旅游者逾期停留问题建立工作机制，及时通报信息，经核实身份后，视不同情况协助旅游者返回；双方同意互设旅游办事机构，负责处理旅游相关事宜，为旅游者提供快捷、便利、有效的服务。根据协议附件，接待一方旅游配额以平均每天 3000 人次为限。组团一方视市场需求安排。第二年双方可视情协商做出调整。旅游团每团人数限 10 人以上，40 人以下，自入境次日起在台停留期间不超过 10 天。①

6 月 13 日下午，中共中央总书记胡锦涛在钓鱼台国宾馆会见了江丙坤和海基会代表团成员。胡锦涛指出，海协会和海基会在"九二共识"的共同政治基础上恢复商谈并取得实际成果，标志着新形势下两岸关系改善和发展有了一个良好开端，表明两岸双方有智慧、有能力通过协商谈判解决有关问题，造福两岸同胞。他强调，"建立互信、搁置争议、求同存异、共创双赢"② 的主张已经得到了两岸双方的认同，我们应该把这一精神贯彻于两会商谈之中。希望两会今后在商谈中做到"平等协商、善意沟通、积累共识、务实进取"。"胡总书记的'新十六字'方针，是为两岸商谈具体事务量身定做的"，台湾政治学者江岷钦说，"有这十六字作指引，两岸协商和谈判将由此呈现'星垂平野阔，月涌大江

---

① 《陈键兴、刘畅：海协会海基会就两岸周末包机及赴台旅游签署协议》，中国政府网，http：//www.gov.cn/jrzg/2008 - 06/13/content_ 1015347. htm。

② 中共中央总书记胡锦涛 2008 年 4 月 29 日会见国民党荣誉主席连战时，提出"建立互信，求同存异，搁置争议，共创双赢"的十六字方针，当然，这也不应仅仅被看作对萧万长 2008 年 4 月 12 日在博鳌论坛所提十六字方针"正视现实、开创未来、搁置争议、追求双赢"的回应。有很多相关文章予以分析。例如：《北京对马英九有疑虑 胡锦涛提新十六字方针》，http：//www. singtaonet. com/china/200805/t20080501_ 772598. html。

流'的宏大格局"。①

2008 年 11 月 3 日至 7 日,第二次"陈江会谈"在台北举行。4 日 14 时,台北市圆山大饭店内灯火通明。海峡两岸关系协会会长陈云林与台湾海峡交流基金会董事长江丙坤同时开始在四项协议文件上一一签字。根据这次签署的《海峡两岸空运协议》、《海峡两岸海运协议》、《海峡两岸邮政协议》和《海峡两岸食品安全协议》,两岸将开通空中双向直达航路,使客运包机常态化并开通货运直航包机,两岸将相互开放主要港口进行海运直航,还将实现直接通邮,同时建立重大食品安全事件协处机制等。正如中台办、国台办主任王毅在为陈云林赴台送行时所说,这四项协议顺利签署后,两岸大体上就能完成"三通"(通邮、通航、通商)进程,这将为今后两岸关系更加全面发展提供必要的条件和基础。这意味着,由 1979 年全国人大常委会《告台湾同胞书》所首倡的两岸"三通"主张,在两岸同胞持续不懈的共同努力下,终于经两岸制度化协商而搭起了框架。根据《海峡两岸空运协议》,两岸客运包机将在原有周末包机的基础上,增加航点、班次,调整为常态化包机。运载两岸货物的两岸货运直航包机,也将飞航于两岸多个航点城市之间。根据《海峡两岸海运协议》,大陆方面开放 63 个港口、台湾方面开放 11 个港口作为直航港口,两岸船舶经许可后可从事两岸间客货直接运输。根据《海峡两岸邮政协议》,两岸邮件将不再需要经第三地转包,而是通过空运或海运直航方式将邮件总包直接运送至对岸。根据《海峡两岸食品安全协议》,双方同意相互通报食品安全信息,遇到重大食品安全事件时将即时沟通并协调处理。两会制度化协商是继实施两岸周末包机和大陆居民赴台旅游之后,再度交出的一份令两岸同胞咸感欣慰的亮丽成绩单。协议签署后,海基会董事长江丙坤在记者会上表示,四项协议"大功告成"是两岸共同努力的成果,有助于提升台湾的经济竞争力和保障台湾民众的健康权益,有信心能够顺利付诸实施。根据两会所达成的共识,下一步两会将重点协商两岸金融合作的问题,协商推进两岸经济关系正常化、紧密化的问题,以逐步构建两岸经济合作制度化框架。②

---

① 《陈键兴、茆雷磊:三天跨九年 两岸写新页——海协会与海基会首次复谈纪实》,新华网,http://news.xinhuanet.com/tw/2008-06/14/content_8376043.htm。

② 《两会签署四项协议 两岸"三通"框架成形》,新华网,http://news.xinhuanet.com/newscenter/2008-11/04/content_10306635_1.htm。

2009 年 4 月 25～26 日，第三次"陈江会谈"在南京举行。26 日 15 时，南京紫金山庄内，陈云林与江丙坤分别在《海峡两岸空运补充协议》、《海峡两岸金融合作协议》和《海峡两岸共同打击犯罪及司法互助协议》三项文件上一一签字。根据三项协议内容，双方同意将两岸常态化包机转换为空中定期航班，实现两岸航空运输业务正常化；加强两岸金融领域广泛合作，相互协助履行金融监管与货币管理职责，共同维护金融稳定；在民事、刑事领域开展互助，采取措施共同打击双方均认为涉嫌犯罪的行为。双方还一致认为，应秉持优势互补、互利双赢的原则，积极鼓励并推动大陆企业赴台考察、投资。《海峡两岸空运补充协议》确定了开通两岸定期客货运航班等事宜，双方同意将两岸常态化包机转换为空中定期航班，在台湾海峡北线航路的基础上开通南线和第二条北线双向直达航路，并继续磋商开通其他更便捷的新航路，还根据市场需求经双方协商确定增开新的航点。双方还同意在互惠的基础上，磋商对两岸航空公司与经营活动有关的设备和物品，相互免征关税、检验费和其他类似税费，并对两岸航空公司参与两岸航空运输在对方取得之运输收入，相互免征营业税及所得税。两岸每周定期航班或包机班次总量也将大幅增加至 270 个往返班次。台湾淡江大学大陆所所长张五岳说："两岸空中运输历经春节包机、节日包机、周末包机和平日包机，终于实现了空中运输的正常化。"大陆台湾问题研究专家徐博东表示，空中运输的正常化是两岸直接"三通"全面实现的一个重要标志，不仅缩小了两岸地理空间上的距离，更拉近了两岸人民心理上的距离。两岸直接"三通"全面实现的另一个重要标志是，根据双方达成的共识，台湾将在政策上首度允许大陆资本入岛投资，长久以来台湾到大陆单向投资的非正常局面正式终结，今后两岸可以进行正常的直接双向投资交流。中国社会科学院台湾研究所研究员王建民说："台湾首度向大陆开放投资，堪称两岸经贸交流中的历史性事件，它是两岸经贸关系正常化和制度化的基本性指标。"张五岳亦表示，台湾开放陆资入岛将为两岸建立全面双向互动的经贸关系奠定制度性的基础保障。《海峡两岸金融合作协议》包括金融合作、交换资讯、保密义务、互设机构、检查方式、业务交流、联系主体、争议解决等 12 大项内容。它将清除制约两岸经贸合作发展的主要障碍，将使双方在金融领域能够开展广泛的直接合作，不仅有助于各自金融机构获得新的市场空间、实现发展壮大，还为实体经济的交流提供便利的金融服务，双方的整体经贸关系也随之更加紧密并进入一个新的历史阶段。根据《海峡两岸共同打击犯罪及司法互助协议》，双方同意在民事、刑事领域相互提供协助，包括共同打击犯罪、送达文书、调查取证、认可及执行民事裁判与仲裁裁决（仲裁判断）、移管（接返）被判刑人等。中共中央台办、国务院台办主任王毅 26 日在会见江丙坤时指出，三项协议和一项共识，是两会协商的新进展，是两岸关系的新成果，两岸经济往来正常化的目标正在实现。①

2009 年 12 月 21～25 日，大陆海峡两岸关系协会会长陈云林率团访问台湾，与台湾海峡交流基金会董事长江丙坤在台中市裕元花园酒店举行第四次"陈江会谈"。这是自 2008 年两岸关系发生积极变化以来，陈云林第二次赴台协商。此次会谈，两会双方成功签署《海峡两岸渔船船员劳务合作协议》、《海峡两岸农产品检疫检验合作协议》和《海峡两岸标准计量检验认证合作协议》三项协议。这三项协议议题范围极具针对性，内容务实而具体，特别是深入农、渔两业，可操作性更强，落实协议需要两岸业务主管部门的实务运作。这标志着两会协商的成果正在向两岸基层民众倾斜，特别是南台湾民众将得到更多实惠。而原本列入此次会谈的避免双重课税协议因技术性问题延签，亦表明两岸两会不是急于"摘花"，片面追求圆满的场面，而是本着求真务实的精神，更加注重两岸互惠互利的实际效果，宁可继续深入协商，拿出一份确实好用，让两岸人民都满意的协议。同时也戳穿了民进党对两会"照表操课"和"为签而签"的污蔑。②但是对此台媒透露，真实原因除双方在课税权的分配、扣缴税率上限、所得定义等细节上未能达成一致意见之外，最关键的是两岸在采用"港澳模式"还是"国际模式"、是根据税额发生地征税还是根据纳税人出生地征税上相持不下。与此形成对比的是，以前大陆对台湾提出的协商要求大方到了慷慨的程度。第一次陈江会上，为兑现马英九"7 月 4 日实现周末包机、陆客赴台"的承诺，大陆能在短短几天内完成预备性磋商，22 天内签署"包机会谈纪要"和"大陆居民赴台旅游协议"。三鹿奶粉事件后，台湾临时要求在第二次陈江会上洽签"食品安全协议"，大陆再一次无条件配合。回过头来看，这回双方谈不拢，显然不是协商时间较晚、准备不足

---

① 《海峡两岸隔绝 60 年后将全面实现直接"三通"》，新华网，http://news. xinhuanet. com/newscenter/2009 - 04/26/content_ 11262202_ 1. htm。

② 肖杨：《夯实基础 再创双赢——解读两会领导人第四次会谈及三项协议》，《两岸关系》2010 年第 1 期。

之类的理由所能完全解释的。其深层的原因，除了双方对征税的细节问题确实各有坚持外，恐怕更多的是在互相向对方释放某种政治信号。①

2010 年 6 月 29～30 日，第五次"陈江会谈"在重庆举行，不禁使人想起 65 年前国共两党重庆和谈，而此次会谈签署了与中国人未来发展紧密相关的这样一份协议，② 即签署了《海峡两岸经济合作框架协议》（ECFA），将使得两岸经济关系由此跨入了新的历史纪元。此次会谈同时也签署了《两岸知识产权保护合作协议》。台湾岛内舆论对此次会谈给予了充分关注，并对两会领导人会谈成果给予高度评价，认为这是两岸共同采取的具有战略意义的重大举措，是两岸经济关系正常化、制度化、自由化的一个里程碑，对于巩固两岸关系和平发展基础将产生积极作用。台湾《中国时报》30 日刊出题为《ECFA 签署 两岸跨出历史性一步》的社论，文中说这是历史性的一大步，不只将大规模地促进双方经贸交流，更将使两岸关系从此迈入一个全新的里程碑。文章认为，ECFA 让台湾产品在大陆市场得到更大的空间与竞争力，多项经济交流全力推展后，还会进一步强化两岸社会的紧密合作。台湾《联合报》30 日在头版全文刊载 ECFA 内容，该报关于 ECFA 签署的消息说，这宣告两岸贸易自由化时代正式启动。台湾《经济日报》30 日在头版刊登题为《ECFA 签了　两岸关系里程碑》的两会领导人重庆会谈大幅照片，并在社论中指出，签署 ECFA 之后，双方的经贸关系将变成双向往来、更加自由，但也更有制度与规范的新合作关系。台湾《工商时报》也在头版刊登两会领导人重庆会谈照片，并在文章中称，ECFA 的签署象征着两岸全面通商时代的来临，为两岸参与新一轮国际竞争提供强力支撑。③

7 月 7 日，江丙坤在国民党中常会上就"第五次陈江会谈"提出专案报告。江丙坤表示，两会经历了前两年的协商基础，这次签署 ECFA，两岸更能秉持"携手合作，共创双赢，为民兴利，互惠繁荣"的信念，为台湾缔造灿烂光辉的黄金 10 年。江丙坤报告时，先肯定两会过去推动两岸关

---

① 吴新明：《第四次"陈江会"的盛世危言》，《世界知识》2010 年第 2 期。

② 《央视：ECFA 签署地与 65 年前重庆谈判有关 隐喻政意》，凤凰网，http：//news. ifeng. com/taiwan/special/thefifthchenjianghui/content－2/detail＿2010＿06/30/1691144＿1. shtml另参见《［新闻1＋1］有爱，可发！（2010.06.29）》，中国网络电视台网站，http：//news. cntv. cn/china/20100629/103944＿1. shtml。

③ 《台湾舆论高度评价两会会谈成果——认为对两岸关系具有里程碑式的意义》，《人民日报》2010 年 7 月 1 日。

系的成果，接着说明这次签署 ECFA 的经过与两会的规模，以及美、日、欧盟等各国政府和组织及媒体对 ECFA 的正面评价，他也把两岸经济合作比喻成堆积木，而 ECFA 就是金字塔的最顶端，其他尚未列入的项目，会再借由后续谈判协商完成。他表示，这次会谈所讨论的，是两岸牵涉部门最多、协商时间最长、影响范围最广的一次议题，对于台湾而言是跨出三大步，第一是台湾突破经济孤立的一大步，让台湾走出经济被边缘化的威胁；第二是两岸经贸走向互惠合作的一大步，可以在制度化的架构下为台湾创造更多商机且增加更多就业机会；第三是加速亚洲经整合的一大步。他强调，今后台湾的价值会受到亚太地区与国际社会更大的重视，台湾很可能将成为各国企业进军大陆市场的跳板。江丙坤也期望立法部门能尽速审议通过 ECFA 及海峡两岸智慧财产权保护协议等两项协议，让世界走进台湾、台湾走向世界，为台湾开创第二次经济奇迹。①

2010 年 12 月 20 日至 21 日，第六次"陈江会谈"在台北举行。此次会谈由于两岸"投资保障协议"洽商未果，最后只签署了《海峡两岸医药卫生合作协议》。因此，今后弹性举行制度化协商将是不可回避的话题。由于 ECFA 后续的货物贸易协议、服务贸易协议以及争端解决机制协议等三项协议，连同这次没签成的投资保障协议商谈复杂，让江丙坤在陈江会开始前的一句"没协议就不开会"的说法，引发大陆关切。因此江丙坤在"陈江会谈"中，主动向陈云林提议，接下来 ECFA 的三项协议都很复杂，他希望次数和开会时间都能弹性安排，对此陈云林表示同意。也就是说，"陈江会谈"今后不一定半年就举行一次。按照江丙坤说法就是："两岸协商，已经过了'先易'而进入'后难'的阶段。"这里的难，有两种意义，一是利益纠结复杂；二是价值观的重大歧异。② 与前几次"陈江会谈"不同的是，尽管此次会谈在台北举行，陈云林所到之处，仍有零星抗议发生，但是，岛内最大的反对党已经放弃了大规模抗争。民进党并不是突然认识到了 ECFA 对台湾的好处，而是意识到台湾的主流民意对两岸交流的支持。台湾"陆委会"最新民调显示，岛内超过七成的民众支持两会通过

① 《江丙坤国民党中常会报告 ECFA　掌声热烈》，凤凰网，http://news.ifeng.com/taiwan/special/thefifthchenjianghui/content-2/detail_2010_07/08/1736559_0.shtml。
② 嘤鸣：《第六次陈江会，两岸协商渐成常态》，《社会观察》2011 年第 1 期。

制度性协商来解决两岸问题。① 为此，民进党改变策略，把精力从"集体抵制"转到了"挑毛病"，开始将反对色彩浓厚的教授请上发言台，让这些学者来质疑台湾有关当局。事实上，这种做法，比以往的盲目集体抵制更让接受质询的官员头痛。②

2011 年 10 月 19～21 日，第七次"陈江会谈"在天津举行，会谈后签署了《海峡两岸核电安全合作协议》，并就继续推进两岸投资保护协议协商、加强两岸产业合作达成了共同意见。此次协议的签署主要诱因是 2011 年 3 月 11 日日本大地震继而引发福岛核电站泄漏事件所造成的不安与恐慌。两岸有必要就核能安全合作来商签一个协议，建立通报机制，通过机制性的合作防患于未然。陈云林在欢迎仪式上致辞说："核电安全关系到两岸同胞的健康、生命和财产，关系到我们共同生存和发展的环境，希望通过这次商谈签署协议，达到如下几项成果：第一，建立双方核电安全的通报机制；第二，促进双方核电安全机构的合作；第三，加强双方在核电安全监管方面的经验交流。"③

2012 年 8 月 8～9 日，第八次"陈江会谈"在台北举行，会谈重点在签署《海峡两岸投资保护和促进协议》与《海峡两岸海关合作协议》，并发表有关投资保护协议人身自由与安全保护的共识。此次会谈有五大看点值得关注。一是会谈的成果体现了两岸特色。此次签署的两岸投资保护协议与一般投资性协议相比具有鲜明两岸关系及投资的特色，明确将台商通过第三地的投资纳入保护范围，对投资者人身保护做出相关规定，对投资者及投资所在地一方的争端提供多种解决方式，对投资者之间的商事纠纷可通过仲裁方式解决。二是签署的协议很好地回应了台商们的关切。为了切实保护台商的利益，照顾台湾同胞的关切，两岸投保协议把一般投资协议中不会纳入的企业间争端、第三地投资、人身安全保障等都纳入进来，最大限度地体现了大陆方面的善意与诚意。三是有助于为两岸投资保障建立制度化规范。此次签署的两岸投资保护协议为双边协议，不同于过去的大陆单方面立法，双方主管机关将依协议建立联系平台及相关协处机制，

---

① 王平、孙立极：《波涛渐平 航程致远——记海协会海基会领导人第六次会谈》，《人民日报海外版》2010 年 12 月 22 日。

② 嘤鸣：《第六次陈江会，两岸协商渐成常态》，《社会观察》2011 年第 1 期。

③ 陈晓星、陈杰：《两岸两会第七次商谈天津登场》，《人民日报海外版》2011 年 10 月 20 日。

落实执行协议，对台商投资权益提供了制度化保障。四是促进两岸经济贸易互利双赢。长期以来，由于台方对陆资赴台设置诸多不合理的"条条框框"，致使开放陆资成效不彰。据有关部门统计，截至2012年6月底，陆资赴台投资的核准件数仅为267件，总金额不到3亿美元；而台商赴大陆投资已核准将近4万件，总金额超过1174亿美元。此次两岸投资保护和促进协议体现了相互促进投资的原则，把促进投资视为重点，这对扭转两岸经济往来单向、失衡的现状有重要意义，将为促进和保护两岸双向投资、深化两岸经济合作提供制度性保障。随着两岸投资保护和促进协议的签署，两岸将进入双向投资时代。不仅有利于台商在大陆获得更大的发展空间、更好的投资环境、更优的权益保护，也有利于为大陆企业赴台投资营造良好环境，提升赴台投资的信心、意愿和动力，大大推动两岸资金、技术、人才双向流动，达至双向互赢的目标。五是持续深化两岸关系和平发展。据ECFA的相关规定，ECFA后续磋商议题包括两岸投资保护、货物贸易、服务贸易、争端解决四项协议，并加上海关合作、贸易促进及贸易便捷化、金融合作、电子商务合作、中小企业合作等多项经济合作事项。这次成功签署投资保护协议，为双方加快ECFA的后续商谈积累了有益经验，必将对ECFA的后续商谈产生明显的正面作用，奠定坚实的基础。①

2013年6月21~22日，海协会与海基会领导人第九次会谈在上海举行，海协会新任会长陈德铭与海基会新任会长林中森在《海峡两岸服务贸易协议》上签字。此次签署的两岸服务贸易协议，在WTO将服务贸易划分的12大类155项中，大陆对台湾开放的项目达到80项，台湾对大陆开放的有64项，包含了电子商务、文创、海陆空运输、金融、医疗、电信及旅行社等方面。两岸服务贸易协议是一份体现两岸情谊的协议。在签署协议过程中，大陆方面充分考虑了两岸经济的差异、台湾市场的容量、台湾同胞的实际需要，一次性推出涵盖的行业类别之多，开放力度之大，在大陆签署的类似协议中是前所未有的。② 陈德铭在致辞中表示，面对经济全球化和区域一体化，面对金融危机肆虐和经济结构调整，面对科学技术迅猛发展，两岸不仅应该规避运营化的风险，还应该优势互补、产业联合，携起手来提高我们的国际竞争力。这次两岸服务贸易协议的签订，将成为

---

① 秦华：《第八次"陈江会"的五大看点》，《黄埔》2012年第5期。
② 葛凤章：《会谈签约 造福于民——海协会、海基会领导人第九次会谈见闻》，《两岸关系》2013年第7期。

落实 ECFA 的重要里程碑。这不仅是两岸关系继续前行的内在需要，也是提高竞争力、建立开放体系的迫切呼唤。林中森表示，两岸服务业的发展和合作有非常大的空间。两岸服务贸易协议签署后，一定能带动两岸服务业的现代化，让两岸人民享受更优质的服务，当然也会带来更大的商机和就业机会，这是互利双赢。

2014 年 2 月 27～28 日，海协会与海基会领导人第十次会谈在台北举行，海协会会长陈德铭与海基会董事长林中森在《海峡两岸气象合作协议》和《海峡两岸地震监测合作协议》两份协议上签字。2015 年 8 月 25 日，海协会会长陈德铭与海基会董事长林中森在福州举行两会恢复协商以来的第十一次会谈，双方签署了《海峡两岸避免双重课税及加强税务合作协议》和《海峡两岸民航飞行安全与适航合作协议》。《海峡两岸避免双重课税及加强税务合作协议》历经 6 年终得签署，因而具有重要意义。一是优化投资环境。协议通过制定优惠合理的协议税率，为两岸企业提供相对稳定、透明、有竞争力的投资环境和条件。二是降低税收负担。协议通过划定征税权限，明确税收抵免的方法，将有效消除重复课税现象，切实降低两岸企业和个人的经济负担。三是公平税收待遇。协议有关非歧视待遇的规定，有利于避免税收歧视，确保投资者享有不低于当地居民的税收待遇。四是强化税收合作。协议搭建了税收的合作平台，并且有利于维护良好的税收征管秩序，消除潜在的税收不公平现象。五是有效解决争议。协议建立了两岸税收争议的协商解决程序，为维护两岸投资者合法权益，提供了有效救济渠道。《海峡两岸民航飞行安全与适航合作协议》的签署也具有重要意义。一是有效保障两岸民航飞行安全。协议明确了双方合作的原则和目标，就规范领域、监管机制、证照管理、专业认可、信息交换与通报开展了交流合作，这些措施的落实将进一步提升民航飞行水平，维护旅客的生命财产安全。二是降低两岸航空公司的经营成本。目前，两岸航空公司执飞两岸航线时，部分航班还需机务放行人员跟机，并携带部分零配件，对票价有间接影响。协议生效后，双方可就相互提供飞机维修和机务放行人员做出适当安排，减少航空公司的运行成本。三是深化两岸民航领域的合作。协议是两岸民航交流的最新成果，根据协议，双方将成立专业工作小组，以多种方式开展交流合作。这些合作形式，丰富了两岸民航交流的内容，创新了合作的机制。海基会董事长林中森说，"只要对两岸交流合作有利的事项，只要对两岸人民福祉有帮助的事项，两岸两会都会协商并纳入未来签署协议的议题"。他说，未来两岸两会应持续在"九二共识"基础上，从促进两岸民众福祉与权益出发，积极推动相关议题协商，为两岸人民创造更大福祉及更幸福的前景，让两岸关系能永续、和平、稳定、繁荣发展。[①]

截至目前，大陆已对台湾开放 55 个空运航点、72 个直航港口，台湾对大陆开放 10 个航点、13 个港口；两岸客运航班班次每周达 840 班，货运每周 84 班；两岸人员往来 2008 年为 454 万人次，2014 年增长到 941 万人次，两岸人员往来总量达 4943 万人次；大陆居民赴台旅游总人数逾 1046 万人次。大陆累计自台湾进口 ECFA 早收产品贸易额 358.8 亿美元，累计减免关税约 131.2 亿元人民币；大陆累计向台湾出口 ECFA 早收产品贸易额 60.3 亿美元，累计减免关税约 66.8 亿元新台币。台湾对大陆投资项目累计已达 92858 项，投资额 616.4 亿美元；大陆企业赴台投资项目 278 个，投资额 15.74 亿美元；两岸服务贸易协定早收计划让 45 家台资金融机构、287 家非金融领域台湾企业受惠。[②]

三 从 CECA 到 ECFA

2008 年 4 月 30 日马英九曾拜访"三三会"，[③] 首次与台湾金融业者会面。金融业者建议马英九上任后尽快开放金融业直接登陆，马英九当场表示，上任后将责成"陆委会"委托海基会，发展"第三模式"，与对岸签署"综合经济合作协议（Comprehensive Economic Cooperation Agreement, CECA）"。这是马英九首次抛出两岸共推"第三模式"的 CECA 概念，意在跳脱在两岸间被归类为"国与国关系"的"FTA"，或"中央与地方关系"的"CEPA"等模式的窠臼，走出符合两岸特色且具体可行的新路，为两岸经贸关系正常化创造契机。[④]

---

① 李跃乾：《两岸两会再签两项协议 美国坚持"一个中国"政策》，《黄埔》2015 年第 6 期。
② 葛凤章：《汇民意 聚共识 谋民利——第十届两岸经贸文化论坛综述》，《两岸关系》2015 年第 6 期。
③ "三三会"为台湾地区的民间企业组织。据报道，为了强化对日本企业集团的影响力，1999 年担任台当局"经建会主委"的江丙坤发起成立了"三三会"，邀集台湾年营业额排名前四十位的企业集团领导人，定期在每个月第三周的星期三中午聚会，希望借此改变台、日企业的往来方式。在两岸同时加入世贸组织之后，"三三会"重新定位为国际交流团体，也将大陆纳入"三三会"经贸交流的重要市场。
④ 《两岸综合性经济合作协议是 WTO 新模式》，《中国评论月刊》网络版（香港），http://gb. chinareviewnews. com/crn-webapp/mag/docDetail. jsp? coluid =28&docid =100849038&page =1。

2008 年 12 月 20 日，贾庆林在第四届"两岸经贸文化论坛"开幕式的致辞中提出两岸共同因应国际金融危机的五项建议，其中第五项"积极探讨及早建立两岸经济合作机制"，就对马英九关于"签订两岸综合经济合作协议"的设想，表态"我们十分重视，也予以认真研究"。这是大陆高层首度正式回应马英九有关签署 CECA 的建议。而连战在致开幕词时也提出了建立"两岸经济合作架构"的类似主张，以作为建立两岸经济整合的第一阶段的框架协议。既然双方有此高度交集和共识，胡锦涛总书记也就在"水到渠成"的态势下，"顺水推舟"地正式提出两岸可签订"综合性经济合作协议"的建议。可是，后来迫于岛内压力，马英九还是在 2009 年 2 月 27 日将 CECA 更换为"经济合作框架协议（ECFA）"。

但就实质层面上来讲，无论是 CECA，还是 ECFA，都可以说是两岸（次）区域贸易安排，其核心就是谋求两岸经贸关系正常化，在经贸领域逐步消除各种障碍，形成更紧密的经济合作机制。对此，在中国社会科学院台湾研究所于 2008 年 11 月 3 日主办的"建构两岸经济合作机制学术研讨会"上，两岸学者针对两岸经济合作机制内容进行过比较详尽的讨论。台湾醒吾技术学院教授周添城认为两岸经济合作的新框架，可以用 WTO 的"最惠国待遇"和"国民待遇"作为建构基础，现存于两岸间各种人为的障碍，其实都违反了最惠国待遇，这也就是两岸经济往来或合作关系正常化的第一步。并建议新框架内容包括人货往来与交通运输、资本往来与投资、产业往来与合作等三大部分。中国社科院台湾研究所副所长张冠华则建议以功能面及制度面建构两岸经济合作框架，而框架内容部分依循两大面向，在功能面包括服务业合作、产业合作、大陆台商转型升级，在制度面包括经济协商机制、经贸关系正常化机制及经济一体化机制。陈丽锳则依据两岸政治经济交流正常化之目标，提出两岸经贸协商优先顺序，依序为：（1）衔接两岸协商中断几年应优先恢复协商之事项，包括两岸直航及两岸食品安全检验；（2）完成签订经济合作协定或和平协定的先行必要措施，包含投资保障（含避免双重课税）协议、产业标准合作之持续推动及分产业研拟关键项目、商标的尊重及保障协商、两岸专利与著作权保护以及取缔犯罪互助协议、FTA 和CECA 之关税协议等；（3）金融协商及合作协议，然若因应目前金融风暴可提前至第二优先项目，包括允许银联卡在台使用、人民币兑换（货币清算机制）、证券业之开放、保险业之开放；（4）其他项目由易至难依次为两岸国际关系（或外交）不再恶性竞争之协商可行事项、联合国千禧年目标的两岸经贸合作及完全消除敌意之国防军事合作等。对外经济贸易大学台港澳经济研究中心主任华晓红则针对实现两岸经贸关系正常化，提出：（1）取消对大陆商品进口限制，商签特殊产品保障机制；（2）商签两岸投资保护协定；（3）建立两岸资讯交流、协商机制与争端解决机制；（4）在两岸经贸关系正常化的基础上，商谈大陆给予台湾经贸优惠待遇措施，包括进一步扩大进口关税优惠、有条件不适用反倾销措施、降低大陆市场准入门槛等，在扩大进口关税优惠上，建议继续扩大优惠关税范围至部分农产加工产品，并给予部分工业品优惠关税。谭瑾瑜则提到两岸经济合作的具体内容，仍然不会偏离目前各种全球及区域经贸组织洽谈的内容，以及各国签订自由贸易协定（FTA）的目的及内涵。因此，在研拟"两岸经济合作架构"内容时，必须参照两岸目前已参与的全球及区域经贸组织，以及与各国签订的自由贸易协定内容，内容包括：（1）市场开放，包括商品市场及消费市场开放；（2）商品贸易优惠，包括免税及原产地标准；（3）两岸直航、航权及延远权合作；（4）观光旅游及人员互访；（5）服务贸易；（6）货币清算协议；（7）租税协议；（8）两岸贸易及投资便捷化；（9）技术人才交流；（10）产业合作；（11）专业资格认证等。①

其实，也有台湾学者认为，大陆与港澳签订 CEPA 的内容稍作修改便可用作两岸综合性经济合作协议的内容。如台湾学者邓岱贤在他的研究报告中详列了 CEPA 的内容。首先是从 CEPA 的三项目标来看：（1）逐步减少或取消双方之间实质上所有货物贸易的关税和非关税壁垒。（2）逐步实现服务贸易自由化，减少或取消双方之间实质上所有歧视性措施。（3）促进贸易投资便利化。若以纯经济的角度来看这三项目标，两岸为了提升彼此经贸互动，增进彼此利益，这三项目标相信两岸都能接受。其次是由 CEPA 的五项原则来看：（1）遵循"一国两制"的方针；（2）符合世界贸易组织的规则；（3）顺应双方产业结构调整和升级的需要，促进稳定和可持续发展；（4）实现互惠互利、优势互补、共同繁荣；（5）先易后难，逐步推进。除了第一项遵循"一国两制"的方针较有政治性，台湾无法接受

---

① 林祖嘉、刘大年、谭瑾瑜：《建立两岸经济合作机制内涵探讨》，《国政研究报告》，台湾政策研究基金会网站，http://www.npf.org.tw/post/2/5224。

以外，其余各项相信两岸也都可以接受。最后从 CEPA 的其余内容来看：第二章"货物贸易"、第三章"原产地"、第四章"服务贸易"、第五章"贸易投资便利化"。以上这些内容均为大陆与港澳经贸合作的具体事项，无涉政治层面问题，具体内容可以经由两岸协商定之。也就是说，两岸均为 WTO 会员，如能根据 WTO 规范，签署综合性经济合作协议，相信对彼此经济发展都有利。至于实际合作内容，可由大陆与港、澳签署的 CEPA 作为参考，除了五个原则之一的"遵循'一国两制'的方针"之外，其余两岸当局都应该可以接受，所以只要将"遵循'一国两制'的方针"代之"以'九二共识'为基础"，两岸就可以依据 CEPA 的实质内容，进行经贸合作。①

而林祖嘉等研究报告中开列出的"建构综合性经济合作协议时程及具体推动项目"，似乎更具有可操作性。大致上分为短、中、长程三个阶段。（1）短程阶段：在 WTO 基础上，推动两岸经贸关系正常化。所谓两岸关系正常化的意涵，应是回归到 WTO 机制，即双方通过协商，决定消除彼此违反最惠国待遇之程度与范围。所以若干不符合 WTO 规范的规定应逐步放宽，此包括大陆进口产品限制之解除和陆资投资的开放、人员往来的限制等。换言之，未来需给予大陆商品及资本、人员"最惠国待遇"。当然，另外现阶段一些可以立即开放的措施，也应立即实施，例如开放陆客观光、开放陆资来台、放宽台商赴大陆投资限制、两岸签署金融证券的谅解备忘录（MOU）、货币清算协议、租税协议与两岸投资保障协议等。（2）中程阶段：单向或双向的更优惠经贸措施（WTO plus）。在由两岸经贸关系正常化之后，为双方进一步迈向更紧密的自由贸易区之前，两岸可以彼此给予比 WTO 更多的经贸优惠，可称之为"WTO Plus"；同时，两岸可以先以部分地区当作试点，先成立自由贸易区。由于两岸的隔绝与猜忌，在过去数年间不仅未见改善反而恶化，因此在两岸重启协商，展开和平发展之际，互信的建立应该是合作发展的首要前提。故而在短程往中程阶段迈进的同时，两岸间应该可以先展开区域性的合作，由部分区域与产业合作建立互信，如两岸在特殊区域、部分产业，进行点对点的关税自由

---

① 邓岱贤：《两岸签署综合性经济合作协议之研究》，《国政研究报告》，台湾政策研究基金会网站，http://www.npf.org.tw/post/2/4745。

化。例如金门与马祖可以考虑与海峡西岸经济区①成立"海西自由贸易区",作为两岸自由贸易协议的试点。通过前期互动措施,进行相关配套措施与法令的修改与执行,不仅可降低反弹意见的阻力,进而更可推展出两岸间双赢的策略。(3)长程阶段:两岸签署综合性经济合作协议(CECA)。②

按照台湾地区经济主管部门给出的定义,CECA看来近期是不可能的事情了。因为CECA的签署可能会旷日持久,缓不救急。而"两岸经济合作框架协议"(ECFA)是指签署CECA之前所拟定的纲要,根据实际需要,可以先行签署。并且双方可以实施"早期收获"(Early Harvest),优先针对最急迫、达成共识的工业品项目减免关税。③台湾当局及台湾社会各界之所以迫切要求签署ECFA,主要是出于三个方面的考虑:一是东亚自由贸易区渐趋形成,台湾地区出口产业的竞争力及优势将完全丧失。与中国台湾地区有着紧密经贸往来的中国大陆、日本、韩国以及东盟等东亚地区占台湾地区出口总额比重的65%,其中中国大陆(包括香港)和东盟占台湾地区对外出口比重的54%,已超过了美国的12%。特别是在美国等发达国家受到全球金融危机影响而导致其市场需求减缓的情况下,尽早融入东亚区域经济整合的大势愈益显得重要。2010年中国 - 东盟FTA、韩国 - 东盟FTA将大部分产品实施互免关税,将极大地冲击台湾地区产品的竞争力。二是中国大陆自2001年加入WTO之后所推行的FTA战略,已经取得了相当大的成果。这将使得台湾地区销往大陆的产品的竞争力和优势逐渐消失,甚至会不断被大陆的FTA对象国所取代。特别是台湾地区的石

---

① 海峡西岸经济区,是指台湾海峡西岸,以福建为主体包括周边地区,南北与珠三角、长三角两个经济区衔接,东与台湾岛、西与江西的广大内陆腹地贯通,具有对台工作、统一祖国,并进一步带动全国经济走向世界的特点和独特优势的地域经济综合体。它是一个涵盖经济、政治、文化、社会等各个领域的综合性概念,总的目标任务是"对外开放、协调发展、全面繁荣",基本要求是经济一体化、投资贸易自由化、宏观政策统一化、产业高级化、区域城镇化、社会文明化。经济区以福建为主体涵盖浙江、广东、江西3省的部分地区,人口为6000万~8000万人,预计建成后的经济区年经济规模在17000亿元以上。参见《海峡西岸经济区概述》,福建省政府官方网站,http://www.fujian.gov.cn/zwgk/ztzl/hxxajjq/200708/t20070820_24894.htm。

② 林祖嘉、刘大年、谭瑾瑜:《建立两岸经济合作机制内涵探讨》,《国政研究报告》,台湾政策研究基金会网站,http://www.npf.org.tw/post/2/5224。

③ 《两岸经济合作架构协议(ECFA)构想及推动重点》,《"经济部"报告》,"两岸经济合作架构协议"网站(台湾),http://www.ecfa.org.tw/pdf/02.pdf。

化、机械产品分别有 43.2% 和 27.4% 销往大陆，而且要被征收 6.5% ~ 8.2% 的关税，到时影响会最深，进而会影响台湾地区各行各业的投资、成长与就业等。三是两岸若能签署 ECFA，将会进一步推动台湾地区同美国、日本、新加坡等主要贸易伙伴签署 FTA，舒缓其被"边缘化"的危机。与之相应的是，台湾当局推动和大陆签署 ECFA 也主要有三个目的：一是要推动两岸经贸关系"正常化"；二是要避免台湾地区在区域经济整合体系中被"边缘化"；三是要促进台湾地区经贸投资"国际化"。

经两岸协商，两岸推动 ECFA 签署的步骤依次是：个别研究、共同研究、共同协商、共同签署、"国会"通过、生效实施。在经过双方个别研究和共同研究，以及海协会与海基会于 2010 年 1 月 26 日（北京）、3 月 31 日 ~4 月 1 日（桃园）、6 月 13 日（北京）等 3 次正式协商，双方决定于 6 月 29 日于重庆正式签署 ECFA，包括序言和 5 章 16 条及 5 个附件。序言中规定了 ECFA 将"本着 WTO 基本原则"，而 5 章分别是：总则、贸易与投资、经济合作、早期收获、其他；16 条依次为：目标、合作措施、货物贸易、服务贸易、投资、经济合作、货物贸易早期收获、服务贸易早期收获、例外、争端解决、机构安排、文书格式、附件及后续协议、修正、生效、终止；5 个附件依次为：货物贸易早期收获产品清单及降税安排、适用于货物贸易早期收获产品的临时原产地规则、适用于货物贸易早期收获产品的双方保障措施、服务贸易早期收获部门及开放措施、适用于服务贸易早期收获部门及开放措施的服务提供者定义。

为了加速实现 ECFA，"加强和增进双方之间的经济、贸易和投资合作；促进双方货物和服务贸易进一步自由化，逐步建立公平、透明、便利的投资及其保障机制；扩大经济合作领域，建立合作机制"等目标，双方同意对一些产品实施早期收获计划，其主要内容有：在货物贸易方面，大陆将对 539 项原产于台湾的产品实施降税，包括农产品、化工产品、机械产品、电子产品、汽车零部件、纺织产品、轻工产品、冶金产品、仪器仪表产品及医疗产品等十类。台湾将对 267 项原产于大陆的产品实施降税。台湾对大陆降税产品包括石化产品、机械产品、纺织产品及其他产品等四类。双方将在早期收获计划实施后不超过 2 年的时间内分 3 步对早期收获产品实现零关税。在服务贸易方面，大陆方面承诺，对会计、计算机及其相关服务、研究和开发、会议、专业设计、进口电影片配额、医院、民用航空器维修，以及银行、证券、保险等 11 个服务行业对台实施更加开放的政策措施，具体开放措施包含 19 项内容。台湾方面承诺，对研究与发展、会议、展览、特制品设计、进口电影片配额、经纪商、运动及其他娱乐、航空电脑定位系统以及银行等 9 个服务行业对大陆进一步放开。[1]

ECFA 还规定，两岸将成立由指定代表组成的"两岸经济合作委员会"，负责处理与框架协议相关的事宜。货物贸易、服务贸易、投资保障、争端解决等单项协议的商谈将在框架协议生效后 6 个月内开始，并尽速完成。在经济合作方面，双方商定以知识产权保护与合作、金融合作、贸易促进及贸易便利化、海关合作、电子商务合作、研究双方产业合作布局和重点领域、推动双方重大项目合作、推动双方中小企业合作等为重点，并逐步向其他领域拓展。因此，可以说，ECFA 基本上涵盖了两岸间的主要经济活动，是一个综合性的、具有两岸特色的经济协议。

2010 年 9 月 12 日，ECFA 在两岸顺利完成了各自相关准备程序（台湾立法机构 8 月 17 日晚审议通过 ECFA）之后正式生效。"对两岸关系而言，ECFA 的签署可说是过去 30 年两岸经济关系发展的总结，ECFA 为经贸关系提供制度化和正常化互动的基础，将使两岸经济交流与合作进入新的发展阶段。"[2] 2011 年 1 月 1 日，货物贸易、服务贸易早期收获计划全面实施。6 日，两岸经济合作委员会宣告成立。2 月 22 日，海协会与海基会在台湾桃园举行两岸经济合作委员会第一次例会。两岸经济合作委员会召集人海协会常务副会长郑立中与台湾海基会副董事长高孔廉分别在会议上致辞。两岸经济合作委员会大陆首席代表、海协会特邀顾问姜增伟与台方首席代表共同主持商谈。会议就两岸经济合作委员会工作小组设置、启动 ECFA 后续协议磋商、回顾和评估 ECFA 早期收获计划执行情况等议题深入交换意见，并取得多项共识。会议充分肯定了两岸投资保护协议商谈取得的积极进展，并宣布启动货物贸易协议、服务贸易协议、争端解决协议等 3 个协议的商谈，全面启动了 ECFA 的后续协商工作。此外，双方还就两岸经贸社团互设办事机构事宜交换了意见。双方表示，将通过两岸经济合作委员会平台积极推动经贸社团互设办事机构，为两岸经济交流与合作提供便利。

---

[1] 《〈海峡两岸经济合作框架协议〉文本及附件（简体版）》，中国商务部台港澳司网站，http://tga.mofcom.gov.cn/aarticle/subject/ecfa/subjectii/201007/20100707004065.html。

[2] 蔡宏明：《后 ECFA 时代的两岸经贸新格局》，《国政研究报告》，台湾政策研究基金会网站，http://www.npf.org.tw/post/2/7908。

ECFA 早期收获计划自 2011 年 1 月 1 日实施以来，进展顺利、效果初显，促进了两岸经贸往来持续、快速、健康发展。据中国商务部有关统计数据表明，货物贸易方面，1～3 月，大陆自台湾进口享受 ECFA 早期收获关税优惠的货物共 3923 批次，金额为 6.84 亿美元，关税优惠 1.27 亿元人民币。大陆自台湾进口的主要是化工产品，金额 3.15 亿美元，占比 46.1%；其他进口量较大的包括塑料制品、贱金属制品、机电产品和纺织制品，占比分别为 11.2%、10.6%、6.8% 和 4.9%；此外，还包括台湾农产品 159.5 万美元，占 0.2%。受 ECFA 优惠措施带动，大陆自台进口 ECFA 项下产品共 49.2 亿美元，同比增长 26.1%，高于同期全部自台进口产品 16.2% 的增长率；其中，部分产品还出现了高速增长，如对二甲苯产品同比增长 162%，竞赛型自行车增长 106%，数控车床增长 61%，茶叶增长 101%。服务贸易方面，截至 3 月底，依据 ECFA 早期收获开放措施，一些台湾企业经批准进入大陆。在非金融领域，5 家会计师事务所申请获得有效期为 1 年的"临时执行审计业务许可证"；9 家企业获准独资经营计算机及相关服务；26 家企业获准经营专业设计服务；2 家企业获准独资经营会议服务。在金融领域，3 家证券公司获得合格境外机构投资者资格；台湾地区保险公司通过整合或战略合并在大陆设立 2 家保险公司。另有 9 家台湾银行虽未直接享受早期收获优惠，但也因早期收获实施而受益：一是有 6 家银行获准在大陆设立分行，将可在分行开业满 1 年且 1 年赢利的情况下经营对台资企业的人民币业务；二是有 3 家银行获准在大陆设立办事处，将可在 1 年后申请设立分行。①

在 ECFA 签署一周年、早期收获计划也已实施半年之际，台湾当局两岸事务主管部门于 2011 年 6 月 28 日会同相关部门举办"ECFA 签署周年成效说明会"，对 ECFA 签署及实施以来的成果予以积极评价。台当局两岸事务主管部门负责人赖幸媛在说明会上表示，ECFA 签署以来，台湾失业率逐月下降，2011 年 5 月失业率为 4.27%，为近 33 个月来最低；另据统计，2011 年 1 月至 4 月，台湾平均薪资达 52505 元新台币，比 2010 年全年的平均薪资大幅提高 8075 元新台币。ECFA 也使台湾农渔民受益增加。台当局农业主管部门官员黄有才援引统计数字称，ECFA 早收农产品 2011 年

---

① 《〈海峡两岸经济合作框架协议〉早期收获计划实施开局良好》，中国商务部台港澳司网站，http://tga.mofcom.gov.cn/aarticle/e/201105/20110507569468.html。

1月至5月销往大陆的出口值为4942万美元，比2010年同期的790万美元大幅成长5.26倍，其中以石斑鱼、茶叶、冷冻秋刀鱼及生鲜甲鱼蛋等增长最为显著。而对于岛内少数人担心台湾在出口贸易方面过于依赖大陆，赖幸媛援引统计数字认为，2011年1月至5月，台湾出口大陆（含香港）的金额比去年同期增加逾11%，但其在出口总金额的比重却由去年的43.3%降为40.7%，显示在台湾对外贸易整体成长的同时，并未发生过于依赖大陆的现象。赖幸媛还表示，最新完成的民调显示，在ECFA实施一段时间之后，大致而言，台湾民众的感受以正面居多。

根据瑞士洛桑国际管理学院（IMD）公布的2011年竞争力排名，台湾从2010年的第8名进步为第6名。赖幸媛据此认为，ECFA推动了台湾整体竞争力的提升。她说，ECFA作为架构性的协议，在生效之后，双方已启动两岸货品贸易、服务贸易、争端解决、投资等协议的协商，并开展海关合作、产业合作、双方经贸团体互设办事机构等经济合作事项，"明确了两岸经贸发展的路径图，有序推动并提升两岸经贸往来制度化保障"。①

不过，随着两岸经济合作不断地深入融合，ECFA后续谈判工作面临的各方面阻力更是层出不穷。就拿2013年6月海协会与海基会签署的《海峡两岸服务贸易协议》来说，本来这是一份互利双赢的协议，但由于岛内的极端势力，以及民进党出于政治目的，将服贸协议污名化，谎称如果台湾开放这些市场，将使得岛内相关产业很快被大陆业者吞并，而且还声称大陆劳工将大举入台，抢夺台湾人的饭碗，结果引起不明真相的业者和民众的恐慌，社会上开始弥漫一股反"服贸"的情绪。至今这份协议仍被挡在台湾立法部门里，迟迟不能审查通过，当然，这里面还有台湾青年学生们所主导的所谓"太阳花学运"的"功劳"。

实际上，依据台湾"两岸人民关系条例"，"服贸"因为并未涉及"法律修正"，亦无须另以"法律"定之，签署之后只要经"行政院"核定，送"立法院"备查。而"立法院"需要在3个月内完成备查，如果在3个月之内没有完成备查，就视为通过。之后，"行政院"就可以宣布服贸协议启动生效。② 但是2014年3月18日开始的以学生为主的"反服贸运动"即"太阳花学运"，以占领台立法部门、入侵台行政当局等激烈的抗

---

① 《ECFA签署迄今已一周年 台行政当局积极评价成效》，中国政府网，http://www.gov.cn/jrzg/2011−06/28/content_1895213.htm。

② 吴亚明：《"服贸"不过 台湾难过》，《人民日报》2014年2月27日。

争方式要求"退回服贸协议"和"制定两岸协议监督条例"。在这样的情势下，国民党做出了一定程度的妥协，3 月 29 日，马英九召开记者会，称绝不退回服贸协议，并承诺将服贸协议监督条例法制化。2014 年 4 月 10 日，"反服贸抗争"事件结束。据马英九所言，在签约前后，台经济主管部门进行了总计 110 场与相关产业协会、公会代表的沟通会，召开 144 场民众说明会和 20 场公听会，是台湾对外签约中迄今为止最严格的审查。就是这样一份对台湾最有利、最透明的贸易协议竟然能够在台湾酿成一场政治风暴，被说成是"黑箱"，成千上万台湾民众不肯关注官方的公开听证和解释推广，不了解这份协议，就激烈地反对。面对这种局面，商务部国际贸易经济合作研究院梅新育研究员发出警示认为，不管是台商还是陆资、外资、台湾人才，都不宜高估台湾市场前景，需要多考虑在台湾之外重新布局；大陆方面对这场风波不宜过度反应，也不宜过度迁就台湾当局和非理性民众，但要继续努力为台资和台湾人才在大陆创造安居乐业的环境并不断改善，要为台资和台湾人才改换身份寻求发展空间提供合理的便利。①

不过，厦门大学台湾研究院颜莉虹博士认为，反"黑箱"、反"服贸"只是借口，这场运动真正的根源在于"反中"，背后其实是民进党"逢中必反"的情绪在作怪。民进党长期以来采取干扰、破坏、阻挠国民党两岸关系政策的方式，轮番上演各种形式的"逢中必反"，利用涉世不深、对服贸协议一知半解的大学生掀起"太阳花学运"，以达到民进党"阻挠国民党的深化两岸经济合作"的目的。因为台立法部门审议台湾与新加坡自贸协议和新西兰自贸协议均遵照"行政议签、事后审查、包裹表决"的立法规范，而服贸协议却要"政党协商、逐条审查"，甚至主张另订所谓"两岸协议监督条例"。② 两岸交往了近三十年，但政治互信仍十分脆弱，使得民进党抛出的"服贸协议是卖台计划"言论得到了岛内部分民众的响应。"太阳花学运"反映了年轻人、中小企业主等群体对台湾经济压力的焦虑、对蓝绿恶斗衍生的代议政治的不满、对大陆"先经后政"和"经中有政"政策的恐惧等。这说明了，政治互信在两岸经贸交往中起着至关重要的作用。因此今后，两岸关系要想确保持续、和平、稳定、双赢、深入

---

① 梅新育：《〈海峡两岸服务贸易协议〉及其风波解析》，《浙江经济》2014 年第 8 期。
② 颜莉虹：《〈海峡两岸服务贸易协议〉在台受阻刍议》，《闽南师范大学学报（哲学社会科学版）》2015 年第 2 期。

发展，除了不断重申"九二共识"，防止民进党等"台独"势力的妄想症外，还要在两岸的海协会与海基会等沟通管道谈判过程中增设触及政治议题的谈判内容，防止日久生变。另外，两岸交往到现在也需要进一步加强大陆民众与台湾青年族群、中小企业、中下阶层、中南部民众（简称"三中一青"）的交流，慢慢地增加互信，使"政治短板"变长，让两岸关系"这只木桶"的"水容量"增多，水到渠成，最终融为一体。

台湾地区面对第一大贸易伙伴大陆地区，尚且如此，何谈其将来加入TPP与RCEP的雄心呢？将要与台湾进行自贸协定谈判的潜在对象会怎么看待台湾地区的开放力度呢？诚如海协会会长陈德铭先生所言，两岸服贸协议已经进入台湾法律程序，台湾人民应该从全球情况与自我发展而决定，并达成共识。"两岸服贸争议，就留时间给台湾民众考虑。"①

小　结

中国自由贸易区战略确保台海安全的最佳实施途径应该是在两岸之间先行达成类似FTA性质的经济合作协议。目前，两岸已形成了诸如"国共论坛"与"两岸经贸文化论坛"、海协会与海基会等良好的沟通管道，并有着ECFA及其后续各项协议达成的高度认同，因此，中国自由贸易区战略确保台海安全具有很强的实施可行性。但是，2016年1月16日，不明确承认"九二共识"、反对两岸服贸协议的蔡英文在台湾地区领导人大选中胜出，这可能给两岸未来的和平发展带来巨大的变数。2016年5月20日，蔡英文正式上台之后，如果"迷信"不通过深化ECFA及其后续各项谈判，就能够加入美国主导的TPP或者与其他国家和地区达成新的FTA，很可能会处处碰壁，最终将不可避免地回到如何处理"九二共识"的问题上来。

---

① 季烨：《台湾立法机构审议两岸服务贸易协议的实践评析》，《台湾研究集刊》2014年第2期。

第六章　中国自由贸易区战略的新区域主义特征

21世纪初，从中国－东盟自由贸易区的构想与建设开始，到自由贸易区战略在党的十七大报告中提出，虽说是异常迅速，但比起其他国家和地区的自由贸易区战略的提出明显有点"滞后"。这或许是由于多年来中国对GATT/WTO孜孜不倦地追求，并寄予了过多的厚望所造成的。如果因此就将全球的FTA"泛滥"归咎于多哈回合谈判的受阻，就有失公允。因为多边自由贸易机制只能是寻求各个成员利益的"最大公约数"，因而并不像区域或双边优惠贸易安排（PTA）那样能在多个领域里迅速地取得进展。而这一切更深层次的原因又都孕育在冷战结束以后新区域主义（New Regionalism）兴起的浪潮之中。我们通过在前几章对中国自由贸易区战略日趋成熟的体系框架以及深层战略目标的揭示之后，就会发现，运用新区域主义的理论与方法来对中国自由贸易区战略进行研究将是一个很好的研究视角。下面就通过对新、旧区域主义理论的梳理与比较，来分析中国自由贸易区战略的新区域主义特征。

第一节　冷战两极格局下的区域主义

近半个世纪的冷战将世界大体上分为两大块，似乎世界各个国家和地区都遵循简单的"二分法则"。社会主义阵营与资本主义阵营的分属是意识形态上严重对立的产物。虽然貌似"固若金汤"的两大阵营在20世纪六七十年代瓦解，蜕变为以美苏为首的两大集团的对立，但是退出两大阵营（或集团）的国家依然受到姓"社"或姓"资"的困扰。它们除了国内面临"选择何种社会制度有利于自身的生存与发展"的意识形态的严重斗争，国外还要遭受过去敌对阵营（或集团）的"威逼和利诱"，以及曾经所属阵营（或集团）的打压。这一时期中国所处的境地就是真实的写照。

冷战两极格局"格式化"了一切领域的合作。美苏就像两个管理各自家庭事务的"家长"一样，分别针锋相对地组织某一个领域的内容单一的合作。而且，为了自身的生存和阵营的巩固，只有分属本阵营（或集团）的成员才能一起合作。有军事领域的合作，比如，北约与华约的对立；经济领域的合作，比如，巴黎统筹委员会与经济互助委员会的对立。欧共体的诞生，发展中国家也作为第三种力量走向国际政治舞台，但欧共体成员都是北约成员，发展中国家大都是两大阵营所争夺的势力空间。欧共体最初也只能局限于经济领域的合作，军事等领域就勉强或"免费"搭美国霸权的车了。发展中国家形成的各种组织的内容也比较单一，要么只涉及经济领域（如石油输出国组织等），要么只涉及政治领域（如不结盟运动等）。而无论是欧共体，还是发展中国家的各种组织，都是因应两极格局的产物，是它们夹缝中求生存，而又力量单薄的一种表现。

区域，可以说是全球被天然或人为地划分成的"条条块块"。只要确定一种标准，就有一种相应的划分方式。地球上自从出现了人类，那么他们的活动范围、意志指向，会随着他们自身能力的提高而扩大。在不同的种群、种族、部落，乃至于后来的民族国家之间的相互交会、冲突与融合中，又不断地重新确定属于自己所支配的区域。因此，区域主义，说白了，就是人们为了更自由、更安全地生存而拓展或巩固某一区域的思想或为此所采取的相关行动。冷战期间，美苏在支配了各自集团所属的区域以后，还想控制其他尽可能多的区域，都想压缩对方（当然，还有其他方）的区域活动范围，甚至控制全世界。因此，这种区域主义具有很强的扩张性和排他性，不求共存，但求零和。而想游离于美苏两大集团之外的国家或地区，要想确保属于自己区域的活动空间，就必须寻求在某些方面有所相似的伙伴，联合起来共同抗争外在的压力，防止外部势力的渗透，并争取尽可能强的自力更生的能力。因此，这种区域主义具有封闭性和排外性。当然，美苏集团所持有的区域主义也具有封闭性，即一旦捕获新的区域，就不允许他人染指；而想游离于美苏两大集团之外的国家或地区所持有的区域主义也具有扩张性，即为了增加抗争力量和谈判筹码，也要求成员不断增多，比如，欧共体和77国集团等都在成立后的日子里，不断地吸纳新成员。

综上所述，在冷战两极格局下诞生的区域主义，具有合作领域的单一性和区域间的对立性，外向扩张性和内向封闭性，以及排外（他）性等特征。我们也可以从冷战时期的很多事件中更深入地体会：第一届亚非会议险遭美帝国主义等势力的破坏；77 国集团在最后成立签字的时候，某些发达国家又临阵脱逃；OPEC 的诞生，最终导致西方发达国家成立了 7 国集团（G7）富国俱乐部，等等。当然，对于区域主义的界定来说，该领域的每个研究者都有自己的定义，在这里就不再一一列举。笔者也尝试着对"区域主义"给以定义，即两个或两个以上的国家或地区，拥有毗邻领土、共享文化、共同历史、相同制度、共同安全威胁或相同发展目标等中的任一或几个方面，为了凸显或构建本区域的共同信念、安全、利益或文化等，所持有的在某个领域里相互沟通、协调与合作的共同倾向、理念或行动。其具有明显的界定本区域、排斥区域外的性质。

当我们要深入地研究区域主义的时候，就会发现它并不是多么容易把握。这可能是因为，研究视角的不同，多个学科的跨越，多种理论的借用，使得研究内容庞杂多样，确实非个人的能力所能胜任。在此，笔者不想就区域主义再去追根溯源（因为这方面的研究成果很多），[①] 但觉得冷战时期的几个理论对研究区域主义有所启迪。

首先是"三个世界"划分的理论。1974 年 2 月 22 日，毛泽东在会见赞比亚总统卡翁达时提出了"三个世界"划分的观点。他将美苏划作"第一世界"，因为它们"原子弹多，也比较富"。欧洲、日本、澳大利亚、加拿大被划归"第二世界"，理由是它们"原子弹没有那么多，也没有那么富；但是比第三世界要富"。"第三世界"人口很多。亚洲除了日本，都是第三世界。整个非洲和拉丁美洲都是"第三世界"。[②] 可见毛泽东的这种区域主义思想主要是从国际政治经济学的视角提出来的。而在毛泽东提出"三个世界"划分的观点之前，国际上已经有了"三个世界"（尤其是"第三世界"）的多种提法，但其含义和解释有很大差异。比如，1966 年美国华盛顿大学社会学教授欧文·路易斯·霍罗维茨在《三种发展阶段的世界》一书中是这样界定"三个世界"的："第一世界"是指美国统治的世界，包括其西欧盟国以及在拉丁美洲和世界各地的"卫星国"。"第二世界"是指苏联统治的世界，历史上是俄国的势力范围，包括其东欧和亚洲

①　郑先武：《新区域主义理论：渊源、发展与综合化趋势》，《欧洲研究》2006 年第 1 期。
②　《毛泽东外交文选》，中央文献出版社、世界知识出版社，1994，第 600～601 页。

部分盟国及"卫星国"。"第三世界"是指在亚、非、拉地区的不结盟的非"卫星国",通常包括,经济上从阿尔及利亚到南斯拉夫,政体上从印度到中国等各式各样的国家。可见霍罗维茨教授的区域主义思想主要是从社会学或国际政治学的视角来界定的。另外,如《大英百科全书》第9卷中所解释的"第三世界"(是在20世纪50年代至60年代泛指亚洲和非洲的殖民地国家或非工业化国家),主要体现了经济学视角的区域主义思想。

其次是依附论。依附论产生于20世纪50年代至60年代,发展于60年代至70年代,又被称作"外围-中心论",是一种研究处于"外围、边缘"地位的发展中国家与处于"中心"地位的发达国家之间非对称相互依赖关系的理论学说。这一理论认为,后者在世界经济中居支配地位,前者受到后者的剥削和控制,前者依附于后者。由于中心与外围之间国际地位的不平等,导致中心与外围之间的贫富分化越来越严重的"马太效应"。该理论流派的学者们对于解决这种不平等依附的途径的论述大相径庭。比如,弗兰克(Gunder Frank)和沃勒斯坦(Immanuel Wallerstein)主张调整和改善国际经济秩序;普雷维什(Raul Prebisch)主张致力于外围国家的工业化;阿明(Samir Amin)则主张彻底消灭世界资本主义制度等。依附论和"三个世界"划分的理论都是对世界进行区域划分的一种方式,而事实上它们提出的核心概念,"第一世界""第二世界""第三世界""中心""边缘"和"外围"等,所涵盖的成员之间并没有像看起来那样浑然一体,因而其体现出来的区域主义思想是宏大而又分散的。但是这两种理论所反映的区域主义思想却有着异曲同工的作用,就是都可以被用来对抗冷战两极格局,谋求打破不公正的国际政治经济旧秩序,建立"公平、公正、和平、稳定"的国际政治经济新秩序。另外,依附论也不禁让人联想起"轮轴-辐条"(Hub-Spoke)效应,二者多少有些类似,相互借鉴很有益处。

最后是复合相互依赖理论。20世纪70年代,罗伯特·基欧汉(Robert O. Keohane)和约瑟夫·奈(Joseph S. Nye)在其名著《权利与相互依赖》中提出了关于世界政治的理想模式——"复合相互依赖"(Complex Interdependence)。它是针对现实主义而提出来的。他们认为,现实主义世界政治的理想模式有三个假设:其一,作为整体的国家是国际政治中最重要的行为体;其二,使用武力或武力威胁是行使权力的最有效工具;其三,在问题有着等级之分的世界政治中,军事安全最为重要。而随着美国霸权的衰落，世界各种政治力量的不断分化与组合，世界将会越来越呈现出这样一种图景，即"非国家行为体直接参与世界政治，各问题之间不存在明确的等级区分，而武力并非有效的政策工具"。① 这种图景就是复合相互依赖主要特征的呈现。在这种图景中，禁锢旧区域主义的冷战两极格局开始松动、瓦解，昭示和呼唤着冷战后的新区域主义必将有新的气象，即放下矜持和敌意，敢于开放；由单领域合作走向综合性的多领域合作；由排他性的扩张，转向相互依赖性的共同发展。因而，冷战后的新区域主义也就有了新的研究框架。

第二节 冷战后多极化趋势下的新区域主义

随着东欧剧变和苏联解体，两极对峙的格局轰然倒塌。冷战结束后，美国成为世界上唯一的超级大国，其直接控制着的军事组织北约在华约解散后仍然存在，它还间接控制着国际货币基金组织（IMF）、世界银行（WB）等一些国际经济组织，而且在某种程度上还间接控制着联合国（UN）等一些国际政治组织。多样性的世界似乎进入了单极格局。这样一来，美国将在全球充分扩张其势力范围，张扬其以霸权主义为内容的全球主义。世界上其他国家和地区所组建的区域性组织也将被迅速挤压、破碎，要么"顺我者昌"，要么"逆我者亡"。然而，事实却朝着相反的方向发展，即国际政治、经济多极化趋势加快，区域主义又以新的方式，遍地开花、结果。这主要有以下几个方面的原因。

其一，两极格局的崩溃，导致原来被掩盖或抑制的历史、政治、文化、宗教、领土等方面的问题缺失了"服从大局"的解决框架，只能寻求在区域层面上建构一些新的问题解决框架与机制，从而为新区域主义的发展奠定了物质基础。

其二，美国霸权衰落，很多事情做起来都表现得"心有余而力不足"，再加上美国政府在冷战后专注于国内建设，减少了国际公共产品的投入，一定程度上释放了新区域主义的发展空间。

其三，经济全球化在冷战后更深入发展，加深了区域内国家或地区之

---

① 〔美〕罗伯特·基欧汉、约瑟夫·奈：《权力与相互依赖》（第 3 版），门洪华译，北京大学出版社，2002，第 25 页。

间各领域的相互依赖，同时也使得一些国家或地区，尤其是发展中国家或地区集体面临着被"边缘化"的危险，主客观上刺激并增强了其"组建规模经济，利用后发优势，迎头赶上"的新区域主义理念。

其四，现代科技的迅猛发展，尤其是信息技术（IT）产业日新月异的更新和虚拟网络无经纬度的扩张，脆化了相邻国家与地区传统的边界"樊篱"，催化了一系列的非传统安全隐患；同时也增加了信息透明度，减少了交易成本，从而为新区域主义的发展提供了技术上的支撑。

其五，世界贸易组织（WTO）多哈回合谈判久拖未决，既伤了发展中国家的心，也累了发达国家的心；既轻易击碎了前者"共同繁荣"的梦想，也深深挫败了后者"主导全球"的雄心；于是乎，贸易保护主义在全球范围内沉渣泛起，尤以发达国家为甚。包括美国与欧盟在内的全球绝大多数国家与地区都一门心思地搞起区域或双边 PTA，着力建设 FTA，彼此相互激荡，从而对新区域主义的发展起到了推波助澜的作用。

当然，新区域主义"不单单是旧区域主义的复兴，它正在日益成为国际关系中重要的新因素"。[1]"'新区域主义'本质上是一种产生于新的框架并有新的内容的新现象。"[2] 在对国内外的相关研究梳理以后，郑先武博士富有创见性地总结出"新区域主义"五个方面的核心特征，即综合性、区域间性、开放性、主体化、趋同化。[3] 结合前面笔者对旧区域主义特点的总结，在这里做一下简单的比较（见表 6 - 1）。

表 6 - 1　新、旧区域主义特点的对比一览表

	旧区域主义	新区域主义
区域合作领域	单一性	综合性
区域间关系	对抗性	区域间性（合作性） 主体（间）性 趋同性

---

[1] Norman D. Palmer, *The New Regionalism in Asia and the Pacific*, Lexington: Lexington Books, 1991, pp. 1 – 19.

[2] Fredrik Söderbaum, "Rethinking the New Regionalism," paper for the XIII Nordic Science Association Meeting, Aalbog, 15 – 17 August 2002, pp. 3, 13.

[3] 郑先武：《"新区域主义"的核心特征》，《国际观察》2007 年第 5 期。

续表

	旧区域主义	新区域主义
内外倾向	排外（他）性 外向扩张性 内向封闭性	开放性

资料来源：张义明：《新区域主义与中国的自由贸易区战略》，《复旦国际关系评论》2009 年第 1 期。

在此，笔者也尝试着对新区域主义给以定义，即两个或两个以上的国家或地区，基于综合安全或共同发展等方面的认同，所持有的在几个领域里（最终谋求在所有领域里）相互沟通、协调与合作的共同倾向、理念或行动。其具有明显的主体间性和开放性。当然，研究新区域主义，冷战后也有很多理论可以借鉴。

首先是轮轴－辐条（Hub-Spoke）理论。该理论在冷战期间区域经济一体化的研究中就曾得到运用。比如，旺纳科特（Wonnacott）在 1975 年的一篇论文中就对 Hub-Spoke PTAs 成员的实际收入效应做过经典的分析。[①]冷战后，随着新区域主义逐渐兴起，学者们对轮轴－辐条理论的研究再度深化。科瓦尔奇克（Kowalcyzk）和旺纳科特（Wonnacott）（1992），克鲁曼（Kruman）（1993），普加（Puga）和维纳布尔斯（Venables）（1995）的研究都发现"轮轴国"很可能比"辐条国"获得更多的好处。[②] 这就使得无论是大国还是小国都想争当"轮轴国"，美国、欧盟想当然地成为典型的大国"轮轴国"，而新加坡、墨西哥、智利等则成为典型的小国"轮轴国"，它们每个所拥有的"辐条国"多达 10～30 个不等。尤其是进入 21世纪以后，原本还在徘徊观望的东亚国家，如中国、日本、韩国，也都在

[①] Wonnacott, R. T., "Industrial strategy: A Canadian Substitute for Trade Liberation?" *Canadian Journal of Economics*, Vol. 8, pp. 536 – 547. 另见 Masaru Umemoto, "Hub and Spoke Integration and Income Convergence", *Working Paper Series*, Vol. 2003 – 01, the International Centre for the Study of East Asian Development, Kitakyushu.

[②] Kowalczyk, C. and R. Wannacott, "Hubs and Spokes, and Free Trade in the Americas," *Working Paper*, No. 4198, National Bureau of Economic Research. Krugman, P. R., "The hub effect: Or, threeness in interregional trade," in W. J. Ethier, E. Helpman and J. P. Neary, eds., *Theory, Policy and Dynamics in International Trade*, Cambridge: Cambridge University Press, 1993. Puga, D. and A. J. Venables, "Preferential trading arrangements and industrial location," *World Bank Economic Review*, Vol. 12, pp. 221 – 249.

力争后来居上，构建以己为核心的"轮轴－辐条"体系；而东盟也在积极实践这一理论，从而撬动区域的大国权力平衡体系，主导本区域安全与发展的各项事务。是不是可以这样设想，一段时间以后，地球上的所有国家和地区都会成为"轮轴国"，同时也都是"辐条国"呢？当然不会。因为，毕竟"轮轴国"是要有很多条件的，比如，本身是大国，如果本身不是大国的，就要与大国毗邻，或最起码与大国签订了 FTA，或成为（次）区域经济一体化中的一员等。但有一点是可以肯定的，即地球上将被相互交织在一起的轮轴－辐条网络所覆盖，最终这些国家和地区都会不堪忍受"意大利面碗"效应（Spaghetti Bowl Effect）的困扰，① 时不时地坐下来认真推动 WTO 多哈回合乃至于以后的各项谈判进程，进而深化和拓展经济全球化的议程。研究轮轴－辐条理论与实践，不光要注重其经济收益，更应注重其非经济收益，"大国参与区域经济合作的主要动力来自传统经济收益之外的非经济收益"。② 经济与非经济收益的互动，正是研究新区域主义所应关注的。

其次是社会建构主义理论。该理论是在 20 世纪 80 年代中后期兴起，90 年代初开始受到学术界的重视，随后便构成了对包括新现实主义和新自由主义在内的理性主义的挑战的强劲理论流派。按照温特（Alexander Wendt）的观点，社会建构主义主要基于三个理论假设：第一，国家是国际体系的主要行为体；第二，国际体系的主要结构是主观互动性的而非物质性的；第三，国家认同以及国家利益在很大程度上是通过这些结构形成的，而非由外在于这个体系的人类本性或者国内政治决定的。③ 不同于现实主义的悲观情怀，社会建构主义理论有着乐观的推理。根据温特自己对国际体系文化发展的解释，国际社会是在朝着进步的方向发展的。霍布斯文化时期已经是过去，洛克文化是现在，而康德文化则会是将来国际社会的主导特征。④ 按照阿米塔夫·阿查亚（Amitav Acharya，2000）的观点，

---

① "意大利面碗"效应是指就技术层面而言，随着 FTA 在全球的不断扩散，将会出现一个个可能相互重叠交织的 FTA 网络。由于每个 FTA 协定都有各自的复杂关税规则，各国拓展国际贸易的成本将因此大幅增加，这也将使得全球市场变得更加破碎。

② 李向阳：《新区域主义与大国战略》，《国际经济评论》2003 年第 4 期。

③ Alexander Wendt, "Anarchy Is What States Make of It: The Social Construction of Power Politics," *International Organization*, Vol. 46, No. 2, Spring 1992, pp. 391–425.

④ 〔美〕亚历山大·温特：《国际政治的社会理论》，秦亚青译，上海人民出版社，2000，第29~30 页。

从建构主义的角度解释区域化，有如下三个优点：第一，区域化可以重新对安全共同体进行社会建构。也就是说，国家之间的合作被理解为一个社会过程，这个过程可以重新定义国家在战争与和平中的利益。第二，建构主义主张探究规则（norms）在框定国际关系过程中的深层次的影响。换句话说，建构主义主张，研究区域化要从探究集体利益以及集体认同的社会化对区域融合的影响开始。第三，建构主义主张，在国际政治中，物质力量是重要的，但主观因素，包括观念、文化以及认同，在对外政策的相互作用中，不是第二位的，而是起着一种决定性的作用。① 因此，冷战后多极化趋势下孕育的新区域主义与社会建构主义理论有着特殊的亲和力，该领域的研究已经出现了从理性主义向社会建构主义转变的倾向。

最后是安全复合体理论。该理论又称为"区域安全复合体理论"（regional security complex theory），由著名安全研究专家、"哥本哈根学派"（Copenhagen School）代表人物布赞（Barry Buzan）首次提出，② 并经他与其他学者的进一步理论化，逐步形成冷战后安全研究的"区域主义视角"和"现存唯一的区域安全理论"。③ 具体来说，安全复合体理论采用开放的分析框架，主要包括：④ 一是物质主义与建构主义混合的分析方法；二是四大变量（边界、无政府结构、极性、社会结构）构成的基本结构；三是四大变体（标准、中心、大国和超复合体）组成的主要类型；四是五大领域（军事、政治、经济、社会和环境）互动的安全议题；五是四层（国内、区域、区域间和全球）互动的安全集合（security constellation）；六是结构变化的"安全连续统一体"（security continuum）。该理论认为，在一个"区域安全复合体"结构变化的历程中，要依次经历"冲突形态"—多种形式"安全机制"的并存形态—"多元安全共同体"—自主的单一行为体（或全球层次的大国）的升华过程。这事实上如同建构主义者所说的从

---

① Amitav Acharya, *Constructing a Security Community in Southeast Asia: ASEAN and the Problems of Regional Order*, London and New York: Routledge, 2000, pp. 3 – 4. 另见王正毅《亚洲区域化：从理性主义走向社会建构主义？——从国际政治经济学的角度看》，《世界经济与政治》2003 年第 5 期。

② Barry Buzan, People, States and Fear: *The National Security Problem in International Relations*, Chapel Hill: The University of North Carolina Press, 1983, pp. 101 – 115.

③ Barry Buzan and Ole Wæver, Regions and Powers: *The Structure of International Security*, Cambridge: Cambridge University Press, 2003, pp. 11, 83.

④ 郑先武：《安全复合体理论与东亚安全区域主义（上）》，《现代国际关系》2005 年第 1 期。

冲突、竞争关系到合作关系依次变化的"安全连续统一体"。[①] 安全复合体理论谋求建构起理想的区域安全秩序，这也是安全区域主义研究要解决的根本问题。按照比约恩·赫特纳（Björn Hettne）的定义，"安全区域主义"是指"在特定地理范围内———一个建设中的区域，将包含国家之间和国家内部冲突关系的安全复合体转变为包含对外合作关系和内部和平的安全共同体的努力"。也就是说，安全区域主义的发展进程是从"安全复合体"开始，通过有效的区域安全管理或安全秩序建构，逐步走向"安全共同体"。[②] 由此可见，安全复合体理论为安全区域主义研究提供可操作性的理论基础和分析框架，而安全区域主义研究又可以说是新区域主义研究的题中应有之义。因此，有必要加大安全复合体理论的研究力度。

第三节　中国自由贸易区战略的新区域主义特征

　　劳埃德（P. J. Lloyd）通过对亚太地区新区域主义的研究发现，该地区的很多国家加入了新形式的区域贸易安排（RTA），有的还加入了一个以上的RTA。由于这些区域贸易安排大多数是双边性质的，因而，"新双边主义"（New Bilateralism）和新区域主义大有一种相互等同的趋势。[③] 通过前几章对中国FTA战略日趋成熟的体系框架的梳理，我们就会发现，中国与其他国家和地区正在谈判和已经达成的FTA明显是具有双边性质的区域主义，而中国参与的其他区域经济合作形式，如区域经济合作论坛和次区域经济合作，明显是具有多边性质的区域主义。因此，在亚太地区乃至全球新区域主义如火如荼发展的大背景下诞生的中国FTA战略也就具有了新区域主义特征。

　　第一，综合性。中国FTA战略的宏观战略目标是谋求构建一个以中国为核心、覆盖全球的FTA网络，而中国FTA战略的深层战略目标则包括确保国际市场安全、周边安全和台海安全等多个方面。因此，中国FTA战略

---

① Alexander Wendt, "Collective Identity Formation and the International State," *The American Political Science Review*, Vol. 88, No. 2, Jun., 1994, pp. 384 – 396.

② Björn Hettne and Fredrik Söderbaum, "Theorising the Rise of Regionness," in Shaun Breslin, Christopher W. Hughes et al, eds., *New Regionalisms in the Global Political Economy*, London: Routledge, 2002, p. 40.

③ P. J. Lloyd, *New Regionalism and New Bilateralism in the Asia-Pacific*, ISEAS, Working Paper Visiting Researcher Series No. 3, 2002.

涵盖了经济收益与非经济收益两个方面，明显地具有了新区域主义的综合性特征。

第二，互动性。中国FTA战略的择伴标准①凸显了谋求"政经相互为媒，增进互信互动"的特点。这一择伴标准不光要求双方产业和进出口商品结构互补性较强，对方具有一定市场规模及贸易辐射作用，最重要的首先还是双方政治和外交关系良好。这样一来，当双方最终达成FTA之后，一方面增加双边贸易额度，提高双边贸易质量水平，另一方面又会进一步地巩固和提高双方的传统政治、外交等诸多方面的友好关系。

第三，开放性。中国签署的任何一个FTA都是基于GATT/WTO的相关条款，同时都有超越GATT/WTO的内容。同时，中国签署的这些FTA不可能、也不想要成为封闭的区域经济体，而是通过这些FTA平台来传递中国经济规范、自由、开放的程度，进而"外溢"到更大的国际空间，形成更大的区域自由贸易区。

第四，区域间性。在中国FTA战略的实施过程中，中国要与本地区的区域经济合作组织，或要与外地区的国家、区域经济合作组织达成FTA，或者这些达成的FTA作为一个整体与其他国家、区域经济合作组织进一步达成FTA等，都能够很好地体现新区域主义的区域间性特征。

第五，多层性。可以从四个方面来看中国FTA战略的多层性。中国FTA战略的多层性表现在：（1）既有国家与地区之间的FTA，又有国与国之间的FTA，还有国家主体与部分之间的FTA；（2）既有与发展中国家之间的FTA，又有与发达国家之间的FTA；（3）既有已签署的FTA，又有继续推进的FTA谈判，既有已经完成的FTA联合可行性研究，又有正在开展的FTA联合可行性研究；（4）区域经济合作三种形式的多层互动。

第六，主体性。（1）中国FTA战略着力构建一个以中国为"轮轴国"、覆盖全球的FTA网络，彰显出强烈的主体性意识；（2）中国与其他国家（或地区）、区域经济合作组织现在或未来建成的FTA，会发挥出新的主体性作用。

---

① 参见易小准《中国参与区域经济合作的抉择与作为》，《中国对外贸易》2007年第7期。另见陈妍《积极开展区域经济合作以开放促改革发展共赢——访商务部国际司参赞张克宁》，《国际商报》2008年第4期。

小 结

在新区域主义逐渐由区域兴起到全球扩展的阶段提出并着力推进的中国自由贸易区战略，必然具有新区域主义的共性，而且还具有了自己独特的个性。对新区域主义进行深入的研究，一方面有利于自身研究框架的创设与理论体系的成形，另一方面也将在理论上给予中国自由贸易区战略以强有力的支撑。同时，对中国自由贸易区战略实践过程中经验教训的总结与吸取，一方面有利于战略自身的改进和完善，另一方面也将给新区域主义的研究注入新鲜而又特别的活力。当然，我们应该清楚的是，就像新区域主义的研究有着不同的视角一样，新区域主义也只是研究中国自由贸易区战略的一个视角，我们不能因本书的研究而限制了我们广阔的学术视野。

附录一　内地与香港/澳门*关于建立更紧密经贸关系的安排（协议正文）（节选）*

（*为了方便，文中使用"香港/澳门"合指两 CEPA）

前　言

为促进内地和香港/澳门特别行政区（以下简称"双方"）经济的共同繁荣与发展，加强双方与其他国家和地区的经贸联系，双方决定签署《内地与香港/澳门关于建立更紧密经贸关系的安排》（以下简称"《安排》"）。

第一章　总则

第一条　目标

通过采取以下措施，加强内地与香港/澳门特别行政区（以下简称"香港/澳门"）之间的贸易和投资合作，促进双方的共同发展：

一、逐步减少或取消双方之间实质上所有货物贸易的关税和非关税壁垒；

二、逐步实现服务贸易自由化，减少或取消双方之间实质上所有歧视性措施；

三、促进贸易投资便利化。

第二条　原则

《安排》的达成、实施以及修正应遵照以下原则：

---

* 《内地与香港关于建立更紧密经贸关系的安排（协议正文）》，中国商务部台港澳司网站，http://tga.mofcom.gov.cn/article/zt_cepanew/subjectaa/200612/20061204078587.shtml。《内地与澳门关于建立更紧密经贸关系的安排（协议正文）》，中国商务部台港澳司网站，http://tga.mofcom.gov.cn/article/zt_cepanew/subjectdd/200612/20061204086091.shtml。

一、遵循"一国两制"的方针；

二、符合世界贸易组织的规则；

三、顺应双方产业结构调整和升级的需要，促进稳定和可持续发展；

四、实现互惠互利、优势互补、共同繁荣；

五、先易后难，逐步推进。

第三条　建立与发展

一、双方自 2004 年 1 月 1 日起开始实施《安排》下货物贸易和服务贸易自由化的具体承诺。

二、双方将通过不断扩大相互之间的开放，增加和充实《安排》的内容。

第四条　中国加入世界贸易组织法律文件中特定条款的不适用

双方认识到，内地经过 20 多年的改革开放，市场经济体制不断完善，内地企业的生产与经营活动已经符合市场经济的要求。双方同意《中国加入世界贸易组织议定书》第 15 条和第 16 条，以及《中国加入世界贸易组织工作组报告书》第 242 段的内容不再适用于内地与香港/澳门之间的贸易。

附录二　中华人民共和国加入 WTO 议定书（节选）*

第 15 条
确定补贴和倾销时的价格可比性

GATT1994 第 6 条、《关于实施 1994 年关税与贸易总协定第 6 条的协定》（"《反倾销协定》"）以及《SCM 协定》应适用于涉及原产于中国的进口产品进入一 WTO 成员的程序，并应符合下列规定：

（a）在根据 GATT1994 第 6 条和《反倾销协定》确定价格可比性时，该 WTO 进口成员应依据下列规则，使用接受调查产业的中国价格或成本，或者使用不依据与中国国内价格或成本进行严格比较的方法；

（i）如受调查的生产者能够明确证明，生产该同类产品的产业在制造、生产和销售该产品方面具备市场经济条件，则该 WTO 进口成员在确定价格可比性时，应使用受调查产业的中国价格或成本；

（ii）如受调查的生产者不能明确证明生产该同类产品的产业在制造、生产和销售该产品方面具备市场经济条件，则该 WTO 进口成员可使用不依据与中国国内价格或成本进行严格比较的方法；

（b）再根据《SCM 协定》第二、三及五部分规定进行的程序中，在处理第 14 条（a）项、（b）项、（c）项和（d）项所述补贴时，应适用《SCM 协定》的有关规定；但是，如此种适用遇有特殊困难，则该 WTO 进口成员可使用考虑到中国国内现有情况和条件并非总能用作适当基准这一可能性的确定和衡量补贴利益的方法。在适用此类方法时，只要可行，该 WTO 进口成员在考虑使用中国以外的情况和条件之前，应对此类现有情况

---

*　《中华人民共和国加入议定书》，中国政府网站，http：//www.gov.cn/gongbao/content/2002/content_74608.htm。

附录三　中国加入 WTO 工作组报告书
（节选）[*]

四　影响货物贸易的政策

……

D. 影响货物贸易的国内政策

……

11. 纺织品

241. 一些工作组成员建议且中国代表接受，WTO 成员在中国加入之日的前一日有效的对原产于中国的纺织品和服装的进口所维持的数量限制，将向纺织品监督机构（"TMB"）作出通知，作为适用《纺织品与服装协定》（"ATC"）第 2 条第 1 款中所含"在《WTO 协定》生效之日的前一日"的措辞应被视为指中国加入之日的前一日。对于这些基础水平，《纺织品与服装协定》第 2 条第 13 款和第 14 款中规定的增长率的增长应自中国加入之日起酌情使用。工作组注意到这些承诺。

242. 中国代表同意下列规定将适用于纺织品与服装产品贸易，直至 2008 年 12 月 31 日，并成为中国加入条款和条件的一部分：

（a）如一 WTO 成员认为《纺织品与服装协定》所涵盖的原产于中国的纺织品和服装产品自《WTO 协定》生效之日起，由于市场扰乱，威胁阻碍这些产品贸易的有序发展，则该成员可请求与中国进行磋商，以期减轻或避免此市场扰乱。请求进行磋商的成员在提出磋商请求时，应向中国提供关于磋商请求的原因和理由的详细事实声明，并附提出磋商请求成员

---

*　《中国加入工作组报告书》，中国政府网站，http://www.gov.cn/gongbao/content/2002/content_ 63361. htm。

认为能够证明下列内容的先行数据：（1）市场扰乱的存在或威胁；及（2）在该市场扰乱中原产于中国产品的作用；

（b）磋商将在收到磋商请求后 30 天内进行。双方将在收到此种请求后 90 天内，尽一切努力就双方满意的解决办法达成协议，除非双方同意延长该期限；

（c）在收到磋商请求后，中国同意将对这些磋商所涉及的提出磋商请求成员的一个或多个类别的纺织品或纺织制成品的装运货物，控制在不超过提出磋商请求的当月前的最近 14 个月中前 12 个月进入该成员数量的 7.5%（羊毛产品类别为 6%）的水平；

（d）如在 90 天磋商期内，未能达成双方满意的解决办法，则磋商将继续进行，提出磋商请求的成员可继续根据（c）项对磋商涉及的一个或多个类别的纺织品或纺织制成品实行限制；

（e）根据（d）项设立等任何限制的条件将自提出磋商请求之日起至提出磋商请求当年的 12 月 31 日止的期限有效，或如果提出请求时该年只余 3 个月或少的时间，则在提出磋商请求后 12 个月结束的期限有效；

（f）根据本规定采取的行动的有效期不得超过一年，且不得重新实施，除非有关成员与中国之间另有议定；以及

（g）不得根据本规定和议定书（草案）第 16 条的规定对同一产品同时适用措施。

工作组注意到这些承诺。

主要参考文献

一 外文专著与论文

Alexei D. Voskressenski, *Russia and China: A Theory of Inter-State Relations*, London: RoutledgeCurzon, 2003.

Alex J. Bellamy, *Security Communities and Their Neighbours: Regional Fortresses or Global Integrators?* Houndmills, Basingstoke, Hampshire; Palgrave Macmillan, 2004.

Alexander Wendt, "Collective Identity Formation and the International State," *The American Political Science Review*, Vol. 88, No. 2, Jun., 1994.

Alexander Wendt, "Anarchy Is What States Make of It: The Social Construction of Power Politics," *International Organization*, vol. 46, No. 2, Spring 1992.

Amitav Acharya, *Constructing a Security Community in Southeast Asia: ASEAN and the Problems of Regional Order*, London and New York: Routledge, 2000.

Andrew Gamble, Anthony Payne, *Regionalism and World Order*, Hampshire: Macmillan Press, 1996.

Asian Development Bank, *Institutions for Regional Integration: Toward an Asian Economic Community*, Mandaluyong City, Philippines: Asian Development Bank, 2010.

Barry Buzan, *People, States and Fear: The National Security Problem in International Relations*, Chapel Hill: The University of North Carolina Press, 1983.

Barry Buzan and Ole Wæver, *Regions and Powers: The Structure of International Security*, Cambridge: Cambridge University Press, 2003.

Bill McSweeney, *Security, Identity and Interests: a Sociology of International Relations*, Cambridge: Cambridge University Press, 1999.

Björn Hettne and Fredrik Söderbaum, "Theorising the Rise of Regionness," in Shaun Breslin, Christopher W. Hughes et al, eds. , *New Regionalisms in the Global Political Economy*, London: Routledge, 2002.

C. Fred Bergsten, Fifty Years of the GATT/WTO: Lessons from the Past for Strategies for the Future. In WTO Secretariat (ed), *From GATT to the WTO: The Multilateral Trading System in the New Millennium.* The Hague: Kluwer Law International, 2000.

ChangPao-min, *The Sino-Vietnamese Territorial Dispute*, New York: Praeger, 1986.

Charles Bonser, *Security, Trade, and Environmental Policy: a US/European Union Transatlantic Agenda*, Boston: Kluwer Academic Pub. , 2000.

Christopher Davidson, Persian Gulf-Pacific Asia linkages in the 21st century: a marriage of convenience? *London School of Economics*, 2010.

Christopher R. Hughes, New security dynamics in the Asia-Pacific: extending regionalism from Southeast to Northeast China. *International Spectator*, 42 (03) . , 2007.

C. Kowalczyk and R. Wannacott, *Hubs and Spokes, and Free Trade in the Americas*, Working Paper No. 4198, National Bureau of Economic Research, 1992.

D. Puga and A. J. Venables, Preferential trading arrangements and industrial location, *Journal of International Economics*, Vol. 43, Issues 3 – 4, 1997.

Eero Palmujoki, *Regionalism and Globalism in Southeast Asia*, Houndmills, Basingstoke, Hampshire: Palgrave, 2001.

E. J. Mishan, *What Political Economy is All About: An Exposition and Critique*, Cambridge: Cambridge University Press, 1982.

Emmanuel Yujuico, *The Philippines.* IDEAS reports-special reports, Kitchen, Nicholas (ed.) SR015. LSE IDEAS, The London School of Economics and Political Science, London, UK, 2012.

Etel Solingen, *Regional Orders at Century's Dawn: Global and Domestic Influences on Grand Strategy*, Princeton, N. J. : Princeton University Press, 1998.

Eugene K. Lawson, *The Sino-Vietnamese Conflict*, New York: Praeger, 1984.

Fithra Faisal Hastiadi, China-Japan-Korea（CJK）'s FTA Strategy towards ASEAN Countries: A Game Theoretical Approach, *Working Paper in Economics and Business*, Volume Ⅱ No. 10, 2012.

Fredrik Söderbaum, *Rethinking the New Regionalism*, Paper for the XIII Nordic Science Association Meeting, Aalbog, 15 – 17 August, 2002.

Gemma Estrada, Donghyun Park, Innwon Park, Soonchan Park, China's Free Trade Agreements with ASEAN, Japan and Korea: A Comparative Analysis, *China & World Economy*, Vol. 20, No. 4, 2012.

Glenn Hook, Ian Kearns, *Subregionalism and World Order*, Hampshire: Macmillan Press, 1999.

Guoyou Song and Wen Jin Yuan, China's Free Trade Agreement Strategies, *The Washington Quarterly*, Vol. 35, No. 4, 2012.

Henry Gao, China's Strategy for Free Trade Agreements: Political Battle in the Name of Trade, East Asian Economic Integration: Law, Trade and Finance, 2011.

Hongshik Lee, et al., *Economic Effects of a Korea-China FTA and Policy Implications（I）*, Seoul: Korea Institute for International Economic Policy, Policy Analysis No. 03, 2005.

Iver B. Neumann, *Regional Great Powers in International Politics*, New York: St. Martin's Press, 1992.

James C. Hsiung, The Age of Geoeconomics, China's Global Role, and Prospects of Cross-Strait Integration, *Journal of Chinese Political Science*, Vol. 14, No. 2, 2009.

Jeffrey A. Frankel, *The Regionalization of the World Economy*, Chicago: University of Chicago Press, 1998.

Jun Zhao & Timothy Webster, *Taking Stock: China's First Decade of Free Trade*, University of Pennsylvania Journal of International Law, Vol. 33, No. 1, 2011.

Kar-yiu Wong, Economic Integration in Northeast Asia: Challenges and Strategies for South Korea, in *New Paradigms for Transpacific Collaboration*, a special issue of the *Joint U. S. -Korea Academic Studies*, Volume 16, 2006.

Katsuhiro Sasuga, *Microregionalism and Governance in East Asia*, London and New York: Routledge, 2004.

Keith E. Flick & Kalyan M. Kemburi, *ASEAN-China Free Trade Area: Challenges, Opportunities and the Road Ahead*, RSIS Monograph, NO. 22, Singapore: Nanyang Technological University, 2012.

Laure Paquette, *Security for the Pacific Century: National Strategy in a Multilateral Setting*, New York: Nova Science Publishers, 2002.

Lee Lai To, *China and the South China Sea dialogues*, Westport, Conn. : Praeger, 1999.

Maria Garcia, Fears and Strategies: The European Union, China and their Free Trade Agreements in East Asia, *Journal of Contemporary European Research*. Volume 6, Issue 4, 2010.

Mark Burles, *Chinese Policy toward Russia and the Central Asian Republics*, Santa Monica, CA: RAND, 1999.

Mark S. Manger, *Investing in Protection: the Politics of Preferential Trade Agreements between North and South*. Cambridge University Press, Cambridge, UK, 2009.

Masaru Umemoto, *Hub and Spoke Integration and Income Convergence*, Working paper series, Vol. 2003 – 01, the International Centre for the Study of East Asian Development, Kitakyushu.

Milton Osborne, *Southeast Asia: An Introductory History (Eighth Edition)*, Sydney: Allen & Unwin, 2000.

Mireya Solís, et al. , *Competitive Regionalism: FTA Diffusion in the Pacific Rim*, New York: Palgrave Macmillan, 2009.

Miroslav N. Jovanovi ć, *International Economic Integration: Limits and Prospects*, London: Routledge, 1998.

Munir Majid, *Southeast Asia between China and the United States*. IDEAS reports-special reports, Kitchen, Nicholas (ed.) SR015. LSE IDEAS, The London School of Economics and Political Science, London, UK, 2012.

Nicholas Thomas, *Re-orienting Australia-China Relations: 1972 to the Present*, Aldershot, Hants, England; Ashgate, 2004.

Norman D. Palmer, *The New Regionalism in Asia and the Pacific*, Lexington: Lexington Books, 1991.

Oli Brown, et al, *Regional Trade Agreements: Promoting conflict or building peace?* Winnipeg: the International Institute for Sustainable Development (IISD), 2005.

P. J. Lloyd, *New Regionalism and New Bilateralism in the Asia-Pacific.* ISEAS. Working Paper Visiting Researcher Series, No. 3, 2002.

P. R. Krugman, "The Hub Effect: Or, Threeness in Interregional Trade," in W. J. Ethier, E. Helpman and J. P. Neary, eds., *Theory, Policy and Dynamics in International Trade*, Cambridge: Cambridge University Press, 1993.

Richard L. Grant, *China and Southeast Asia: into the Twenty-first Century*, Honolulu: Pacific Forum/CSIS; 1993.

Richard Wyn Jones, *Security, Strategy, and Critical Theory*, Boulder, Colo.: Lynne Rienner Publishers, 1999.

Rizal Sukma, *Indonesia and China*, London: Routledge, 1999.

Robert G. Sutter, *China's Rise in Asia: Promises and Perils*, Lanham, MD: Rowman & Littlefield Publishers, 2005.

Rolf J. Langhammer, Ulrich Hiemenz, *Regional Integration among Developing Countries: Opportunities, Obstacles, and Options*, Tübingen: J. C. B. Mohr; 1990.

Rongxing Guo, *Border-Regional Economics*, Heidelberg: Physica-verlag, 1996.

Sanchita Basu Das, The Trans-Pacific Partnership as aTool to Contain China: Myth or Reality? Singapore: *ISEAS Perspective*, No. 31, 2013.

Shamel Azmeh and Khalid Nadvi, "'Greater Chinese' Global Production Networks in the Middle East: the Rise of the Jordanian Garment Industry," *Development and Change*, 44 (6), 2013.

Shaun Breslin, Glenn D. Hook, *Microregionalism and World Order*, Hampshire: Palgrave Macmillan Ltd., 2002.

Sheila Page, *Regionalism among Developing Countries*, Basingstoke: Macmillan in Association with Overseas Development Institute, 2000.

Stephen Woolcock, *Getting Past the WTO Deadlock: the Plurilateral Option?*

RSCAS Policy Papers, RSCAS PP 2013/08. Robert Schuman Centre for Advanced Studies Global Governance Programme, European University Institute, San Domenico di Fiesole (FI), Italy, 2013.

SubregionalEconomic Cooperation: Initial Possibilities for Cambodia, Lao PDR, Myanmar, Thailand, Viet Nam and Yunnan Province of the People's Republic of China, Manila, Philippines: Asian Development Bank, 1993.

Subregional economic cooperation among Cambodia, People's Republic of China, Lao People's Democratic Republic, Myanmar, Thailand, and Viet Nam: Proceedings of the Fourth Conference, Chiang Mai, Thailand, 15 - 16 September 1994, Manila, Philippines: Asian Development Bank, 1994.

Sun Yanfeng, A First for CentreAmerica: FTA gives Imetus to China's Trade with Costa Rica and Other Countries in the Region, *Beijing Review*, Vol. 54, No. 33, 2011.

Sureshwar D. Sinha, *Security in the New World Order*, Delhi: Chanakya Publications, 1993.

Wen Jin Yuan, *the Trans-Pacific Partnership and China's Corresponding Strategies*, A Freeman Briefing Report, Washington: CSIS, 2012.

William J. Duiker, *China and Vietnam: the Roots of Conflict*, Berkeley: Institute of East Asian Studies, University of California, 1986.

R. T. Wonnacott, Industrial Strategy: A Canadian Substitute for Trade Liberation? *Canadian Journal of Economics*, Vol. 8, No. 4, 1975.

XiaojunLi, *China's Geoeconomic Strategy: China as a Trading Superpower*. IDEAS reports-special reports, Kitchen, Nicholas (ed.) SR012. LSE IDEAS, The London School of Economics and Political Science, London, UK, 2012.

Xuepeng Liu and Emanuel Ornelas, *Free Trade Agreements and the Consolidation of Democracy*. CEP Discussion Papers, CEPDP1184. Centre for Economic Performance, London School of Economics and Political Science, London, UK, 2013.

Zdravko Mlinar, *Globalization and Territorial Identities*, Aldershot: Avebury, 1992.

二 中文专著与论文

〔美〕安妮·O. 克鲁格：《作为国际组织的 WTO》，黄理平、彭利平、刘军译，上海人民出版社，2002。

〔美〕彼得·尼茨坎普：《区域经济学》，安虎森等译，经济科学出版社，2001。

〔美〕波特：《国家竞争优势》，李明轩、邱如美译，北华夏出版社，2002。

〔美〕费雷德里克·皮尔逊、西蒙·巴亚斯里安：《国际政治经济学：全球体系中的冲突与合作》，杨毅、钟飞腾、苗苗译，北京大学出版社，2006。

〔美〕汉斯·摩根索：《国际纵横策论——争强权，求和平》，卢明华、时殷弘、林勇军译，上海译文出版社，1995。

〔美〕亨利·基辛格：《大外交》，顾淑馨、林添贵译，海南出版社，1998。

〔美〕杰夫瑞·C. 亚历山大：《世纪末社会理论》，张旅平译，上海人民出版社，2003。

〔美〕肯尼思·华尔兹：《国际政治理论》，信强译，上海人民出版社，2003。

〔美〕罗伯特·吉尔平主编《全球政治经济学：解读国际经济秩序》，杨宇光、杨炯译，上海人民出版社，2003。

〔美〕罗伯特·吉尔平：《国际关系政治经济学》，杨宇光等译，上海人民出版社，2006。

〔美〕罗伯特·O. 基欧汉：《霸权之后》，苏长和、信强、何曜译，上海人民出版社，2001。

〔美〕罗伯特·O. 基欧汉：《新现实主义及其批判》，郭树勇译，北京大学出版社，2002。

〔美〕罗伯特·O. 基欧汉、约瑟夫·奈：《权力与相互依赖（第3版）》，门洪华译，北京大学出版社，2002。

〔美〕罗伯特·O. 基欧汉、海伦·米尔纳：《国际化与国内政治》，姜鹏、董素华译，北京大学出版社，2003。

〔加拿大〕罗伯特·蒙代尔：《蒙代尔经济学文集（第一卷）：古典国

际贸易理论》，向松祚译，中国金融出版社，2003。

〔美〕迈克尔·斯温、阿什利·特利斯：《中国大战略》，洪允息、蔡焰译，新华出版社，2001。

〔美〕塞缪尔·亨廷顿：《文明的冲突与世界秩序的重建（第三版）》，周琪、刘绯、张立平、王圆译，新华出版社，2002。

〔美〕瓦尔特·J. 威塞尔斯：《经济学》，沈国华译，上海人民出版社，2004。

〔美〕小约瑟夫·奈：《理解国际冲突：理论与历史（第 3 版）》，张小明译，上海人民出版社，2002。

〔美〕亚历山大·温特：《国际政治的社会理论》，秦亚青译，上海人民出版社，2000。

〔美〕约翰·斯坦布鲁纳：《全球安全原则》，贾宗谊译，新华出版社，2001。

〔美〕詹姆斯·多尔蒂、小罗伯特·普法尔茨格拉夫：《争论中的国际关系理论（第 5 版）》，阎学通、陈寒溪译，世界知识出版社，2003。

〔美〕朱迪斯·戈尔茨坦、罗伯特·O. 基欧汉：《观念与外交政策——信念、制度与政治变迁》，刘东国、于军译，北京大学出版社，2005。

〔美〕兹比格纽·布热津斯基：《大棋局》，中国国际问题研究所译，上海人民出版社，1998。

〔英〕彼得·罗布森：《国际一体化经济学》，戴炳然等译，上海译文出版社，2001。

〔英〕布赞、利特尔：《世界历史中的国际体系——国际关系研究的再构建》，刘德斌译，高等教育出版社，2004。

〔英〕巴瑞·布赞、奥利·维夫、迪·怀尔德：《新安全论》，朱宁译，浙江人民出版社，2003。

〔英〕杰弗里·帕克：《地缘政治学：过去、现在和未来》，刘从德译，新华出版社，2003。

〔英〕P. 奥沙利文：《地理政治论——国际间的竞争与合作》，李亦鸣等译，国际文化出版公司，1991。

〔英〕苏珊·斯特兰奇：《国家与市场（第 2 版）》，杨宇光等译，上海人民出版社，2006。

〔澳〕克雷格·A. 斯奈德等：《当代安全与战略》，徐维地等译，吉林人民出版社，2001。

〔澳〕约翰·W. 伯顿：《全球冲突：国际危机的国内根源》，马学印、谭朝洁译，上海人民出版社，2007。

〔加拿大〕阿米塔·阿查亚：《建构安全共同体：东盟与地区秩序》，王正毅、冯怀信译，上海人民出版社，2004。

〔加拿大〕哈里·约翰逊：《货币、贸易与经济成长》，侯家驹译，联经出版事业公司，1976。

〔日〕高濑保：《WTO 与 FTA：世界贸易组织与世界贸易协定》，边红彪，陈恺之译，中国计量出版社，2008。

〔埃及〕萨米尔·阿明：《世界一体化的挑战》，任友谅、金燕、王新霞、韩金草译，社会科学文献出版社，2003。

柴瑜、陆建人、先明主编《大湄公河次区域经济合作研究》，社会科学文献出版社，2007。

曹德骏：《战略学新视角》，西南财经大学出版社，2002。

曹亮：《区域经济一体化的政治经济学分析》，中国财政经济出版社，2006。

曹云华、唐翀主编《新中国—东盟关系论》，世界知识出版社，2005。

陈勇：《新区域主义与东亚经济一体化》，社会科学文献出版社，2006。

陈峰君：《当代亚太政治与经济析论》，北京大学出版社，2001。

陈峰君、王传剑主编《亚太大国与朝鲜半岛》，北京大学出版社，2002。

陈峰君：《亚太安全析论》，中国国际广播出版社，2004。

陈峰君、祁建华主编《新地区主义与东亚合作》，中国经济出版社，2007。

陈乔之：《冷战后东盟国家对华政策研究》，北京：中国社会科学出版社，2001。

陈玉刚：《国家与超国家——欧洲一体化理论比较研究》，上海人民出版社，2001。

陈泽明：《区域合作通论：理论·战略·行动》，复旦大学出版社，2005。

丛鹏：《大国安全观比较》，时事出版社，2004。

崔健：《外国直接投资与发展中国家的经济安全》，中国社会科学出版社，2004。

崔颖：《上海合作组织区域经济合作——共同发展的新实践》，经济科学出版社，2007。

丁斗：《东亚地区的次区域经济合作》，北京大学出版社，2001。

对外经济贸易大学国际经济研究院课题组：《中国自贸区战略：周边是首要》，对外经济贸易大学出版社，2010。

方连庆、刘金质、王炳元主编《战后国际关系史（1945—1995 年）（上、下）》，北京大学出版社，1999。

方连庆、王炳元、刘金质主编《国际关系史（现代卷）（1917—1945 年）》，北京大学出版社，2001。

樊勇明：《西方国际政治经济学》，上海人民出版社，2001。

高伯文：《中国共产党区域经济思想研究》，中共党史出版社，2004。

高洪深：《区域经济学》，中国人民大学出版社，2002。

高鸿业、吴易风主编《现代西方经济学（上、下）》，经济科学出版社，1988。

古小松主编《泛北部湾合作发展报告：2007》，社会科学文献出版社，2007。

郭树勇主编《战略与探索（1）》，世界知识出版社，2008。

郭新宁主编《亚太地区多边安全合作研究》，时事出版社，2009。

贺圣达、陈明华、马勇、孔建勋主编《世纪之交的东盟与中国》，云南民族出版社，2001。

贺圣达、王学鸿、宫占奎主编《中国东盟自由贸易区建设与云南面向东南亚开放》，云南人民出版社，2003。

何中顺：《新时期中国经济外交理论与实践》，时事出版社，2007。

胡鞍钢、门洪华主编《中国：东亚一体化新战略》，浙江人民出版社，2005。

胡光辉、欧阳卉然主编《中国东盟自由贸易区与海南经济》，海南出版社，2003。

胡俊芳：《中日韩自由贸易区贸易效果的实证分析》，复旦大学出版社，2007。

霍伟东：《中国东盟自由贸易区研究》，西南财经大学出版社，2005。

金正昆：《现代外交学概论》，中国人民大学出版社，1999。

靳希民：《国际安全与安全战略》，军事科学出版社，2000。

雷家骕主编《国家经济安全理论与方法》，经济科学出版社，2000。

李葆珍：《上海合作组织与中国的和平发展》，新华出版社，2011。

李非：《台湾经济发展通论》，九州出版社，2004。

李少军：《国际政治学概论（第1版）》，上海人民出版社，2002。

李铁立：《边界效应与跨边界次区域经济合作研究》，中国金融出版社，2005。

李小建：《经济地理学》，高等教育出版社，1999。

李学保：《当代国际安全合作的探索与争鸣》，世界知识出版社，2006。

李艳丽：《中国自由贸易区战略的政治经济研究》，中国经济出版社，2012。

梁守德、洪银娴主编《国际政治理论》，北京大学出版社，2000。

林良光、叶正佳、韩华主编《当代中国与南亚国家关系》，社会科学文献出版社，2001。

刘宏：《中国—东南亚学：理论建构·互动模式·个案分析》，中国社会科学出版社，2000。

刘振亚、张振西主编《中国区域经济研究》，中国经济出版社，1991。

陆铭、陈钊主编《中国区域经济发展中的市场整合与工业集聚》，上海三联书店，上海人民出版社，2006。

陆玉麒：《区域发展中的空间结构研究》，南京师范大学出版社，1998。

陆忠伟：《非传统安全论》，时事出版社，2003。

卢明华：《当代国际关系理论与实践》，南京大学出版社，1998。

门洪华：《和平的维度：联合国集体安全机制研究》，上海人民出版社，2002。

门洪华：《构建中国大战略的框架：国家实力、战略观念与国际制度》，北京大学出版社，2005。

慕亚平、李伯侨主编《区域经济一体化与CEPA的法律问题研究》，法律出版社，2005。

那日：《中国周边市场》，中央民族大学出版社，2000。

倪建民主编《国家安全：中国的安全空间与21世纪的国略选择（上、

下）》，中国国际广播出版社，1997。

倪世雄主编《当代西方国际关系理论》，复旦大学出版社，2001。

欧阳明、袁志刚主编《宏观经济学》，上海人民出版社，1997。

潘志平：《中南亚的民族宗教冲突》，新疆人民出版社，2003。

潘志平、王鸣野、石岚主编《"东突"的历史与现状》，民族出版社，2008。

戚文海、赵传君主编《东北亚经贸合作全方位研究》，社会科学文献出版社，2006。

秦放鸣：《中亚市场新视角》，中国社会科学出版社，2006。

清华大学国际问题研究所、清华大学经济外交研究中心主编《中国经济外交2006》，中国人民大学出版社，2007。

上海社会科学院世界经济与政治研究院：《全球治理与中国的选择》，时事出版社，2010。

时殷弘：《战略问题三十篇：中国对外战略思考》，中国人民大学出版社，2008。

宋玉华：《开放的地区主义与亚太经济合作组织》，商务印书馆，2001。

苏长和：《全球公共问题与国际合作：一种制度的分析》，上海人民出版社，2002。

唐贤兴：《近现代国际关系史》，复旦大学出版社，2002。

唐世平：《塑造中国的理想安全环境》，中国社会科学出版社，2003。

王秉安、王侃主编《海峡经济区竞争力研究报告》，社会科学文献出版社，2007。

王家福：《世界六强国盛衰战略观》，吉林人民出版社，1998。

王绳祖主编《国际关系史（1—10卷）》，世界知识出版社，1995。

王逸舟：《当代国际政治析论》，上海人民出版社，1995。

王逸舟：《西方国际政治学：历史与理论》，上海人民出版社，1998。

王逸舟主编《全球化时代的国际安全》，上海人民出版社，1999。

王逸舟：《创造性介入：中国外交新取向》，北京大学出版社，2011。

王逸舟：《创造性介入：中国之全球角色的生成》，北京大学出版社，2013。

王逸舟：《创造性介入：中国外交的转型》，北京大学出版社，2015。

王献枢：《国际法》，中国政法大学出版社，1999。

汪新生、喻常森主编《中国-东南亚区域合作与公共治理》，中国社会科学出版社，2005。

魏宏森、丁厚德、范德清、肖广岭、宿良编《发展战略与区域规划：理论与方法》，重庆出版社，1998。

魏玲：《东亚地区合作：2010》，经济科学出版社，2011。

吴朝阳：《区域经济一体化的组织经济学分析》，经济管理出版社，2007。

吴磊：《中国石油安全》，中国社会科学出版社，2003。

夏保成：《国家安全论》，长春出版社，1999。

夏保成、王宝庆主编《欧洲一体化与欧洲安全》，长春出版社，2001。

肖欢容：《地区主义：理论的历史演进》，北京广播学院出版社，2003。

谢益显主编《中国当代外交史（1949-2001）》（第2版），中国青年出版社，2002。

徐桂华主笔《中国经济安全的国家战略选择》，复旦大学出版社，2005。

阎学通：《中国国家利益分析（第2版）》，天津人民出版社，1997。

阎学通等编《中国与亚太安全》，时事出版社，1999。

阎学通、孙学峰主编《国际关系研究实用方法》，人民出版社，2001。

阎学通、金德湘主编《东亚和平与安全》，时事出版社，2005。

杨成绪：《中国周边安全环境透视》，中国青年出版社，2003。

杨德颖：《中国边境贸易概论》，中国商业出版社，1992。

严正、马照南、孙宝臣主编《海峡经济区探索》，社会科学文献出版社，2006。

杨贵言：《中日韩自由贸易区研究》，中国社会科学出版社，2005。

杨洪常：《云南省与湄公河区域合作：中国地方自主性的发展》，香港中文大学香港亚太研究所，2001。

杨丽燕：《区域经济一体化法律制度研究——兼评中国的区域经济一体化法律对策》，法律出版社，2004。

仪名海：《20世纪国际组织》，北京广播学院出版社，2003。

余潇枫、潘一禾、王江丽主编《非传统安全概论》，浙江人民出版社，2006。

俞正梁：《当代国际关系学导论》，复旦大学出版社，1996。

俞正梁：《全球化时代的国际关系》，复旦大学出版社，2000。

张长全：《中国金融开放与发展中的安全预警问题研究》，经济科学出版社，2008。

张海森：《中国与澳大利亚建立自由贸易区研究》，对外经济贸易大学出版社，2007。

张海东：《技术性贸易壁垒与中国产业安全》，上海财经大学出版社，2006。

张鸿：《区域经济一体化与东亚经济合作》，人民出版社，2006。

张可云：《区域经济政策——理论基础与欧盟国家实践》，中国轻工业出版社，2001。

张文木：《世界地缘政治中的中国国家安全利益分析》，山东人民出版社，2004。

张小劲、景跃进主编《比较政治学》，中国人民大学出版社，2001。

张植荣：《中国边疆与民族问题：当代中国的挑战及其历史由来》，北京大学出版社，2005。

章远新：《大湄公河次区域经济合作与广西》，电子科技大学出版社，2006。

郑先武：《安全、合作与共同体：东南亚安全区域主义理论与实践》，南京大学出版社，2009。

郑先武：《区域间主义治理模式》，社会科学文献出版社，2014。

郑雪平：《上海合作组织研究》，东北财经大学出版社，2007。

郑羽：《中俄美在中亚：合作与竞争（1991－2007）》，社会科学文献出版社，2007。

周冰：《过渡性制度安排与平滑转型》，社会科学文献出版社，2007。

朱听昌：《中国周边安全环境与安全战略》，时事出版社，2002。

子杉：《国家的选择与安全：全球化进程中国家安全观的演变与重构》，上海三联书店，2005。

中国现代国际关系研究所民族与宗教研究中心主编《上海合作组织——新安全观与新机制》，时事出版社，2002。

中国外交部政策规划司：《中国外交》，世界知识出版社，1987－

2015。

朱瀛泉、郑先武、孔刚、张义明、程宏亮、左品:《全球化背景下安全区域主义研究》,南京大学出版社,2015。

庄起善:《世界经济新编》,学林出版社,1996。

《中共中央关于全面深化改革若干重大问题的决定》(2013 年 11 月 12 日中国共产党第十八届中央委员会第三次全体会议通过),《求是》2013年第 22 期。

胡锦涛:《坚定不移沿着中国特色社会主义道路前进,为全面建成小康社会而奋斗——在中国共产党第十八次全国代表大会上的报告》,《求是》2012 年第 22 期。

胡锦涛:《携手推动两岸关系和平发展同心实现中华民族伟大复兴——在纪念〈告台湾同胞书〉发表 30 周年座谈会上的讲话》,《两岸关系》2009 年第 1 期。

胡锦涛:《高举中国特色社会主义伟大旗帜,为夺取全面建设小康社会新胜利而奋斗——在中国共产党第十七次全国代表大会上的报告》,《求是》2007 年第 21 期。

《中共中央关于加强党的执政能力建设的决定》,《求是》2004 年第19 期。

江泽民:《全面建设小康社会,开创中国特色社会主义事业新局面——在中国共产党第十六次全国代表大会上的报告》,《求是》2002 年第 22 期。

江泽民:《高举邓小平理论伟大旗帜,把建设有中国特色社会主义事业全面推向二十一世纪——在中国共产党第十五次全国代表大会上的报告》,《求是》1997 年第 18 期。

〔俄〕阿卜杜拉·哈希莫夫:《上海合作组织与中亚交通运输》,《俄罗斯中亚东欧市场》2004 年 11 期。

〔加拿大〕亨利·明茨伯格:《战略的 5 种定义》,《IT 经理世界》2004 年第 10 期。

〔新加坡〕D·布朗:《从周边共同体到民族国家——东南亚的民族分裂主义》,马宁摘译,《民族译丛》1990 年第 4 期。

《CEPA:改革开放和"一国两制"方针的成功结合与实践——商务部副部长姜增伟谈 CEPA》,《中国经贸》2008 年第 9 期。

白士彦、张一凡、马越：《中韩自由贸易区建设历程及前景展望》，《新经济》2015 年第 Z1 期。

蔡鹏鸿：《多维理论视角下的 APEC 机制改革与发展趋势》，《社会科学》2006 年第 12 期。

曹宗苓、朱英娟：《开展与周边国家经贸合作的十点建议》，《国际贸易》1993 年第 4 期。

曹云华：《中国与周边国家（和地区）关系中的经济和政治》，《亚太研究》1994 年第 4 期。

常庆：《中亚国家：国际战略、外交政策与国家安全》，《东欧中亚研究》2001 年第 3 期。

陈峰君：《21 世纪朝鲜半岛对中国的战略意义》，《国际政治研究》2001 年第 4 期。

陈峰君：《学习邓小平"稳定周边、立足亚太"的战略思想》，《国际政治研究》1994 年第 3 期。

陈建荣、李平：《亚太合作与中国安全新概念》，《世界经济与政治》1996 年第 4 期。

陈江：《"泛越文化"与"原越文化"论——试论中国百越文化与东南亚、大洋洲群岛周邻文化比较研究之理论框架》，《广西民族研究》1993 年第 3 期。

陈洁华：《中国与亚洲的复兴之路——创建多环区域联合体战略构想》，《探索与争鸣》1990 年第 2 期。

陈霜华：《越南经济革新开放问题研究》，《云南行政学院学报》2001 年第 1 期。

陈小沁：《上海合作组织能源一体化前景探析》，《国际经济合作》2008 年第 10 期。

陈之骅：《上海合作组织迎来发展的新阶段》，《当代世界》2002 年第 7 期。

陈志敏：《伙伴战略：世纪之交中国的现实理想主义外交战略》，《太平洋学报》1999 年第 3 期。

陈忠卫：《"环中国经济圈"的构想》，《经济体制改革》1996 年第 4 期。

程超泽：《中国与周边国家经济协作圈的构想——走向 21 世纪的可由

之路》，《亚太研究》1993 年第 5 期。

程超泽：《中国对外经济区域一体化的圈层模式》，《经济学家》1995 年第 1 期。

程敏、施本植、李思永：《日本—东盟自由贸易区建设对中国非传统收益的影响》，《思想战线》2007 年第 1 期。

崔颖：《上海合作组织框架下的能源合作（下）》，《大经贸》2007 年第 9 期。

大图们江区域合作开发战略研究课题组：《大图们江区域合作开发战略的思考》，《社会科学战线》2006 年第 3 期。

大图们江区域合作开发战略研究课题组：《吉林省大图们江区域合作开发面临的机遇与对策》，《经济纵横》2006 年第 6 期。

刀书林：《中国周边安全环境刍议》，《现代国际关系》2002 年第 1 期。

东艳、冯维江、邱薇：《深度一体化：中国自由贸易区战略的新趋势》，《当代亚太》2009 年第 4 期。

董加伟：《论中韩、中日渔业协定框架下的传统捕鱼权保障》，《东北亚论坛》2014 年第 4 期。

杜幼康：《21 世纪初的中印关系》，《南亚研究》2001 年第 2 期。

范晓军：《中国周边经略与中国的崛起》，《北方论丛》2002 年第 2 期。

范跃江：《新干涉主义与中国安全》，《太平洋学报》2000 年第 3 期。

方柏华：《论国际环境：基本内容和分析框架》，《世界经济与政治》2001 年第 3 期。

冯华：《"大"中国牵手"小"冰岛——中国与欧洲国家的首个自由贸易区》，《中国检验检疫》2013 年第 10 期。

冯永利、方长平：《当前中国周边安全环境探析：侧重于软实力的视角》，《教学与研究》2013 年第 4 期。

冯煜、龚晓莺：《中国—东盟自由贸易区双边贸易动态经济效应分析》，《北方经济》2008 年第 8 期。

傅莹：《亚洲形势和中国周边外交》，《时事报告》2003 年第 11 期。

甘爱兰、林利民：《世界地缘政治形势的变化与中国地缘战略环境评析》，《现代国际关系》1999 年第 7 期。

甘碧群、熊元斌：《市场安全控制论》，《消费经济》1997年第6期。

高程：《中国崛起背景下的周边格局变化与战略调整》，《国际经济评论》2014年第2期。

高程：《从中国经济外交转型的视角看"一带一路"的战略性》，《国际观察》2015年第4期。

高德奎：《美国对中国的围堵战略》，《华东理工大学学报（社科版）》2002年第3期。

高鹏：《亚洲基础设施投资银行（AIIB）：筹建背景、性质定位、面临挑战及对策》，《中国市场》2015年第31期。

高子川：《中国周边安全环境基本态势解析》，《当代亚太》2004年第1期。

高子川：《和平发展视野下的中国周边安全》，《国际问题研究》2006年第2期。

葛凤章：《会谈签约 造福于民——海协会、海基会领导人第九次会谈见闻》，《两岸关系》2013年第7期。

葛凤章：《汇民意 聚共识 谋民利——第十届两岸经贸文化论坛综述》，《两岸关系》2015年第5期。

耿协峰：《呼唤新地区主义研究的中国视角》，《教学与研究》2005年第11期。

龚柏松：《建构主义理论视阈下中国周边安全》，《理论月刊》2014年第10期。

谷增发、郑家庆：《中国周边非传统安全环境问题及其对策思考》，《临沂师范学院学报》2001年第2期。

韩爱勇：《中韩自贸区建设的多重意义》，《理论视野》2015年第7期。

何芳川：《"华夷秩序"论》，《北京大学学报（哲学社会科学版）》1998年第6期。

贺平：《RCEP与中国的亚太FTA战略》，《国际问题研究》2013年第3期。

贺平、沈陈：《RCEP与中国的亚太FTA战略》，《国际问题研究》2013年第3期。

侯松岭：《中国与东盟关系中的不稳定因素——南沙问题》，《东南亚研究》2000 年第 Z1 期。

侯松岭、迟殿堂：《中国周边海域的战略地位和地缘战略价值初探》，《当代亚太》2003 年第 10 期。

侯松岭、迟殿堂：《东南亚与中亚：中国在新世纪的地缘战略选择》，《当代亚太》2003 年第 4 期。

华星：《丝路基金首单，为"一带一路"开个好局》，《金秋》2015 年第 15 期。

黄其淮：《"9·11"事件后的中国周边安全形势介析》，《东南亚研究》2004 年第 5 期。

季烨：《台湾立法机构审议两岸服务贸易协议的实践评析》，《台湾研究集刊》2014 年第 2 期。

季烨、彭莉：《台湾当局自由贸易协议实践的亚太转向及其前景》，《台湾研究集刊》2013 年第 6 期。

贾继锋：《亚洲金融危机与中国的作用》，《世界经济研究》1998 年第 2 期。

姜南：《试析欧盟共同农业政策的改革》，《世界历史》2002 年第 4 期。

蒋致洁：《丝绸之路贸易若干问题新论》，《中国经济史研究》1993 年第 4 期。

金泓汎：《日本的"华南经济圈"研究热》，《亚太经济》1994 年第 3 期。

金祥波、王禹：《双赢战略：中朝图们江区域合作与开发》，《延边大学学报（社会科学版）》2012 年第 4 期。

金奕：《第六届"两岸经贸文化论坛"述评》，《统一论坛》2010 年第 4 期。

金永洙、徐芳：《日本的 FTA 战略动向及其对中国的影响》，《日本学论坛》2006 年第 1 期。

金正昆：《伙伴战略：中国外交的理性抉择》，《教学与研究》2000 年第 7 期。

李大军、张建平、王辛：《蒙古国"多支点"外交政策及其对我周边安全环境的影响》，《东北亚论坛》2005 年第 2 期。

李富有：《美国自由贸易协定战略及中国的应对措施》，《西安财经学院学报》2007 年第 3 期。

李钢：《中国特色的区域经济合作总体布局与实施自由贸易区战略》，《国际贸易》2008 年第 4 期。

李国强：《对解决南沙群岛主权争议几个方案的解析》，《中国边疆史地研究》2000 年第 3 期。

李贺：《第五届两岸经贸文化论坛意义重大》，《统一论坛》2009 年第 4 期。

李金明：《21 世纪南海主权研究的新动向》，《南洋问题研究》2001 年第 1 期。

李俊久、陈志恒：《试析日本的 FTA 战略：现状、问题与前景》，《吉林师范大学学报（人文社会科学版）》2008 年第 2 期。

李清津：《邓小平"共同开发"思想与钓鱼岛问题》，《日本学刊》1999 年第 4 期。

李卫民：《连通东盟和欧亚大陆的泛亚铁路》，《中国铁路》2007 年 7 期。

李文韬：《美国推进亚太自由贸易区战略构想的政治经济分析》，《亚太经济》2009 年第 1 期。

李向阳：《新区域主义与大国战略》，《国际经济评论》2003 年第 4 期。

李香兰：《对中国周边经济环境非传统安全问题的再认识》，《经济问题探索》2002 年第 9 期。

李香兰：《周边环境新视角：非传统安全问题》，《国土与自然资源研究》2002 年第 2 期。

李小华：《解析"中国威胁论"与"中国崩溃论"的神话》，《当代亚太》1999 年第 11 期。

李玉举：《东盟与区外六国的经贸格局与发展潜力》，《世界经济研究》2005 年第 12 期。

李玉举：《APEC 成员方与东盟合作的差异性及中国的选择》，《亚太经济》2013 年第 3 期。

李跃乾：《两岸两会再签两项协议 美国坚持"一个中国"政策》，《黄埔》2015 年第 6 期。

廖小建、廖新年：《韩国的 FTA 战略》，《外交评论》2005 年第 5 期。

林利民：《21 世纪中国地缘战略环境浅议》，《世界经济与政治》1999 年第 12 期。

林利民：《国际地缘战略形势与中国的选择》，《现代国际关系》2002 年第 3 期。

林晓光：《冷战后日美安保体制的变化和调整——从联合宣言到防卫合作指针》，《外国问题研究》1998 年第 2 期。

刘昌黎：《TPP 的内容、特点与日本参加的难题》，《东北亚论坛》2011 年第 3 期。

刘国新：《论中国新安全观的特点及其在周边关系中的运用》，《当代中国史研究》2006 年第 1 期。

刘钧胜：《关于 APEC 启动亚太自由贸易区进程的思考》，《天津社会科学》2014 年第 6 期。

刘亚南：《世界多极化趋势与我国周边安全战略》，《当代亚太》2000 年第 4 期，第 19 - 22 页。

刘振环：《〈联合国海洋法公约〉评述（上、下）》，《国防》1996 年第 10、11 期。

柳建辉：《从"战争与革命"到"和平与发展"——60 年代到 80 年代中国共产党关于时代特征问题认识的演变》，《中共党史研究》1995 年第 3 期。

陆建人：《APEC 面临的五大挑战——写在 2005 年 APEC 领导人会议召开之前》，《国际经济评论》2004 年第 5 期。

陆俊元：《界定中国国家安全利益》，《江南社会学院学报》2001 年第 2 期。

陆怡：《上海合作组织成员国签订从连云港到圣彼得堡的国际道路运输便利化协定》，《大陆桥视野》2014 年第 9 期。

卢燕：《CEPA 出台的背景透视》，《经济论坛》2004 年第 11 期。

吕博：《对外开放和国家经济安全》，《中国经贸》2006 年第 9 期。

吕存诚：《第八届两岸经贸文化论坛综述》，《统一论坛》2012 年第 5 期。

罗晓云：《试论 21 世纪初中外能源合作的机遇及其意义》，《东南亚研究》2003 年第 2 期。

马成三：《日本的 FTA 战略与"中国因素"》，《国际贸易》2008 年第

5 期。

马燕冰：《东盟的成就、问题与前景》，《和平与发展》2008 年第 1 期。

马志学：《对中国与周边国家关系 50 年发展历程的若干思考》，《国际政治研究》2001 年第 3 期。

梅新育：《〈海峡两岸服务贸易协议〉及其风波解析》，《浙江经济》2014 年第 8 期。

牛军：《新中国外交的形成及主要特征》，《历史研究》1999 年第 5 期。

潘涛：《日本的 FTA 战略》，《日本问题研究》2007 年第 2 期。

庞中英：《中国的亚洲战略：灵活的多边主义》，《世界经济与政治》2001 年第 10 期。

彭德雷：《中国自贸区建设的新特征：基于中国在欧洲实践的考察》，《广西政法管理干部学院学报》2014 年第 2 期。

彭支伟、张伯伟：《TPP 和亚太自由贸易区的经济效应及中国的对策》，《国际贸易问题》2013 年第 4 期。

《牵手"一带一路"明珠闪耀北极——亚马尔项目多方合作建设纪实》，《国外测井技术》2015 年第 5 期。

钱红：《谁将是"东亚北约"对付的第一个"周边事态"？——〈日美安全保障体制〉何去何从》，《世界经济与政治》1999 年第 8 期。

羌建新：《中韩自贸区：背景、影响与前瞻》，《理论视野》2015 年第 7 期。

乔刚：《明智的选择：试析韩国—东盟自由贸易区的建立》，《东南亚研究》2005 年第 5 期。

秦华：《第八次"陈江会"的五大看点》，《黄埔》2012 年第 5 期。

秦宣仁：《善邻方能固国——新世纪发展同俄国及中亚国家关系的思考》，《国际贸易》2001 年第 1 期。

阮宗泽：《构筑新世纪大周边外交》，《瞭望新闻周刊》2001 年第 38 期。

沙奇光：《对西方媒体散布"中国威胁论"的评析》，《国际政治研究》2000 年第 3 期。

沈志雄：《试论越南外交中的地缘政治因素》，《东南亚研究》2001 年第 6 期。

石源华：《论新中国周边外交政策的历史演变》，《当代中国史研究》2000 年第 5 期。

石源华、陈莉菲：《论中国共产党三代领导人的周边外交思想》，《毛泽东邓小平理论研究》2001 年第 3 期。

时殷弘：《中国周边行为中曾有的"胜利主义"：动能和决策复杂性》，《现代国际关系》2013 年第 10 期。

宋德星：《试析中国周边安全环境中的印度因素》，《南亚研究季刊》1999 年第 2 期。

宋国友：《美国的东亚 FTA 战略及其对地区秩序的影响》，《当代亚太》2007 年第 11 期。

苏浩：《美日关系中的中国因素》，《外交学院学报》1997 年第 1 期。

孙世春：《日本的 FTA 战略与东亚经济一体化》，《日本研究》2007 年第 4 期。

孙壮志：《中亚的"大国之争"与地区安全问题》，《东欧中亚研究》1998 年第 6 期。

唐国强、王震宇：《亚太自由贸易区：路线图与优先任务》，《国际问题研究》2015 年第 1 期。

唐世平：《理想安全环境与新世纪中国大战略》，《战略与管理》2000 年第 6 期。

唐世平：《再论中国的大战略》，《战略与管理》2001 年第 4 期。

唐世平：《2010 – 2015 年的中国周边安全环境——决定性因素和趋势展望》，《战略与管理》2002 年第 5 期。

田海：《TPP 背景下中国的选择策略思考——基于与 APEC 比较的分析》，《亚太经济》2012 年第 4 期。

王持明：《试析我国周边环境中的"美国因素"》，《世界经济与政治》1994 年第 1 期。

王帆：《美韩同盟及未来走向》，《外交学院学报》2001 年第 2 期。

王海燕：《上海合作组织框架下的里海能源合作》，《新疆金融》2006 年第 11 期。

王红霞：《服务于国家安全及整体战略：美国双边及区域自由贸易协定的战略目标及启示》，《国际贸易》2004 年第 10 期。

王强：《泛亚铁路：再启中国—东盟"大陆桥"梦想》，《西部论坛》2005 年第 2 期。

王亚飞：《APEC 发展面临的挑战及中国的选择》，《河北科技大学学报（社会科学版）》2007 年第 1 期。

王逸舟：《〈联合国海洋法公约〉与中国》，《太平洋学报》1996 年第 2 期。

王逸舟：《面向 21 世纪的中国外交——三种需求的寻求及其平衡》，《战略与管理》1999 年第 6 期。

王逸舟：《新世纪的中国与多边外交》，《太平洋学报》2001 年第 4 期。

王运祥：《"中国威胁论"析》，《国际观察》1996 年第 3 期。

王正毅：《21 世纪中国的地缘发展战略》，《南开学报（哲学社会科学版）》1999 年第 6 期。

王正毅：《亚洲区域化：从理性主义走向社会建构主义？——从国际政治经济学的角度看》，《世界经济与政治》2003 年第 5 期。

汪斌：《加入 WTO 后中国产业结构战略性调整的思考》，《浙江社会科学》2001 年第 6 期。

汪海：《从北部湾到中南半岛和印度洋—构建中国联系东盟和避开"马六甲困局"的战略通道》，《世界经济与政治》2007 年第 9 期。

文富德：《论中巴经济贸易合作的发展前景》，《南亚研究季刊》2007 年第 1 期。

文选凯：《中国周边的美国航母基地——美航母编队部署特点：重点部署、机动作战、相互支援》，《国际展望》2001 年第 17 期。

吴建民：《大有潜力的中拉关系》，《今日中国（中文版）》2008 年第 2 期。

吴荣义、洪财隆：《中国与东协签署 FTA 对"我国"的影响与因应策略》，《台湾经济月刊》2005 年第 3 期。

吴新明：《第四次"陈江会"的盛世危言》，《世界知识》2010 年第 2 期。

肖扬：《夯实基础 再创双赢——解读两会领导人第四次会谈及三项协议》，《两岸关系》2010 年第 1 期。

解晓燕、刘咏梅：《中国周边跨境油气管道布局及联动效应研究》，

《长江大学学报（社科版）》2014 年第 6 期。

辛本健：《"安全困境"、均势理论与冷战后美国对华政策》，《现代国际关系》2001 年第 9 期。

邢希娜：《北钓东扩对中国地缘政治环境的影响》，《和平与发展》2002 年第 4 期。

徐进：《东亚多边安全合作机制：问题与构想》，《当代亚太》2011 年第 4 期。

徐纬地、郭新宁：《亚太安全对话合作机制与中国亚太安全利益》，《太平洋学报》2001 年第 1 期。

许晓丽：《"三维安全"视角下的中国周边安全优化分析》，《吉首大学学报（社会科学版）》2013 年第 5 期。

颜莉虹：《〈海峡两岸服务贸易协议〉在台受阻刍议》，《闽南师范大学学报（哲学社会科学版）》2015 年第 2 期。

杨成：《体系、利益与信任：中印战略关系思考》，《国际论坛》2003 年第 5 期。

杨立强、鲁淑：《TPP 与中日韩 FTA 经济影响的 GTAP 模拟分析》，《东北亚论坛》，2013 年第 4 期。

杨运忠：《伊拉克战争对国际战略态势及中国安全的影响》，《当代亚太》2003 年第 7 期。

叶志友：《中国周边国家的毒品问题》，《当代世界》2002 年第 8 期。

叶自成：《论当代中国的地缘态势和三线地缘战略体系》，《太平洋学报》1997 年第 4 期。

易小准：《中国参与区域经济合作的抉择与作为》，《中国对外贸易》2007 年第 7 期。

尹鸿伟：《中国编织"亚洲公路网"》，《南风窗》2008 年第 8 期。

嘤鸣：《第六次陈江会，两岸协商渐成常态》，《社会观察》2011 年第 1 期。

于潇：《从日本 FTA 战略看东北亚地区经济一体化的发展趋势》，《现代日本经济》2007 年第 5 期。

于国政：《俄罗斯"新东方政策"与东北亚地区安全》，《世界经济与政治》1997 年第 6 期。

余颂：《美国对南中国海的军事渗透》，《国际资料信息》2000 年第

12 期。

　　负晓兰：《APEC 实现自由贸易安排的路径思考及我国的策略选择》，《国际经济合作》2007 年第 5 期。

　　岳云霞：《〈中智自由贸易协定〉评价》，《拉丁美洲研究》2006 年第 1 期。

　　张鸿石：《论"新干涉主义"对中国国家安全利益的影响》，《北方论丛》2002 年第 3 期。

　　张建华：《入世以来中国对外贸易依存度的变化趋势及其原因分析》，《价格月刊》2013 年第 5 期。

　　张俊勇：《"亚洲基础设施投资银行"成立的背景、意义及展望研究》，《北京金融评论》2015 年第 1 期。

　　张澜涛：《加入世贸组织与中国的经济安全（四）——略论加入 WTO 与我国的市场安全》，《国家安全通讯》2001 年第 8 期。

　　张力：《从周边安全看"西部大开发"的外部环境》，《国际观察》2001 年第 6 期。

　　张梅：《"区域全面经济伙伴关系"主要看点及与"跨太平洋伙伴关系协定"的比较》，《国际论坛》2013 年第 6 期。

　　张睿壮：《重估中国外交所处之国际环境——和平与发展并非当代世界主题》，《战略与管理》2001 年第 1 期。

　　张文木：《印度的地缘战略与中国西藏问题》，《战略与管理》1998 年第 5 期。

　　张文木：《台湾问题与中国前途兼评李登辉〈台湾的主张〉》，《战略与管理》1999 年第 5 期。

　　张小明：《邓小平关于稳定周边的战略思想》，《国际政治研究》1997 年第 1 期。

　　张义明：《建构中国和平发展道路的和谐发展模式》，《信阳师范学院学报（哲学社会科学版）》2007 年第 3 期。

　　张义明：《对西方"新殖民主义"之考与中非合作之辨》，《东南亚纵横》2007 年第 4 期。

　　张义明：《诠释中国和平发展道路的"和谐发展观"》，《兰州学刊》2007 年第 5 期。

　　张义明：《试析中国"自由贸易区战略"的新区域主义特征》，《东南亚纵横》2009 年第 1 期。

张义明：《新区域主义与中国的自由贸易区战略》，《复旦国际关系评论》，2009。

张义明：《从东海防空识别区的设立看中国周边安全态势》，《信阳师范学院学报（哲学社会科学版）》2015 年第 4 期。

张义明：《"缺席外交"刍议》，《国际观察》2015 年第 4 期。

张跃卿：《两次金融危机对香港对外贸易影响比较研究》，《金融经济》2013 年第 2 期。

张蕴岭：《综合安全观及对我国安全的思考》，《当代亚太》2000 年第 1 期。

赵华胜：《"上海五国"机制的形成及特点》，《国际观察》2001 年第 2 期。

赵华胜：《中俄睦邻友好合作条约与中俄关系》，《俄罗斯研究》2001 年第 3 期。

赵永利、鲁晓东：《中国与周边国家的次区域经济合作》，《国际经济合作》2004 年第 1 期。

赵晋平：《迈向制度性经济合作——日本 FTA 战略若干评价及多方案比较选择》，《国际贸易》2003 年第 8 期。

赵晋平：《从推进 FTA 起步—我国参与区域经济合作的新途径》，《国际贸易》2003 年第 6 期。

赵理海：《关于南海诸岛的若干法律问题》，《法制与社会发展》1995 年第 4 期。

赵晓春：《"中国威胁论"对我国周边环境的影响及有关对策》，《国际关系学院学报》1995 年第 2 期。

郑先武：《区域研究的新路径："新区域主义方法"述评》，《国际观察》2004 年第 4 期。

郑先武：《安全复合体理论与东亚安全区域主义（上、下）》，《现代国际关系》2005 年第 1、2 期。

郑先武：《新区域主义理论：渊源、发展与综合化趋势》，《欧洲研究》2006 年第 1 期。

郑先武：《"新区域主义"的核心特征》，《国际观察》2007 年第 5 期。

郑迎平：《美国亚太安全战略新优势及对中国周边安全的影响》，《太平洋学报》2004 年第 2 期。

郑永年：《世界体系、中美关系和中国的战略考量》，《战略与管理》2001 年第 5 期。

周方银：《周边环境走向与中国的周边战略选择》，《外交评论（外交学院学报）》2014 年第 1 期。

周桂银：《冷战时期中国周边安全环境的特征与启示》，《当代中国史研究》2002 年第 6 期。

周路菌：《泛亚铁路，力促亚洲经济一体化进程》，《新经济导刊》2015 年第 10 期。

周戎：《中巴战略合作需注入新的活力》，《南亚研究季刊》2007 年第 1 期。

周忠菲：《台湾问题中美国因素——从导弹演习看亚太大国关系》，《世界经济研究》1996 年第 3 期。

朱峰：《"周边事态"：矛盾与问题——对日美防卫合作指针和相关法案的思考》，《现代国际关系》1999 年第 8 期。

朱坚真：《南中国海周边国家和地区产业协作系统问题研究》，《海洋开发与管理》2001 年第 1 期。

朱听昌：《新世纪中国安全战略构想》，《世界经济与政治》2000 年第 1 期。

朱听昌：《论中国睦邻政策的理论与实践》，《国际观察》2001 年第 2 期。

朱颖：《美国全球自由贸易协定战略》，《上海师范大学学报（哲学社会科学版）》，2008 年第 5 期。

朱颖：《日本实施 FTA 战略的进展和挑战》，《东南亚研究》2006 年第 3 期。

卓礼明：《试析冷战后老挝的对华政策》，《东南亚研究》2001 年第 1 期。

曲文娜：《中国的周边安全环境与睦邻外交政策》，吉林大学硕士学位论文，2006。

于钦臻：《美国 TPP 经济战略研究》，吉林大学硕士学位论文，2013。

吕娟：《论美国主导下的跨太平洋伙伴关系协定及其对中国的影响》，南京大学硕士学位论文，2013。

张义明：《21 世纪支撑中国崛起的雄鸡发展战略模式》，河南大学硕士学位论文，2004。

张义明：《中国自由贸易区战略研究：一种新区域主义视角》，南京大学博士学位论文，2009。

甘振军：《澳大利亚对东盟国家关系研究（1967 - 2007）》，华东师范大学博士学位论文，2012。

李勇慧：《第二次世界大战结束以来的（苏联）俄罗斯和日本的关系》，中国社会科学院研究生院博士学位论文，2001。

芮秉焕：《韩国 FTA 战略研究》，吉林大学博士学位论文，2013。

孙炳辉：《共同开发海洋资源法律问题研究》，中国政法大学博士学位论文，2000。

屠新泉：《中国在 WTO 中的定位、作用和策略》，对外经济贸易大学博士学位论文，2004。

曾品元：《中国周边战略研究》，暨南大学博士学位论文，2002。

张婷玉：《美国自由贸易区战略研究——基于政治经济视角》，辽宁大学博士学位论文，2014。

三　媒体与网络

1. 纸质媒体

习近平：《深化合作伙伴关系 共建亚洲美好家园——在新加坡国立大学的演讲》，《人民日报》2015 年 11 月 08 日。

习近平：《共同谱写中越友好新篇章——在越南国会的演讲》，《人民日报》2015 年 11 月 07 日。

习近平：《共倡开放包容 共促和平发展——在伦敦金融城市长晚宴上的演讲》，《人民日报》2015 年 10 月 23 日。

习近平：《团结互助 共迎挑战 推动上海合作组织实现新跨越——在上海合作组织成员国元首理事会第十五次会议上的讲话》，《人民日报》2015 年 07 月 11 日。

习近平：《构建中巴命运共同体 开辟合作共赢新征程——在巴基斯坦议会的演讲》，《人民日报》2015 年 04 月 22 日。

习近平：《迈向命运共同体 开创亚洲新未来——在博鳌亚洲论坛 2015 年年会上的主旨演讲》，《人民日报》2015 年 03 月 29 日。

习近平：《谋求持久发展 共筑亚太梦想——在亚太经合组织工商领导人峰会开幕式上的演讲》，《人民日报》2014 年 11 月 10 日。

习近平：《联通引领发展 伙伴聚焦合作——在"加强互联互通伙伴关系"东道主伙伴对话会上的讲话》，《人民日报》2014 年 11 月 09 日。

习近平：《凝心聚力 精诚协作 推动上海合作组织再上新台阶——在上海合作组织成员国元首理事会第十四次会议上的讲话》，《人民日报》2014 年 09 月 13 日。

习近平：《弘扬和平共处五项原则 建设合作共赢美好世界——在和平共处五项原则发表 60 周年纪念大会上的讲话》，《人民日报》2014 年 06 月 29 日。

习近平：《弘扬丝路精神 深化中阿合作——在中阿合作论坛第六届部长级会议开幕式上的讲话》，《人民日报》2014 年 06 月 06 日。

习近平：《积极树立亚洲安全观 共创安全合作新局面——在亚洲相互协作与信任措施会议第四次峰会上的讲话》，《人民日报》2014 年 05 月 22 日。

习近平：《携手建设中国—东盟命运共同体——在印度尼西亚国会的演讲》，《人民日报》2013 年 10 月 04 日。

习近平：《弘扬"上海精神"促进共同发展——在上海合作组织成员国元首理事会第十三次会议上的讲话》，《人民日报》2013 年 09 月 14 日。

习近平：《弘扬人民友谊 共创美好未来——在纳扎尔巴耶夫大学的演讲》，《人民日报》2013 年 09 月 08 日。

习近平：《共同创造亚洲和世界的美好未来——在博鳌亚洲论坛 2013 年年会上的主旨演讲》，《人民日报》2013 年 04 月 08 日。

习近平：《深化自贸合作 共创互利双赢——在中国—新西兰自由贸易协定研讨会开幕式上的演讲》，《人民日报》2010 年 06 月 18 日。

胡锦涛：《维护持久和平 促进共同繁荣——在上海合作组织成员国元首理事会第十二次会议上的讲话》，《人民日报》2012 年 06 月 08 日。

胡锦涛：《和平发展 世代友好——在上海合作组织成员国元首理事会第十一次会议上的讲话》，《人民日报》2011 年 06 月 16 日。

胡锦涛：《深化务实合作 维护和平稳定——在上海合作组织成员国元首理事会第十次会议上的讲话》，《新华每日电讯》2010 年 06 月 12 日。

胡锦涛：《携手应对国际金融危机 共同创造和谐美好未来——在上海

合作组织成员国元首理事会第九次会议上的讲话》,《人民日报》2009 年06 月 17 日。

胡锦涛:《携手推动两岸关系和平发展 同心实现中华民族伟大复兴——在纪念〈告台湾同胞书〉发表 30 周年座谈会上的讲话》,《人民日报》2009 年 01 月 01 日。

胡锦涛:《携手建设持久和平、共同繁荣的和谐地区——在上海合作组织成员国元首理事会第八次会议上讲话》,《人民日报》2008 年 08 月29 日。

胡锦涛:《在亚太经合组织第十五次领导人非正式会议上的讲话》,《人民日报》2007 年 09 月 09 日。

胡锦涛:《加强睦邻互信 推动和平发展——在上海合作组织成员国元首理事会第七次会议上的讲话》,《人民日报》2007 年 08 月 17 日。

胡锦涛:《共创上海合作组织更加美好的明天——在上海合作组织成员国元首理事会第六次会议上的讲话》,《人民日报》2006 年 06 月 16 日。

胡锦涛:《加强团结合作 促进稳定发展——在上海合作组阿斯塔纳峰会上的讲话》,《人民日报》2005 年 07 月 06 日。

胡锦涛:《加强务实合作 共谋和平发展——在上海合作组织塔什干峰会上的讲话》,《人民日报》2004 年 06 月 18 日。

胡锦涛:《承前启后 继往开来 努力开创上海合作组织事业新局面——在上海合作组织莫斯科峰会上的讲话》,《人民日报》2003 年 05 月 30 日。

温家宝:《合作的纽带 共同的家园——在大湄公河次区域经济合作第三次领导人会议上的讲话》,《人民日报》2008 年 04 月 01 日。

《上海合作组织成员国总理会晤举行 温家宝主持会议并代表中国政府发言》,《人民日报》2003 年 09 月 24 日。

俞正声:《在第十届两岸经贸文化论坛开幕式上的致辞》,《人民日报》2015 年 05 月 04 日。

贾庆林:《在第七届两岸经贸文化论坛开幕式上的致辞》,《人民日报》2011 年 05 月 08 日。

贾庆林:《在第六届两岸经贸文化论坛开幕式上的致辞》,《人民日报》2010 年 07 月 11 日。

《第四届两岸经贸文化论坛开幕 贾庆林吴伯雄连战出席》,《人民日报》2008 年 12 月 21 日。

高虎城：《借力中韩自贸协定 共襄区域发展繁荣》，《人民日报》2015年06月02日。

吕鸿、杨讴、张志文：《李克强出席〈区域全面经济伙伴关系协定〉领导人联合声明发布仪式》，《人民日报》2015年11月23日。

暨佩娟、俞懿春：《自贸升级，共同推动开放发展》，《人民日报》2015年11月10日。

暨佩娟：《让新中关系充满活力——访新西兰—中国关系促进委员会主席麦金农》，《人民日报》2015年10月12日。

《上海合作组织成员国元首理事会会议新闻公报（2015年7月9日至10日，乌法）》，《人民日报》2015年07月11日。

《中华人民共和国和白俄罗斯共和国关于进一步发展和深化全面战略伙伴关系的联合声明》，《人民日报》2015年05月11日。

《中华人民共和国与俄罗斯联邦关于丝绸之路经济带建设和欧亚经济联盟建设对接合作的联合声明》，《人民日报》2015年05月09日。

《推动共建丝绸之路经济带和"21世纪海上丝绸之路"的愿景与行动》，《人民日报》2015年03月29日。

《努力实现"一带一路"建设良好开局 推动中国和沿线国家互利共赢共同发展》，《人民日报》2015年02月02日。

《加快实施自由贸易区战略 加快构建开放型经济新体制》，《人民日报》2014年12月07日。

《亚太经合组织推动实现亚太自贸区北京路线图》，《人民日报》2014年11月12日。

吴亚明：《"服贸"不过 台湾难过》，《人民日报》2014年02月27日。

《中央经济工作会议在北京举行》，《人民日报》2013年12月14日。

吴亚明：《内地香港联手应对国际金融危机》，《人民日报》2009年06月26日。

赵江林：《APEC风雨十八载：三个阶段 三大支柱 三大挑战》，《人民日报》2007年09月07日。

《台湾舆论高度评价两会会谈成果 认为对两岸关系具有里程碑式的意义》，《人民日报》2010年07月01日。

陈晓星、陈杰：《两岸两会第七次商谈天津登场》，《人民日报海外版》2011年10月20日。

王平、孙立极：《波涛渐平 航程致远——记海协会海基会领导人第六次会谈》，《人民日报海外版》2010 年 12 月 22 日。

《丝路基金设首个专项基金》，《中华工商时报》2015 年 12 月 15 日。

陈莎莎：《中韩自贸启示录》，《国际金融报》2015 年 12 月 07 日。

王海达、陈钧：《中新（重庆）战略性互联互通示范项目"浮出水面"》，《重庆日报》2015 年 11 月 12 日。

黄日涵、徐磊祥：《日本新安保法：迫使东亚坠入"安全困境"》，《华夏时报》2015 年 09 月 24 日。

《扩大交流合作 共同振兴中华——第九届两岸经贸文化论坛硕果累累》，《团结报》2013 年 10 月 29 日。

李新：《上合组织经济合作需突破"瓶颈"》，《解放日报》2008 年 08 月 27 日。

王晓欣：《CEPA：内地与港澳经贸合作进入新阶段》，《金融时报》2008 年 08 月 02 日。

陈妍：《积极开展区域经济合作以开放促改革发展共赢——访商务部国际司参赞张克宁》，《国际商报》2008 年 05 月 26 日。

《中俄等国签订政府间协议穿越欧亚 28 国修筑 8.1 万公里铁路 46 年后重启泛亚铁路网》，《河南商报》2006 年 11 月 22 日。

岳云霞：《"中智自由贸易协定"评价——"解读中国智利自由贸易协定"座谈会综述》，《中国社会科学院院报》2006 年 01 月 10 日。

《全面经济合作框架协议》，〔日〕《每日新闻》2002 年 01 月 11 日。

2. 网络媒体

A Blueprint for Growth：ASEAN Economic Community 2015：Progress and Key Achievements, Jakarta, ASEAN Secretariat, November, 2015. The ASEAN official website. http：//www. asean. org/images/2015/November/aec-page/AEC-2015-Progress-and-Key-Achievements. pdf.

ASEAN Economic Community. The ASEAN official website.

http：//www. asean. org/communities/asean-economic-community.

CHAIRMAN'S STATEMENT OF THE 18TH ASEAN-CHINASUMMIT KUALA LUMPUR, 21 NOVEMBER 2015：OUR PEOPLE, OUR COMMUNITY, OUR VISION. The ASEAN official website.

http：//www. asean. org/images/2015/November/27th-summit/statement/

Chairmans% 20Statement% 20of% 20the% 2018th% 20ASEAN-China% 20Summit% 20Final. pdf.

Table 1：ASEAN indicators Selected basic ASEAN indicators as of August 2015. The ASEAN official website.

http：//www. asean. org/images/2015/september/selected-key-indicators/table1_ as% 20of% 20Aug% 202015. pdf.

Why is New Zealand entering a trade agreement with China given its human rights record？. NZ-China FTA official website. "Frequently asked questions about the NZ-China FTA," http：//chinafta. govt. nz/5-FAQ/index. php # Negotiations.

Regional trade agreements. The WTO official website. http：// www. wto. org/english/tratop_ e/region_ e/region_ e. htm.

Understanding the WTO：the Organization Members and Observers. The WTO official website. http：//www. wto. org/english/thewto_ e/whatis_ e/tif_ e/org6_ e. htm.

A Mid-term Stocktake of Progress Towards the Bogor Goals, *Busan Road map to the Bogor Goals*, 17th APEC Ministerial Meeting, Busan, Korea, 15-16 November 2005. the APEC official website.

http：//www. apec. org/apec/news_ _ _ media/fact_ sheets/BusanRoadmap_ BogorGoals. html.

Örn D. Jónsson, Ingjaldur Hannibalsson, Li Yang（2013）. *A bilateral free trade agreement between China and Iceland.*

http：//skemman. is/stream/get/1946/16786/39049/3/OrnDJonsson _ VID. pdf.

《国务院关于加快实施自由贸易区战略的若干意见》，中国政府网站，http：//www. gov. cn/zhengce/content/2015 – 12/17/content_ 10424. htm。

《ECFA 签署迄今已一周年 台行政当局积极评价成效》，中国政府网站，http：//www. gov. cn/jrzg/2011 – 06/28/content_ 1895213. htm。

《上海合作组织成员国关于地区反恐怖机构的协定》，中国人大网站，http：//www. npc. gov. cn/wxzl/gongbao/2003 – 02/24/content _ 5307526. htm。

《上海合作组织反恐怖主义公约（中文本）》，中国人大网站，http：//

www. npc. gov. cn/wxzl/gongbao/2015 - 02/27/content_ 1932688. htm。

《中国统计年鉴》，中国国家统计局网站，http：//www. stats. gov. cn/tjsj/ndsj/。

《中国同新加坡的双边关系》，中国外交部网站，http：//www. fmprc. gov. cn/web/gjhdq_ 676201/gj_ 676203/yz_ 676205/1206_ 677076/sbgx_ 677080/。

《胡锦涛与巴基斯坦总统穆沙拉夫举行会谈》，中国外交部网站，http：//www. fmprc. gov. cn/chn/wjdt/wshd/t236246. htm。

《亚太经合组织第二十三次领导人非正式会议宣言（全文）》，中国外交部网站，http：//www. fmprc. gov. cn/ce/cgct/chn/zgyw/t1316428. htm。

《中国 - 东盟关系（10 + 1）》，中国外交部网站，http：//www. fmprc. gov. cn/web/gjhdq _ 676201/gjhdqzz _ 681964/dmldrhy _ 683911/zgydmgk_ 683913/。

《中国与澳大利亚正式签署自由贸易协定》，中国商务部网站，http：//www. mofcom. gov. cn/article/ae/ai/201506/20150601015183. shtml。

《〈内地与香港关于建立更紧密经贸关系的安排〉关于内地在广东与香港基本实现服务贸易自由化的协议》，中国商务部网站，http：//tga. mofcom. gov. cn/article/zt _ cepanew/xfwmyzyh/201412/20141200838350. shtml。

《〈内地与澳门关于建立更紧密经贸关系的安排〉关于内地在广东与澳门基本实现服务贸易自由化的协议》，中国商务部网站，http：//tga. mofcom. gov. cn/article/zt _ cepanew/afwmyzyhxy/201412/20141200838899. shtml。

《中国 2013 年成为世界第一货物贸易大国》，中国商务部网站，http：//www. mofcom. gov. cn/article/ae/ai/201403/20140300504001. shtml。

《中国 4 月 7 日签署首个与发达国家自由贸易区协定》，中国商务部网站，http：//nz. mofcom. gov. cn/aarticle/jingmaotongji/200804/20080405463724. html。

《商务部新闻发言人就〈中华人民共和国政府和新西兰政府自由贸易协定〉有关问题答记者问》，中国商务部网站，http：//nz. mofcom. gov. cn/aarticle/jingmaotongji/200804/20080405474882. html。

《台港澳司主办的 CEPA 专题》，中国商务部网站，http：//tga. mofcom.

gov. cn/subject/cepanew/index. shtml。

《商务部海关总署关于规范"自由贸易区"表述的函》，中国商务部网站，http：//gjs. mofcom. gov. cn/aarticle/af/ak/200805/20080505531188. html。

《2014 年中国对外贸易发展情况》，中国商务部综合司网站，http：//zhs. mofcom. gov. cn/article/Nocategory/201505/20150500961314. shtml。

《〈海峡两岸经济合作框架协议〉文本及附件（简体版）》，中国商务部台港澳司网站，http：//tga. mofcom. gov. cn/aarticle/subject/ecfa/subjectii/201007/20100707004065. html。

《〈海峡两岸经济合作框架协议〉早期收获计划实施开局良好》，中国商务部台港澳司网站，http：//tga. mofcom. gov. cn/aarticle/e/201105/20110507569468. html。

《建立中新自由贸易区，创造经贸合作新篇章》，中国商务部信息化司网站，http：//xxhs. mofcom. gov. cn/aarticle/c/d/200411/20041100310395. html。

吕博：《坚持在对外开放中维护国家经济安全》，中国商务部国际贸易经济合作研究院网站，http：//www. caitec. org. cn/list/xsyj/yjbg/1/cateinfo. html。

《亚洲基础设施投资银行正式成立》，中国财政部网站，http：//www. mof. gov. cn/zhengwuxinxi/caizhengxinwen/201512/t20151225_ 1632398. html。

《楼继伟部长就亚投行正式宣布成立答记者问》，中国财政部网站，http：//www. mof. gov. cn/zhengwuxinxi/zhengcejiedu/2015zcjd/201512/t20151225_ 1632389. html。

《〈亚太贸易协定〉有关情况简介》，中国财政部关税司网站，http：//www. mof. gov. cn/guanshuisi/zhuantilanmu/ziyoumaoyiqu/200806/t20080625 _50398. html。

《建设公路运输通道、实现便利运输、促进经贸发展》，中国交通运输部网站，http：//www. mot. gov. cn/buzhangwangye/fengzhenglin/zhongyaohuodonghejianghua/201510/t20151012_ 1891589. html。

《〈中国－澳大利亚自由贸易协定〉重点问题释疑》，中国驻墨尔本总领事馆经济商务室网站，http：//melbourne. mofcom. gov. cn/article/jmxw/201508/20150801075472. shtml。

《伊印欲绕开巴建海底天然气管道》，中国驻卡拉奇总领事馆经济商务室网站，http：//karachi. mofcom. gov. cn/article/jmxw/201512/20151201207318. shtml。

《外媒报道土库曼斯坦2015年开始建设土－阿－巴－印天然气管道》，中国驻土库曼斯坦大使馆经济商务参赞处网站，http：//tm. mofcom. gov. cn/article/jmxw/201410/20141000768756. shtml。

《巴基斯坦工商界对中巴自贸协定作出诸多反面评价》，中国驻巴基斯坦使馆经商处网站，http：//pk. mofcom. gov. cn/aarticle/jmxw/200804/20080405485242. html。

《巴基斯坦参与区域经济合作现状与浅析》，中国驻巴基斯坦使馆经商处网站，http：//pk. mofcom. gov. cn/aarticle/ztdy/200708/20070804998697. html。

《巴基斯坦大幅调整进口关税》，中国驻巴基斯坦使馆经商参赞处网站，http：//pk. mofcom. gov. cn/article/jmxw/201512/20151201198525. shtml。

《1－7月冰中双边贸易额同比增长24.9%》，中国驻冰岛大使馆经济商务参赞处网站，http：//www. mofcom. gov. cn/article/i/jyjl/m/201509/20150901119856. shtml。

《丝路基金公司概况》，丝路基金公司网站，http：//www. silkroadfund. com. cn/cnweb/19854/19858/index. html。

《海峡西岸经济区概述》，福建省政府官方网站，http：//www. fujian. gov. cn/zwgk/ztzl/hxxajjq/200708/t20070820_ 24894. htm。

萧万长：《"海西"构想可作推动两岸共同市场试点》，福建省人民政府台湾事务办公室网站，http：//www. fjstb. gov. cn/html/20070524/255373. html。

《中国欲打造东盟十国"四纵两横"运输大通道》，广西壮族自治区人民政府门户网站，http：//www. gxzf. gov. cn/gxzf_ gxdm/gxdm_ zgdmfzgh/zgdmfzgh_ fzgh/200709/t20070913_ 41385. htm。

《千方百计推进东方大通道建设从战略高度提升我盟核心竞争力》，中共兴安盟委政策研究室网站，http：//www. xam. gov. cn/web/zys/jcck/44055. htm。

香港立法会工商事务委员会：《〈内地与香港关于建立更紧密经贸关系的安排〉（〈安排〉）对香港经济的影响》，香港特别行政区政府工业贸易署

网 站, http：//www. legco. gov. hk/yr06 – 07/chinese/panels/ci/papers/ci0612cb1 – 1849 – 4 – c. pdf。

《CEPA 简介》，澳门特别行政区政府贸易投资促进局网站，http：//www. ipim. gov. mo/cn/cepa/index. html。

《第十七次中国—东盟领导人会议主席声明》，中国 – 东盟中心网站，http：//www. asean-china-center. org/2014 – 12/03/c_ 133830144. htm。

《中老缅泰澜沧江 – 湄公河商船通航合作概况》，中国—东盟博览会官方网站，http：//www. caexpo. org/gb/news/special/GMS/coporation/t20050123_ 30935. html。

《打击恐怖主义、分裂主义和极端主义上海公约》，上海合作组织网站，http：//www. sectsco. org/CN11/show. asp？id＝99。

《上海合作组织宪章》，上海合作组织网站，http：//www. sectsco. org/CN11/show. asp？id＝162。

《上海合作组织成员国多边经贸合作纲要》，上海合作组织区域经济合作网站，http：//www. sco-ec. gov. cn/crweb/scoc/info/Article. jsp？a_ no＝568&col_ no＝50。

《上海合作组织成员国政府间关于区域经济合作的基本目标和方向及启动贸易和投资便利化进程的备忘录》，上海合作组织区域经济合作网站，http：//www. sco-ec. gov. cn/crweb/scoc/info/Article. jsp？a_ no＝521&col_ no＝50。

《展会概况》，中国—亚欧博览会网站，http：//www. caeexpo. org/exhibition/index. jhtml。

《亚太经社会："丝绸铁路"即将梦想成真》，联合国官方网站，http：//www. un. org/chinese/News/fullstorynews. asp？newsID＝6750。

《中国与东盟结束自贸区升级谈判并签署升级〈议定书〉》，中国自由贸易区服务网站，http：//fta. mofcom. gov. cn/article/chinadongmeng/dongmengnews/201511/29455_ 1. html。

《中国 – 哥斯达黎加自贸协议：中拉经贸关系又一里程碑》，中国自由贸易区服务网站，http：//fta. mofcom. gov. cn/article/chinagesidalijia/gesidalijiagfguandian/201509/28735_ 1. html。

《2014 年瑞中贸易额增长 7% 创历史新高》，中国自由贸易区服务网站， http：//fta. mofcom. gov. cn/article/chinaswitz/chinaswitznews/201509/

28661_ 1. html。

《中国新西兰自贸协定生效 7 年间 双方贸易增长保持双位数》，中国自由贸易区服务网站，http：//fta. mofcom. gov. cn/article/chinanewzealand/newzealandgfguandian/201509/28615_ 1. html。

《贸易赤字促使巴与中国重新签订自贸协定》，中国自由贸易区服务网站，http：//fta. mofcom. gov. cn/article/chpakistan/chpakistangfguandian/201509/28294_ 1. html。

《中华人民共和国政府和大韩民国政府自由贸易协定 50 问》，中国自由贸易区服务网站，http：//fta. mofcom. gov. cn/article/chinakorea/koreanews/201506/21923_ 1. html。

《中国－巴基斯坦自贸区第二阶段谈判第四次会议在京举行》，中国自由贸易区服务网站，http：//fta. mofcom. gov. cn/article/chpakistan/chpakistannews/201504/21095_ 1. html。

《商务部国际经贸关系司负责人解读〈中国－瑞士自由贸易协定〉》，中国自由贸易区服务网站，http：//fta. mofcom. gov. cn/article/chinaswitz/chinaswitznews/201308/13095_ 1. html。

《商务部条约法律司负责人解读中智（利）自贸协定关于投资的补充协定》，中国自由贸易区服务网站，http：//fta. mofcom. gov. cn/article/chinachile/chilenews/201209/10859_ 1. html。

《商务部召开"中国—东盟自贸区建成"专题新闻发布会》，中国自由贸易区服务网站，http：//fta. mofcom. gov. cn/article/chinadongmeng/dongmengnews/201006/2878_ 1. html。

《商务部国际司负责人解读〈中国－秘鲁自由贸易协定〉》，中国自由贸易区服务网站，http：//fta. mofcom. gov. cn/article/chinabilu/bilunews/200904/692_ 1. html。

朱磊：《承前启后、共创新局的第四届两岸经贸文化论坛》，中国网站，http：//www. china. com. cn/overseas/txt/2008－12/22/content_ 16989258. htm。

《日本将援建"东西走廊"讨好东盟 抗衡中国》，中国评论新闻网站，http：//cn. chinareviewnews. com/doc/1005/3/5/5/100535577. html？coluid＝7&kindid＝0&docid＝100535577。

《〈亚洲基础设施投资银行协定〉今日在京签署 中国暂列第一股东》，

人民网站，http：//sh. people. com. cn/n/2015/0629/c134768 - 25401611. html。

《中巴命运共同体将成中国周边外交样板》，人民网站，http：// world. people. com. cn/n/2015/0418/c157278 - 26864679. html。

王希：《中国 2013 年成为世界第一货物贸易大国》，新华网站，http：//news. xinhuanet. com/fortune/2014 - 03/01/c_ 119563015. htm。

《俄罗斯呼吁尽快成立上合组织能源俱乐部》，新华网站，http：//news. xinhuanet. com/fortune/2013 - 11/29/c_ 118357968. htm。

《习近平：让命运共同体意识在周边国家落地生根》，新华网站，http：//news. xinhuanet. com/2013 - 10/25/c_ 117878944. htm。

《国台办：“习萧会”积极而富有成果》，新华网站，http：//news. xinhuanet. com/2013 - 04/08/c_ 115311004. htm。

《上海合作组织历次峰会》，新华网站，http：//news. xinhuanet. com/ziliao/2010 - 06/11/content_ 13649484. htm。

《两会签署四项协议 两岸“三通”框架成形》，新华网站，http：//news. xinhuanet. com/newscenter/2008 - 11/04/content_ 10306635_ 1. htm。

《三天跨九年 两岸写新页——海协会与海基会首次复谈纪实》，新华网站，http：//news. xinhuanet. com/tw/2008 - 06/14/content_ 8376043. htm。

《海峡交流基金会》，新华网站，http：//news. xinhuanet. com/tw/2008 - 06/06/content_ 8321391. htm。

《新闻资料：海峡两岸关系协会》，新华网站，http：//news. xinhuanet. com/tw/2008 - 06/03/content_ 8306880. htm。

《中国与新西兰签署自由贸易区协定 四个“第一”引人注目》，新华网站，http：//news. xinhuanet. com/newscenter/2008 - 04/07/content_ 7935268. htm。

李倩、李怀岩：《澜沧江—湄公河国际航道启动成品油试运输》，新华网站，http：//www. yn. xinhuanet. com/reporter/2006 - 12/28/content_ 8912607. htm。

《亚洲公路网》，新华网站，http：//news. xinhuanet. com/ziliao/2004 - 04/27/content_ 1441717. htm。

《丝路基金与诺瓦泰克签署关于俄罗斯亚马尔液化天然气一体化项目的交易协议》，中国日报网站，http：//world. chinadaily. com. cn/2015 - 12/

17/content_ 22736959. htm。

《驻瑞大使许镜湖：中瑞自贸协定是两国合作的"火车头"》，中国日报网站，http：//world. chinadaily. com. cn/2015 － 09/14/content _ 21852206. htm。

《英媒：中国2016年12月将获得"市场经济"地位》，参考消息网站，http：//www. cankaoxiaoxi. com/finance/20151113/995417. shtml。

《美政府对日本参院特别委通过安保法案表示欢迎》，环球网站，http：//world. huanqiu. com/exclusive/2015 －09/7519685. html。

高友斌：《印媒称中国－东盟自由贸易区将威胁印度利益》，环球网站，http：//world. huanqiu. com/roll/2010 －01/677926. html。

《印度放弃伊巴印天然气管道项目惹猜疑》，环球网站，http：//finance. huanqiu. com/roll/2009 －09/573295. html。

《美国加入〈东南亚友好合作条约〉意在制衡中国》，环球网站，http：//world. huanqiu. com/roll/2009 －07/523307. html。

丁蕾蕾、是冬冬：《中国企业接手瓜达尔港的战略考量：从新加坡截胡的阴谋论说起》，澎湃新闻网站，http：//www. thepaper. cn/newsDetail_ forward_ 1395702_ 1。

《上海企业收购一农场被否决 状告新西兰政府》，搜狐网站，http：//news. sohu. com/20151016/n423380348. shtml。

《翁以登介绍CEPA协议的特点及其机会（全文）》，搜狐财经网站，http：//business. sohu. com/20040829/n221787027. shtml。

张汉林：《澳门CEPA对澳门经济的影响及对策》，搜狐财经网站，http：//business. sohu. com/2004/05/21/22/article220212248. shtml。

《图们江区域合作遇难题 专家组提"三步走"战略》，第一财经网站，http：//www. yicai. com/news/2015/04/4610418. html。

《阿印巴土四国在伊斯兰堡讨论天然气管道过境阿富汗》，中国能源网站，http：//www. china5e. com/www/dev/news/viewinfo － oil － 200804250063. html。

《蒙古"千年路"工程及建设情况》，中国对外承包工程商会网站，http：//www. chinca. org/newsShow. aspx？newsID = 808。

《亚洲公路网——32国联手打造的超级工程》，中国交通技术网站，http：//www. tranbbs. com/news/cnnews/news_ 33282. shtml。

凌馨：《中瑞自贸协定生效一周年互惠显著——访中国驻瑞士大使馆

经济商务参赞蔡方财》，中国金融信息网站，http：//news. xinhua08. com/ a/20150702/1520147. shtml。

《十年磨剑 上合峰会正式签署〈上海合作组织成员国政府间国际道路运输便利化协定〉》，中国证券网站，http：//news. cnstock. com/news/sns _ bwkx/201409/3177093. htm。

《香港经济经历风雨见彩虹》，中金在线网站，http：//news. cnfol. com/070618/101，1281，3068342，00. shtml。

《CEPA：源起、意义及影响》，中国社会科学院经济研究所网站，http：//ie. cass. cn/window/jjzs. asp？id＝76。

《资料：台湾目前的"邦交国"》，凤凰网站，http：//news. ifeng. com/taiwan/special/gangbiyaduanjiao/content － 5/detail _ 2013 _ 11/15/ 31278371_ 0. shtml。

《朱立伦批蔡英文不承认"九二共识"是挑衅》，大公网站，http：// news. takungpao. com/taiwan/shizheng/2015 － 12/3257918. html。

苏虹：《蔡英文媚日卖台本性毕露》，大公网站，http：//news. takungpao. com/paper/q/2015/0929/3192882. html。

燕子、杨思萍：《台媒：绿营欲借日本新安保法 化解"大陆压力"》，澳亚卫视网站，http：//www. imastv. com/news/article. php？lang ＝ cn&id ＝71685。

谭瑾瑜：《落实"建立两岸经济合作机制"之建议》，国家政策研究基金会网站，http：//www. npf. org. tw/post/3/5291。

许振明、谭瑾瑜：《台湾与海西区之间经济交流与合作研究》，国家政策研究基金会网站，http：//www. npf. org. tw/post/2/4414。

林祖嘉、刘大年、谭瑾瑜：《建立两岸经济合作机制内涵探讨》，国家政策研究基金会网站，http：//www. npf. org. tw/post/2/5224。

蔡宏明：《台星 FTA 能否跟着融冰》，国家政策研究基金会网站，http：//www. npf. org. tw/post/1/4138。

蔡宏明：《后 ECFA 时代的两岸经贸新格局》，国家政策研究基金会网站，http：//www. npf. org. tw/post/2/7908。

《两岸经济合作架构协议（ECFA）构想及推动重点》，"两岸经济合作架构协议"网站，http：//www. ecfa. org. tw/pdf/02. pdf。

《CEPA："九二共识"的经济版》，〔新加坡〕联合早报网站，http：// www. zaobao. com/special/china/taiwan/pages6/taiwan_ forum310504a. html。

《中国 IMF 份额排名跃居第三》,〔新加坡〕联合早报网站,http://www. zaobao. com/finance/china/story20151221 – 562156。

《"九二共识"与国共论坛》,〔新加坡〕联合早报网站,http://www. zaobao. com/special/forum/pages6/forum_ tw081222a. shtml。

克里斯蒂安·奥利弗(布鲁塞尔)、肖恩·唐南(华盛顿)、米强(北京):《美国警告欧盟不要给予中国市场经济地位》,〔英〕《金融时报》中文网站,http://www. ftchinese. com/story/001065497。

图书在版编目（CIP）数据

中国自由贸易区战略与周边安全/张义明著.一北
京：社会科学文献出版社，2016.3
ISBN 978 - 7 -5097 - 8929 - 2

Ⅰ.①中…　Ⅱ.①张…　Ⅲ.①自由贸易区 - 经济战
略 - 研究 - 中国 ②自由贸易区 - 安全管理 - 研究 - 中国
Ⅳ.①F752

中国版本图书馆 CIP 数据核字（2016）第 056897 号

中国自由贸易区战略与周边安全

著　　者／张义明

出 版 人／谢寿光
项目统筹／祝得彬
责任编辑／赵怀英　楚洋洋

出　　版／社会科学文献出版社·当代世界出版分社（010）59367004
　　　　　　地址：北京市北三环中路甲 29 号院华龙大厦　邮编：100029
　　　　　　网址：www. ssap. com. cn
发　　行／市场营销中心（010）59367081　59367018
印　　装／三河市尚艺印装有限公司

规　　格／开 本：787mm × 1092mm　1/16
　　　　　　印 张：19.25　字 数：324 千字
版　　次／2016 年 3 月第 1 版　2016 年 3 月第 1 次印刷
书　　号／ISBN 978 - 7 -5097 - 8929 - 2
定　　价／79.00 元

本书如有印装质量问题，请与读者服务中心（010 -59367028）联系